明清军礼与军中用乐研究

任方冰　著

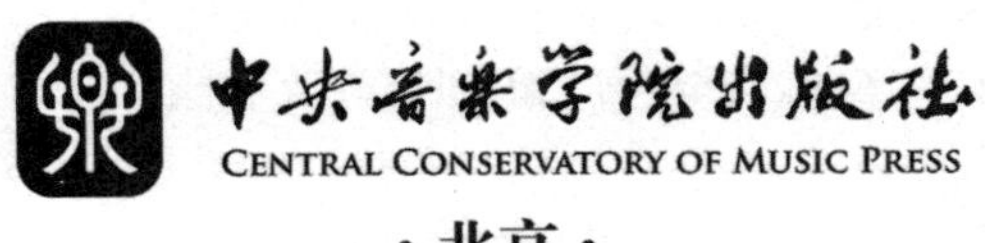
中央音乐学院出版社
CENTRAL CONSERVATORY OF MUSIC PRESS
·北京·

图书在版编目(CIP)数据

明清军礼与军中用乐研究/任方冰著．—北京：中央音乐学院出版社，2014.6（2025.3 重印）

ISBN 978－7－81096－581－1

Ⅰ.①明…　Ⅱ.①任…　Ⅲ.①军队—礼仪—研究—中国—明清时代②军乐—研究—中国—明清时代　Ⅳ.①E294

中国版本图书馆 CIP 数据核字（2014）第 059928 号

明清军礼与军中用乐研究　　任方冰著

出版发行：中央音乐学院出版社
经　　销：新华书店
开　　本：787×1092 毫米　16 开　　印张：20.75
印　　刷：三河市金兆印刷装订有限公司
版　　次：2014 年 6 月第 1 版　　印次：2025 年 3 月第 2 次印刷
书　　号：ISBN 978－7－81096－581－1
定　　价：198.00 元

中央音乐学院出版社　北京市西城区鲍家街 43 号　邮编：100031
发行部：（010）66418248　66415711（传真）

序　一

李双江

1998年解放军艺术学院音乐系成立了全国第一个纯学术型军旅音乐研究机构——“军旅音乐研究所”。军旅音乐研究所不设专职研究员，主要采用的是聘用研究员制度，曾先后聘请了一批军内外的专家学者，对我国的军旅音乐进行研究。十余年来，军旅音乐研究所在资料收集和军旅音乐家专题研究方面做了一些基础工作，抢救和保护了一大批即将流失的当代军旅音乐史料。

为了能够从历史的角度整体的把握中国军乐的发展形态，1999年我们申报了“解放军音乐史研究”课题并被列为“全国艺术科学‘九五’规划1999年度课题”，课题成果《中国人民解放军音乐史》2004年由解放军文艺出版社出版发行。李诗源教授申报了《中国近代军乐史》课题，旨在对鸦片战争以来的中国近代军乐发展历史作出梳理。而针对漫长的中国古代历史中的军乐发展情况，由于所涉时段较长、文献繁多，军乐的历史样态复杂多变，我们虽然在建所之初即有规划，但由于各自承担着繁重的教学与其他任务，一直没有合适的人选来承担这个科研重任。针对这样的情况和现实，我们也多次和音乐史学界的同仁进行交流和沟通，许多朋友也建议我们和中国艺术研究院音乐研究所进行合作。2007年10月在时任文化部副部长兼中国艺术研究院院长的王文章同志的关心下，我和项阳先生进行了合作，决定以“中国古代军乐”为定向课题，共同招收一名博士生，来合作完成军旅音乐研究所的科研课题。这样，我和方冰便有了这一段师生缘分。

任方冰同志曾先后师从赵为民教授和赵塔里木教授。赵为民教授是国内宋代音乐研究的专家，近年来他在隋唐燕乐二十八调方面的研究为业内所称道。赵塔里木教授是中国著名的民族音乐学家，他的博士论文是以民族音乐学的视角，考察了清中叶移民中亚的东干人的民歌。他提倡的跨界民族音乐学研究理念，为世界民族音乐学研究方法增添了一种新的研究模式，已经引起了国际学术界的极大关注。两位教授都非常严谨，方冰受他们的影响很大。研究中国古代军乐，既要对历史上的文献材料进行梳理辨析，又必须注意古代军乐尤其是明清军乐在当代的民间孑遗。和项阳老师商量之后，我们共同认为，方冰的学术背景和对学术的执着精神，无疑是完成中国古代军乐史课题的较为合适的人选。

方冰考入中国艺术研究院研究生院之后，我和项阳同志多次商讨对他的培养问题。项阳研究员多年来致力于中国古代礼乐的研究，他的学术“接通”理念是近年来音乐研究领域最为流行的学界术语之一，他重视历史的民族音乐学研究方法。方冰在他的带领下，研究能力有了很大的提高，学术视域也有了较大的拓展。三年时间里，方冰全身心地投入到了课题项目之中，除了远赴各地进行田野调查之外，他还对历史文献以及新出文物的文献做了尽可能全面的搜集，并撰写了几十万字的读书报告。由于博士阶段的时间紧迫，我们三人共同商定先对明清军乐作出梳理，于是才有了《明清军礼与军中用乐研究》这本专著。

方冰为人不善言辞，处事比较质朴，用孔子“刚毅木讷，近仁”这句话来形容他，最为合适不过。他心性温厚、意志坚强，无论是硕士阶段，还是博士阶段，他都能镞砺括羽，雪天萤席，这也是他在民族音乐学和音乐史学领域都能够做出一定成绩的主要原因。他和我一样，也有在新疆生活过的经历，有着西北人特有的待人至诚的秉性，这可能是我们一见如故的缘由吧。六年的相处，使我们彼此加深了了解，增进了友谊！三年的博士生活结束后，方冰又进入了中央音乐学院博士后流动站跟随我的老朋友戴嘉枋先生继续研读中国古代军乐，这里我要特此向戴嘉枋和项阳两位研究员以及在方冰研读军乐过程中给以帮助的各位专家表示感谢！感谢你们长期以来对军旅音乐研究所的支持，感谢你们为中国军乐研究所做的奉献！让我以一位老兵的名义，向你们致以崇高的敬礼！

《明清军礼与军中用乐研究》作为方冰的博士论文，在答辩时受到了评委专家的一致认可，中央音乐学院出版社社长张伯瑜教授看过书稿之后，也欣然同意出版方冰的专著。方冰嘱我为之作序，我不敢推辞，写下以上文字，以记之。

序　二

项　阳

2000年春节过后我应时任河南大学艺术学院院长赵为民兄的邀请前往开封为研究生课程班讲课，在焦作大学工作的任方冰是班上的学员，回京后不久的一天傍晚接到方冰电话，说要来北京见我，当时就在火车站，如是第二天上午会面，开始了我们十多年的交往。

方冰有一点与我相像，即在专业上努力，却对外语重视不足，如此常有遗憾的“坎儿”。我建议他考新疆师范大学音乐系是基于著名学者周吉先生和赵塔里木学兄等在此带研究生，系主任张欢将音乐系经营得有声有色，学校的民族学、民俗学、文化人类学研究力量很强，能够在这样的环境中学习定会大有收获。再有一点是外语门槛比内地院校相对低，不曾想减轻了心理压力的他考过了国家线，自是大欢喜。方冰幸运地拜在塔兄门下。塔兄对他要求严格，也提供优越学习条件，这使他硕士学位论文完成得比较出色。之后方冰来北京讨论考博问题，本想从乐籍制度解体前后的戏曲音乐发展切入，恰逢解放军艺术学院到中国艺术研究院寻求合作联合培养古代军乐方向的博士生，中国艺术研究院王文章院长要我参与合作，方冰把握住这个机会进入博士阶段，却因“定向”而转向。

他硕士阶段关注的是新疆曲子戏，转到中国古代军乐研究这样一个全新领域的确要挑战自我。为古代军中用乐的内涵外延定位，把握军中用乐类型，学界既往研究可参甚少，认知绝非易事。方向确立，以怎样的学术理念认知中国古代军乐系列问题摆在面前。制度、功能等理念必须把握，毕竟军队属国家意义。在制度层面，礼制、军制与乐制都应考量。国家五礼制度中军礼之出征、凯旋、献俘等仪式中乐与其相须固化为用，资料浩繁；从功能层面考量，要充分把握作为音声形态在军旅中的整体功能性，除了审美欣赏，军旅中音声作为鼓舞、激励、信号功能更是特色。至于军乐队组合演化、不同时段军礼与军中多层次用乐之内容也需辨析，这是军中用乐的整体意义，论文题目定为《中国古代军礼与军中用乐研究》。方冰常夜以继日地对相关文献分类梳理，材料逐渐丰富，工程巨大，深感超出一篇博士学位论文的容量，因此考虑先完成明清时段。

经历了国家意义上数千载积淀，明清时期的军中用乐无论从礼制还是乐制都趋于成熟与稳定，是为历史上最具特色的一个重要时段。明代军中礼制仪式用乐可涉吉礼与军礼两大门类，还要把握军中多种功能性用乐的意义，诸如训练、信号为用以及日常为用等等，这些构成军中用乐的整体意义。

既往中国古代音乐史研究谈到礼乐往往限于宫廷，对国家制度下各级地方官府、军旅等多层次、多类型性用乐的意义认知不足，因此，调整学术理念整体把握这些至关重要。明清时代从国家礼书层面对地方上的相关礼制仪式有明确规定，该时段又是中国地方志书编纂最为密集的时期，将国家礼书与方志（含卫志）相关记载以为对照，可清晰地把握这一时段礼制仪式上下相通的特殊性意义。

明清时代的国家中祀用乐有雅乐和鼓吹乐（教坊乐）两种类型，明代吉礼中祀的旗纛之祭明确为军队所设，该仪式可溯至两周的祃祭。作为军旗之祭的吉礼类型与明代特有的卫所制度相联系，可把握这种祭祀仪式上下相通的意义，旗纛之祭用乐属鼓吹乐类型。明代全国五百余处卫、两千余千户和百户所都会依制实施旗纛之祭，这是吉礼用乐侧重于军队的意义。加之地方官府道路、威仪、警严所需，军礼仪式为用以及它种礼制仪式更多使用鼓吹乐的状况，这起于军中金革之声的鼓吹乐队组合及其相对统一的乐曲遍布全国各地具有非常明确的意义。既往学界对卫所的把握成为音乐史学研究中的盲点，造成国家制度中乐制整体性意义把握的缺失。清代虽然没有延续明代之卫所制度，但八旗军与绿营军同样是有相应官制级别的建制，也需实施一系列国家礼制仪式及其用乐，这些梳理必定对扩展与丰富中国古代音乐史的认知空间有极大益处，方冰研究的新意与突破就在于此。

当把具有国家“通祀”意义的中祀旗纛之祭梳理清楚，由此拓展到它种中祀用乐，就可体味国家制度意义上明代中祀两种乐队组合的差异性所在。作为祭孔的《文庙祭礼乐》属雅乐类型，乐队组合以及乐曲使用上均有制度规定性，而作为鼓吹乐类型在明代更是作为国家通祀为用的主导具普遍性意义。文庙是县治以上衙署都设的建制，卫所也属国家建制，当然设文庙；旗纛庙则侧重卫所之所在，国家中祀这两种用乐类型都可上下相通。还应把握除中祀之外所有小祀用乐以及它种礼制仪式用乐国家存在的意义。在其时要实施这些礼制仪式必须由乐人在场，这就是国家礼乐、官属乐人之所在。

对历朝历代军中用乐的类型性分析是为必须，如此真正牵住乐在军中功能性意义的牛鼻子。从类型性梳理出发，把握时段异同，有助于明确明清时代军中用乐的基本样貌，引入“历史人类学”方法对明清军中用乐的认知行之有效，这就要对当下一些有历史积淀的传统军乐现象实地考察，包括旗纛庙遗存、其中的图像以及各地所存军乐曲目的活态，方冰先后深入山西、江西、河南、河北等地，获得了令人鼓舞的第一手资料。

毋庸置疑，鼓吹乐是军乐之最为重要的组合，对这种组合发展演化的考证意义重大。至于军乐队的主要组合方式，在不同时段乐队组合的差异性也需辨析，方冰在此处用功揭示出的种种样态为此前所不察。

军礼与军中用乐之乐人身份也不得不辨。宫廷中军礼仪式用乐由国家礼乐机构统一安排，而卫所和地方官府则有所不同，在国家制度下鼓吹乐这种形态其承载者应为官属乐人，但作为军中归属还是地方官府归属还应具体辨析，在这一点上方冰也颇有研究心得。应该说这个课题带给学界的认知多属开创性，毕竟都是此前少有把握者。

中国艺术研究院研究生院这些年来有不成文的规矩，就是基本不用所谓填补空白之类的词汇来评价学生论文，然而，答辩委员会在决议书中却刻意用了填补空白以为表彰，认定论文做得扎实细致，可谓筚路蓝缕之功，成为中国艺术研究院研究生院优秀博士学位论文，之后又得到文化部科技司等多家单位主办的音乐史博士组论文奖励。

博士阶段完成，方冰到中央音乐学院博士后流动站做研究，音乐史学家戴嘉枋先生给了他更多的空间，在良好的学术环境中他继续前行，将这一片属于他的学术天地进一步拓展，较为出色地完成了《中国古代军乐史研究》的博士后论文，使中国古代军乐研究呈现出一个相对完整的脉络。既然是开拓则须深化，学术贵在持之以恒，方冰对此有着明确的认识。

这些年来，我在对乐籍制度以及“以乐观礼”课题的研究中渐对中国传统音乐文化发展脉络有所感悟，导致新课题涌现，需“群起而攻之”。我感谢中国艺术研究院王文章院长给我机会，让我和解放军艺术学院李双江老师共同指导任方冰做中国古代军礼和军中用乐课题。这三年间，双江老师和我多次与方冰共同探讨相关学术问题，解放军艺术学院的李诗源教授、我的同事秦序教授也为方冰的研究倾注了许多精力。在此我向真诚合作的诸位贤达表示谢意和敬意。

方冰扎实、细致、用功、努力，对于这样一个开拓性的论题，也只有像他这样用功者方能有真正的收获。方冰有独立见解，我们常就相关问题进行深层次交流，启发是相互的，真正体现了教学相长。记得为了辨清“鼓吹乐”与“鼓乐”两个历史概念的相通与相异，我曾依四库全书全文电子检索版系统查阅了近六千条、上万个匹配的相关文献，摘录了25万字的资料，对这两个概念的多层含义进行类分。有多种概念的辨析都是如法炮制，本来这些都是我感兴趣的研究论域。作为导师应与学生成为学术朋友，我们在学术对话中共同体味学术乐趣与学术进步。

在任方冰的博士学位论文将要付梓之际，传来了他到中国音乐学院工作的好消息。方冰有民族音乐学的系统训练，又有史学的深入把握，相信他会以此为新的起点，将学术研究视为生活中的重要部分持续深入做出新成绩，这也是大家的期待。

2013 年 9 月于京北天通苑

目　录

下篇：明清军中用乐研究

绪　论

"国之大事，在祀与戎"①，战争是国家政治生活中最为重要的大事之一。军队是国家安全的重要保障，也是参与战争的主要力量。国家对战争的态度和军队的实力是战争胜负的关键因素。"兵者，凶也"，中国历代王朝深知战争之凶险，对于战争的态度相当谨慎，因此才有"不战而屈人之兵"② 为战之上策之说。但若必须启动战端时，国家对于战争也有一套严格而富有程序化的仪式，以求得到天地诸神的护佑，赢得战争的胜利。这些仪式即为军礼。在军礼的实行过程中，必有乐相须为用，此为军礼之乐。中国古代军队在日常的军事训练、战争及镇戍生活中，均有用乐现象，此皆为军中之乐。本文即以明清两代军礼和军中用乐作为研究对象，探讨国家军礼和军中用乐的史实和规律。

一、缘　起

本文将明清军礼与军中用乐作为研究对象，主要基于以下考虑：

明代建国之初，即以儒家思想为基础，建构起一套完备而系统的统治体系。这个统治体系借鉴先秦及历代国家制度之优点，形成了以礼乐文明为特点的封建国家统治秩序。清承明制，并结合满族的传统对其做了一些微小调整。明清礼乐制度可谓是中国古代礼乐制度的集中显现，其中军礼和军中用乐是其重要组成部分。以明清军礼与军中用乐作为研究对象，对于了解中国古代的军礼和军中用乐具有十分重要的意义，同时对于我们认识中国古代礼乐制度也可以达到窥一斑而识全豹的效果。

明清两代是中国封建时代的最后两个王朝。从秦汉开始作为军乐主要形式的军中鼓吹，随着清末新军乐的传入，逐渐被西式军乐所替代。那么这些退出历史舞台、逐渐被替代的中国传统军乐究竟哪里去了？是否随着岁月的流逝而渐趋消亡？是否有孑遗存留于今？其发展情况又如何？这对于中国传统军乐形式的研究，以及明清

---

① 《春秋左传集解》，《成公十三年》，上海：上海人民出版社，1977：722。

② 〔春秋〕孙武：《孙子》，《谋攻第三》.《四库全书》本。

两代军礼与军中用乐的研究，就显得极为重要和必要。只有理清明清两代军礼与军中用乐的历史形态，才能够明了当下民间所存的乐种是否为明清军乐之孑遗，才能够更准确地判断它与明清军乐的关系究竟如何？这对于我们目前开展的非物质文化遗产保护工作也具有重要意义。

明清军中除了我们所熟知的鼓吹乐之外，是否还允许存在其他的用乐形式或音乐种类？这些用乐形式或种类的存在和发展，与国家的政策有什么样的关系？这些问题也是我们需要了解和必须做出回答的。

二、文献研究回顾

关于明清军礼及军中用乐问题，尚未见有公开的专题研究成果。学界对于明清两代军礼用乐的研究也比较少见，目前的研究主要集中在清末的新军乐。

1. 关于明清军礼用乐的研究。万依、黄海涛的《清代宫廷音乐》① 以及为《中国民族民间器乐曲集成·北京卷》② 所撰写的《宫廷音乐》，论及了与明清军礼相关的一些用乐情况；温显贵《〈清史稿·乐志〉研究》③ 和陈万鼐《〈清史稿·乐志〉研究》④ 也分别论述了清代的卤簿乐问题。

2. 关于晚清新军乐的研究。此类文献较多，主要有冰台的《中国军乐队谈》、洪潘的《谈军乐》、韩国鐄的《中国现代军乐肇始初探》、张能政的《近代中国第一支军乐队》、陈建华的《明清时期中国西洋管乐的发端与兴盛》、段蕊的《袁世凯“新建陆军”军乐队研究》等。《中国军乐队谈》是目前所见最早关注军乐队的文献，它主要介绍了作者当时所见到的几支军乐队情况，文中叙及袁世凯军乐队发展为北洋政府总统府军乐队的历史⑤；《谈军乐》则梳理了中国新式军乐队的历史，认为袁世凯的小站练兵为中国军乐队的开始，并叙述了天津军乐学校的三期招生情况⑥；《中国现代军乐肇始初探》研讨了赫德和新建陆军军乐队的一些情况⑦；《近

---

① 万依，黄海涛. 清代宫廷用乐［M］. 香港：中华书局香港分局，北京：故宫博物院紫禁城出版社联合出版，1985。

② 《中国民族民间器乐曲集成·北京卷》编委会. 中国民族民间器乐曲集成·北京卷［M］. 北京：中国 ISBN 中心，2003。

③ 温显贵.《清史稿·乐志》研究［M］. 武汉：湖北辞书出版社，2008。

④ 陈万鼐.《清史稿·乐志》研究［M］. 北京：人民出版社，2010。

⑤ 冰台. 中国军乐队谈［J］. 时报. 上海：1917 年 8 月 20 日第九版。

⑥ 洪潘. 谈军乐［J］. 音乐月刊. 重庆：1942 年 5 月第一卷第二、三期合刊。

⑦ 韩国镇. 中国现代军乐肇始初探［J］. 音乐艺术，1981，(3)：3～12。

代中国第一支军乐队》则根据现存自强军的相关史料，认为自强军的军乐队乃是中国的第一支新式军乐队①；《明清时期中国西洋管乐的发端与兴盛》一文通过对新材料的发掘，认为天津水师学堂管乐队应该是目前存见材料中载录的清末最早的军乐队②；《袁世凯“新建陆军”军乐队研究》通过对袁世凯“新建陆军”军乐队的组建、成员、编制、演奏乐曲、活动及功能的梳理和描述，探讨了新建陆军军乐队的历史意义。作为一篇硕士论文，该文是目前所见到的对袁世凯新建陆军军乐队研究较为全面的文献之一③。此外，台湾学者周世文《清朝军中西式军乐队发展史探究》一文，对晚清西式军乐队在我国的肇始、军乐队的主管机构、营制、官制、薪酬、军乐的教育情况，以及清朝光绪三十二年之后各地训练新军的军乐队情况做了较为全面的探究④。石磊《清末日本军歌传入中国初考》⑤、洪潘《旧社会军乐回顾》⑥也涉及到晚清的军乐队情况。

其他相关晚清军乐队研究则大多散见于有关文化史、音乐史的综合性论著中，比较有代表性的如冯文慈《中外音乐交流史》⑦、汪毓和《中国近现代音乐史》⑧、陶亚兵《中西音乐交流史稿》⑨、《明清间的中西音乐交流》⑩，均论及清末西式军乐队情况。其中陶亚兵的论述最为翔实，探讨了张之洞、袁世凯的新军乐以及清末宫廷军乐队和其他各地军乐队、天津的军乐学校、李映庚《军乐稿》等史实。

3. 关于明清军中娱乐形式的研究。刘水云在对明清戏曲家乐研讨中探讨了明清武职官员的家乐情况⑪；杨惠玲对明清戏曲家班的研究，也论及了明清武将的戏曲家班演出状况⑫；曾凡安在其专著《晚清演剧研究》中对清代太平天国的军中演剧也做了一定的探讨⑬。

---

① 张能政. 近代中国第一支军乐队［J］. 音乐生活，1988，(5)：39。

② 陈建华. 明清时期中国西洋管乐的发端与兴盛［J］. 交响，2010，(1)：44～50。

③ 段蕊. 袁世凯“新建陆军”军乐队研究［M］. 南京艺术学院硕士学位论文，2010。

④ 周世文. 清朝军中西式军乐队发展史探究［J］. 复兴岗学报，2006，(87)：53～88。

⑤ 石磊. 清末日本军歌传入中国初考［J］. 音乐研究，1983，(4)：7～11。

⑥ 洪潘. 旧社会军乐回顾［J］. 南京艺术学院学报（音乐与表演版），1983，(4)：62～65。

⑦ 冯文慈. 中外音乐交流史［M］. 长沙：湖南教育出版社，1998。

⑧ 汪毓和. 中国近现代音乐史［M］. 北京：人民音乐出版社，2003。

⑨ 陶亚兵. 中西音乐交流史稿［M］. 北京：中国大百科全书出版社，1994。

⑩ 陶亚兵. 明清间的中西音乐交流［M］. 北京：东方出版社，2001。

⑪ 刘水云. 明清家乐研究［M］. 上海：上海古籍出版社，2005。

⑫ 杨惠玲. 戏曲班社研究：明清家班［M］. 厦门：厦门大学出版社，2006。

⑬ 曾凡安. 晚清演剧研究［M］. 广州：中山大学出版社，2010。

除了上述研究成果之外，还有一些其他方面的研究，虽然没有直接论及本论题的内容，但是却在某些方面对本论题有着重要的启示和促进意义。例如，作为古代军乐的重要形式之一的鼓吹乐研究①，关于历代军礼用乐的研究等。就目前所见，此类研究大致有三：其一，专以古代军礼用乐或者军中用乐作为研究对象的综合研究；其二，以曾为古代军乐主要形式的鼓吹乐为研究对象的专题研究；其三，相关军礼或军中用乐的其他研究。

1. 专以古代军礼用乐或者军中用乐作为研究对象的。

此类研究成果相对较少，其中以整个中国古代作为研究范围的有常朝栋《中国军乐发展之研究》、柳羽《中国古代军乐》，其他则多为断代研究，如张芳梅、谷亚成《汉代军乐》，易水《汉魏六朝的军乐——“鼓吹”和“横吹”》，梁满仓《魏晋南北朝军礼鼓吹刍议》，刘斌《六朝鼓吹乐及其与“五礼”制度的关系研究》，白光《论辽代军乐》，阎永丽、程晖晖《大平调、梆子腔与古代军乐》。

常朝栋的《中国军乐发展之研究》一文，将“军乐”界定为军中使用的音乐，并将其分为上古、中古、近古、现代四个阶段，分别从军乐编制、军中乐曲、乐器分类等方面进行研讨，研究中国古代军乐的渊源及演变情况②；张芳梅、谷亚成主要从鼓吹、横吹、乐器、曲辞探讨了汉代军乐的基本形式③；易水《汉魏六朝的军乐——“鼓吹”和“横吹”》主要论述汉魏六朝军乐的主要形式“鼓吹”和“横吹”④；刘斌在其文章中主要探讨了魏、晋、宋、齐、梁、陈六朝五礼用乐和鼓吹乐的互动意义，其中涉及到了五礼中的军礼用乐⑤；梁满仓研讨了从鼓吹作为一种音乐演奏形式到军礼鼓吹的变化过程，并论述了南朝北朝的军礼鼓吹及其意义⑥，另

---

① 目前所见到的音乐史类专著中均提及到各时期出现的军乐现象。诸如对远古传说中之关于战争的原始音乐、周之《大武》乐、鼓吹乐及其他少数相关军乐之内容。此类专著主要有杨荫浏《中国古代音乐史稿》，孙继南、周柱铨《中国音乐通史简编》，刘再生《中国古代音乐史简述》，吴钊、刘东升《中国音乐史略》，秦序《中国音乐史》，修海林《古乐的沉浮—中国古代音乐文化的历史考察》，蓝玉崧《中国古代音乐史》，金文达《中国古代音乐史》等等。以下文献综述中涉及到以上史书类文献的从略。

② 常朝栋. 中国军乐发展之研究［M］. 国立台湾师范大学硕士学位论文，1984。

③ 张芳梅，谷亚成. 汉代军乐［J］. 韩理洲. 中国传统文化与新世纪［C］. 西安：三秦出版社，2004：642～652。

④ 易水. 汉魏六朝的军乐——“鼓吹”和“横吹”［J］. 文物，1981，(7)：22。

⑤ 刘斌. 六朝鼓吹乐及其与“五礼”制度的关系研究［J］. 天津音乐学院学报，2007，(1)：41～66；(2)：11～17。

⑥ 梁满仓. 魏晋南北朝军礼鼓吹刍议［J］. 中国史研究，2006，(3)：37～59。

梁氏在其专著《魏晋南北朝五礼制度考论》① 一书中，也研讨了讲武练兵、军队誓师之礼、军法与军礼等相关内容；白光《论辽代军乐》以辽代军乐作为研讨对象，对其军乐的阵容进行了初步研究，并对其军乐使用的乐器进行了分析②；闫永丽、程晖晖从大平调中使用的军中响器长尖，推断其为古代军乐在民间的遗存，其主要依据为，明嘉靖以前只有在皇帝巡幸、将帅行军等仪仗里才能吹奏和表演的长尖这一特殊性乐器③。

2. *以古代军乐主要形式的鼓吹乐作为研究对象的。*

以鼓吹乐作为研究对象的相关文献比较多④，但大致可以分为历时和共时研究两类。历时研究运用文献考证和考古方法对鼓吹乐进行探讨。此方面的研究可以细化为三类：对鼓吹乐的渊源和流变进行的研究；对鼓吹音乐机构及职官进行考辨；对历史上的历代鼓吹文辞的研究。

关于鼓吹乐的渊源和流变的研究，如王珉《鼓吹乐起源说》⑤、黎国韬《鼓吹乐及其起源简议》⑥、孙云《鼓吹乐溯流探源及实名之辨》⑦、宋新《汉代鼓吹乐的渊源》⑧ 等。学术界对鼓吹渊源的研讨素有三说，即黄帝说、战国说、北胡说，上述研究对原有材料虽有新的认知，但并未超越此三说。

关于鼓吹音乐机构及职官的研究，有许继起《汉代黄门乐署考》、《鼓吹乐十二案考释》，孙尚勇《黄门鼓吹考》以及黎国韬的相关研究。《汉代黄门乐署考》以两汉黄门职官建置作为考察对象，探讨了其设置、管理等方面的情况⑨；《鼓吹乐十二案考释》研讨了鼓吹十二案的设立、建置、沿革，阐述了其性质和功能，认为鼓吹十二案是梁武帝乐制改革的结果，也是鼓吹乐发展到一定历史阶段之产物，其对宋

---

① 梁满仓. 魏晋南北朝五礼制度考论［M］. 北京：社会科学文献出版社，2009。

② 白光. 论辽代军乐［J］. 北方文物，2007，(4)：80～84。

③ 闫永丽，程晖晖. 大平调、梆子腔与古代军乐［J］. 艺术百家，2008，(5)：204～208。

④ 可参看肖梅《中国鼓吹乐历史文献及近现代研究文献》（该文献载录于乔建中、薛艺兵主编《民间鼓吹乐研究——首届中国民间鼓吹乐学术研讨会论文集》）；1990 年～2000 年间关于鼓吹乐研究之文献，可参看王小峰《20 世纪末的中国鼓吹乐研究》（星海音乐学院学报 2007 年第 1 期 46～50）；2000 年以后的鼓吹乐文献见本文献综述。

⑤ 王珉. 鼓吹乐起源说［J］. 音乐艺术，2003，(4)：64～69。

⑥ 黎国韬. 鼓吹乐及其起源简议［J］. 艺术百家，2004，(3)：76～79。

⑦ 孙云. 鼓吹乐溯流探源及实名之辨［J］. 音乐探索，2005，(2)：9～16。

⑧ 宋新. 汉代鼓吹乐的渊源［J］. 中国音乐学，2005，(3)：84～88。

⑨ 许继起. 汉代黄门乐署考［J］. 云南艺术学院学报，2002，(4)：22～28。

元之际舞台艺术的产生具有借鉴意义①；《黄门鼓吹考》一文认为“黄门倡是侍从帝王的倡优，其职责是以歌舞俳戏娱乐帝王。黄门鼓吹主要职责则是作为乘舆的礼乐仪仗，平时有持兵护卫之任，二者有明显的区别”，作者通过对鼓吹、短箫铙歌、黄门鼓吹进一步的研讨，他认为：短箫铙歌和黄门鼓吹的分立是不同仪式的需要，也是汉代鼓吹曲历史发展的必然②。黎国韬近年来关注历代乐官制度研究，其博士论文和博士后出站报告均涉及到鼓吹音乐机构及职官问题③。

关于鼓吹文辞研究的文献主要有赵敏俐《〈汉鼓吹铙歌〉十八曲研究》、韩宁《〈乐府诗集〉鼓吹曲辞横吹曲辞研究》、侍建强《南北朝横吹曲研究》、李骜《两宋鼓吹歌曲考述》、吴同和《歌高宗之神功颂太宗之盛德——柳宗元〈唐铙歌鼓吹曲十二篇〉评析》④、王淑梅《曹魏缪袭鼓吹曲辞创作时间考辨》⑤、许云和《汉鼓吹铙歌第十八曲〈石留〉解读》⑥、姚小鸥《关于刘宋“今鼓吹铙歌”〈上邪曲〉的研究》⑦、贾晓燕《汉乐府铙歌的杂言结构及修辞特色》⑧。韩宁主要从文献学、音乐学和文学三方面对《乐府诗集》中的“鼓吹曲辞”和“横吹曲辞”进行了研讨⑨；侍建强主要从横吹曲的产生分类、南朝横吹曲、梁鼓角横吹三方面进行了探讨⑩；李骜对两宋鼓吹歌曲的创立、定型和重建进行了梳理，探讨了两宋鼓吹歌曲的体制和体式特征以及曲调的渊源，并探讨了两宋鼓吹歌曲研究的价值和意义。⑪

共时性研究主要是以当下流行于各个地区的鼓吹乐乐种为研究对象，运用民族音乐学和社会学、人类学的方法来进行研讨。此方面研究主要涉及鼓吹乐种的渊源、应用场所、乐器、乐曲、演奏班社、社会背景以及与相似乐种的比较等内容。近几

① 许继起. 鼓吹十二案考释［J］. 中国音乐学，2004，(4)：76～83。

② 孙尚勇. 黄门鼓吹考［J］. 黄钟，2002，(4)：12～21。

③ 黎国韬. 古代乐官与古代戏剧［M］. 广州：广东高等教育出版社，2004。

④ 吴同和. 歌高宗之神功颂太宗之盛德—柳宗元《唐铙歌鼓吹曲十二篇》评析［J］. 湖南科技学院学报，2008 (9)：9～11。

⑤ 王淑梅. 曹魏缪袭鼓吹曲辞创作时间考辨［J］. 河北师范大学学报，(哲学社会版). 2007，(3)：85～87。

⑥ 许云和. 汉鼓吹铙歌第十八曲《石留》解读［J］. 古籍整理研究学刊，2006，(6)：87～90。

⑦ 姚小鸥. 关于刘宋“今鼓吹铙歌”《上邪曲》的研究［J］. 北方论丛，2005，(1)：29～32。

⑧ 贾晓燕. 汉乐府铙歌的杂言结构及修辞特色［J］. 湖北教育学院学报，2007，(12)：46～48。

⑨ 韩宁.《乐府诗集》鼓吹曲辞、横吹曲辞研究［M］. 首都师范大学博士学位论文. 2006。

⑩ 侍建强. 南北朝横吹曲研究［M］. 首都师范大学硕士学位论文. 2001。

⑪ 李骜. 两宋鼓吹歌曲考述［M］. 首都师范大学硕士学位论文. 2008。

年主要研究成果有：王瑞琪《济宁的鼓吹乐》①、蔡国耀《兴华八乐与十番探源》②、刘慧荣《概说包头民间鼓吹乐》③、牛玉新《山东鼓吹乐及其在民间风俗仪式中的作用》④、郝玉岐《河南唢呐与山东唢呐》⑤、孙云《奏笙鼓可传悲意鸣管笛堪寓哀情——解读山东鼓吹乐在丧葬礼俗中的文化意义》⑥、李卫《功能视野中的礼俗与鲁西南鼓吹乐》⑦、吴玉辉《唢呐艺术的渊源及其音乐社会学分析》⑧、杨红《民族音乐学田野中的音乐形态研究——鲁西南鼓吹乐的音乐文化风格研究》⑨、吴凡《晋北民间乐班界定及话语阐释》⑩、耿朝晖《龟兹民间鼓吹乐东渐流变与户县遗存调查及思考》⑪、谢秀敏《禹州吹打班生存状态田野调查报告》⑫、朱文鼎《青山口鼓吹乐的音乐形态探析》⑬、张振涛《追寻唢呐——晋北鼓吹乐的平叙与深描》⑭、胡亮《对徽州民间吹打乐与鼓吹乐的考察所引发的思考》⑮。以上学者或以音乐学传统研究方法，或以民族音乐学、音乐人类学方法，或以音乐社会学之方法，对现存之鼓吹乐种个案进行了多角度、多层次的探研。除此之外，已出版的30卷《中国民族民间器乐曲集成》也对中国各地之“鼓吹乐”作了初步的分析和描述。

另有一些学者则从历时与共时结合的角度对鼓吹乐进行了探讨。项阳《乐户与

---

① 王瑞琪. 济宁的鼓吹乐［J］. 德州师专学报，1991，(3)：74～75。

② 蔡国耀. 兴华八乐与十番探源［J］. 莆田学院学报，2003，(1)：86～91。

③ 刘慧荣. 概说包头民间鼓吹乐［J］. 内蒙古艺术，2003，(2)：70～73。

④ 牛玉新. 山东鼓吹乐及其在民间风俗仪式中的作用［J］. 中国音乐，2003，(3)：23～27。

⑤ 郝玉岐. 河南唢呐与山东唢呐［J］. 乐器，2005，(6)：44～46。

⑥ 孙云. 奏笙鼓可传悲意鸣管笛堪寓哀情——解读山东鼓吹乐在丧葬礼俗中的文化意义［J］. 齐鲁艺苑，2005，(3)：82～84，96。

⑦ 李卫. 功能视野中的礼俗与鲁西南鼓吹乐［J］. 中央音乐学院学报，2006，(4)：76～82。

⑧ 吴玉辉. 唢呐艺术的渊源及其音乐社会学分析［J］. 贵州大学学报：艺术版，2007，(1) 36～40。

⑨ 杨红. 民族音乐学田野中的音乐形态研究——鲁西南鼓吹乐的音乐文化风格研究［J］. 中国音乐，2007，(1) 82～91。

⑩ 吴凡. 晋北民间乐班界定及话语阐释［J］. 交响，2007，(3)：5～11。

⑪ 耿朝晖. 龟兹民间鼓吹乐东渐流变与户县遗存调查及思考［J］. 新疆艺术学院学报，2008，(4)：11～13。

⑫ 谢秀敏. 禹州吹打班生存状态田野调查报告［J］. 襄樊学院学报，2008，(4)：80～84。

⑬ 朱文鼎. 青山口鼓吹乐的音乐形态探析［J］. 戏剧丛刊，2008，(5)：86，88。

⑭ 张振涛. 追寻唢呐——晋北鼓吹乐的平叙与深描［J］. 南京艺术学院学报：音乐与表演版，2009，(3)：97～104。

⑮ 胡亮. 对徽州民间吹打乐与鼓吹乐的考察所引发的思考［J］. 齐鲁艺苑，2009，(4)：85～89。

鼓吹乐》认为：“乐籍制度与鼓吹乐的发展是一种相互依附的关系，现今传统音乐中的许多‘乐种’均可视为鼓吹乐在演化过程中的变异形态”①；景蔚岗通过对各历史时期的鼓吹史料梳理，结合其对中国北方民间音乐的田野调查实践，认为“民间鼓乐、吹鼓乐不是鼓吹乐，‘民间鼓吹乐’统称失当”②。此外，刘勇《中国唢呐艺术研究》③，依据历史文献和考古材料、以及作者的田野调查实践，对鼓吹乐的重要组成乐器——唢呐，进行了比较全面的研讨，是迄今为止研究鼓吹乐最为重要的成果之一。

3. 其他相关军礼或军中用乐的研究。

除上述研究之外，还有一些学者在其综合性或专题性著作中对古代军中用乐或军用乐器作了探讨。杨华在其《先秦礼乐文化》一书中，专门论述了先秦的军礼用乐，主要涉及战前的祭祀、战阵中的壮军威、战后的凯旋及军事训练和田猎礼用乐，但限于文献，关于乐之论述稍显不足④；梁国强《先秦、秦汉军事乐舞简论》认为我国古代军事乐舞呈现出两种趋势，其一由徒手舞到干戚舞再到万舞进而至秦汉时出现了鼓吹和横吹，其二向宗庙乐舞转化，即军事乐舞转化为雅乐舞，并对军事乐舞的产生、应用、仪典化及其文化意义作了论述⑤；张国强《宋代教坊乐制研究》认为钧容直是军乐的一种，并对其设置的年代及人员组成情况作了研讨⑥；卫亚浩《宋代乐府制度研究》一文，比较详尽地探讨了宋代的军乐——钧容直以及宋代军队与音乐的关系⑦；柏红秀《唐代宫廷音乐文艺研究》一文认为，唐代的凯乐因为只用于献俘之场合，因此其应为燕乐内容之一⑧。

关于先秦军乐器的研究多见于考古报告和综合性论著中，比较有代表性的成果主要有方建军《论东周秦汉铜钲》、陆斐蕾《錞于及其文化区系研究》。方建军根据考古发现，钲常与军乐器里的錞、鼓、扁钟等构成五种组合形式：a 钲、錞组合；b 钲、錞、鼓组合；c 钲、錞、扁钟组合；d 钲、鼓组合；e 钲、扁钟组合⑨；陆斐蕾

---

① 项阳. 乐户与鼓吹乐［J］. 文艺研究，2001，(5)：15～27。
② 景蔚岗. 中国传统笙管乐申论［M］. 长沙：湖南文艺出版社，2005：66。
③ 刘勇. 中国唢呐艺术研究［M］. 上海：上海音乐学院出版社，2006。
④ 杨华. 先秦礼乐文化［M］. 武汉：湖北教育出版社，1997：99～103。
⑤ 梁国强. 先秦、秦汉军事乐舞简论［M］. 河南大学硕士论文，2004。
⑥ 张国强. 宋代教坊乐制研究［M］. 中国艺术研究院博士学位论文，2004。
⑦ 卫亚浩. 宋代乐府制度研究［M］. 首都师范大学博士学位论文，2007。
⑧ 柏红秀. 唐代宫廷音乐文艺研究［M］. 扬州大学博士学位论文，2004。
⑨ 方建军. 论东周秦汉铜钲［J］. 中国音乐学，1993，(1)：87～99。

根据建国以来出土的150件錞于，结合文物本身与史籍文献、考古发掘报告，对其形制、纹饰、时代特征、地域特征、功能属性逐一进行了分析。①

除此之外，以《中国音乐文物大系》② 为代表的新的考古文献，为明清两代军礼与军中用乐的研究提供了丰富而鲜活的图像资料，为进一步认识中国古代军乐提供了很好的条件。“中国民族民间文艺集成志书”③ 的出版，也为我们了解国内各地现存军乐之孑遗提供了较好的帮助。

以上研究成果虽然没有直接涉及到明清军礼与军中用乐的内容，但是有益于笔者在整体把握中国古代军礼与军中用乐的前提下，对明清军礼和军中用乐现象作出准确的判断和进一步的研讨。

由上可知，目前学界尚未对明清军礼和军中用乐问题做专题研讨。与本论文直接相关的研究内容，也主要集中于晚清新军乐的研究，对于明清军礼用乐与军中用乐亦未作整体的关照。结合以上对相关军礼与军中用乐的文献回顾，本论题拟结合明清两代军事制度，运用历史人类学方法，将明清军礼与军中用乐置于其所处的社会大背景中来考察，并结合前贤之研究成果，对明清两代的军礼与军中用乐的史实做出合理的描述与判断。

三、概念界定与本文架构

（一）军乐的界定

关于本论题“明清军礼与军中用乐研究”必然要涉及到“军乐”的概念界定。

《苏联军事百科全书》将“军乐”一词界定为“供武装力量队列训练使用和为军人品德教育服务的音乐”④。《中国大百科全书音乐舞蹈卷》对军乐的界定为“军队在比武、行军、阅兵和战斗时演奏的音乐”。⑤ 《辞海》定义为“军中所用之音

---

① 陆斐蕾. 镈于及其文化区系研究. ［M］. 中国艺术研究院硕士论文，2007。

② 《中国音乐文物大系》已出新疆卷、四川卷、山西卷、陕西天津卷、山东卷、江苏上海卷、湖南卷、湖北卷、河南卷、河北卷、甘肃卷、北京卷、内蒙古卷、广东卷、江西续河南卷共十五卷。

③ “十部文艺集成志书”包括：《中国民间歌曲集成》、《中国民族民间器乐曲集成》、《中国戏曲音乐集成》、《中国曲艺音乐集成》、《中国民族民间舞蹈集成》、《中国戏曲志》、《中国民间故事集成》、《中国歌谣集成》、《中国谚语集成》、《中国曲艺志》。

④ 中国人民解放军军事科学院编译：《苏联军事百科全书》（2），北京：中国人民解放军战士出版社：1982：490～491。

⑤ 《中国大百科全书·音乐舞蹈》. 上海：中国大百科全书出版社，1989：325。

乐……。俗亦以称西乐之军乐队”①。《苏联军事百科全书》主要从其应用的目的来界定的，《中国大百科全书音乐舞蹈卷》则依照军队的军事行为来界定。《辞海》的界定虽较为宽泛，但不失灵活。

“合理的概念，既要具备充足的概括能力，又要尊重历史上的约定俗成”。② 军乐的界定既要注意其历史形式，又要兼顾其应用场所和功能的使用。目前的军乐概念多以军乐的某一个方面特征作为界定的标准，并不能够概括军乐的多形式、多功用特征。究其原因可能有二：第一，军乐的形式较为复杂，秦汉以下皆为鼓吹乐，晚清后则完全转换为西乐，一般的军乐概念皆以此两种形式作为军乐的主要内容进行界定，忽视了秦汉之前的军乐形式特征；第二，军乐的功能常因不同的时代、环境和目的而存在变化。一般的军乐概念未将其功能变化作为概念的外延进行整体的把握。由于军乐的形式和功能的复杂性，学界尚没有一个完整的界定标准。本文认为，军乐的界定必须首先要把握军乐的产生、发展脉络，并对其发展过程中形式及其功能的变化给予关注，在此基础上才能对军乐的概念作出整体的把握。

1.军乐的产生及其原初功能

军乐最早应产生于远古部落文明时代。古代部落得以存在和发展主要依靠两种手段：和平结盟和武力征服。③ 其时的“知识与信仰体系的核心是万物有灵论”④，部落或氏族首领及其组织成员们近乎逢事必祷求神灵的佑护，战争也伴随着某种巫术仪式而进行。一般认为，巫术仪式由一个或多个巫师主持和掌控仪式过程，仪式伴随强烈的节奏和神秘的咒语以及疯狂的舞蹈而进行，巫师借助于某种通神之物（一般为鼓或者其他能够发出声音的骨哨类物），对人与自然的关系或者人与人的关系（例如渔猎、疾病、死亡、战争等）进行干预和制服，期望通过这种仪式达到预期之目的。巫在巫术仪式中居于支配地位，这些人中有许多人即为部落之首领，他们在部落的对外战争中起着举足轻重之作用。战前，巫师们击鼓跳舞，作法唱歌诅咒敌方；战争中身先士卒，在神鼓的激扬下，奋勇杀敌；战后，或作法跳舞感谢神灵的佑护，或在仪式中为战死的成员作法安魂，或为战争的胜利欢庆鼓舞。这些为战争而施行的乐舞，即为古代军乐的最早形式。这些为战争而设的巫术仪式，我们简称为战事仪式。

---

① 舒新城等：《辞海》，上海：中华书局，1936。

② 王昆吾.隋唐五代燕乐杂言歌辞研究［M］.北京：中华书局，1996：3。

③ 张岩.从部落文明到礼乐制度［M］.上海：上海三联书店，2004：18。

④ 韩高年.礼俗仪式与先秦诗歌演变［M］.北京：中华书局，2006：11。

战事仪式与乐舞密不可分。“巫，祝也。女能事无形，以舞降神者也。象人两袖舞形，与工同意。”（《说文》）段玉裁认为，巫祝分职，相须为用。無、舞皆与巫叠韵。巫通过乐舞来事无形之神灵，以乐舞来娱乐神灵，使神灵降临。《说文》释“舞”为“乐也”。古代“乐”“舞”一也。甲骨卜辞舞字作[illegible]、[illegible]、[illegible]、[illegible]，似人执物而舞；乐字为[illegible]，似人头戴饰物，身着尾饰举手投足而舞，与青海孙家寨舞蹈纹彩陶盆及属同一马家窑类型的舞蹈彩陶盆①所绘图像相类似。可以推测，巫觋时代战事仪式的情况：战争之前，巫师跳舞作法，念咒歌唱，目的在于激起好战情绪，这些情绪被巫师“集中凝聚和加强起来”，成为战争激励的有效的动力。仪式中用节奏固定的鼓声可以迅速使巫师集中自己的精神，按照一定的节奏进行的舞蹈可以集中参与者的心神。因此，古代巫师必精通音乐和舞蹈，其中一部分人发展为后世之“乐工”，因此《说文》言“与工同意”。

在战时进行的歌舞仪式，其功能在于实用性。这种战事中所用的乐舞即为军乐的最初形式，目的在于保障战争的胜利。在行施这些歌舞时，既增强了我方的信心，又在生理和心理上对敌方产生巨大的恐吓作用。《尚书·大禹谟》记载，舜命禹与有苗作战一月未胜，舜改变了方式，令人舞干羽于两阶，敌人遂服。② 武王伐纣时也“前歌后舞”。这些战时之歌舞明显具有实用功能。

2. 军礼的产生、发展与军乐功能的扩充

当一种战事仪式在战争中偶尔起到了作用，在接下来的战争中，这种仪式必然得到重新施行。一旦这种仪式在多次战争中都取得了成效，它便成为一种“范式”。之后，即使施行了这种仪式而战争没有取得胜利，战争的领导者和巫师们则会从自身或者成员内部寻找原因，这也是人类的普遍心理规律。战争过程形成的仪式“范式”逐步得到了全体社会成员的认同，发展成为该氏族或部落社会成员的共同习惯，随着氏族或部落联盟的扩展，认同的区域和范围越来越宽广，成员越来越多。这些仪式规范集中于战前、战中和战后。这种规范性的仪式，即为后世军礼之初始形态。与仪式相伴而生的仪式乐舞即为后世军礼用乐之渊源。

仪式的规范性主要体现在祭祀对象的一致性。经过长期的经验总结和实践检验，万物有灵的天神地祇和先世祖先神灵成为战事祭祀的对象。商代战争胜利后已有了

---

① 张树国. 宗教伦理与中国上古祭歌形态研究［M］. 北京：人民出版社，2010：17。

② 〔汉〕孔安国传，〔唐〕孔颖达疏，廖明春、陈明整理，吕绍纲审定：《尚书正义》，十三经注疏整理本，北京：北京大学出版社，2000：118～122。

规范性的郊迎、献俘、凯歌等军礼仪式。[①] 周代，周王成为国之共主，军礼的使用范围逐渐确定[②]。周制以田定赋、以赋出兵，征伐专属司马，而伍籍属司徒，“居则为比，闾族党州乡；出则为伍，两卒旅师军。故兵即农也，吏即将也。”[③] 民军制的特点，决定了军礼的内容主要在于协同天下诸侯邦国，军礼兼有军法军纪之意。秦并六国，确立君主制，始皇焚书坑儒，先秦礼学几近绝亡。两汉先后以《仪礼》和《周礼》为中心探究先秦之礼。[④] 魏晋南北朝时期，五礼制度得以彰显，军礼的内容逐渐确定。隋唐时军礼成为定制，直至清亡，未再有较大的变化。

先秦军礼每行之，必有乐舞相须为用。乐舞是军礼仪式的外在表现形式之一，军礼通过乐舞作为媒介，用来沟通或调整人与神、人与人之间的关系。军礼仪式上的乐舞，其实质更多的在于彰显人与人之间的远近高低等级有差关系，此为军乐的社会功能。

战时的乐舞既有实用性功能，又具有社会等级意义。战后的仪式过程中，乐舞依然不可缺少，它本身即是一种报祭。在报祭的过程中全体参与者享受到了战争胜利之后，祭祀过程所带来的身心愉悦，从这个意义来讲，它又具有一种娱乐功能。

3. 军乐的形式

原始部落战事仪式乐舞具有节奏性强、乐舞一体之特点，它与战事仪式密不可分。乐舞为通神所必用，仪式以乐舞为事神之工具。乐舞最初使用的乐器有可能就是战时的木棒或石器，后随着生产力的提高，这些用于各种仪式的神器和乐器得到了精心的制作，并固定成为仪式的专用之器。社会的分工，使参与仪式的乐者舞者逐渐为专职的乐工。

西周建立之初，周公即对军事活动和军礼仪式中必须遵守的行为做了规范。这其中也包括战阵中的乐器规范，因等级不同，其器也有差别。《周礼·夏官·大司马》详细地记录了战阵时所用的乐器和乐器的功用。“王执路鼓，诸侯执贲鼓，军将执晋鼓，师帅执提，旅帅执鼙，卒长执铙，两司马执铎，公司马执镯，以教坐、作、进、退、疾、徐、疏、数之节”，“中军以鼙令鼓，鼓人皆三鼓。司马振铎，群吏作旗，车徒皆作。鼓行，鸣镯，车徒皆行，及表乃止。三鼓，摝铎，群吏弊旗，

---

① 高智群. 献俘礼研究［J］. 文史，中华书局，1992，(35)：1～20/（36）：11～26。

② “军礼”一词最早见于《周礼·春官》：“以军礼同邦国，大师之礼，用众也；大均之礼，恤众也；大田之礼，简众也；大役之礼，任众也；大封之礼，合众也。”

③ 秦蕙田. 五礼通考［M］. 卷233，四库全书电子版，上海人民出版社，2001。

④ 杨志刚. 中国礼学发凡. 陈其泰、郭伟川、周少川编. 二十世纪中国礼学研究论集［C］. 北京：学苑出版社，1998：129。

车徒皆坐。又三鼓，振铎，作旗，车徒皆作。鼓进，鸣镯，车骤、徒趋，及表乃止，坐、作如初。乃鼓，车驰，徒走，及表乃止。鼓戒三阕，车三发，徒三刺，乃鼓退，鸣铙，且卻，及表乃止，坐、作如初。”① 以上文献显示，周代的军乐器既具有实用性功能，又彰显了社会功能。王、诸侯、军将、师帅、旅帅、卒长、两司马、公司马所用军乐器明显不同。西周军中有专职军乐器的鼓人。《周礼·地官·鼓人》记载了鼓人的职责："鼓人掌教六鼓、四金之音声。以节声乐，以和军旅，以正田役。教为鼓而辨其声用。以雷鼓鼓神祀，以灵鼓鼓社祭，以路鼓鼓鬼享，以鼖鼓鼓军事，以鼛鼓鼓役事，以晋鼓鼓金奏。以金錞和鼓，以金镯节鼓，以金铙止鼓，以金铎通鼓。凡祭祀百物之神，鼓兵舞、帗舞者。凡军旅，夜鼓鼜，军动则鼓其众。田役亦如之。”②鼓人的职责非常清楚，日常负责教练各种军中乐器，战时则负责军中乐器的使用，举行军礼仪式时，负责仪式中的乐舞。其他参与军中征战或战后军礼祭祀的还有小师、视瞭、磬师、钟师、笙师、镈师、旄人籥师、籥章等。

周代出征前后皆有仪式。征前祭天告庙社，行祃祭礼，由小子负责衅鼓、铎，大师则执同律以听军声而诏吉凶，《军法》言其遵循的规律为，律与商音和，则胜；与角音和，则军扰；与宫音和，则上下同心；与徵音和，则将急数怒，士兵疲于奔命；与羽音和，则兵弱。③ 征战有功，大司马则左执律，右秉钺，以恺乐献于社；恺乐由乐师在事前预教瞽矇，师至则帅其属领唱之，“若师不功，则厌而奉主车。王吊劳士庶子，则相”。④

秦汉由于先秦礼乐制度也已不再，加之其时的兵制有了较大的变化，其军乐的形式也有了很大的改变。先秦时车兵为主要军种，到了汉代由于车战局限过大，被骑兵所代替，原来车战时所用的钲、錞于、建鼓等军乐器由于形制和重量的原因，不能适应新的兵制的要求。西北边地马上所用之乐鼓吹逐渐成为军乐的主流形式，其乐器组合为胡笳（篳篥）、角、排箫、笙、鼓等。与原来先秦金石之乐相比较，鼓吹乐组合形式呈现出一种中原乐器和西域乐器相融合的特点，因此，项阳称其形式为“胡汉杂陈”。鼓吹乐由于功能的变化，由军中专用用乐形式发展为卤簿仪仗用乐。至元明时期，唢呐和铜角进入鼓吹乐队，清末鼓吹乐则被新军乐所代替。

4. 军乐的界定

由上研讨军乐的产生、发展和功能，我们知道，军乐与战事行为关系密切，军

① 杨天宇. 周礼仪注［M］. 上海：上海古籍出版社，2004：417～421。
② 杨天宇. 周礼仪注［M］. 上海：上海古籍出版社，2004：182～184。
③ 李学勤. 周礼注疏. 十三经注疏（标点本）［C］. 北京：北京大学出版社，1999：613。
④ 杨天宇. 周礼仪注［M］. 上海：上海古籍出版社，2004：424。

乐的形式和风格因受其所处的社会环境和军队兵制的影响，其乐器组合也有不同。军乐的形式对于每名参与军事行为的双方都会产生心理和生理上的影响。根据以上对中国古代军乐的产生发展和功能及形式变化等方面的研讨，笔者将军乐界定为：

军乐是在形式和风格上，与军事行为的环境、目的相一致，可对军事行为的参与者（单一方或敌对双方）产生生理和心理效应的音乐。军乐形成于特定的社会或时段，并依存、归属和受制于其社会和文化系统①。

从这一点来讲，军乐主要指的是军事行为中的用乐。中国古代的军事行为用乐有二，一为军营中具体的战阵和日常的军事训练，以及军营生活所用之乐；一为国家为保证战争胜利而实行的一系列军礼仪式用乐。

军营中的战阵和军事训练用乐是军营生活用乐的主体，并在军营用乐中处于第一位的意义。战阵和军事训练用乐大多具有军事信号之功用，在具体的战阵和其他军营军事行为中，起着十分重要的号令传达作用。如军中鼓吹，原用于军营，在于传号令、鼓士气。三国时吴将甘宁于阵前喝问："鼓吹何以不作?"② 此处鼓吹即在于激扬士气，鼓舞军心。战阵和军事训练用乐形式作为军令传达的手段，是军营主将指挥调动军队的重要媒介，并逐渐成为军营主将的权力象征符号。此种军事用乐形式由实用性的指挥军营号令，演化成为权力身份象征。军乐形式的军事号令功用和符号，延伸出身份地位象征的威仪功用，并被社会认可和接受，成为一种社会符号。当军乐的这种社会功用得以彰显后，依照国家制度享有者，必将其充分使用，以彰显其社会地位和身份之荣耀，这时，军乐形式便即在乐器组合、乐辞内容等方面，做出较大的扩充和变化。仍以鼓吹为例，汉魏已降，国家常以军功赐赏大臣鼓吹，鼓吹的社会意义便得以彰显。随着鼓吹的这种功能的变化，其乐器组合形式也得到扩充，并成为国家制度最为主要的用乐形式之一。项阳在其《重器功能，合礼演化——从金石乐悬到本品鼓吹》一文中言曰："检索一部《宋书》，在立国短短59年间（420～479）由皇家或'赐'、'加'、'假'、'给'与将军、方镇官员和有功之臣的鼓吹就有50余部，更为彰者则是前后部鼓吹。将检索扩展至整个南朝，其数量更大；至于扩展到汉魏以降的历代官书正史，实在不可胜记，从朝廷所赐到依制拥有成为常式，构成庞大的鼓吹威仪用乐体系。鼓吹既用于战阵，更显现不同等级

① 此处借鉴了薛艺兵先生依据音乐属性的六个层次对仪式音乐所作的概念界定。薛艺兵.神圣的娱乐［M］.北京：宗教文化出版社，2003：63～73。

② 〔晋〕陈寿撰，〔宋〕裴松之注.三国志.卷55，北京：中华书局，1999：253。

官员导从威仪、甚至音声哀荣，礼乐重器的功能彰显”。[①] 从鼓吹用于战阵到用于官员仪仗，从军中专用到朝廷赏赐，从朝廷赏赐到依制拥有，鼓吹的功能从单纯的信号传递、鼓舞士气发展为警严威仪、从警严威仪功能继而发展成为国家“除了祀孔之外所有的礼乐仪式中都要使用者”。[②] 此为军中之乐的扩展，主要表现为用乐形式（诸如乐器组合、乐辞内容、乐曲等方面）和使用功能的扩展。

国家为保证战争胜利而实行的一系列军礼仪式，也是重要的军事活动之一。“兵者，凶也”，“国之大事，在祀与戎”，军事战争关系着国家的生死存亡，稍有不慎，则家国无存。因此历代王朝皆对战事极为重视，为保证战争的胜利，必祭告神祇，祈佑神灵护佑军队的军事行为；胜利归来则功赏将士，以激励和抚慰为国家立功者。战前战后的这些仪式即为军礼，多由皇帝亲自参与，为礼之大者。这些礼仪会对出征的将士产生巨大心理影响。因军礼依存于战争，并关系到国之安危，因此在礼仪实施过程中，国家的诸种用乐形式均参与其中。这些参与国家重大军事行为之军礼仪式用乐，也是本文要考察的对象之一。

军事行为的两种用乐形式中，军礼用乐因皇帝的参与，而具有“国”之意味，因之用乐形式也比较复杂多样，且多数行于京师；军中用乐中，主要为战阵和军事训练所用的实用性用乐形式。作为号令传达的信号性乐器，是军事行为用乐的物质载体，因此也是我们的研究对象之一。除此之外，军营中的其他用乐形式，虽与军事行为不直接产生联系，但却能对军营将士起到消愁解闷、稳定军心的作用（如军中娱乐之乐等），因此也是本文的研讨对象之一。

（二）本文之架构

本文分“明清军礼及其用乐研究”和“明清军中用乐研究”两部分进行研讨，主要基于以下考虑：

第一部分“明清军礼及其用乐研究”，主要研讨明清国家在军事战争行为中的礼仪用乐。军礼起于先秦，军乐军礼同源，二者不可分离。魏晋以降，军礼内容逐渐趋一。隋唐时期军礼的主要内容和仪式形成定制。《大唐开元礼》所载“军礼”23 项仪式内容中，皇帝参与的军礼有 12 项，其他 11 项中与皇帝相关的还有 5 项，[③] 成为其后历代国家军礼的标准。军礼内容的规定，反映了国家对战争的态度，并在以皇帝为中心而施行的一系列仪式中得以显现。明清军礼的制定与实行遵循了隋唐

① 项阳：《重器功能，合礼演化——从金石乐悬到本品鼓吹》（未刊稿）。

② 同上。

③ 〔唐〕萧嵩等撰. 大唐开元礼. 北京：民族出版社，2000。

军礼的原则，并在原来军礼仪式的基础上强化了皇帝的作用。从明清文献所载两代军礼的具体内容来看，一切皆以皇帝为中心，只有皇帝的出现才视之为军礼，其他没有皇帝参与的原属军礼的仪式，则只是将其类附于军礼之后，并在具体的实行中有所降杀。国家对军礼内容的规范，显示了以皇帝为中心的中央政府对军事行为的重视，是军事活动参与者在国家军事活动中必须遵守的行为规范。明清军礼仪式的实行主要集中于战前与战后，军礼仪式的实行能够为参与军事行为的将士们在心理和生理方面带来激励效应。军礼仪式中的用乐与仪式本身不可分割，一起成为国家军事行为的重要组成部分。明清军礼及其用乐彰显的是明清中央政府对军事行为的态度和国家在军事行为上的用乐规范。它与明清军中用乐一起构成了明清两代军乐的主要内容。

第二部分“明清军中用乐研究”，主要研讨具体军营中所用的音乐。从功能意义上讲，明清军中用乐有三种类型：“军事实践用乐”、“军中礼仪用乐”、“军中娱乐之乐”。“军事实践用乐”主要指军队在军事实践中所使用的实用之乐，实用性是其主要的特征，与军队的具体军事行为密切相关，是具体军事行为的重要组成部分。在音乐形式上表现为两种类型：一类为单件乐器的功能性使用，一类为乐器组合的功能性使用。这两种类型都具有军中信号之功用。乐器组合形式还用于其他军中礼仪之中。“军中礼仪用乐”是在国家大礼军礼之外的军中所用之礼仪用乐。这些礼仪以军营主将为中心，代表了本营全体将士的利益和诉求，其礼多为国家规定的除军礼之外的其他礼仪形式在军中的实行。军中礼仪用乐的实行主要与军队长期驻防相关。明清军队在无战事时长期驻防于一地，呈现出与地方政区相似的一些特点，因此军中礼仪用乐，除少数为军中专用外，大多与中央政府和地方行政机构礼仪用乐相同。除军事实践用乐与军中礼仪用乐之外，军中尚有娱乐之乐。军中娱乐是军营生活的重要组成部分，它对于消除将士因战事训练带来的疲惫、解决军营将士的烦闷等方面具有重要的作用。军中娱乐之乐形式很多，如歌曲小令、器乐演奏、戏曲表演等，皆为本文考察的对象。

两部分中，军礼代表的是国家在战争中的态度，具体表现为保证军事行为的有效性而行施的一系列仪式。军中用乐是具体军营中的用乐实践。对明清军礼用乐和军中用乐的研讨，可以从不同侧面比较全面的描述和理清明清军乐的真实情况。

上篇：明清军礼及其用乐研究

明清军礼是国家对战争行为的规范，军礼实施过程中军礼仪式的用乐规范，是礼乐制度在国家军事行为方面的具体表现。军礼用乐彰显的是国家对战事行为的控制，通过对乐的控制，体现出王朝等级有差的统治秩序；通过对军礼实施过程中祀神礼乐的规范，体现出天命神授的皇权意识；通过实施军礼仪式，以期达到家国同构，朝廷上下齐心之效果。

第一章　明代军礼及其用乐研究

明清军礼及其用乐彰显的是国家对战争的态度，是国家礼乐制度在军事战争行为中的规范。军礼的实行，是国家的制度要求。这种规范礼制下的用乐，能够给出征将士带来生理和心理上的安慰和精神上的激励，它与军礼的具体仪式一起，互为条件，成为明清两代国家军事行为的重要组成部分。明清军礼的实施，必然是“礼乐相须以为用”①。对明代军礼的建构与实施进行研讨，有助于我们更好地理解明代军礼用乐的社会历史背景和军礼用乐的实践过程。因此本章第一节将依据文献对明代的军礼制定和实施进行研讨，并结合军礼分类和具体仪节内容，探讨明代军礼的产生和形成过程以及有明一代军礼的实践。第二节将依据明代军礼的相关文献，研讨军礼用乐的形式和特征。

---

① 郑樵：《通志·乐略第一·乐府总序》。

第一节　明代军礼

一、明代军礼的制定

明太祖朱元璋起于布衣，少历艰难，深悉蒙元积弊，认为治天下当立纲纪，国之纲纪即为礼法，礼法立则上下安①。吴元年即开始设官制、定律令、制定各项礼仪制度。② 洪武元年闰七月，明太祖诏定军礼。③

其实早在洪武元年之前，相关军礼诸仪已在军中实行，只是没有形成定制。如至正二十六年八月攻伐张士诚前，朱元璋即先告祭大江之神。吴元年十月，太祖命将攻取中原、福建、广西等地，"上亲祭上下神祇于北门之七里山"④；十一月，命汤和、廖永忠合讨方国珍，祭海上诸神。⑤ 洪武元年二月，命都督同知康茂才率师往济南随大将军徐达北伐，诏令中书左丞相李善长致祭江河淮济之神。⑥ 这些用兵前的致祭相关神祇，应视为明代军礼制度形成之前的早期样态，其具体的祭祀仪式惜文献无详载，尚不能窥其全貌，但其应属"兵行告祭"之礼，当无疑问。

洪武元年闰七月所定军礼，是针对当时的战争情况和全国的形势而制定的，主要对皇帝和大将涉兵仪式进行了规定。洪武三年又诏定了"大射礼"，四年完善了"受降仪"。朱元璋对礼乐法度甚为用心，"夙夜不忘，振举污俗，其更参订，务合

---

① 甲辰（元至正二十四年，即公元1364年）春正月戊辰日，上退朝谓左相国徐达等曰："卿等为生民计推戴予，然建国之初，当先正纪纲。元氏昏乱，纪纲不立，主荒臣专，威福下移，由是法度不行，人心涣散，遂致天下骚乱。今将相大臣辅相于我，当鉴其失，宜协心为治，以成功业，毋苟且因循，取充位而已。"又曰："礼法国之纪纲，礼法立则人志定，上下安。建国之初，此为先务，吾昔起兵濠梁，见当时主将皆无礼法，恣情任私，纵为暴乱，不知驭下之道，是以卒至于亡。今吾所任将帅皆昔时同功一体之人，自其归心于我，即与之定名分，明号令，故诸将皆听命无敢有异者，尔等为吾辅相，当守此道，无谨于始而忽于终也。"《明太祖实录》卷14，甲辰春正月戊辰。

② 《明太祖实录》卷28～30载：吴元年十二月己丑定册立皇后、皇太子礼仪，丁卯定开读诏赦礼仪；洪武元年正月丙子定祀天地、太庙祭器；二月壬寅定郊社宗庙仪，戊申定祭大社大稷礼、壬子定宗庙时享礼，至七月大礼初具规模。

③ 《明太祖实录》卷33，洪武元年闰七月庚戌。

④ 《明太祖实录》卷26，吴元年冬十月甲子。

⑤ 《明太祖实录》卷27，吴元年冬十月己丑。

⑥ 《明太祖实录》卷三30，洪武元年二月丁巳。

人情，永为定式，庶协朕志”①，他认为：“自古国家建立法制，皆在始受命之君，当时法已定，人已守，是以恩威加于海内，民用平康。盖其创业之初，备尝艰苦，阅人既多，历事亦熟，比之生长深宫之主，未谙世故，及僻处山林之士，自矜己长者，甚相远矣”②，要求其后“凡我子孙，钦承朕命，无作聪明，乱我已成之法，一字不可改易！”③ 如此则“天地祖宗亦将孚佑于无穷矣”，因此，明前中期的其他几个皇帝大多因循太祖朝制度，很少也不敢有所变动。后世嘉靖的“大礼议”，表面形式上来看，是“继统”与“继嗣”之争，但其实质是“阁权”与“皇权”之争。世宗在长达近二十年的“大礼议”活动中，诏定了很多具体仪礼的仪式。但是对于军礼，世宗一朝虽有涉及，却并无多大增益。虽然如此，却开始了此前未有之对太祖法令制度的改革，这在世宗之前各朝是绝无仅有也是绝对不敢想象之事。世宗的礼制改革，为其后隆庆诏定大阅军礼在行动和理论上做好了铺垫，大阅礼的诏定也自然就成为顺理成章之事。④ 至隆庆三年议定了“大阅礼”，明代军礼始制定完毕。

二、明代军礼的内容

（一）明代军礼的分类

明代军礼主要分为亲征、遣将、大射、大阅四种。这四种军礼皆由皇帝出席并以皇帝为中心而施行。

《明实录》记载显示，洪武元年闰七月诏定的军礼可以类归为“亲征”和“命将”两种形式。⑤ 洪武三年九月修成的《明集礼》，其军礼内容有三：“曰亲征，曰遣将，曰大射”。《明集礼》除了将元年诏定的亲征和命将礼辑入外，增加了其时刚刚于洪武三年五月诏定的大射礼⑥，它体现了明初尤其是洪武朝对军礼的认识。军礼的实质在于其“征伐大权也”⑦，如果从这种认识来看，明初这种将军礼分为“亲征”、“遣将”和“大射礼”三类当是合适的。“亲征”和“遣将”无疑乃是征伐大权之集中体现，“大射礼”是日常军事训练施行之礼，是征伐大权日常生活之显现。

---

① 〔明〕郭正域《皇朝典礼志序》，四库存目丛书本，济南：齐鲁书社，1996：史270：517。

② 《明太祖实录》卷82，洪武六年五月壬寅。

③ 《明太祖实录》卷82，洪武六年五月壬寅。

④ 虽然明代阅武之事历朝皆有，但真正作为国家制度意义上的军礼并对其具体仪注进行规定和强制的还是在隆庆三年。

⑤ 《明太祖实录》卷33，洪武元年闰七月庚戌。

⑥ 《明太祖实录》卷52，洪武三年五月丁未。

⑦ 《御定大清通礼·序》，《四库全书》本。

与"大射礼"属同一性质的"大阅礼"，类属军礼当无疑问，"大阅之礼以习武事而戒不虞也①"，扬耀威武，以镇邪小。唯"救日伐鼓"列入军礼似有不妥，明人文献中，大多将"日月食救护"归为祥异类。《明史》编撰者也深知其理，因此底气不足婉转言曰"而救日伐鼓之制，亦以类附焉"。②

（二）明代军礼的内容

明代洪武元年闰七月诏定的军礼主要有"皇帝亲征告祭天地庙社仪"、"祃祭仪"、"祭所过山川仪"、"凯还告祭庙社仪"、"遣将出师授节钺礼仪"、"遣将告祭庙社仪"、"祭武成王庙仪"、"祃祭军牙六纛仪"、"大将奏凯仪"、"论功行赏仪"等项内容③。洪武三年的《明集礼》对"亲征"、"命将"条，又进行了细化，并且对"大射礼"的仪注做了规定。隆庆三年又诏定"大阅礼"。军礼的制定及仪注的设定，为的是实行军礼时能够有所依据。军礼的制定，必然也牵涉到军礼用乐的制定与规范，军礼的实施也是军礼用乐的实践过程。下依据《明集礼》和相关材料，对明代军礼的内容和军礼的实施情况做出研讨。

1. 亲征礼的主要内容

对于"亲征礼"，《明集礼》所述甚详④，当是远宗周意，近采唐宋。类、宜、造、軷皆为先秦之礼，其实早在汉代，时人也已不知其具体行施仪式。至唐《开元礼》归纳前代各礼，整齐风俗，杂采礼典，丰简裁繁，重新制定了类、宜、告、祭之礼，但与古礼也已大不同耳。明代天子亲征"类于上帝"者，"类"者比依也，依正礼而为之。天子亲征乃国之大事，国有大事，须祭天告知。有事则告，因此祭日无定。祭祀方法比依"郊天"之礼，燎祭告祭上天，类祭实质是祭天之礼，但是祭祀的目的和告辞则与郊祀不同，因此归类于郊天之礼，名曰"类于上帝"。《明集礼》之"类于上帝仪注"曰："前期择日祭告天地，服武弁，乘革辂，备六军，以

---

① 《明穆祖实录》卷23，隆庆二年八月丙午。

② 张廷玉：《明史》卷57，《志》第三十三，《礼》十一，北京：中华书局，1974：1431。

③ 《明太祖实录》卷33，洪武元年闰七月庚戌。

④ 《明集礼》卷33："天子亲征所以应天顺人除残去暴以安天下。自轩辕黄帝习用干戈以征不享，战于阪泉，战于涿鹿，此其始也。成汤放桀用玄牡告于上天神后。启征有扈则曰："用命赏于祖，不用命戮于社。"武王伐纣载文王木主以行，告于皇天后土、所过名山大川。周制，天子亲征则类于上帝、宜于太社、造于祖庙、軷于国门、祃于所征之地及祭所过山川，师还则奏凯献俘于庙、社。经秦涉汉，其礼无闻，仅有封功臣之制可稽耳。后魏克捷，欲使天下闻知，又有宣露布之制。唐仍旧典，宋亦间行焉。今拟国朝亲征，祭告天地、宗庙、社稷，祃祭旗纛，所过山川皆行祭告，师还奏凯献俘于庙社，以露布诏告天下，然后论功行赏，诸将既受封赏皆具表笺称谢，今集历代亲征仪文之详，参酌今日之宜以着于篇。

牲犊币帛，作乐，行三献之礼"①，其仪与郊祀礼同。明代，洪武元年定郊祀礼，元年冬至日皇帝亲祀上帝于圜丘，二年夏至祀地于方丘，十年改为合祀，嘉靖九年恢复合祀天地制度。其仪注大致为：誓戒、视牲、燔柴、奠玉帛、进俎、三献礼、望燎。

"造于太庙"礼，"造"为"至"意。按周礼，出师前，必至庙迁主，车载以行；返必告祭，还主于庙。历代亲征皆有告庙礼。明代皇帝诏定亲征仪为："前期择日，皇帝服武弁，乘革辂，备六军，祭告太庙，每庙用牲币，行三献之礼，其仪皆同时享"②；明代时享仪为：斋戒、省牲、安神、三献礼、饮福、彻豆、辞神、望燎。

"宜于太社"，社主阴，主杀戮。周礼，征伐杀戮，宜社；军行，则载社以行；军归，献于社。明代宜社礼为，"前期择日，皇帝服武弁，乘革辂，备六军，以牲犊币帛，作乐，行三献之礼"③；凯还则陈俘，奏凯于社，仪同春秋社稷礼。其仪：省牲、迎神、奉俎、三献礼，饮福、彻豆、送神、望瘗。

"祃祭"，祭军神也，为祷战神黄帝（也有说蚩尤）之礼。汉唐祀黄帝，宋祀蚩尤。宋真宗咸平四年定祃祭仪，设军牙六纛神位，祭用刚日，牲用太牢币。明设旗纛神祠，祭仪为：斋戒、省牲、迎神、三献礼、饮福、彻豆、送神、望燎。

"祭所过山川"，明制"凡所过山川有司具牲制币，皇帝服武弁行一献礼"④，其仪式为：斋戒、省牲、迎神、酌献、饮福、彻豆、送神、望瘗。

"奏凯献俘"，师胜还京奏凯乐，献俘于庙社。明制："皇帝率诸将以凯乐俘馘陈于庙社门外，伺告祭礼毕，以俘馘付刑部，协律郎导乐以退，其告祭宗庙社稷，行三献礼，仪同于出师"⑤。

"宣露布礼"源于魏，隋定制，唐宋因袭之。明制："亲征凯还，皇帝服通天冠绛纱袍升午门楼上，以露布诏天下，百官具朝服听诏"⑥。其仪同"开读诏赦"，大致为三严、用宝、迎诏书、宣读、行礼等仪节。

"论功"，明制："亲征凯还，中书省移文大都督府，兵部具诸将功绩，吏部具勋爵职名，礼部、户部具赏格，中书集六部论定功赏，奏取圣裁。至日皇帝服衮冕，

---

① 《明集礼》卷33，《四库全书》本。
② 同上。
③ 同上。
④ 同上。
⑤ 同上。
⑥ 同上。

御奉天殿，百官朝服，侍宣制，大赉，诏告天下”①

类于上帝、造于太庙、宜于太社、祃祭、祭所过山川、奏凯献俘、宣露布、论功，均为皇帝御驾亲征时所要行之具体礼节。朝廷也会因时事之不同，对其中的某些仪节隆降有差。天子亲征所行诸礼，主要彰显的是朝廷“奉天讨逆”，向世人百姓显示出作战的正义性。这些礼仪的实行具有很强烈的社会政治意义。

2. 遣将礼的主要内容

“遣将”又称“命将”，在于“讨有罪，除民害”。洪武元年所定遣将礼具体仪节有：遣将出师授节钺礼仪、遣将告祭庙社仪、祭武成王庙仪、祃祭军牙六纛仪、大将奏凯仪、论功行赏仪；《明集礼》中的遣将礼主要包括授节钺、造庙、宜社、告武成王庙、祃祭牙纛、奏凯、献俘、宣露布、论功。两次对军礼的制定，内容基本相同。洪武元年缺少献俘和宣露布礼。《明集礼》对其进行了完善。和天子亲征礼相比较，遣将无有祭天仪式，但是多出了告武成王庙仪（见下表）。

表 1　洪武元年军礼与《明集礼》军礼内容比较表

<table>
<tr><th>类别</th><th>洪武元年</th><th>《明集礼》</th></tr>
<tr><td rowspan="10">亲征</td><td>类上帝</td><td>告祭上帝</td></tr>
<tr><td>造庙</td><td>告庙</td></tr>
<tr><td>宜社</td><td>祭社</td></tr>
<tr><td>祃祭</td><td>祃祭</td></tr>
<tr><td>祭所过山川</td><td>祭所过山川</td></tr>
<tr><td>奏凯</td><td rowspan="2">奏凯献俘</td></tr>
<tr><td>献俘</td></tr>
<tr><td>宣露布</td><td>宣露布</td></tr>
<tr><td>论功</td><td>论功行赏</td></tr>
<tr><td style="display:none"></td></tr>
<tr><td rowspan="8">遣将</td><td>授节钺</td><td>授节钺</td></tr>
<tr><td rowspan="2">祭庙社</td><td>造庙</td></tr>
<tr><td>宜社</td></tr>
<tr><td>祭武成王</td><td>祭武成王</td></tr>
<tr><td rowspan="2">奏凯</td><td>奏凯</td></tr>
<tr><td>献俘</td></tr>
<tr><td></td><td>宣露布</td></tr>
<tr><td>论功行赏</td><td>论功</td></tr>
</table>

① 《明集礼》卷 33，《四库全书》本。

天子命将出征必有仪，所谓授之权柄是也。授节钺为授大将以专“攻戮杀伐”之权。《明实录》所记洪武元年军礼和《明集礼》所载军礼均有授节钺的正式仪注，但是在《明实录》和正史及笔记小说中均无授节钺之记载，虽然《皇明经世文编》所辑明人文稿中有节钺之说，但其意多作为权力或军权之引申意，对皇帝遣将出征仪式中授节钺之事皆无言说。明代遣将授节钺礼仪是否真正得到实行，目前材料尚不足以得到有效地证实。但是不排除授节钺仪式已经成为命将礼的一个常规仪式，或者说必须要进行的无须说明的仪节过程，与遣将概念合二为一，无须重新做注。再者，既然洪武初期制度有规定，当应该或者至少应在制礼初期有所实行，否则该条不会在明洪武元年闰七月诏定的军礼之后，再次出现在洪武三年编订的《明集礼》中。

《明集礼》所载“授节钺”仪注为：

前期设定各次位。是日初严，仪仗就位，和声郎陈乐于丹墀；次严，文武百官就位，大将军就位，“大将军所部将士及鼓吹皆候于午门外”；三严，“皇帝将出，仗动，乐作，升殿，乐止。将军卷廉鸣鞭报时讫，引班引大将军入就丹墀拜位，知班唱：‘班齐！’赞礼唱：‘鞠躬！拜！兴！拜！兴！拜！兴！拜！兴！平身！’大将军鞠躬，乐作，拜，兴，拜，兴，拜，兴，拜，兴，平身，乐止。引班引大将军由西陛升，西门入。引班立候于殿门外，内赞接引至御前拜位内，赞唱：‘鞠躬！拜！兴！拜！兴！平身！’大将军鞠躬，乐作，拜，兴，拜，兴，平身，乐止。内赞唱：‘跪！’大将军跪，内赞唱：‘搢笏！’大将军搢笏。授节官、授钺官诣架前取节取钺，至御前跪，承制讫，兴，平身，立于大将军之东北。宣制云，云讫，以节授大将军，大将军受节，受节执事者跪于西，大将军以节授执事，执事受节，兴，退立于西。授钺官以钺授大将军，大将军受钺，受钺执事者跪于西，大将军以钺授执事者，执事者受钺，兴，退立于执节执事之下。内赞唱：‘出笏！俯伏！兴！平身！’大将军出笏，俯伏，兴，平身。内赞唱：‘鞠躬！拜！兴！拜！兴！平身！’大将军鞠躬，乐作，拜，兴，拜，兴，平身，乐止。内赞导大将军出自西门，执节、执钺执事前行，由正门出中陛降，大将军由西陛降，复位。执节、执钺者分立于左右，执节在左，执钺在右。赞礼唱：‘鞠躬！’乐作，拜，兴，拜，兴，拜，兴，拜，兴，平身，乐止。侍仪奏：‘礼毕！’引上位，兴，乐作，还宫，乐止。引班引节钺导大将军及百官以次出，大将军勒所部建旗帜，鸣金鼓，正行列，执擎节钺，奏乐前导，百官以次送出”。①

① 《明集礼》卷34,《四库全书》本。

授节钺之后为告祭庙社仪，其与遣官奏告庙社礼同。一般命大将以牲币行一献礼告祭。师还则陈凯乐、俘馘于庙社门外，祭太庙社稷，告以战况。其仪与出师祭告仪同。前期也有遣将告武成王庙仪，其仪主要有前期斋戒、省牲、陈设，正祭分奠币、进熟、酌献、饮福受胙、望燎等仪节。

告祭庙社后，出师前必禡祭军牙六纛神祇，其仪为：前期斋戒、省牲、陈设，正祭分奠币行礼、三献礼（大将初献，次将亚献，终献不进熟）、饮福受胙、望燎等仪节。

出征途中，要告祭所过山川。告祭山川仪或由领军总兵官派人行祭，或者由朝廷专遣特使告祭。告祭地点或者在征伐途中所过之处，或者在京师遥祭。

战争胜利大将要献捷、宣露布、奏凯、献俘、论功行赏。宣露布、献俘和奏凯往往在一起举行。宣露布、献俘礼仪注为前期露布奏闻，前一日摆设备礼；正日宣露布，行献俘礼。《明史》载：“永乐四年定，凡捷，兵部官以露布奏闻，大将在军则进露布官行礼，次日行开读礼，第三日行庆贺礼，余如前仪”。① 大将奏凯仪注：前一日摆设位次，是日设仪仗，百官朝服，奏乐，皇帝出如常仪，行礼奏凯乐。

论功行赏仪由前期准备陈设、三严皇帝外办、行赏正仪、翌日进表称谢等几个环节组成。

从皇帝决定用兵到命将仪式，再到战争归来的奏凯献捷、献俘、论功行赏、大将上表谢恩，这一系列的遣将军礼形式才算是完成。由于时间或者其他情况的变化，加之，不同皇帝之喜好，这些礼仪中有些仪节也可能省略，但是主要的、干系战争的关键因素之祭告相关神祇和彰显“王战正义”及君臣关系的仪节，一般不会省略。祭告神祇，一方面“惟祈神佑”，一方面对出兵将士也是莫大的心理安慰和鼓舞。宣露布一般为出战大将亲制，报至兵部，兵部上奏皇帝，皇帝诏令兵部及相关各部定宣露布仪。露布一般两种，或是献俘，或是献捷。宣露布、献俘礼必告庙社，目的在于昭天宪，以振天威，以镇邪小。论功行赏仪彰显的是君臣之关系。大将军功再大，也是因为圣略渊深，明见万里之外，皇帝天威烜赫，上下神祇护佑。天子升赏爵显，大将怎敢安然受之，因此必具表谢恩。

明代遣将军礼的施行，与明代军制的变化有着密切之关系。明前期开疆拓土，其军制特点为，兵将分离，相互牵制。皇帝任命将领，兵部行文，卫所出兵。事后，将回兵部缴印，军归原卫所值戍。因此尤为重视命将仪。中期以后，明代国家安全

---

① 〔清〕张廷玉：《明史》卷 57，《志》第三十三，《礼》十一，北京：中华书局，1974：1436。

政策有所调整，改变了明洪武、永乐时期的以攻代守之方略，在全国边地重镇分设总兵官，总兵官负责辖防区域的安全和保卫职责，战略方针由攻转守。边区有战事，一般由该区域总兵官负责剿灭征战。除非敌军大举犯境，朝廷一般不再另遣将领。因此遣将前的一些仪节，比如遣将告郊庙、祃祭等便即不行。战后的献露布、献捷、献俘礼，却尤显突出。

3. 大射礼的内容

大射礼乃古礼，唐类为军礼，《宋史》列于嘉礼。明洪武三年五月诏定大射礼，并将其编入《明集礼》之《军礼篇》。除《明集礼》外，《明会典》也对大射礼作了记载，但是今存其他明代文献却鲜有提及行大射礼之仪的。明代大射礼的诏定与朱元璋的治国理想有关。朱元璋曾言："兴国之本，在于强兵足食！"明初在全国建立卫所，令卫所将士屯田，且耕且守。射礼正是为了让兵士百姓不忘武备，日常加强技战技能练习，以被不虞用之。大射礼更主要的意义是一种象征，是朝廷提倡寓兵于农，兵农合一的体现。惜由于军事制度的变化，明时的军卫制度和先秦时期的民军制完全不同，因此从现有材料来看，大射礼在明代中后期似未得到很好的执行。明嘉靖二十二年正月，礼科给事中陈棐请行大阅大射礼，言大射仪式"既不应古谊，且与今政体不便"①，请先举大阅礼。皇帝下诏皆罢之不行。可见，至少在世宗前后大射礼并没有真正得到贯彻实施。

大射礼虽然少见文献记载，但是同属射礼的其他礼仪在明代却有了很大的发展。明初朱元璋认为古射礼久废，弧矢之事专习于武夫，而文士多未解，于是颁仪式于天下，乃令太学生及天下郡县学生员皆习射礼。此种射仪，是仿大射之仪而有所降杀。② 洪武二十五年二月甲子，诏"命学校生员兼习射与书数之法。射遇朔望习于射圃，树鹄置射位，初三十步，加至九十步，每耦二人，各挟四矢，以次相继，长官主射，揖让升降，皆有节文，中者饮之以爵"。③ 洪武二十五年八月丙寅，诏命国子监辟射圃，赐诸生弓矢。④ 建国之初诏定的大射礼最直接的目的是为了解决"文士多未解弧矢之事"，从另外一个层面上来说，"文人习武"也符合朱元璋的"天下英才文武全才"之理想。

到了洪武晚年时，射礼已经行于天下郡县乡学，国子监也专辟有射圃，此时文

① 《明世宗实录》卷270，嘉靖二十二年正月壬申。

② 张廷玉：《明史》卷57，《军礼》，北京：中华书局，1974：1436。

③ 《明太祖实录》卷216，洪武二十五年二月甲子。

④ 《明太祖实录》卷220，洪武二十五年八月丙寅。

人对弧矢之事也已熟悉。可以说洪武初期设定大射礼的直接目的已经实现。但是另外一个问题又出现了，国初诸将皆久历战阵，而这些将士的第二代子弟多数则“安享父兄俸禄，纵酒嗜音乐歌舞游戏”，明代实行编户制度及世袭制度，一旦有警，使之袭职，“挟弓矢上马，尚且不能”，安能为国效力哉？洪武二十七年，单寿袭其父职任扬州卫指挥，率兵于泰州捕寇，“猝与寇遇，众军并力迎敌，寿惧而走，且麾众使退，遂致败事”，太祖认为：“此由其素不练习故尔”，故此诏令曰：“自今武官子弟宜于闲暇时令习弓马。当承袭者五军阅试其骑射娴习者方许（承袭），否则，虽授职止给半俸，候三年复试之。不能者谪为军，著为令。”[①] 武将子弟习射也已有了明确的规定，但是到了明成化九年时，这种状况并没有多少好转。其年四月，皇帝尝亲阅骑射于西苑，结果非常糟糕，参加的诸公、侯、伯、都督、都指挥、指挥、坐营把总等官，“中三矢者仅四人，中二矢者二十三人，中一矢者九十九人，余皆全不能中，间又有止发一二矢者，甚至驰骤失节，不能开弓发矢及堕弓于地者。”皇上大怒训斥道：“此皆尔等不严训练之过！”，“使此辈总统部伍，安能逦教军士?”[②] 国家在武学考试中专设了骑射项目。成化二十二年五月，南京兵部尚书王恕等以南京武学考试，请降赏格给答策、中箭得中者。皇帝下旨曰“策可观，又骑射能中至五六箭者，赏钞百贯；策可观并骑射能中至五六步射中至四者，各半之。学官及教射之人亦如例给赏。”[③]

明代的射柳之仪，可能也是射礼的一种。洪武二十四年五月辛卯，皇帝端午宴群臣于奉天门后，“上幸龙光山，阅公侯子弟及将校射柳，中者赏彩帛”。[④]《明史》言永乐时有击球射柳之制，看来射柳之仪当在洪武二十四年之前即已有之。击球射柳仪已近嘉礼，成祖时至少在永乐十一年、十三年有两次击球射柳之仪。

4. 大阅礼的内容

明代大阅礼议定于隆庆三年，其前永乐、宣德、正统、正德、嘉靖均有大阅之事，但是大阅并无固定仪制，随意性较强。

永乐间大阅，多在亲征途中，目的在于战前习熟行阵。永乐二十年五月十一日，皇帝大阅后晓谕诸将曰：“兵形犹水，水因地而顺流，兵因敌而作势，水无常形，兵无常势，能因敌变化取胜者谓之神。今先使之习熟行阵，猝遇寇至，麾之左则左，

---

① 《明太祖实录》卷232，洪武二十七年三月甲辰。

② 《明宪宗实录》卷115，成化九年夏四月壬午。

③ 《明宪宗实录》卷278，成化二十二年五月乙巳。

④ 《明太祖实录》卷208，洪武二十四年五月辛卯。

右则右，前则前，后则后，无往不中节矣”。[①] 可见此次大阅目的在于战前演习，以防与寇猝遇。五天后永乐针对这次大阅又言道：“古帝王闲暇无事尚不忘讲武，况今用兵之际，岂可虚时费日，不事讲习”[②]，目的在于通过大阅，使兵将不虚耗时日。古帝王讲武乃是其理论依据，战前演习才是其眼前目的所在。战前行大阅，诸事皆显仓促，似没有什么固定的仪式，有可能只是日常训练的翻版，只是主持练兵习阵的是皇帝本人，暗合古礼阅武之意。

宣德四年十月二十二、二十三日，皇帝阅武于峪口。明英宗时，刑科给事中鲍辉在给皇帝的奏言中提及英宗皇帝曾经在近郊大阅之事。[③] 成化三年二月皇帝命马昂等大阅壮勇一十五万人。[④] 正德元年三月命张伟等操练东官厅新选官军，以待三月之后大阅。[⑤] 正德年间，京营戎务分春秋二阅，年终则行大阅。[⑥] 嘉靖十五年四月初十，皇帝同意了兵部、工部所言营建殿堂、提督讲武之事，“每岁仲冬大阅外，其春夏秋仲月望日，该部请旨会官，严加校阅弓马、兵书、开具等第，奏行该部纪录，果弓马熟闲、通晓兵略者，即遇缺推补，否则不得升叙。上从之”[⑦]。

隆庆二年之前的大阅一般由皇帝遣中官司礼太监代为阅视[⑧]，至隆庆三年大阅才改为皇帝亲行阅视。[⑨] 隆庆诏定大阅礼首先是由张居正提出的，但是也遭到了一些官吏的反对。幸有兵部尚书霍冀等大力支持。隆庆二年九月，兵部尚书霍冀等议覆大学士张居正所陈饬武备事宜，言“大阅之礼，宣宗尝行之兔儿山。英宗尝行之北郊，又尝行之西苑，成宪具在。今皇上圣性英资，同符列祖，当戎务废弛之秋，正四方改观易听之会，伏望自隆庆三年为始，于季冬农毕之后，恭请圣驾亲临校阅，以甄别将官，验其教练之多寡以黜陟之次第；以考校军士，视其技艺之高下以为赏赉之等差，但有老弱即行汰易，以后间岁一举，如此不惟京营卒伍可变弱以为强，即边塞诸军亦望风而思奋矣。”[⑩] 隆庆皇帝深知其时之弊端，曾言曰：“朕惟国家设

---

① 《明太宗实录》卷249，永乐二十年五月丁卯。

② 《明太宗实录》卷249，永乐二十年五月壬申。

③ 《明英宗实录》卷171，正统十三年冬十月乙卯。

④ 《明宪宗实录》卷39，成化三年二月甲辰。

⑤ 《明武宗实录》卷11，正德元年三月丙戌。

⑥ 《明武宗实录》卷93，正德七年冬十月庚午。

⑦ 《明世宗实录》卷186，嘉靖十五年四月甲午。

⑧ 《明穆宗实录》卷29，隆庆二年二月戊子：“故事京营兵每三年上遣司礼监太监一人阅视”。

⑨ 《明穆宗实录》卷29，隆庆二年二月戊子。皇帝言：“今年朕将大阅，其罢遣以後如例行”。

⑩ 《明穆宗实录》卷24，隆庆二年九月戊辰。

立京营，以养战士。平时则讲军实，遇警则壮国威。盖以居重驭轻，安内攘外，为万世计也。越我皇考，又更新戎政，申饬宏规，专命文武大臣为之总督协理，其制大备。法令寝弛，蠹弊丛生，士马消耗，器甲凋敝，将多怯敌，兵无选锋。朕甚虑之。夫列屯坐食之兵非益寡，而春秋操练之期非甚疏也，则何以废坏如是，无乃任事之臣不能明宣朕意，而以空文塞责，与书不云乎。"① 正因为皇帝也看到了当时之法令寝驰，将多怯敌、器甲凋敝、兵无选锋之状况，霍冀等人的覆议才迅即得到了皇帝的认可。"大阅既有祖宗成宪，允宜修举，兵部宜与戎政官先期整饬，俟明年八月内来闻，余悉如议务寔行之"。② 隆庆三年六月，张居正针对反对者的声音又深入探讨了皇帝亲行大阅礼的意义。他认为"京营戎务废弛日久，往岁虽屡经言官建白，厘革整饬，迄今数十余年，竟无成效"，"国之大事在戎，今人心懈惰如此，若非假借天威，亲临阅视，不足以振积弱之气而励将士之心"，"何况兹礼一举，不惟京营生气，而边海之区咸知朝廷锐意武事，喁喁然亦思所以自效矣，故臣等以为大阅决不可罢，伏惟皇上断然行之，以后仍照旧例三岁一举，容臣等题请差司礼监官会同阅视，申饬赏罚，不敢数烦圣驾，庶典礼明，而臣等亦获免于烦渎之咎矣"。③ 皇帝同意了张居正及兵部官员的提议，决定于隆庆三年大阅于京营教场。

大阅礼日期诏定后，相关各部即开始了准备工作。兵部和礼部分别议定大阅军伍秩序和具体仪礼程序及大阅赏格报知皇帝钦定。隆庆三年六月二十八，兵部议覆大阅事宜。八月初三日礼部上大阅礼仪注，言及仪制时说："大阅之礼，古昔所重。在成周之世，职列夏官。自汉唐以来，事载国史。迨我宣、英二圣，相继举行。成宪昭然，遗烈未远。兹遇皇上焕启神谟，光修令典，建熙朝之盛事，乖后世之法程，一切仪章俱当详慎。但稽之前代，则制度互有不同，考之先朝，则礼文亦多未备。臣等谨略参古制，兼酌时宜，议拟上请"。④ 可知明代大阅礼隆庆前礼文无备，至隆庆三年八月，礼部"略参古制，兼酌时宜"，制成仪文，由皇帝同意后，列为成宪，备之礼部，庶典礼明，以后参照行之。此前张居正给皇帝的奏文中，也言及大阅礼是时由礼臣考订仪注，科道条画事宜，屡次上章奏给皇帝后制定而成的。⑤

---

① 《明穆宗实录》卷 37，隆庆三年九月甲午。
② 《明穆宗实录》卷 24，隆庆二年九月戊辰。
③ 《明穆宗实录》卷 33，隆庆三年六月甲申。
④ 《明穆宗实录》卷 36，隆庆三年八月甲辰。
⑤ 《明穆宗实录》卷 33，隆庆三年六月甲申。

隆庆三年八月，大阅礼制定后，九月即得到了施行。下结合《明实录》及相关史料将明隆庆三年九月大阅礼实行的情况梳理如下：

九月二十日，皇帝具常服，以亲行大阅礼告祭于内殿，用告词，行四拜礼，其仪如出郊礼。司礼监于将台上设御幄，总督戎政等官镇远侯顾寰等督率将领官兵预先肃清教场内外。皇帝诏命陈景行守备承天门，杜继宗、吕调阳守卫京城九门及皇城五门；命吴继爵、张鋐、王本固、刘自强等分阅千把总以下及军士武艺，命向程、刘尧卿、王圻、苏士润等人监射。这是大阅礼之前的相关准备活动和各官卫护任务。

九月二十一日一大早，诏命英国公张溶于教场祭祀旗纛之神。总督戎政镇远侯顾寰、协理侍郎王之诰从五军营、三千营、神机营共挑选骑兵二千，委派官员四名于长安左门外伺候，其余兵将各列于本营。凡参加大阅的官员具大红便服、关领护从，牙牌悬带，俱诣教场伺候。是日免朝。先是皇帝驾临教场行宫，锦衣卫备卤簿驾，设辇于皇极门下。上常服乘辇，由长安左门出，护驾官军前后导从，钲鼓响器振作，从安定门出，至阅武门外。总督戎政镇远侯顾寰等率领大小将佐官戎服跪迎，候驾过方起，随入将台下，北向序立。驾进阅武门内，中军举号炮三，各营钲鼓响器振作，护从官序立于行宫门外迎驾。上到行宫门外，降辇。兵部官导上入行宫，鸣金止鼓。候上升座，护从官行一拜叩头礼，如例。赐酒饭，各官仍叩头谢恩毕，即退出于将台下，东西序立。①

皇帝诣行宫稍事休息，一切仪式准备完毕，接下来便是皇帝登台仪：

兵部官跪奏："请登台大阅！"兵部鸿胪寺官导上登台，上戎服登坛，升御幄，举号炮三。鸿胪寺官跪奏："京营将士叩头！"赞："一拜叩头！"礼毕，分东西侍立。总督戎政镇远侯顾寰列于护从官之北，其余将佐列于护从官之南。兵部尚书跪奏："请令各营整搠人马！"承旨毕，将台上吹号笛，摩黄旗。总协戎政官、指挥、副、参、游、佐等官各归所部，整搠人马。② 三大营共战兵十枝、车六十枝，各下行阵方营。隆庆大阅礼分为两部分内容，一为阅阵，一为阅射，两项内容同一天完成。先进行阅阵：兵部尚书跪奏："请阅阵！"各营南往北行至将台前，一闻炮声，合冲东西门，收奇兵毕，复由东西二门御敌，挑战诸事俱毕。将台上鸣金、击得胜鼓举炮开营。将台上吹号笛，举黄旗，各将官军士俱各回营。营中每车兵与战兵各一枝，合为一小营；各三枝合为一大营。计大小六营。是日，小营不必分演，止将

① 《明穆宗实录》卷36，隆庆三年六月甲辰。

② 同上。

大营。六万官军如前演毕，速归地方。① 紧接着为阅射：少顷，兵部尚书跪奏："请阅射！"总协戎政官、指挥、副、参、游、佐、坐营号头、中军千总等官及听射公、侯、驸马、伯、锦衣卫等官俱于将台下比较射艺。马上人各三箭，步下人各六箭。中的者鸣鼓以报，用御史二员、兵部司官二员监视纪录。其余把总以下及家丁、军士射箭，以府部大臣恭顺侯吴继爵、安乡伯张鋐、吏部左侍郎王本固、户部左侍郎刘自强等分阅，以御史向程、刘尧卿、王圻、苏士润监射，分别于神枢、神机东西厅分投校阅，一体纪录。其枪刀火器等艺，听总协戎政官镇远侯顾寰各量取一队，于御前呈验。讫。兵部尚书跪奏："大阅毕！"② 大阅仪式完成之后，将台下举号旗，总协戎政官镇远侯顾寰及大小将领俱诣将台下，北向序立。皇帝谕总督戎政镇远侯顾寰、协理侍郎王之诰等官及将士曰："诘戎讲武，保治弘图，训练有方，国威乃壮，尔等其勉之。"③ 接下来传制仪：鸿胪寺官奏："传制！"赞："跪！"各官皆跪。鸿胪寺官宣制讫，赞："叩头！"各官叩头讫，先退出阅武门外伺候。仍赞，护从官行叩头礼讫，鸿胪寺官奏："礼毕！"皇帝暂于行宫少憩，待扈从各官至教场阅武门内排序站好，准备好伺候送驾仪。皇帝出行宫乘车辇，中军举号炮三，各营鼓吹齐鸣，卤簿及马战兵导从如来仪，钲鼓响器与大乐相应振作。奏《武成之曲》，其词曰："吾皇阅武成，简戎旅，壮帝京，龙旗照耀虎豹营，六师云拥甲胄明。威灵广播，蛮夷震惊，稽首颂升平，四海澄清。"④ 总协戎政镇远侯顾寰以下官候驾至，跪，叩头，退。马战兵至长安左门外止，卤簿大乐至午门外止。上还，仍诣内殿参谒如前仪。⑤

九月二十二日，镇远侯顾寰等率将佐上表谢恩，文武百官行庆贺礼。是日，上具皮弁服，御中极殿。执事官行礼毕，导驾官导上升殿，乐作，鸣鞭，总协戎政以下官入班。赞："四拜！"赞："进表！"赞："宣表目！"又赞："四拜！退！"百官入班。鸿胪寺官致词称贺。赞："行五拜三叩头礼！"毕，鸣鞭，乐作。驾兴。兵部上大阅将领及侯、伯、锦衣卫官中射多寡等第，皇帝各赏罚有差。至此，大阅礼活动才真正完成。可见大阅礼分为前期准备、皇帝告祭内殿、行仪日遣官祭旗纛、阅阵、阅射、上表谢恩庆贺等内容。隆庆之后万历九年也举行了大阅礼，其仪注基本依隆

---

① 《明穆宗实录》卷33，隆庆三年六月庚子。
② 《明穆宗实录》卷36，隆庆三年八月甲辰。
③ 《明穆宗实录》卷37，隆庆三年九月辛卯。
④ 《明穆宗实录》卷37，隆庆三年九月辛卯。
⑤ 《明穆宗实录》卷36，隆庆三年八月甲辰。

庆三年例行，惟不用诸门戒严，仅依照行郊坛例，令武清伯李伟守卫。[①] 大阅日遣临淮侯李言恭祭旗纛之神，万历皇帝亲阅营阵并校阅诸将佐马步射，命吴继爵、毛登分阅官军，以彰武伯杨炳总协戎政，翌日诸将谢恩百官行庆贺礼，赏有功诸将等有差。[②]

三、明代亲征礼与遣将礼的实践

明代军礼按照官书记载应分为亲征礼、遣将礼、大阅礼和大射礼。亲征礼和遣将礼为战时之军礼，大阅礼和大射礼为日常军事训练或者具有军事训练性质的军礼。由于现存明代文献对大射礼记载甚少，大阅礼在上文已有涉猎，因此本节主要以亲征礼和遣将礼为研究对象，探讨有明一代军礼的实施情况。

（一）亲征礼的实践

有明一代，战事频仍，皇帝亲征之事时有发生。考《实录》知，明天子亲征有太宗、宣宗、英宗、武宗四朝。文皇帝太宗朝时，为了平定北方，安定京城，永乐皇帝五犁虏庭；章皇帝时汉庶人朱高煦反，宣宗引兵亲征擒获反逆；宣德三年，宣宗率兵亲征兀良哈；英宗皇帝宠信王振，亲征致己巳之变，失陷北虏；正德十四年宁王反，明武宗亲征宸濠。

明朝皇帝亲征，皆有亲征礼。行施军礼更多是彰显帝王之威权、出师攻伐之正当性，正所谓“肃振武威，用彰天讨”。太宗朝五次亲征分别为：永乐八年征本雅失里汗，班师击败阿鲁台；永乐十二年亲征瓦剌；二十年征阿鲁台；二十一年再征阿鲁台；二十二年三征阿鲁台。每次亲征均行天子亲征礼。

永乐八年二月初一，永乐帝以亲征胡虏诏告天下，初七日以亲征胡虏軷于承天门，遣官祭祀太岁、旗纛等神，十一日，使皇太子祭社稷。沿途初九日于龙虎台遣太常寺少卿朱焯祭居庸山川，十六日遣朱焯祭宣府山川城隍，二十三日遣官祭所过名山大川，五月初二日，祭饮马河山川，十六日命薛禄祭斡难河山川。七月班师，十七日至北京受朝贺，十六日大宴，二十九论功行赏；八月十三，命行在礼部集僧道于庆寿寺白云观，建斋醮三昼夜，荐亡北征军士；十月初四日，由北京返还京师，先期于奉天殿丹陛设坛告祭天地，遣官祭告北京山川、城隍、旗纛诸神，沿途所经陵寝神祠，皆行祭礼；十一月十二，车驾返京师，遣官祭告天地、太庙、社稷、孝

① 《明神宗实录》卷109，万历九年二月癸丑。

② 《明神宗实录》卷110，万历九年三月丙寅、丁卯、己巳。

陵、承天门及京都祀典、旗纛诸神，行朝贺礼大宴群臣。①

永乐十二年三月十三日，天子亲征漠北，命皇太子以出师告祭天地、宗庙、社稷；十七日軷祭于承天门，另遣官致祭太岁、旗纛及所过山川之神；五月初三，遣礼部尚书吕震祭禽胡山山川之神。六月初九日班师，十二日大军至黑山峪，敕皇太子以班师告祭天地、宗庙、社稷；七月二十二日，遣官祭宣府山川；八月初一日，车驾至京师，群臣上表贺；初二日大宴群臣，命礼部会文武大臣论功行赏。②

永乐二十年三月二十日，太宗以亲征告祭天地、宗庙、社稷，第二天又軷祭于承天门，遣官告祭旗纛、太岁、风云雷雨等神。车驾发北京，遣官告祭居庸山川。五月大阅，永乐亲制《平虏三曲》，教将士歌之以自励。六月十六日，遣工部尚书李庆祭开平山川，班师返京。九月初二，遣太常寺官祭居庸山川。初八日上乘法驾入京城，亲告天地、宗庙、社稷，百官庆贺。十五日大宴随征将士。③

永乐二十一年七月二十三日，太宗皇帝亲征阿鲁台，躬祭天地、宗庙、社稷。二十四日軷祭承天门及旗纛等神，车驾发北京，遣太常寺官祭居庸山川。十月二十三，下诏班师。十一月初四，车驾至居庸关。初七至京师，太宗陈卤簿，谒告、天地、宗庙、社稷，文武群臣上表庆贺。④

永乐二十二年，太宗皇帝最后一次北征。四月初三，命皇太子亲征代告天地、宗庙、社稷，遣官祭旗纛、山川等神。初八遣太常寺官祭告居庸山川。五月二十三日，驻跸清平镇，宴随征文武大臣，命内侍歌太祖皇帝御制词五章。二十五日，车驾次威远川，大宴文武大臣，自制词五章，命内侍歌之。七月初七，太宗皇帝车驾至清水源，道旁有石崖，高数十丈，帝命杨荣、金幼孜刻石纪之曰："使后世知朕亲征过此也！"十五日，旋师。七月十八，上崩于榆木川。⑤

观永乐帝五次北征，皆行亲征礼。出征前，先期告祭天地、宗庙、社稷，出征日軷祭于承天门（最后一次无軷祭仪），遣官祭祀旗纛太岁山川，沿途祭祀所过山川，班师则行朝贺礼、大宴礼、论功行赏仪，并告祭天地、宗庙、社稷。永乐皇帝五次亲征所行军礼如下表：

---

① 《明太祖实录》卷 101 ～ 110。
② 《明太宗实录》卷 149 ～ 154。
③ 《明太宗实录》卷 247 ～ 251。
④ 《明太宗实录》卷 261 ～ 265。
⑤ 《明太宗实录》卷 270 ～ 273。

表2 永乐皇帝亲征军礼内容表

时间	出师					出征中		班师			
	天地、宗庙、社稷	太岁	旗纛	軷祭	其他	所过山川	其他	朝贺	大宴	论功行赏	天地、宗庙社稷
永乐八年	社稷太子	√	√	√		√		√	√	√	
十二年	√太子	√	√	√		√		√	√	√	√太子
二十年	√	√	√	√	风雨雷云	√	凯歌	√	√		√
二十一年	√		√	√		√		√			√
二十二年	√太子	√	√		山川	√					

《明实录》所载永乐朝亲征礼与《明太祖实录》所载洪武元年闰七月所诏定的亲征军礼，略有不同。洪武元年亲征军礼主要有：出征告祭天地宗庙大社，行祃祭祭祀旗纛，祭所过山川，凯还告庙社。两相比较，可以看出，永乐朝亲征礼增加了軷祭及凯还之后的庆贺与大宴礼。与《明集礼》相比，永乐朝亲征仪缺宣露布军礼。永乐亲征是按照《明集礼》所记载的亲征仪注稍有调整而行。

永乐之后，宣宗也有两次率军亲征记载：征朱高煦、征兀良哈。宣德元年八月初一汉王高煦反，初十宣宗以高煦之罪告天地、宗庙、社稷、百神，遂率师亲征。遣礼部官告所过山川。擒获高煦后，于八月二十三日，遣官赍敕谕郑王瞻埈、襄王瞻墡祭告天地、宗庙、社稷。祝曰："比因高煦谋为不轨，以祖宗付畀之重，率师讨之，仰荷眷祐，事已平定，将以二十四日班师谨告"，并遣礼部官前告所过山川。九月初六，回至京师，宣宗亲告天地、宗庙、社稷，初七日文武群臣上表行庆贺礼，宣宗遂止曰："此国家之不幸也，何以贺?①" 宣德三年八月二十七日，宣宗以巡边告太庙。九月初九日亲制诗歌慰劳三军，将士皆叩首抃舞，九月十五下诏班师，二十四至京师，谒告太庙，二十五文武群臣上表贺平胡②。

英宗亲征败陷虏庭。英宗亲征乃有明一代难以启齿之事，因此《实录》和其同时代史料皆曲笔或简略提及，关于亲征军礼之事，不详。但《明史》言道，永乐、宣德、正统间军礼率遵洪武元年亲征军礼，其说当有所出。

① 《明宣宗实录》卷20～21。

② 《明宣宗实录》卷46～47。

正德亲征之事在正德十四年。其年六月十四日，宁王宸濠反。七月十三，武宗决定亲征。八月初七日，皇帝遣定国公徐光祚祭太社太稷，遣新宁伯谭祐、驸马都尉蔡震祭告天地、太庙，告之上将南征。八月二十日，礼部上大驾亲征祭告礼仪和亲征颁诏仪注。二十二日，亲征师发。二十五日，遣太保武定侯郭勋祭太岁风云雷雨山川之神。八月二十九，大军至涿州，王守仁平宸濠之奏已至，上决意南幸，留守仁之疏不下。正德十五年十二月初三，礼部上献俘礼仪。初八，大军还京，文武百官迎至于正阳桥南。“是日大耀军容，俘诸从逆者及家属数千人，陈辇道东西，陆完、钱宁等亦皆裸体反按，以白帜标姓名于首，死者悬首于竿，亦标以白帜，凡数里不绝。上戎服乘马立正阳门下，阅视良久，乃入。诸俘者，自东安门踰大内而出，弥望皆白，识者讶其非美观云”。当日以亲征凯旋，武宗命定国公徐光祚、驸马都尉蔡震、武定侯郭郧祭告天地、太庙、社稷。十一日，皇帝亲祀天地于南郊，初献时，呕血于地，不能终礼。第二天在奉天殿行庆成礼，免宴。①

宣宗亲征礼仪和永乐时相同，正德亲征军礼稍有变化。正德帝亲征前一天，礼部曾上大驾亲征祭告礼仪②，因时间较紧，武宗令各处祭祀俱遣官行礼。另礼部也拟定了亲征颁诏仪注：

前期一日，鸿胪寺官设诏案，锦衣卫设云盖云盘于奉天殿内东，别设云盘于承天门，上设彩舆于午门外，鸿胪寺设宣读案于承天门上，西南向，教坊司设中和乐及设大乐于午门外，鸿胪寺列百官班次于承天门外桥南。

是日锦衣卫设卤簿驾，百官各具朝服入丹墀内侍立。上具冕服御华盖殿，鸿胪寺官引执事官进至华盖殿就次，行五拜三叩头礼，赞：“各供事！”鸿胪寺官奏请升殿，乐作，导驾官导上升座，翰林院官先捧诏书于华盖殿，从至御座前，东立西向，乐止。鸣鞭报时，鸡唱定时，鼓讫，唱：“排班！”文武百官入，鸿胪寺官赞：“四拜”，乐作，兴，乐止。百官出至承天门外伺候，鸿胪寺官赞颁诏，翰林院官捧诏书授礼部官，礼部官捧诏书置于云盘内案上，校尉擎云盖俱从殿左门出至午门外，礼部捧诏书置彩舆内，乐作，公侯伯三品以上官前导迎至承天门上，鸣赞唱：“排班！”引礼引文武百官就拜位，乐作，赞：“四拜！”乐止。唱：“宣读！”展诏官升案，称：“有制！”赞：“众官皆跪！”礼部官捧诏书授宣读官，宣讫，礼部官捧诏书置云盘中，赞：“俯伏！”兴，乐作，四拜，乐止。唱：“搢笏！鞠躬！三舞蹈！”

---

① 《明武宗实录》卷175～194。

② 《明武宗实录》卷177，正德十四年八月辛巳。

跪唱山呼万岁者三，唱："出笏！俯伏！兴！"乐作，四拜，兴，平身，乐止。序班报鸿胪寺官跪奏礼毕，驾兴，百官以次出，礼部官捧诏书授锦衣卫官，置彩舆中，以彩索系于龙竿颁降，礼部官捧诏书置于龙亭内，鼓乐迎至，礼部授使者颁行天下。①

武宗朝亲征和亲征颁诏仪由于其前已多年不行，未有故事可考，其仪注的推出应是礼部官在依据礼部旧注和则例，结合《明集礼》和《明会典》而重新校定的。正如正德十五年十一月十六日礼部尚书毛澄等在给皇帝的奏疏时所言：

宸濠反逆，皇上亲率六师，往正其罪，与宣德间亲征汉庶人高煦故事相同。但一应礼仪无从查考。请于师还之日，圣驾从正阳门入，遣官告谢天地、太庙、社稷。上诣奉先殿、几筵殿各谒见毕，朝见皇太后。次日早，上御午门楼，文武百官朝见，行五拜三叩头礼，毕，行献俘礼。劾奏得旨，仍择日诏告天下。次日早，文武百官上表庆贺。②

这是亲征凯还之后的礼仪，皇帝随后作出指示曰："宸濠，朕自有处置，余如所拟！"从宣德三年宣宗巡边北疆到正德十五年，毕竟时间已经过去九十三年，其仪无从稽考，也属正常。正德之后，亲征礼再无实行。事实上从永乐后亲征仪式中便已经有了变化，比如洪武、永乐朝的亲征前的軷祭仪式在永乐之后便已经消失了，因其仪文不备，此后一直至清代軷祭未再出现。

（二）遣将礼的实践

明初太祖皇帝曾言："克敌在兵，而制兵在将，兵无节制，则将不任，将非其人，则兵必败，是以两军之间，决生死成败之际，有精兵不如良将"③，又言："征伐所以奉天命，平祸乱，安生民，故命将出师必在得人"④。可见太祖皇帝对命将的重视。太祖用兵常不拘古法，手下战将如云，但皆能尽其长也。朱元璋知人善任，因此遣将出兵往往能攻城掠地，元末诸雄皆被其遣将击败，并将蒙元逐往漠北。

朱元璋在长期的征战中，对祭祀仪式非常重视。太祖曾编《存心录》言曰："祭祀为国之大事，怠则无以交神明"⑤。朱元璋曾亲自为遣将出征告祭神灵，以求得诸神的佑护。吴元年十月二十一日，命徐达为征虏大将军、常遇春为征虏副将军

---

① 《明武宗实录》卷177，正德十四年八月辛巳。

② 《明武宗实录》卷193，正德十五年十一月癸酉。

③ 《明太祖实录》卷31，洪武元年三月乙酉。

④ 《明太祖实录》卷26，吴元年冬十月甲子。

⑤ 《明太祖实录》卷31，洪武元年三月己亥。

北取中原，命胡廷瑞、何文辉进伐福建，命戴德等取广西，出征日，朱元璋亲祀上下神祇于北门之七里山。洪武元年二月十六日，命康茂才从徐达征伐中原遣李善长致祭祀江河淮济之神。洪武四年正月初三，朱元璋亲祀上下神祇，以汤和为征西将军、傅友德为征虏前将军，分道出师告伐明昇。① 洪武四年四月初八，朱元璋遣朱亮祖为征虏右副将军率兵伐蜀，天子亲祀太岁、风云、雷雨、岳镇海渎、山川、城隍、旗纛诸神，告之用师之意。② 洪武六年正月初十，命徐达、李文忠等往山西、北平练兵防边。朱元璋亲祭告太岁、风云雷雨、岳镇海渎、钟山等神。③ 洪武三十年九月二十六，太祖以杨文佩为征虏前将军，取代平羌将军齐让征戍西南，行前遣官祭告岳镇海渎之神。④

洪武元年闰七月制定的军礼，遣将出征应有告祭武成王礼，但《明实录》和其它相关文献均无载，这可能与朱元璋的认识态度有关系。朱元璋认为："太公，周之臣，封诸侯，若以王祀之，则与周天子并矣。加之非号，必不享也。"⑤ 明初因立国之初，诸事繁杂，诏定军礼是根据儒生们考据前代旧礼，撰修而成的，朱元璋并不十分满意，但是初期之制礼作乐主要在形式的完备，以彰显新朝的天命神授之正当性。等诸事顺畅之后，太祖即在初期制定的各礼基础上对诸礼进行了重新的修订，洪武十年改定合祀天地即为其改制之重要体现。

洪武初年制定的遣将告祭武成王礼，并没有真正实行。初期本应遣官祭告上下神祇，但是朱元璋却亲自告祭，将遣将祭告仪提升为天子躬祭。天子告祭当然不用祀武成王庙，这一方面说明太祖对明初各地军事行动的重视，另一方面表明朱元璋对初期制定的军礼不甚满意，因此在实际的执行中打了折扣。《明太祖实录》记录遣官祭祀武成王庙只有一次，是在洪武二年的二月初三日，也只是日常的祭祀，不属遣将出征前的告祭。⑥ 到了洪武二十年七月，朱元璋干脆在礼部奏请如前代故事立武学祀武成王之时，将武成王王号去除，罢其旧庙，停止专祀太公，将其从祀于帝王庙。⑦ 将武成王祭祀降杀还有一个原因，即此时天下太平，诸武将战功卓著，太祖为了天下的长治久安，而逐渐降低武臣勋爵的政治地位，以儒生文人作为国家

① 《明太祖实录》卷60，洪武四年春正月丁亥。
② 《明太祖实录》卷64，洪武四年夏四月庚寅。
③ 《明太祖实录》卷78，洪武六年春正月壬子。
④ 《明太祖实录》卷255，洪武三十年九月乙亥。
⑤ 《明太祖实录》卷183，洪武二十年秋七月丁酉。
⑥ 《明太祖实录》卷39，洪武二年二月戊辰。
⑦ 《明太祖实录》卷183，洪武二十年秋七月丁酉。

政治生活依赖的主体。朱元璋言曰："至于建武学用武举，是析文武为二途，自轻天下无全才矣。三代之上，古之学者文武兼备，故措之于用无所不宜，岂谓文武异科，各求专习者乎。即以太公之鹰扬而授丹书；仲山甫之赋政而式古训；召虎之经营而陈文德，岂比于后世武学专讲韬略不事经训，专习干戈不闲俎豆，拘于一艺之偏之陋哉。今又欲循旧，用武举立庙学，甚无谓也"①。明建国初期重武轻文之风，被太祖皇帝一句"自轻天下无全才"之言改变了。不专立武学，不专祀武庙，也显示了武将地位的下降，文人统治的开始。

朱元璋停止武成王专祀五十六年后的明正统七年，英宗在大明门右侧新建五军都督府，由于原五军都督府之中府西北有庙专祀武成王以下十三人，新建五府时便将该庙移建于后府，并于七年戊午日专祀武成王太公望于后军都督府。② 中军都督府中有武成王庙，说明虽然太祖有止武成王庙专祀之言，但由于武成王为士卒兵将的保护神，在军队系统中并没有完全废黜武成王庙。况且太祖并没有将武成王祀列为淫祀，只是将武成王降专祀为从祀于帝王庙。五府之中仅中军都督府有武成王庙，说明多数地方都严格执行了太祖皇帝的诏令。

明世宗皇帝时，祭享武成王庙得到了皇帝的允许。嘉靖十五年四月兵部言："古今言兵者，以太公吕望为宗，请仿唐制立武成王庙，以汉唐以来名将如孙武、吴起、司马穰苴、尉缭子、黄石公、张良、韩信、李广、赵充国、诸葛亮、邓禹、冯异、関羽、张飞、李靖、李积、郭子仪、曹彬、韩世忠、岳飞、本朝之徐达、常遇春、张玉、汤和配享。每岁春秋致祭，庶典制不阙，武教有所兴起"。③ 皇帝同意了兵部的建议。

上述遣将仪式为太祖出征时之军礼，除此之外太祖时遣将出征仪式尚包括师还之奏凯仪式、献俘礼仪式及受降仪式。明洪武三年六月李文忠北征大捷，俘故元诸孙买的里八剌等。杨宪等请以买的里八剌献俘于庙。太祖曰："元虽夷狄，入主中国百年之内，生齿浩繁，家给人足。朕之祖父亦预享其太平，虽古有献俘之礼，不忍加之"④，遂不行献俘礼。但仍于十九日、二十日两天分别祭告天地和大庙。同年十一月徐达李文忠还师，上亲劳于江上，诸臣上表行庆贺礼，告郊庙，命大都督府兵部录上诸将功绩、吏部定勋爵、户部备赏物、礼部定礼仪、翰林院撰制诰以封功臣。⑤ 洪武五年十二月初四，征南副将军周德兴班师还京，诏论功行赏。论功行赏

---

① 《明太祖实录》卷183，洪武二十年秋七月丁酉。

② 《明英宗实录》卷98，正统七年戊午。

③ 《明世宗实录》卷186，嘉靖十五年四月甲午。

④ 《明太祖实录》卷53，洪武三年六月癸酉。

⑤ 《明太祖实录》卷58，洪武三年十一月壬辰。

次日，受赏将领上表谢恩。

洪武朝制定的军礼以及对军礼的实践，为其后各朝的遣将征戍，奠定了制度上的保证和行为上的规范。尤其是在明前中期的几代皇帝，均严格遵循太祖朝的制度和律令，不敢有所变动。永乐四年秋七月初一，讨伐安南，朱棣遣官告祭岳镇海渎之神。七月初四，命朱能、沐晟、张辅、李彬、陈旭为将军。七月十六日，朱能等率师启行，祭大江诸神。① 十月初九，张辅等率师发凭祥度坡垒关，并望祭安南境内山川。② 永乐五年五月十五日，朱棣因“征南将士冲冒炎署，虑生疾病”，特遣使臣“奉香帛，遍祀岳镇海渎及安南山川、城隍之神祈福”③。五月底，张辅等平安南奏捷，六月初一，朝廷以安南平昭告天下。宣德二年八月，薛禄还京师献所俘获虏寇人畜。皇帝嘉劳之，命行在礼部、兵部录其功次高下，定赏格。④ 三年四月二十二，宣宗命行在礼部兵部议升赏四川总兵官都督陈怀等，因其献捷报俘获松潘蛮夷事。⑤

成化间尝有荆襄、建州大捷，皆有献俘和论功行赏仪。论功行赏仪在成化年间已经形成了制度。成化间各地兵事此起彼伏，连续不断，因此军礼的实施便成为了常事。较前朝相比，论功升赏仪式可能有所简化。但行赏的多少厚薄，爵禄的品秩高低均有成制。成化十五年八月十六日，太子太保抚宁侯朱永向皇帝自陈道：“昔尝将兵南征荆襄，北伐胡虏，屡获克捷，当时与臣同功者，进爵至再、至三，而臣仅加一级，乞申议之”。⑥ 宪宗皇帝于是下诏让兵部参酌合议，兵科给事中驳其奏曰：“论功行赏，具有成宪。况永前功已录，历时已久，今复奏扰，有违成命”⑦。兵部请皇帝圣裁，皇帝恩许其一子世袭锦衣卫百户，并岁加永禄米六十石。

明中后期戎事更多，凡用兵则必有军礼。下仅举万历间事以闻。

万历三年十二月十六日，李成梁遣官献捷，万历皇帝赏献捷官，次日，万历皇帝亲临皇极门，接受百官称贺，十八日，皇帝论功升赏李成梁等。⑧ 六年二月二十六，

---

① 《明太宗实录》卷56，永乐四年秋七月癸卯。

② 《明太宗实录》卷60，永乐四年十月乙未。

③ 《明太宗实录》卷67，永乐五年五月戊辰。

④ 《明宣宗实录》卷30，宣德二年八月丁卯。

⑤ 《明宣宗实录》卷41，宣德三年夏四月甲戌。

⑥ 《明宪宗实录》卷193，成化十五年八月己亥。

⑦ 《明宪宗实录》卷193，成化十五年八月己亥。

⑧ 《明神宗实录》卷45，万历三年十二月壬午。

辽东大捷，皇帝赏报捷人，以大捷升赏李成梁等。① 九年二月二十一，辽东大捷，上遣官祭告郊、庙，文武百官各称贺。② 十年三月十八，李成梁击败虏酋速把亥，“上喜命宣捷祭告如常仪”。③ 十一年二月二十九日，李成梁破阿台、阿海，督臣周咏以捷闻。④ 同年闰二月初六，行宣捷礼。皇上亲临皇极门，百官称贺，遣官祭南北郊、太庙。⑤ 同年十二月二十七，辽东李成梁伏兵歼逞仰二奴，斩获一千五百有奇，“督臣张佳胤以闻兵部请荐告郊、庙，宣示中外，以昭殊烈。上是之”。⑥ 十三年三月大捷以闻。十八年四月初六，因辽东李成梁大捷，皇帝行宣捷礼，百官称贺，遣官祭郊庙。⑦ 二十八年十二月，李化龙槛送逆酋杨应龙妻子族党等行献俘礼，礼部择日告庙宣捷，上御门受贺。⑧ 二十六日，献播俘，皇帝亲临午门楼受俘，遣官告祭郊庙，逆酋党羽各论磔斩戍遣⑨。⑩

观明代遣将礼，前期祭告上下神祇，或遣官或皇帝亲祭，表现了国家对战事的重视。祭告神祇也具有誓师的意义。战争胜利后，领兵官必宣露布或献捷奏闻天子，宣捷奏章一般有领兵官亲自撰写，其他官员原则上不能代劳。⑪ 明代献捷礼分为大、中、小捷三等。万历四十六年四月直隶巡按王象恒针对辽东战事吃紧所上奏言曰：“各军且令各守城堡，固守一月者当大捷，守半月者当中捷，守五日者当小捷”。⑫

---

① 《明神宗实录》卷72，万历六年二月丁未。

② 《明神宗实录》卷109，万历九年二月乙卯。

③ 《明神宗实录》卷122，万历十年三月丙子。

④ 《明神宗实录》卷133，万历十一年二月壬子。

⑤ 《明神宗实录》卷134，万历十一年二月己未。

⑥ 《明神宗实录》卷144，万历十一年十二月乙亥。

⑦ 《明神宗实录》卷222，万历十八年四月丁丑。

⑧ 《明神宗实录》卷354，万历二十八年十二月壬午。

⑨ 《明神宗实录》卷354，万历二十八年十二月乙未。

⑩ 除了上述事例之外，各朝兵事还有：永乐时平安南、卫青平唐赛儿；成化有韩雍平广蛮、项忠、马文升征五堡、白圭朱勇剿刘千斤；正统年间主要有麓川之役、陈懋等平邓茂七，张楷平坑贼、董兴讨平黄萧养等；正德间有三年仇钺等平定安化，五年林俊等平蜀盗，六年陈金平江西，七年平刘六刘七，十一年剿平清平苗，十二年王守仁剿平江西；嘉靖朝五年征岑猛，七年王守仁平断藤峡，十七年蔡经再平藤峡诸瑶，嘉靖辛亥年平定湖广诸苗，二十年再平安南，胡宗宪等平倭寇等等，明末光宗、熹宗时战事尤为频仍，期间相关军礼均有施行。

⑪ 《明神宗实录》卷45，万历三年十二月庚午，平虏堡捷，山东御史刘台以捷奏闻，皇帝以为按照循例，御史不能报捷，让兵部覆议其事。部覆：“报捷原总督事”，“今总兵李成梁追虏回营，以积劳呕血，口报不能具文，按臣称战胜之余，亟为善后之图，不失及时讲求之意，以后不得为例。从之”。

⑫ 《明神宗实录》卷568，万历四十六年四月丙辰。

天启六年正月，刑科都给事中陆文献疏陈方略曰："守关以久近为差，守三日当小捷，守五日当中捷，守十日当大捷，望风欲溃者杀无赦"。① 《东省防倭议》载曰："今宜先定至海上守城之令。倭至城下，守城者守三日当小捷，六日当中捷，十日当大捷"。②《礼部志稿》也载："凡各处奏捷，鸿胪寺于早朝将差来人役引至御前宣读捷音。隆庆六年，令择吉宣捷，至日不奏事，次日行庆贺礼。万历八年定，凡大捷于常朝期宣奏捷音。是日，百官各具吉服，宣捷之后，鸿胪寺官致词，行五拜三叩头礼。本日早，即遣官荐告郊庙行，翰林院撰文、太常寺办祭品。中捷以下止宣捷，不行祭告庆贺礼"。③《明史》也言，大捷日有宣捷礼，该日不奏事，百官具朝服上庆贺礼，并遣官告祭庙社。中捷、小捷仅举行宣捷礼，不告祭庙社，不行庆贺礼。④大中小捷具体的标准惜无文献记载。但是据《明实录》所载，万历二十八年四月初一，兵部尚书上给皇帝的题本言，云南巡抚和巡按御史各自报平猛奉二贼捷，其报捷人员，按照循例，应予升赏，但是"擒斩止三百五十余级，即以三倍计之，仅及小捷"。⑤ 说明明代小捷标准斩获敌兵至少须得到一千余人。这仅是从俘获和斩首敌军方面而言，从上述守城大中小捷标准来看，明代宣捷标准当是全方位的，攻城掠地，擒获物品等也应有定数。一般情况下，战后诸礼程序为：先宣露布，再献捷，最后献俘。万历二十年十月十七日，擒宁贼哱承恩，总督陕西三边军务兵部右侍郎叶梦熊遣官具露布以闻。⑥ 十一月十二日，上御皇极门宣宁夏擒获哱承恩等捷礼。礼毕上憩暖阁。稍后上御五凤楼，鸿胪寺官奏献俘，刑部引俘见，毕，百官称贺，论功升赏有加，遣官以宁夏捷音祭告郊庙。⑦

四、明代军礼的特点

观明代军礼具有以下几个特点：

第一，明代军礼的制定与其社会背景有着密切之关系。明代初制军礼时，全国尚没有完全统一。战争仍然是国家面临的首要问题，朱元璋一方面加紧制定国家运

---

① 《明熹宗实录》卷67，天启六年正月庚午。

② 〔明〕冯琦：《东省防倭议》，《皇明经世文编》卷441。

③ 〔明〕佚名：《礼部志稿》卷14，四库全书本，上海人民出版社，迪志文化出版有限公司1999年。

④ 〔清〕张廷玉：《明史》卷57，北京：中华书局，1974：1436。

⑤ 《明神宗实录》卷346，万历二十八年四月甲戌。

⑥ 《明神宗实录》卷253，万历二十年十月癸卯。

⑦ 《明神宗实录》卷254，万历二十年十一月戊辰。

行需要的各种制度，一方面遣将四处征战，开疆拓土。“国之大事，在祀与戎”①，建立郊庙祭祀是为了彰显新朝的正统和合法性。制定军礼，则是为了加强天子在整个军队系统中的统帅地位。朱元璋于洪武元年闰七月诏定的军礼主要涉及天子亲征和遣将出征两方面，毕竟这是当时新立国家必须要做出的也是必须解决的问题。洪武三年制定大射礼并将其列入《明集礼》，以期能成为例令，行之天下，这与当时朱元璋对卫所制度的期望和其寓兵于农的治理国家的理想相一致。大射礼实践虽史载不明，但是在这种统治理想下形成的各级射礼却结合明初对各级学校的建立和推广，如雨后春笋般地遍及大明王朝之角角落落。永乐皇帝时即有大阅，但却只是非常时期之仪。其后各代皇帝虽然有大阅行为存在，但多数仍以太祖皇帝所定军礼内容为标准，并没有将大阅礼定位为国家之军礼。直至隆庆时期，兵事废弛，军将懈怠，皇帝为励士气、振军威，将原来由内官司礼监派员主持的京营阅武提升为皇帝亲阅，此后成为习例。

第二，明代军礼以皇帝为中心，彰显的是天子的威仪和皇帝在整个国家的政治地位。无论是明初的洪武元年军礼，还是《明集礼》《明会典》所载军礼、以及隆庆年新增的大阅礼，能成为国家礼典（或者被朝廷认可）、国家成例的军礼皆为有皇帝参与之礼。从明初的亲征、遣将到大射、大阅，无不如此。其中大阅礼尤为值得注意。在隆庆三年之前，多朝虽均有阅武行为，但一方面因为礼仪制度不完备，朝有异文，不相统一；一方面参加人员、行礼时间及周期无有定制，虽有个别皇帝亲身参与，但皇帝本身并没有认识到大阅行为及其意义的重要性。再者社会条件也没有完全成熟。隆庆三年，皇帝欲振武，内阁诸臣及兵部和边地守戍诸将之推动，使得大阅礼终成为皇帝亲行之礼，在国家礼典中列为军礼自然是水到渠成之事了。大阅礼成为军礼，载入《明会典》，是由于有两个主要条件的实现：皇帝亲行；仪注完备。仪注是礼义的外在表现，只有通过完备的仪式，才能被社会所熟悉和认知；军礼，主要体现的是皇权至上和以皇帝为中心的国家政治统治秩序，彰显的是皇帝的威仪和其所代表的国家。皇帝亲行，才能被社会认可和重视。皇帝也通过军礼的实行，加强了对军队和整个社会的控制。

第三，明代军礼承袭的是唐宋军礼，并间采周礼之意而成的。下仅以《明集礼》所载之亲征和遣将礼为例，结合《大唐开元礼》、宋朝《太常因革礼》、《政和五礼新仪》，对唐宋明三代军礼在内容和主要仪节上进行比较如下（见下表）：

---

① 《左传·成公十三年》。

表3　唐、宋、明三代军礼内容比较表

<table>
<tr><th>类别</th><th>《大唐开元礼》</th><th>《太常因革礼》</th><th>《政和五礼新仪》</th><th>《明集礼》</th></tr>
<tr><td rowspan="11">亲征</td><td>类于上帝</td><td rowspan="6">皇帝亲征祭告</td><td></td><td>类于上帝、</td></tr>
<tr><td>宜社</td><td></td><td>宜于太社</td></tr>
<tr><td>告庙</td><td></td><td>造于太庙</td></tr>
<tr><td>祃祭</td><td></td><td>祃祭</td></tr>
<tr><td>軷祭</td><td></td><td>軷祭</td></tr>
<tr><td>告祭所过山川</td><td></td><td>祭所过山川</td></tr>
<tr><td>宣露布</td><td rowspan="5">凯旋祭告、献俘馘御楼献露布</td><td></td><td>宣露布</td></tr>
<tr><td>劳军将</td><td></td><td></td></tr>
<tr><td rowspan="3">凯旋献俘礼</td><td>紫宸殿贺胜捷</td><td>奏凯</td></tr>
<tr><td>皇帝御楼受蕃王降</td><td>献俘</td></tr>
<tr><td>册命诸王大臣</td><td>论功</td></tr>
<tr><td rowspan="10">遣将</td><td></td><td></td><td>受旌节</td><td>授节钺</td></tr>
<tr><td></td><td></td><td>引见</td><td></td></tr>
<tr><td>告庙</td><td></td><td>造庙</td><td>造庙</td></tr>
<tr><td>宜社</td><td></td><td>宜社</td><td>宜社</td></tr>
<tr><td>告太公庙</td><td></td><td>告武成王庙</td><td>告武成王庙</td></tr>
<tr><td></td><td></td><td>祃祭</td><td>祃祭牙纛</td></tr>
<tr><td></td><td></td><td>师旋奏凯</td><td>奏凯</td></tr>
<tr><td></td><td></td><td>御楼献俘</td><td>献俘</td></tr>
<tr><td></td><td></td><td>宣露布</td><td>宣露布</td></tr>
<tr><td></td><td></td><td></td><td>论功</td></tr>
</table>

从上表可以看出，明代亲征礼主要依据的是《大唐开元礼》，其仪与唐礼相同。和开元礼相比较，明亲征礼仅无“劳军将”之仪。另外又从宋礼中采撷其意，新制定了“论功行赏”仪。明代遣将仪主要因袭的是宋礼。两相比较，明遣将礼和宋《政和五礼新仪》仪节相同，明礼仅在宋礼的基础上加入了“论功仪”内容。

第四，从明代军礼的行为来看，主要有祭告和耀武、赏功三种方式。军礼祭告虽然和吉礼祭祀有很多相同的地方，但是因祭祀的目的不同，其具体仪节可能也有所变化。例如在亲征告祭诸仪中，虽同为祭祀天地宗庙社稷，但是由于祭祀的人员不同，其意义也不同。军礼祭告更多的意义在于誓师，“惟明神实图利之”，以誓神之辞禁约兵将。宣露布、献俘、献捷主要功能在于耀武，所谓“师有功则凯歌”者也。论功行赏则是这些主要军事仪节完成的最后一项，包括论功行赏、上表谢恩、皇帝大宴功臣等等仪节，目的在于激励将士。

明代军礼的实行，大多仪节有乐相须为用礼乐一体，乐是礼的重要组成部分。明代军礼的实践，也是明代军礼用乐的实践。国家对军礼的规范，决定了这些军礼用乐一次次地响彻于帝国之坛庙社稷、皇城内外。

第二节 明代军礼用乐

“国之大事，在祀与戎”，戎也有祀之内容。战争前后之祀神、赏功、庆贺，皆为国家之军礼规范仪节。在军礼的具体仪节实施过程中，乐在心理和生理上给这些军事行为的参与者以极大的影响。明代礼乐制度是在异族统治中原之后的一次重建，这次重建虽远宗周礼，近采唐宋，但正如《论语·阳货》所言：“君子三年不为礼，礼必坏；三年不为乐，乐必崩”①。虽有唐宋礼典文献足证，但乐却因战争和改朝换代之离乱悲欢，几乎随着战争之狼烟而消逝殆尽。本节旨在研讨明代礼乐制度重建后，军礼中的用乐情况。

四类军礼中，除“大射礼”由于文献之不足，其用乐形式不明外，明代在实施其他三种军礼时皆有用乐现象。“皇帝亲征”中祭告天地用乐，告庙社有乐，凯还献捷有乐，论功行赏有乐；“遣将”仪式中授节钺有乐，告庙社有乐，凯还有乐，献俘礼有乐，论功庆成上表皆有乐；“大阅礼”仪式也有乐。四类军礼的施行，各为一个完整的过程。在这个完整的实施过程中，由于场所和目的之不同，军礼用乐的功能也不同。正如上节所考，有明一代战事不断，凡国家大型的战事用兵必有军礼，无论亲征还是遣将，每一次战事行为必然会伴随有军礼仪节的实行。在这个过程中，军礼用乐以不同形式出现。乐以助礼，军礼用乐成为必然。军礼用乐也必然随着军礼仪节之功用变化，而有所不同。这种差异主要体现在其用乐的外在形式上，应包括乐队组合形式、乐队演奏表演的乐曲、乐舞形式，甚至表演这些音乐形式的乐人或军士，以及承应这些军礼用乐的机构和官员等等方面。本节拟在上节对明代军礼的内容和实施的考证之基础上，分别从明代军礼用乐的类型，雅乐、鼓吹乐与大乐及军礼用乐之特征三方面来研讨明代军礼用乐的基本情况。需要再次加以强调的是，这种军礼用乐形式，不是《礼书》、《乐书》记载的毫无用处的故纸废字，而是一种实实在在的存在。当然战争毕竟是非常态的，因此军礼与常态的其他礼仪形式用乐相比较，自然少之又少，以至于在长期的和平之后，偶然的军礼施行，礼部

① 《论语注疏·阳货》卷17，《十三经注疏》（下），北京：中华书局，1980：2526。

便需到前朝故事中寻找相关军礼的礼节仪注。① 虽然如此，军礼的施行及军礼用乐的存在，则是毋庸置疑的，这也是本文在上节用大量篇幅考证明代军礼的制定和实践的主要原因。因为这些亲征和遣将礼仪的史实正是证明明代军礼用乐存在之基础。

一、军礼用乐的类型

明代四种军礼，每一类军礼的实践都是一个完整的过程。在具体的实施过程中，因时事之不同，可能某些仪节有所简化或省略，但是基本的仪节不可能变化。这些基本仪节包括战前战后的告祭礼，战后的献捷奏凯仪等等。当然由于社会条件或者政治背景情况不同，这些仪节或者强调战前之告祭，或者强调战后之奏凯，但是其作为一个军礼类属的完整性当毋庸置疑。军礼作为一个完整性的显现，其下所行告祭、奏凯、献捷、献俘、赏功诸礼皆为构成其主体类属的重要组成部分。从这一点来看，一个完整军礼的实施过程中所用到的乐，可以按照其用乐之功能进行仔细分析，这样更有助于我们清楚了解有明一代军礼用乐的实际情况。

从军礼用乐的功能角度，可以将其分为三种类型：祭祀之乐、耀武之乐和赏功之乐（详见下表）。这三种功能的军礼用乐仪节不同，用乐形式也不同，下分述之。

表4　军礼用乐类型与仪节

功能类型		亲征	遣将	大阅
祭祀之乐	祭天	√		
	告地	√		
	告庙	√	√	
	告社	√	√	
	祃祭	√	√	√
耀武之乐	献露布	√	√	
	献捷		√	
	凯还	√	√	
	献俘		√	
赏功之乐	论功行赏仪	√	√	√
	庆成仪	√	√	√
	上表仪式	√	√	√
其他	授节钺		√	

① 《明武宗实录》卷193：正德十五年十一月癸酉日，礼部尚书毛澄等言："宸濠反逆，皇上亲率六师往正其罪，与宣德间亲征汉庶人高煦故事相同，但一应礼仪，无从查考"。台北：中央研究院历史语言研究所校印本，1963。

（一）祭祀之乐

祭祀性之乐主要用于亲征或遣将出征前及战争结束时的告祭仪式。战前的祭祀性用乐主要有亲征礼的郊祀天地、告庙社及祃祭仪式；遣将礼的告庙社和祃祭；战后祭祀性用乐主要有亲征礼之祭告天地、庙社及遣将归来之告庙社仪。战前与战后祭告仪式基本相同，现对亲征或遣将军礼的祭告仪式及其用乐做一探讨。

亲征与遣将皆有祭告仪式，惟遣将不用告祭天地。洪武三年定亲征祭告天地仪式，“作乐，行三献礼”，《明集礼》言其仪同祀天祀地。一般用雅乐，其用乐曲名及仪节列表示下：

表5　皇帝亲征郊祀天地用雅乐曲名表

<table>
<tr><th>序号</th><th>仪节</th><th>乐曲</th><th>乐舞</th><th>备注</th></tr>
<tr><td>1</td><td>迎神</td><td>中和之曲</td><td></td><td rowspan="9">1. 本表为祭天仪节。祭地仪节则将望燎易名为望瘗。祭告社稷迎神用《广和之曲》，无奉牲。
2. 本仪节为正祀当日仪节。</td></tr>
<tr><td>2</td><td>奠玉帛</td><td>肃和之曲</td><td></td></tr>
<tr><td>3</td><td>奉牲</td><td>凝和之曲</td><td></td></tr>
<tr><td>4</td><td>初献</td><td>寿和之曲</td><td>武功之舞</td></tr>
<tr><td>5</td><td>亚献</td><td>豫和之曲</td><td>文德之舞</td></tr>
<tr><td>6</td><td>终献</td><td>熙和之曲</td><td>文德之舞</td></tr>
<tr><td>7</td><td>彻豆</td><td>雍和之曲</td><td></td></tr>
<tr><td>8</td><td>送神</td><td>安和之曲</td><td></td></tr>
<tr><td>9</td><td>望燎</td><td>时和之曲</td><td></td></tr>
</table>

上表为郊天仪节用乐，祭祀方丘仪式除将望燎易名为望瘗外，曲词各异。祭告社稷则将迎神改奏《广和之曲》，且无奉牲仪节。太庙用乐稍有不同，具体见下表：

表6　皇帝亲征祭告太庙用雅乐曲名表

<table>
<tr><th>序号</th><th>仪节</th><th>乐曲</th><th>乐舞</th><th>备注</th></tr>
<tr><td>1</td><td>迎神</td><td>太和之曲</td><td></td><td rowspan="9">1. 进俎仪节一般不用。
2. 本仪节为正祀当日仪节</td></tr>
<tr><td>2</td><td>奉册宝</td><td>熙和之曲</td><td></td></tr>
<tr><td>3</td><td>进俎</td><td>凝和之曲</td><td></td></tr>
<tr><td>4</td><td>初献</td><td>寿和之曲</td><td>武功之舞</td></tr>
<tr><td>5</td><td>亚献</td><td>豫和之曲</td><td>文德之舞</td></tr>
<tr><td>6</td><td>终献</td><td>熙和之曲</td><td>文德之舞</td></tr>
<tr><td>7</td><td>彻豆</td><td>雍和之曲</td><td></td></tr>
<tr><td>8</td><td>送神</td><td>安和之曲</td><td></td></tr>
<tr><td>9</td><td>望燎</td><td>时和之曲</td><td></td></tr>
</table>

祃祭旗纛仪式一般遣官祭祀，其仪节与用乐见下表：

表7　祭祀旗纛用乐表

阶段		仪节	用乐形式
散斋2日至斋1日		斋戒	
前一日		降香	鼓吹导引
		省牲陈设	
正祭	1	具请	
	2	奠币	大乐
	3	初献	大乐
	4	亚献	大乐
	5	终献	大乐
	6	饮福受胙	大乐
	7	彻豆	大乐
	8	望燎	

由上可知，祭祀之乐，告天地庙社用雅乐，祭祀旗纛用大乐，除了上述祭祀用乐之外，永乐朝时亲征尚有祭祀太岁、城隍等神，俱用雅乐，其中太岁祭祀用乐：迎神奏《中和》，奠帛奏《安和》，初献奏《保和》，亚献奏《肃和》，终献奏《凝和》，彻豆奏《寿和》，送神奏《豫和》，望燎奏《熙和》。

（二）耀武之乐

耀武之乐主要用于凯旋班师的各个仪式礼节。奏凯、宣露布、献俘礼或献捷礼皆有夸耀军戎，振扬武功之意。通常这几种仪节皆一起行之。一般顺序为先奏凯、次宣露布，最后献俘礼。如行献捷礼则其顺序为先宣露布、次行献捷礼。

《明集礼》所载奏凯仪言，先期一天所司准备行礼之各项铺陈，时日：宿卫列兵卫，拱卫司设仪仗。……协律郎引奏凯乐工立伺于文武班之南，东西相向。侍仪导引皇帝常服乘舆出，升楼即御座，侍卫如常仪。引礼引大将军及诸将各就拜位立定，赞礼引大将军等行四拜礼，引礼引大将军以下各就侍立位。赞礼唱："奏凯乐"。协律郎执麾，引乐工以次至奏乐位立定，司乐于乐工之前俯伏跪奏："具官臣（某）言，请奏凯乐"。协律郎举麾，鼓吹大振，遍奏乐曲（其曲随事撰述），协律郎偃麾，乐止。司乐跪奏："具官臣（某）言，谨奏凯乐毕"，退。协律郎执麾导乐工等以次出。①

其下为宣露布礼。凯乐初奏时，将校引俘就立于兵仗之外，乐奏毕。赞曰："宣

① 《明集礼》卷34，《四库全书》本。

露布!”承制官承旨，将露布付受露布官，引礼引受露布官诣露布案，受露布官跪受露布，由中道南行，以授宣露布官，宣露布官宣露布。

紧接为献俘礼将校引俘至位，刑部尚书跪奏曰：“某官某以某处所俘献，请付所司。”奏讫，退就受俘位俟旨。其就刑者立于西厢，东向，以付刑官。其宥罪者，楼上承制官宣旨曰：“有敕释缚!”楼下承传宣旨释讫。赞礼赞：“所释之俘谢恩!”皆四拜呼万岁者三，将校以所释俘退。如有所赐，就宣旨赐之。大将以下就拜位，皆四拜搢笏舞蹈山呼万岁者三，出笏复四拜乃出，文武官就位，四拜搢笏舞蹈山呼如常仪，复四拜，班首稍前跪，称贺致词讫，俯伏，兴，复位，及众官复四拜礼毕，乘舆降楼还宫，百官以次出。① 献俘礼也要用乐。正德十五年礼部上献俘礼仪曰：是日早，教坊司陈大乐于御道南东西，北向……上常服御奉天门，钟声止，鸿胪寺官跪奏：“请上乘舆”，乐作，至午门楼，上升座，乐止，鸣鞭讫，文武百官入班，北向立。唱：“排班!”班齐，赞：“鞠躬!”乐作，五拜三叩头，兴，平身，乐止。赞：“献俘!”献俘将校引俘至献俘位，北向立定，俘跪于前，刑部等衙门官诣楼前中道，跪劾奏请旨，承旨毕。文武百官入班，北向立。唱：“排班”，班齐。致词官诣中道跪，致词贺讫，赞：“鞠躬，乐作，五拜三叩头，兴，平身，乐止。鸿胪寺跪奏：“礼毕!”乐作，驾兴，乐止。百官以次退。②

上述材料显示，奏凯所用之乐为鼓吹，宣露布不用乐，献俘所用之乐为大乐。

(三) 赏功用乐

赏功之乐主要指师还或大阅之后的论功行赏及庆成、大将上表谢恩仪式所行之乐。明代论功行赏仪规定，前期准备依品级设各官位，是日乐工陈乐如正会之仪。

皇帝御舆以出，仗动，乐作，侍卫导从如常仪，升御座，卷帘鸣鞭，乐止。司晨报时鸡唱讫，引进引皇太子诸王自奉天门东门入，乐作，由东陛升、殿东门入至侍立位，乐止。舍人引受赏官入就拜位。知班唱班齐，赞礼唱：“鞠躬，乐作，拜，兴，拜，兴，拜，兴，拜，兴，平身，乐止”。承制官前跪承制，由殿中门出中陛、降至宣制位，吏部尚书、户部尚书、礼部尚书、由西门出西陛、降立于诰命礼物案之东。承制官南向，称有制，赞礼唱：“跪”，受赏官皆跪。承制官宣制曰：“朕嘉某等为国建功，宜加爵赏，今授某以某职，赐以某物，其共承朕命。”宣毕，赞礼唱：“俯伏，兴，乐作，拜，兴，拜，兴，平身，乐止”。赞礼唱：“行赏!”舍人引

---

① 《明太祖实录》卷33，洪武元年闰七月庚戌。

② 《明武宗实录》卷194，正德十五年十二月己丑。

受赏官第一人诣案前，赞礼唱："跪!"搢笏，吏部官捧诰命，礼部官捧礼物，各授受赏官。受赏官受诰命礼物，以授左右。左右跪受于受赏官之左，兴，退复位。赞礼唱："出笏!"俯伏，兴，复位，舍人引受赏官复位。引以次受赏官诣案前，皆如常仪。承制官、吏部尚书、户部尚书、礼部尚书，由西阶升西门入跪上位之西，奏："承制讫!"兴，各复位。赞礼唱："鞠躬!"乐作，四拜，平身，乐止。赞礼唱："搢笏!"鞠躬，三舞蹈，跪，山呼万岁，山呼万岁，再山呼万万岁。乐工军校齐声应之。出笏，俯伏，兴，乐作，拜，兴，拜，兴，拜，兴，拜，兴，平身，乐止。赞礼唱："礼毕"，侍仪跪奏礼毕。鸣鞭，皇帝兴，乐作，警跸侍从导引至谨身殿，乐止。引进引皇太子诸王还宫，舍人引受赏官及文武官以次出，至午门外，以诰命礼物置龙亭，用仪仗鼓乐，各送还本第。①

依据《明史·乐志》可知，这里皇帝出动，奏《飞龙引之曲》；百官行礼用《风云会之曲》；宣制用大乐，皇帝驾兴奏《贺圣朝之曲》。《明会典》还记载了册封颁诏书"俱用中和韶乐，兼用堂下乐"②。

论功行赏之后第二日，受爵赏大将须上表谢恩，其大致仪注为：前期设各官员位次，是日清晨，诸官就位。皇帝将出，仗动，大乐鼓吹振作，升御位，乐止。卷帘尚宝卿奉宝置于案，拱卫司鸣鞭，司晨执事鸡唱讫，引进引皇太子于奉天门东耳房，具衮冕同，太子由东门入，乐作，升自东阶，入奉天殿东门，至御位东侍立，乐止。引礼引大将军入奉天门，乐作，至位，乐止。赞礼唱："鞠躬!"乐作，四拜，兴，平身，乐止。引礼引大将军诣表案前，搢笏、自捧表展表官宣表官随从由西陛升，引礼立于西阶之下，大将军及宣表展表官由西门入，大将军初行，乐作，入门，乐止。宣表展表官立于殿之西南，内赞唱："进表!"唱："跪!"大将军跪进表，受表官诣案东跪受表，置于案。赞礼唱："众官皆跪!"众官皆跪。内赞唱："出笏!"大将军出笏。唱："宣表!"宣表官诣前取表，跪于御座之西。展表官诣前跪，展表宣讫。宣表官复表于案，唱："俯伏！兴！平身!"大将俯伏，兴，平身。通赞唱："俯伏！兴！平身!"众将官皆俯伏，兴，平身。大将及宣表等官由殿西门出，乐作，降自西阶，引礼引复位，乐止。宣表官、展表官各复位，赞礼唱："鞠躬!"乐作，拜，兴，拜，兴，拜，兴，拜，兴，平身，乐止。赞礼唱："搢笏！鞠躬，三舞蹈"。跪左膝，三叩头，山呼，山呼，再山呼，三称万岁。出笏，俯伏，兴，拜，兴，拜，兴，拜，兴，拜，兴，平身，初拜止。乐作，拜毕，乐止。侍仪

① 《明会典》卷53。

② 《明会典》卷104。

奏："礼毕！"鸣鞭，皇帝兴，乐作。警跸，侍从导至谨身殿内，赞引引皇太子太子出殿，引进引降自东阶至文楼，乐止。舍人举表出，引班引大将军文武百官以次出。①

《明会典》言，明代进表与迎诏，"俱用大乐"②。可知上表谢恩仪中所用乐为大乐。如果为献捷，主将远在军营，则规定是日早先遣官荐告郊庙，百官具吉服，常朝宣捷。如果为大捷，则于宣捷日第二天行庆贺礼③。庆贺礼同上表仪，用大乐。

上表或庆贺之后为皇帝大宴群臣。明代宴会分大、中、常、小四个级别。级别不同用乐也不同。既是大宴，也因朝代不同，制度规定也不完全相同。洪武、永乐皆有新制，礼稍异而乐不同。现依据《明会典》、《礼部志稿》、《皇明典礼志》、《明史》等书记载，将其礼节和用乐具列于下：

诸司准备：是日早，尚宝司、锦衣卫、金吾等卫、光禄司等设百官位、宴席所用各项物品于殿内外，教坊司设九奏乐歌于殿内，设大乐于殿外，立三舞杂队于殿下。

皇帝升座：群臣殿外东西相向站立，有司跪请皇帝升座。

驾兴，大乐作，升座，乐止。（乐奏《万岁乐》）

百官拜：四品以上文武官员进入殿内，五品以下官员列于殿外丹墀，俱北向立。

乐作。赞四拜。乐止。（乐奏《朝天子》）

进御筵：光禄司官进御筵，大乐作，捧案至御前，乐止。

进花，乐作，进讫，乐止。（乐奏《水龙吟》）

正宴：光禄司官开爵注酒，捧诣御前，进**第一爵酒**：

教坊司跪奏：一奏《炎精开运之曲》。

赞内外官皆跪，教坊司跪奏："进酒"，饮毕，赞众内外官俯伏兴，乐作，赞四拜，平身，乐止。赞："各就位！"序班随进群臣桌，散花，乐作（乐奏《水龙吟》），散讫，乐止。序班即进群臣盏。

第二爵酒：教坊司跪奏："二奏《皇风之曲》"。

乐作，光禄司官斟酒御前，序班随斟群臣酒，教坊司跪奏："进酒！"候皇帝举酒，群臣以次举饮讫，乐止。

---

① 《明集礼》卷34，《四库全书》本。

② 《明会典》卷104。

③ 中捷和小捷皆不行庆贺礼，见《明会典》卷五十三。

光禄司官进汤：鼓吹响节前导，至殿外鼓吹止。殿上乐作，群臣起立，光禄司官进汤御前，群臣复位。序班即供群臣汤，乐止。教坊司跪奏："进汤！"乐作，候皇帝举箸，群臣次与皇帝进汤讫。赞："馔成！"乐止（进汤奏《水龙吟》）。

武舞入，教坊司跪奏"《平定天下之舞》"（乐奏《清海宇》），舞毕出。

第三爵酒：教坊司跪奏："三奏《眷皇明之曲》！"乐作，进酒如前仪，乐止。

教坊司跪奏："抚安四夷之舞"（乐奏《小将军》《殿前欢》《庆新年》《过门子》），舞毕，出。

第四爵酒：教坊司跪奏："四奏《天道传之曲》！"乐作，进汤如前仪。

食毕，教坊司跪奏："车书会同之舞"（乐奏《泰阶平》），舞毕，出。

第五爵酒：教坊司跪奏："五奏《振皇纲之曲》"，进酒如前仪。

饮毕，教坊司跪奏："百戏承应"，舞毕，出。

第六爵酒：教坊司跪奏："六奏《金陵之曲》！"进酒进汤如前仪。

教坊司跪奏："八蛮献宝进呈"，舞毕，出。

第七爵酒：教坊司跪奏："七奏《长杨之曲》！"进酒如前仪。

教坊司跪奏"采莲队子承应"，毕，出。

第八爵酒：教坊司跪奏："八奏《芳醴之曲》！"进酒进汤如前仪。

食毕，教坊司跪奏："鱼跃于渊承应！"毕，出。

第九爵酒：教坊司跪奏："九奏《驾六龙之曲》！"进酒如前仪。

饮讫，光禄司官收御前爵，序班随收群臣盏。

光禄司官进汤、进大膳，大乐作。群臣起立。

进讫，复坐，序班随供群臣饭，教坊司跪奏："进膳！"

食讫，赞："膳成！"乐止。

光禄司官收膳讫，教坊司跪奏："百花队舞承应"，舞毕，出。

百官拜：鸣赞唱撤案，序班撤群臣桌讫，光禄司官即撤御案。赞："宴成！"群臣皆出席北向立，序班即撤群臣座，殿外官皆诣丹墀北向立，赞："鞠躬！"乐作，赞："四拜！"兴，平身，乐止。群臣分东西立。仪礼司跪奏："礼毕！"（乐奏《朝天子》）

礼毕驾兴：驾兴，大乐作，鸣鞭，百官以次出。（乐奏《万岁乐》）

上为洪武二十六年定大宴之礼。永乐八年、永乐十二年亲征后的大宴礼，当如上述。永乐十八年对大宴礼又做了修定。其仪相差不多，乐则半数不同，下表略示之：

表 8　永乐皇帝亲征大宴用乐表

仪节		乐舞	曲名	备注
升座			《万岁乐》	与洪武同
百官行礼			《朝天子》	与洪武同
进御膳上花			《水龙吟》	与洪武同
进第一爵酒	乐	上万寿之曲		
	舞	平定天下之舞	《四边静》《刮地风》	
第二爵酒	乐	仰天恩之曲		
	进汤		《水龙吟》	
	乐舞承应	黄童白叟鼓腹讴歌承应	《豆叶黄》	
		抚安四夷之舞	《小将军》《殿前欢》《庆丰年》《渤海令》《过门子》	
第三爵酒	乐	感地德之曲		
	舞	车书会同之舞	《新水令》《水仙子》	
第四爵酒	乐	民乐生之曲		
	进汤		《水龙吟》	
	舞	表正万邦之舞	《庆太平》《武士欢》《滚绣球》《阵阵赢》《得胜回》《小梁州》	
第五爵酒	乐	感皇恩之曲		
	进汤膳		《水龙吟》	
	舞	天命有德之舞	《庆宣和》《窄砖儿》	
第六爵酒		庆丰年之曲		与洪武同
第七爵酒		集祯应之曲		与洪武同
第八爵酒		永皇图之曲		与洪武同
第九爵酒		乐太平之曲		与洪武同

永乐十八年定大宴礼，永乐二十年亲征后大宴礼即施行。永乐朝之后，大宴礼一般不再用乐。明初亲征或遣将奏凯之后的大宴用乐为九奏乐歌与大乐。

上述三种功能性用乐，应用于亲征礼和遣将礼的各项仪节中。祭祀之乐中多用雅乐，兼用大乐；赏功之乐用大乐；耀武用乐则用大乐与鼓吹。大乐、雅乐、鼓吹是军礼用乐的三种主要形式，下试分析之。

二、军礼用乐之形式

（一）雅乐

明人观念之雅乐专指祭祀天地、宗庙、社稷、先农、朝日夕月、陵寝以及后来所定文庙祭礼之乐。《明集礼》卷四十九载“国朝开国之初，制定雅乐，爰命儒臣，撰制乐章，以祀天地，以祭社稷，以礼先农，以享宗庙。至于朝会、燕飨、群祀，则皆用大乐，所以酌古今之宜而成一代制作也。”① 从《明集礼》的编写体例来看，明代将乐分为雅乐和俗乐两类。雅乐主要为郊庙之乐，由神乐观之乐舞生承应，雅乐主要在于“祭”，乃天神地祇人鬼之享。俗乐则指朝贺、燕飨之乐及群祀用乐。主要有教坊乐工承应，俗乐在于人世之用。其朝贺用乐包括丹陛大乐、中和韶乐、朝贺女乐。燕飨之乐包括丹陛大乐、侑食乐、侑食乐舞、迎膳导膳之乐、太平清乐以及百戏承应、采莲队子承应、八蛮献宝承应、鱼跃于渊承应、百花队舞承应等等。群祀则指小祀仪式用乐，这是《明集礼》所反映的明代洪武初年的雅俗乐观念。

神乐观乐舞生承应的郊庙雅乐，其乐器主要为八音之器。明初祀天地、宗庙、先农、日月时所用的乐器配置见下表，另有歌工为 12 人。一般雅乐需要乐工 62 人，洪武七年增加乐器后用乐工 72 人；舞生 130 人。文庙用乐生 60 人、歌工 10 人。

表 9　明雅乐乐器配置表

乐器	编钟	编磬	琴	瑟	搏拊	敔	柷	埙	篪	箫	横笛	笙	应鼓	籥	凤笙
洪武元年组合	16	16	10	4	4	1	1	4	4	4*	4	8	1		
洪武七年组合	16	16	10	4	2	1	1	6	6	8	4	8	1	4	4

* 《明史》载箫八，数量当有误，明太祖实录卷三十和《明集礼》箫的数量均为四，现依《实录》和《明集礼》计之。

明代的雅乐之外的其他用乐类型较多，其下乐器组合形式较为复杂。但类归起来，也可以将它们分为两种：一种为戏竹领衔之笙管笛组合，一种为执麾竿而行的中和韶乐。虽然按照应用场所和目的不同而分为朝贺与宴飨乐以及群祀用乐，但就在同一子类里，由于场所及出席人员的不同，仍然可以有不同的乐器组合方式。例如属于宴飨之乐的迎膳乐和进膳乐，虽然其演奏的乐章均为《水龙吟》，曲词相同，但是其乐器组合却不同：洪武间规定进膳乐用笙二、笛二、鼓一、板一、杖鼓八；迎膳乐用戏竹二、笙二、笛四、头管二、篥二、鼓一、板一、杖鼓十。永乐间则迎

① 《明集礼》卷 49，《四库全书》本。

膳、进膳乐用笙四、笛四、头管四、纂二、方响一、大鼓一、拍板一、杖鼓四；永乐间另有导膳乐，其乐器组合为戏竹二、笙六、笛六、头管六、纂四、鼓一、拍板二、杖鼓八。乐器组合数量与乐器种类的不同，其音响效果自然有变化，但是无论如何变化，笙管笛乐器组合方式均是其基本形式。

同属于宴飨用乐，甚至是一种场合，但是用乐的乐器组合形式却有不同，有笙管笛组合、有八音之乐之组合。即便如此，由于其用于宴飨，《明集礼》将其类归为俗乐。朝贺乐也是如此，既有笙管笛组合的丹陛大乐，也有八音之乐组合的中和韶乐。例如洪武二十六年所定的朝贺用丹陛大乐组合为：戏竹、方响、鼓各二，箫、笙、杖鼓、笛、头管各十二，闉、琵琶、二十弦、拍板各八。同年还对朝贺用中和韶乐的乐器组合做了规定：箫、笙、横笛各十二，排箫、埙、篪、瑟各四，琴十，编钟、编磬各二、应鼓、柷、敔、搏拊各一①。详见下表：

表 10　洪武二十六年所定中和韶乐、丹陛大乐乐器配置表

中和韶乐乐器	编钟	编磬	琴	瑟	搏拊	敔	柷	埙	篪	箫	横笛	笙	应鼓	排箫
数量	2	2	10	4	1*	1	1	4	4	12	12	12	2	4
丹陛大乐乐器	戏竹	箫	笙	笛	头管	闉	琵琶	二十弦	方响	鼓	拍板	杖鼓		
数量	2	12	12	12	12	8	8	8	2	2	8	12		

*《明史》载搏拊为二，此根据《礼部志稿》正之。

将笙管笛乐器组合归入俗乐，当无疑问。问题是中和韶乐的乐器组合为八音之器，但是明初《明集礼》却将其归入俗乐，这一点必须引起我们注意。虽然有金石之乐特征的中和韶乐未归类为雅乐，但是确属皇帝专用。朝会时，皇帝出则奏中和韶乐。大宴正是由于皇帝主持，八音之器得以施行。即使同属于皇族的亲王和各地王府朝贺宴饮之时也不能用金石之乐，而只能用大乐组合。可知，明代礼乐制度较为严备，阶层不同用乐自然有别。

综上，雅乐主要用于郊庙，其乐器组合为八音之制，代表为金石乐悬，主要有神乐观乐舞生承应。雅乐之外的用乐形式，包括朝贺、宴飨及群祀用乐。雅乐之外有两种乐器组和形式值得注意，即笙管笛组合和金石组合。金石组合为皇帝专用，笙管笛组合主要为大乐之特征。明代雅乐和俗乐一起构成了明代礼仪用乐。军礼用乐也是如此，既有祭祀天神地祇人鬼之雅乐，也有赏功宴享之俗乐。

---

① 《明史》载搏拊为二，此根据《礼部志稿》正之。

（二）鼓吹

鼓吹，秦汉时为军所用，其器有专，主要有鼓、排箫、横笛、笳、角等。鼓吹汉代作为军营专用之乐，后期进入仪仗。魏晋时既用于军营作为实用功能以激励士气，也用于仪仗以显示身份。《三国志》卷55载：“（甘）宁引弓射敌，与统等死战。宁厉声问鼓吹何以不作，壮气毅然，权尤嘉之”。①《三国志》卷64载：“（孙）权拜（诸葛）恪抚赵将军，领丹杨太守，授棨戟武骑三百。拜毕，命恪备威仪，作鼓吹，导引归家，时年三十二。”② 甘宁让鼓吹大作是为了激扬士气，此为军营实用之用鼓吹；诸葛恪作鼓吹是为了警严和显其身份。《三国志》所载十四次鼓吹的使用中，有四次是用于军营征战的。其余皆为武将仪仗之用。可知三国时鼓吹仍为武将专用。晋代鼓吹则多在仪仗中使用，“初，魏、晋之世，给鼓吹甚轻，牙门督将五校悉有鼓吹。宋、齐已后，则甚重矣。”③ 南朝主要用于仪仗，使用鼓吹的官员级别比以前有所提高，多为重要军将和皇族才能使用。隋唐时成为四品以上官员之卤簿用乐，至宋代则出现了本品鼓吹之称谓。“皇太子及一品至三品，皆有本品鼓吹”④，其意义发生了根本性变化。《大唐开元礼》中卤簿用乐显然是上下相通者。我们看到，作为制度规定性除了宫廷、皇族所用“大驾卤簿”和“小驾卤簿”外，一至四品的官员不分文武均有卤簿乐，宋代对于地方官府之官员所用则演化成为“本品鼓吹”的称谓。⑤ 由实用之乐器组合到身份地位象征、国家赏赐，再到本品鼓吹，这是鼓吹乐发展的一条脉络。鼓吹乐在其发展过程中，由国家专赐专用到国家依照官员品级高低配给，为保障本品鼓吹制度的施行就必须要专设一个相应的机构，唯此才能保证从中央到地方，从京师到四境相应品级能得到相应的待遇，这个机构在中央由太常或者教坊来行使自己的职责，在地方则有类似于“府县教坊”⑥ 的机构来管理和训练一批乐人，使这些乐人在国家规定的仪仗制度下，熟悉相关用乐仪节，清楚相应品级官员所要享用的乐队规制、用乐曲名等等。这个官属乐人群体和国

---

① 〔晋〕陈寿撰，〔宋〕裴松之注. 三国志. 卷55，北京：中华书局，1999：253。

② 〔晋〕陈寿撰，〔宋〕裴松之注. 三国志. 卷64，北京：中华书局，1999：331。

③ 〔宋〕郭茂倩：《乐府诗集》，北京：中华书局，1979（16）：224。

④ 〔元〕脱脱等：《宋史》卷140，北京：中华书局，1985：3302。

⑤ 项阳. 小祀乐用教坊，明代吉礼用乐新类型［J］. 南京艺术学院学报：音乐与表演版，2010，(3)：31～41，192/（4）：61～66，82。

⑥ 对于府县教坊的意义，近些年才被学术界关注，相应的研究有项阳《山西乐户研究》及相关论述、郭威博士论文《曲子的发生学意义》（中国艺术研究院2010届）中有专门论述。

家从中央到地方所设立的管理机构，是保障本品鼓吹制度得以贯彻实施，保障全国用乐一致性的基础。从这个层面来讲，本品鼓吹的意义即在于此。正是由于本品鼓吹的规定，宋时京城和宫廷中因为仪式用乐人数量短缺，便迅即从靠近京城的近畿诸州、驻军以及相近府县征调借用乐工，以备品级鼓吹相应数目，完成各项仪礼。①

明代仪仗鼓吹

鼓吹与仪仗关系密切。仪仗是为了“谨出入之防，严尊卑之分”。“慎重则尊严，尊严则整肃”②，仪仗中的鼓吹具有警严之功能，是仪仗的重要组成部分。《明史》仅载录有皇族仪仗：皇帝、皇后、皇太子、亲王、郡王、皇妃、东宫妃、亲王妃、郡王妃、郡主仪仗，其他各级官员仪仗无载。但是从一些文献中也可以看出，从王宫大臣到部院大臣、府县官员均有相应品级仪仗：

材料一：给安庆侯等十二人仪仗户人十五。③

材料二：太师韩国公李善长以年老养疾奏还原给仪仗户二十家，上从之。④

材料三：诏以京卫军士充公侯仪仗户。韩国公李善长、魏国公徐达皆二十户，曹国公李文忠等皆十九户，侯皆十五户，先是以京民充之，近因善长以老疾辞，仪从故命易以军士仍给之。⑤

材料四：南京礼部奏，本部奉进表笺原设龙亭仪仗，皆岁久损敝，乞敕南京工部积料修理。从之。⑥

材料五：洪武十八年三月，应天府以仪仗送状元归第。⑦

材料六：白恭敏公圭任浙江布政使，过徐州洪，家人与水手相殴，主事袁规收其仪仗，恳请而解。未几，召为工部侍郎，袁不自安，而公未尝形于辞色。⑧

以上材料显示明代至少府一级品官应有仪仗之设。明代官书也记载了皇帝、东

---

① 〔元〕脱脱等：《宋史》卷140：“太常鼓吹署乐工数少，每大礼皆取之于诸军。一品已下丧葬则给之，亦取于诸军。又大礼，车驾宿斋所止，夜设警场，用一千二百七十五人。奏严用金钲、大角、大鼓，乐用大小横吹、筚篥、箫、笳、笛，角手取於近畿诸州，乐工亦取于军中，或追府县乐工备数。歌《六州》、《十二时》，每更三奏之”。中华书局，1985：3302。

② 张廷玉等：《明史》卷64，北京：中华书局，1974。

③ 《明太祖实录》卷128，洪武十二年十二月己巳。

④ 《明太祖实录》卷130，洪武十三年二月辛巳。

⑤ 《明太祖实录》卷130，洪武十三年三月癸巳。

⑥ 《明英宗实录》卷228，景泰四年四月丙申。

⑦ 《明太祖实录》卷172，洪武十八年三月壬戌。

⑧ 〔明〕陆容：《菽园杂记》卷7，北京：中华书局，1985：81。

宫、亲王、郡王仪仗中具有警严性质之鼓吹。皇帝、皇后仪仗也称卤簿。洪武初年所定大驾卤簿中的鼓吹乐器为：金龙画角二十四枝、鼓四十八面、金四面、金钲四面、杖鼓四个、笛四管、板四串、小铜角二个、大铜角二个；麾一、戏竹一对、箫十二管、笙十二攒、龙笛十二管、头管十二管、方响四架、筝八架、琵琶八把、箜篌八把、杖鼓三十六个、板四串、大鼓二面。① 大驾卤簿鼓吹有两部分组成，前面为以角类乐器为主的旨在警严的乐器组合形式，麾以下为大乐组合形式。此点在《明会典》卷一百八十二中有专门的说明，麾以下乐器归类为乐器制度之属，它与仪仗最前面的具有导引警严性质的鼓吹铜角、画角、鼓乐器等一起构成了皇帝卤簿仪仗。因出行的目的和场所不同，皇帝使用的卤簿也有差别。皇帝卤簿分为大驾、丹陛驾、常朝驾、武陈驾等四种。皇后以下皆称仪仗。东宫仪仗中有金龙画角十二枝、花匡鼓二十四面、扛鼓二面、金钲二面、金二面、板二串、笛二管、杖鼓二个、小铜角一对、大铜角一对；戏竹一对、大鼓一面、板一串、杖鼓十二个、头管二管、笙二攒、箜篌二把、筝二架、琵琶二把、方响二架、龙笛二管、箫二管。② 郡王仪仗用画角十枝、花匡鼓二十面、扛鼓一面、金钲一面、锣二面、板一串、笛二管；戏竹一对、大乐鼓一面、板一串、杖鼓八面、笛四管、头管四管。③ 亲王仪仗用画角十二枝、花匡鼓二十四面、杖鼓二面、金钲二面、锣二面、扛鼓二面、板一串、笛二管、小铜角一对、大铜角一对；戏竹一对、大乐鼓一面、板一串、杖鼓十二面、笛四管、头管四管。④ 亲王仪仗中戏竹以下属于大乐乐器组合形式，《明会典》（卷五十六）“王国礼二”“乐”条言：“十五年定，乐工乐器、冠服之制。凡朝贺用大乐，乐工二十七人。乐器用戏竹二，头管四，笛四，杖鼓十二，大鼓一，花梨木拍板一”。⑤ 其乐器与《明会典》（卷一百八十五）所载仪仗用乐完全形同。仪仗乐器目的主要在于警严，其前部多为声响巨大之打击和吹奏乐器，如画角、大小铜角等，其后是主要以头管为代表的大乐乐器组合。二者一起构成了仪仗乐队。

《明集礼》卷四十六载有明代皇帝卤簿用乐图：

---

① 《明会典》卷182。
② 《明会典》卷184。
③ 《明会典》卷185。
④ 《明会典》卷185。
⑤ 《明会典》卷56。

图 1 《明集礼》皇帝卤簿用乐图

大鼓2	拍板2	杖鼓24	龙笛4	方响4	篥4	笙4	笛4	箜篌4	琵琶4	箫4	乐工4	戏竹2	导旗若干	角6	钲6	鼓6

这是明初的仪仗用乐乐器组合形式，它与明代中期的皇帝卤簿仪仗用乐稍有不同。下以明万历皇帝《出警入跸图》为例，探讨明代中期皇帝卤簿仪仗用乐。

《出警入跸图》之皇帝仪仗用乐

《出警入跸图》，绢本，设色画，是一幅描绘明代皇帝出京谒陵的绘画长卷。分两卷，全长近60米，现藏台北故宫博物院。明人宫廷绘画《出警图》和《入跸图》比较详细地描绘了明神宗于万历十一年闰二月，率后妃至天寿山和西山谒陵之事。①经清以来多位学者考证，当为明代宫廷供奉画家写实性绘画。两卷绘画中均有用乐内容的描绘。在《出警图》中我们可以看到当时的仪仗鼓吹组合。

图 2 《出警图》一（乐器组合1）

乐器组合1 皇帝马后护卫队之后：马后之乐器

引导旗	大铜角	小铜角	唢呐	鼓
	笛	锣	钲	拍板
	笛	锣	铙	拍板
引导旗	大铜角	小铜角	唢呐	鼓

① 关于此画中的皇帝有三说，一说为明世宗嘉靖皇帝，一说为明武宗，三说为明神宗。本文采用中国台湾国立台湾师范大学历史学系朱鸿先生的考证，认为当是明神宗。朱鸿《〈明人出警入跸图〉本事之研究》从文献考订、图像比对、实地勘查等方面进行有力考证，从而得出《出警图》与《入跸图》皆为晚明画家丁云鹏所绘制，并对该图所绘内容做了详细的解释。（文载台北：《故宫学术季刊》第二十二卷第一期，2004：183～213。）

图3 《出警图》二（乐器组合[2]）

乐器组合[2] 皇帝马前：仪仗乐器

[引导旗] [大铜角] [小铜角] [唢呐] [笛] [锣] [鼓] [铙] [拍板]

[引导旗] [大铜角] [小铜角] [唢呐] [笛] [锣] [鼓] [钲] [拍板]

图4 《出警图》三（乐器组合[3]）

乐器组合[3] 紧接上图之前，间有二马距离

[大铜角] [小铜角] [鼓] [锣] [铙]

[麾] [节] [唢呐] [笛] [拍板]

[唢呐] [笛] [拍板]

[大铜角] [小铜角] [鼓] [锣] [钲]

图5 《出警图》四（乐器组合4）

乐器组合4 象辇前仪仗乐队

引导旗	大铜角	大铜角	大铜角	鼓	锣	钲	铙	笛	拍板	令旗
引导旗	大铜角	大铜角	大铜角	鼓	锣		铙	笛	拍板	令旗

以上图中，1、2操持乐器者所着衣饰相同，3、4衣饰与1、2有明显区别。从其所处位置来看，1、2分处于皇帝马后马前，1前有锦衣卫亲兵。这里明显可以看出1、2应属于大驾卤簿。4各项乐器的操持者应归旗手卫。《明会典》卷二百二十八载："国初置旗手千户所。洪武十八年，升为卫。永乐中，照例开设，掌大驾金鼓旗纛、统领随驾力士及宿卫等事，计开……金龙画角二十四枝、小铜角一对、大铜角一对、鼓四十八面、金四面、钲四面、杖鼓四个、笛四管、板四串……"①从其所处的位置来看，组合4正处于整个队伍前面，其后为驯象所驮宝象辇，属于锦衣卫。明代旗手卫凡遇郊祀、车驾出入，则陈于锦衣卫卤簿之前。图中组合4奏乐之人，从其衣着打扮来看也应属于旗手卫。洪武二十一年"定旗手卫军士、力士俱红袢袄，其余卫所袢袄如之。凡袢袄长齐膝，窄袖，内实以棉花。二十六年令骑士服对襟衣，便于乘马也。不应服而服者罪之"。② 组合4中奏乐之人皆红

① 《明会典》卷228，《四库全书》本。

② 〔明〕俞汝楫《礼部志稿》卷64，《章服备考·军士服色》，《四库全书》本。

袢袄对襟衣，因此，组合4应属于旗手卫仪仗。组合4之前，画面上还绘有六个金龙画角。组合3可能为鼓乐，乐器演奏者属于教坊。洪武五年定乐生衣饰，“黑介帻，漆布为之，上加描金蝉；服红绢大细袍，胸背画缠枝方葵花，红生绢为里，加锦臂韝二；皂皮四缝靴；黑角带。”① 组合3中奏乐者前方和中间还有旗手卫人员执旗麾参与。

《出警图》描述的是皇帝出德胜门过清河、巩华城（今沙河）到昌平天寿山陵区谒陵之事。其出行仪仗为大驾卤簿，前为旗手卫，后为锦衣卫及其他护卫。其用乐组合前为旗手卫军乐鼓吹开道、中间为教坊鼓乐、皇帝前后仍有鼓吹，驾前组合有唢呐，驾后无唢呐。依照队伍前后顺序依次为4——3 ——2：皇帝 ：1。

《入跸图》则描绘了皇帝谒陵后由水路经西湖、长河至西直门上岸回城的情景。从图中我们可以看到其见乐器组合。

图6 《入跸图》一（乐器组合5）

乐器组合5　为西直门桥上旗手卫仪仗鼓吹组合

画角十、铜角五、其他乐器似装在袋子里，背在身后。乐器设而未作。衣饰同《出警图》之4，惟有对襟衣由红色换为蓝色。

上图之左，为一红色装饰木桥，桥之左端又有八人执八铜角，衣饰与《出警图》组合4同。

① 〔清〕张廷玉：《明史》卷67，《志第四十三·舆服三》. 北京：中华书局，1974：1049。

图7　《入跸图》二（乐器组合⑥）

乐器组合⑥

象辇、车辇之后又为一乐队组合。

图8　《入跸图》三（乐器组合⑦）

乐器组合⑦

图中有六铜角，其中有二个大铜角，其他四个均为小铜角。另有鼓二、锣二、铙一、钲一、笛二、拍板二，从乐人的神态来看，除铜角外，其他乐器正在演奏中。乐人衣饰同《出警图》之三，惟对襟颜色由红色换为蓝色。

图9 《入跸图》四（乐器组合[8]）

乐器组合[8]　　上方蓝旗船：　　　　　　　　　前黄旗船：

[杖鼓] [拍板] [箫] [管] [笙] [笛] [云锣] [铙] [大锣二] [鼓] [钲]　　[小铜角] [小铜角] [小铜角] [大铜角] [大铜角]

下方蓝旗船：　　　　　　　　　下前黄旗另一船：

[杖鼓] [箫] [拍板] [笛] [笙] [大锣二] [钲] [鼓] [铙] [管]　　[小铜角] [小铜角] [小铜角] [大铜角] [大铜角]

组合[8]位于皇帝龙舟之前，从乐人的衣着来看和组合[1]及组合[2]相同。黄旗两船共有小铜角六、大铜角四。上下方蓝旗船共有杖鼓二、拍板二、箫二、笛二、笙二、管二、铙二、鼓二、钲二、云锣一、大锣四，其乐器组合明显为笙管笛之大乐组合。

《出警入跸图》中所绘为三种乐器组合形式。从其衣饰和位置来看，整个队伍最前面的是旗手卫之鼓吹仪仗，没有唢呐（或者唢呐不作）。中间为鼓乐引导，[3]有唢呐。最接近于皇帝的是马前马后乐，均有唢呐配置，马前唢呐正在演奏，马后唢呐不作。以上图中[1]、[2]和[8]应为一组乐人，[3]和[7]，[4]和[5]、[6]各为一组乐人。图中除角类乐器和组合[5]、[6]外，其他乐器均处于演奏状态，[5]、[6]可能因其已达西直门，而此时皇帝尚在离其较远的船上，因此很多乐器备而不作，或肩扛、或藏之于袋中。组合[4]中，图上方九人，下方八人，似乎缺少一人，这一点可以从图中两两相对的组合形式及衣饰特点中看出来。《出警入跸图》作为明人宫廷画具有写实性，这在图中各处均有体现。《出警图》为皇帝谒天寿山行春祭礼，“凡仪卫扈从等项一遵皇祖世宗嘉靖间定制”。① 嘉靖十五年三月议定谒陵陪祀百官，“具吉服”。② 因此《出警图》中③、④乐人皆着红对襟服，而《入跸图》⑤和⑦则乐人对襟更换为蓝色。总之，《出警入跸图》是一幅反映明代中后期皇帝谒陵出行时壮观的仪仗宫廷绘画。其中仪仗用乐在这幅写实性的绘画中，得到了很好的再现，对于我们了解明代中晚期宫廷仪仗用乐具有十分重要之意义。

鼓吹之应用

鼓吹的目的在于警严，也在于荣耀彰显主人之身份。我们先来看几条材料：

材料一：皇帝御舆以出，仗动，鼓吹振作……皇后升车，宿卫兵仗前导，鼓吹，设而不鸣……

材料二：过庙，鼓吹振作，还至宫之外。③

材料三：仪仗前导，鼓吹设而不鸣。④

材料四：锦衣卫备仪卫，教坊司备鼓吹，设而不作。⑤

材料五：金鼓、仪仗、鼓乐、百官前导，进表笺官在龙亭后，东行至郊外，置龙亭，南向，仪仗鼓吹陈列如初。⑥

材料六：东宫官具朝服，陈卤簿、鼓吹于东宫门外……卤簿、鼓吹分列于左右。⑦

材料七：礼部言，比者诞育元孙，遣官颁诏及赍捧御书，该差官二十三员，新春加上圣母徽号，又将颁诏。因念年来驿传烦难，毋论内使络绎，即每岁册封及各衙门奉使官员，毂击肩摩，不可胜计。今到处灾伤，民生困苦，不加体恤，其何以堪？又何以责城狐社鼠之辈，臣望出差官员一矫前习，务从节省，水行舟毋过二只，陆行夫毋过数十，即携家者，亦毋过二十，其牌棍、槊钗、鼓吹、旗帜及前站护送，一切皆省，止用皂快五六名，双锣前导，等威自明，行辟自便，即夜行索火，亦无敢不应者。往回如此，后来册封、典试各差亦如此。一则明士大夫清白之节，一则体各驿递供应之难，且诏书所至不扰地方，斯亦于君命为不辱于使事，为有光也。

---

① 《万历起居注》，万历十一年闰二月二日乙卯。北京：北京大学出版社，1988（2）：322。

② 《明世宗实录》卷185，嘉靖十五年三月庚午。

③ 《明太祖实录》卷28，吴元年十二月乙丑。

④ 《明世宗实录》卷68，嘉靖五年九月乙未。

⑤ 《明仁宗实录》卷5，永乐二十二年十二月壬子。

⑥ 《明太祖实录》卷138，洪武十四年七月乙酉。

⑦ 《明太祖实录》卷37，洪武元年十二月癸酉。

乞敕兵部、都察院通行遵守，永为定规。仍谕各衙门差官可已者已之，可并者并之，其于政体民瘼，不无小补。诏如议。①

上述材料显示：鼓吹与仪仗常在一起使用，主要用于道路和警严。当然它更多时候是一种身份的象征，只有身份得到了某个品级或者地位，才能用之，否则则属于违制，重则丢官，轻则遭刑杖。明代因仪仗鼓吹犯制的事情很多，现仅举几例：

例一：弘治十四年闰七月，巡抚宣府都御史雍泰被人告发其原在宣府时，曾令舍人董永偕其婿田聪迎家之任，受蔚州指挥何英金；又过保安、怀来二城时，指挥王忠、吴钺鼓吹迎送。后朝廷查明，田聪假妇翁纳赂及王忠、吴钺违制均属妄奏。②

例二：弘治十五年，御用太监金辅等奉命送泾王之国，因"取鱼不献"、"鼓吹先行"二事，令司礼监奏请处治。③

例三：弘治十八年，唐府仪宾庄士儁曾被人弹劾擅用鼓吹。如果坐实，擅用鼓吹罪则应杖之，刑部因其为唐府仪宾允其赎杖还职。④

例四：成化六年七月己丑，监察御史郑已因受贿被执，定西侯蒋琬奏其"所至，骑从鼓吹甚盛，数笞辱下人"，皇帝以郑已"不遵宪体，特谪充边卫军"。⑤

例五：嘉靖四十年闰五月，"南京户科给事中郭斗言，应天府上江二县，原无应付事例，而公私使者，辄以片牍坐索厨传夫役、鼓吹，坊氏受累，请禁抑之。其应给者于各附近州县均徭内编派，听本府差拨，毋使偏累二县。兵部议覆：得旨，一切擅用牌票、需索扰民及迎送鼓吹等项，俱属违法。其令南京部院及各抚按官严行禁革，违者罪之"。⑥

例六：万历二十年八月哱拜反，百户姚钦、方正、武生张延龄三人密谋与明军里应外合，后事泄三人仓促缒城来归，朝廷为瓦解反军，特升姚钦、方正为本卫指挥使，张延龄为正千户，均给以世袭之恩赏，并让三人"冠带鼓吹前导，炫耀城中，使贼丁知之，鼓其来归"。⑦

鼓吹的意义在于彰显鼓吹使用者的身份，以上各例显示，鼓吹原用于军营和皇族之仪仗（例一、二、三），明代中期，各地府县均备有鼓吹，以迎送公私使者。

---

① 《明神宗实录》卷416，万历三十三年十二月甲寅。
② 《明孝宗实录》卷177，弘治十四年闰七月辛卯。
③ 《明孝宗实录》卷190，弘治十五年八月辛亥。
④ 《明孝宗实录》卷221，弘治十八年二月癸亥。
⑤ 《明宪宗实录》卷81，成化六年七月己丑。
⑥ 《明世宗实录》卷497，嘉靖四十年闰五月甲午。
⑦ 《明神宗实录》卷251，万历二十年八月丙申。

嘉靖朝规定，“一切擅用牌票、需索扰民及迎送鼓吹等项，俱属违法”，令严行禁革，违者治罪。这里的擅用鼓吹当是指私用，一般国家派官员赴各地公差如颁诏、册封等事，则不属此例。上引材料七显示，明时，各地迎送鼓吹主要用于朝廷公差官员的威仪。

明代鼓吹在全国各地府县均有相应的鼓吹管理和承应机构，鼓吹常用于颁诏赦、迎送过境官员等仪式中。明代中后期，出现了因官员无论公私皆用鼓吹，民生困苦，不堪以扰的现象。

（三）大乐

明代军礼除了祭祀郊庙用雅乐外，在出征前祃祭、战后奏凯、献俘献捷、授爵赏等仪式中，还有一个比较特殊的乐类，即大乐。说其特殊是因为它的应用范围之广，几乎涵盖了除凶礼之外的所有礼仪类别。大乐在吉礼中用于祭旗纛、小祀中用于祭五祀、祭三皇、祭先医、火神祭、灵明显佑祭、灵济宫祭、东岳庙祭、都城隍庙祭，祭京仓、宋丞相文公祠祭、于太傅忠节祠、汉寿亭侯庙①；嘉礼用于朝贺、宫廷开读赦书、诸王来朝、中宫受贺、东宫受贺、册立皇后、皇太子、亲王、公主、纳后；宾礼主要用于藩王朝见、藩使朝贡等仪式中。此外各地王府祭祀旗纛、山川、社稷、五祀等，也为大乐形式。可以说它基本上包括了除郊庙之外的所有用乐场所。

大乐是一个历时性概念。项阳在《小祀乐用教坊》一文中，对大乐做了考证，认为“宋教坊大乐应为鼓吹类型，乐队组合属于‘胡汉杂陈’”②，此说甚是。从明代现有的材料来看，其大乐组合皆为笙管笛形式，如明洪武间制定的大乐组合和永乐间的大乐组合，虽然在乐器数量上不同，但是其基本的乐器笙管笛组合却是没有变化的（见下表）。

表 11 明初大乐乐器组合表

乐器	戏竹	箫	笙	笛	头管	琵琶		二十弦	方响	鼓	板	杖鼓
洪武间	2	4	4	2	2	2	2	2	2	1	1	8
永乐十八年	2	12	12	12	12	8	8	8	2	1	6	12

① 《太常续考》卷六曰：“小祀曰后妃嫔、太子王妃、公主及夫人、曰三皇、曰先医、曰五祀、曰司火、曰都城隍、曰东岳、曰京仓、曰启圣公、曰汉寿亭侯、曰文丞相、曰姚少师、曰北极佑圣真君、曰金阙玉阙眞君、曰司牲。”

② 项阳：小祀乐用教坊，明代吉礼用乐新类型［J］. 南京艺术学院学报：音乐与表演版，2010，(3)：31～41，192/（4）：61～66，82。

大乐的名称与乐器组合形式在宋元时期已经基本成型。《都城纪胜．瓦舍众伎》记载了南宋时之细乐与教坊大乐的乐器组成："细乐比之教坊大乐，则不用大鼓、杖鼓、羯鼓、头管、琵琶、筝也，每以箫、管、笙、篥、嵇琴、方响之类合动"。① 《梦粱录．妓乐》卷二十也载曰："大凡动细乐，比之大乐则不用大鼓、杖鼓、羯鼓、头管、琵琶等，每只以箫、笙、筚篥、嵇琴、方响，其音韵清且美也"。② 两条文献显示出：一南宋教坊大乐的组合为大鼓、杖鼓、羯鼓、头管、琵琶、筝、箫、管、笙、篥、嵇琴、方响；二南宋细乐乐器组合为箫、管、笙、篥、嵇琴、方响。而《明会典》所载的大乐制度规定的乐器有：麾、戏竹、箫、笙、龙笛、头管、方响、篥、琵琶、箜篌、杖鼓、板、大鼓。我们将二者进行比较，发现其基本组织形式在很大程度上的一致性（详见下表）。《明会典》除了麾和戏竹的具指挥性质的乐器之外，头管、杖鼓、琵琶、箫、笙、篥、方响与宋教坊大乐一样，明代用鼓，宋用大鼓，不同的仅有四种乐器。

表 12　宋、明大乐乐器组合表

南宋教坊大乐	大鼓	杖鼓	羯鼓	头管	琵琶	筝	箫	管	笙	篥	嵇琴	方响
明代大乐	大鼓	杖鼓	板	头管	琵琶	箜篌	箫	龙笛	笙		二十弦	方响

《明会典》对皇帝、东宫、亲王、郡王用大乐作了记载。皇帝用大乐，其乐队编制为：麾一、戏竹一对、箫十二管、笙十二攒、龙笛十二管、头管十二管、方响四架、篥八架、琵琶八把、箜篌八把、杖鼓三十六个、板四串、大鼓两面；东宫用大乐则规定其乐器组合为：戏竹一对、箫二管、笙二攒、龙笛二管、头管二管、方响二架、篥二架、琵琶二把、箜篌二把、杖鼓十二个、板一串、大鼓一面；亲王用大乐乐器组合为：戏竹一对、大乐鼓一面、板一串、杖鼓十二面、笛四管、头管四管；郡王用大乐为：戏竹一对、大乐鼓一面、板一串、杖鼓八面、笛四管、头管四管。③ 这是从皇帝到郡王所用的大乐制度。可知大乐为国家制度所规定，其应用因级别和身份之不同，器物也有所不同。

明代大乐常与细乐相对出现。"朝贺用大乐，宴会加奏细乐，兼用舞队"，"国朝东宫正旦冬至受群官贺用大乐，加用细乐"，"国朝藩王朝见用大乐，宴会间用细乐，兼用舞队"，"蕃使朝贡，国朝高丽、安南、占城等使朝贡，皆于奉天殿设大乐

① 《都城纪胜·瓦舍众伎》，《四库全书》本。

② 〔宋〕吴自牧：《梦粱录》卷 20，《妓乐》。《四库全书》本。

③ 《明会典》卷 182 ～ 185。

以见之，其锡宴则间用大乐，细乐，及舞队”，“凡大宴礼仪，洪武十八年定，设细乐于殿内，大乐于殿外。”① 大乐与细乐相对出现，大宴礼仪中大乐常用于殿外，细乐则用于殿内。大乐的组合国有定制，那么细乐的组合是什么呢？《明会典》“大宴仪”言：“是日，尚宝司设御座于奉天殿，锦衣卫设黄麾于殿外之东西，金吾等卫设护卫官二十四员于殿东西，教坊司设‘九奏乐歌’于殿内，设大乐于殿外，立三舞杂队于殿下”。② 可知这里“九奏乐歌”即为细乐。《明集礼》卷五十三载：“九奏乐工，每奏曲用歌工四人、箫六人、笙二人，戴中华一统巾，衣红罗生色大袖衫，画黄莺、鹦鹉花樣，红生绢衬衫，锦领，杏红绢裙，白绢大口袴，青丝绦，白绢袜，茶褐鞋；和声郎二人，执麾总掌乐舞，立乐工前之两旁，和声郎二人押乐，立乐工后之两旁，皆戴皂罗阔带巾，衣青罗大袖衫”，同卷还载有九奏乐器为“歌四、箫六、笙二、板二”。③ 九奏乐歌即为细乐，细乐为歌工四人、箫六、笙二、板二的组合。相比于大乐，细乐这种以笙箫和人声为主的组合，其音响自然没有杖鼓和头管乐器组合发音响亮，这可能是其称之为细乐的原因。明代名臣于谦《为边务事》中也提及细乐的这种组合形式：

内府抄出镇守大同太监陈公题，审得生擒敌人指挥巴苏台，供系克呼和斯人，先因往乌伊拉进贡，就留在彼住坐，曾跟随乌鲁斯并彻珍三次来朝。比先下蕃使臣回还之时，额森（即也先）安排筵席与马清马云送路，令我国人歌唱作乐。有马清等说：“不希罕，我回去讨一班笙箫细乐会唱的妇人来与你！”额森听言欢喜。后次又有使臣到彼和番，额森令儿子出来劝酒，有使臣亦说好与中国结亲，“我回去奏知，务要成事”。额森就进马三匹，不期使臣回去不见结亲事情，又无歌唱妇女，因此发怒领兵前来厮杀”。④

《明英宗实录》（卷一百九十二）对此事也有载录：“兵部言通事达官千户马云马青等，先是奉使迤北，许也先细乐妓女，又许与中国结亲，又言节减赏赐，皆出自指挥吴良，致开边衅，请寘诸法，诏下锦衣卫鞫之。”⑤ 额森即也先，言马云、马青等为明通事达官（归顺明朝的蒙古人），出使北边，许也先细乐妓女，致使边衅重开，英宗被俘土木堡之事，当然这只是一种借口，明廷不是不知。英宗被俘，又奈何不得也先，只好拿马云、马青等人出出气了。

---

① 〔明〕俞汝楫：《礼部志稿》卷16，《仪制司职掌》。《四库全书》本。

② 《明会典》卷72。

③ 《明集礼》卷53，《俗乐》。《四库全书》本。

④ 〔明〕于谦：《为边务事》，载黄训的《名臣经济录》卷38。

⑤ 《明英宗实录》卷192，景泰元年四月壬子。

细乐是侑食乐的一种乐器组合形式①。《明会典》卷一百四记载的“教坊司承应乐舞”条曰：“大宴俱用丹陛乐、侑食乐。丹陛乐设于奉天殿前丹陛上，计用领乐俳长二人、色长四人、歌工十二人、乐工一百八人；侑食乐设于奉天殿内，计用唱盏、奏乐、奉銮等官五员、领乐色长四人、歌工四人、乐工三十一人”。②《明史》也载：“洪武元年定殿内侑食乐：箫六、笙六、歌工四。”③ 这里侑食乐虽然其乐器和歌工数量稍异，但其组合与细乐相同，细乐当也为侑食乐。

细乐的音乐多出于教坊俳优，词曲“多乖雅道”④。侑食乐按月奏曲，与迎膳进膳等曲，“皆用乐府、小令、杂剧为娱戏，流俗喧哓，淫哇不逞”。⑤ 乐的本体曲词直接借用了当时社会中所流传的乐府、小令、曲牌等，虽太祖有言曰：“一切谀词艳曲，皆弃不取”⑥，但行使这些曲词的乐工们日常淫习的皆是这些令曲，制曲时“借”用，便是自然而然的事情了，“惟务明达易晓”也就是了。

以上为宫廷细乐。明代中后期，民间有教坊细乐之称。明顾起元《客座赘语·礼制》言：“军中鼓吹，在隋、唐以前，即大臣非恩赐不敢用。旧时吾乡凡有婚丧，自宗勋缙绅外，人家虽富厚，无有用鼓吹与教坊大乐者，所用惟市间鼓手与教坊之细乐而已。近日则不论贵贱，一概溷用，浸淫之久，体统荡然。恐亦不可不加裁抑，以止流兢也”⑦。有学者认为，民间细乐为大乐之简化。⑧ 然细乐与大乐，本是一对同时存在的两种不同的乐器组合形式，均属于教坊乐系统，细乐似不应为教坊大乐之简化。

大乐与细乐相比，其所用乐器的数量和音响皆与细乐形成鲜明对比。因此其往往用在卤簿仪仗之中或者宫廷殿外较为宽敞的地方。《明集礼》卷五十三“大乐工”条载：“每宴会、朝贺，及上位出宫、还宫、进膳，用乐工六十四人，戏竹二人、箫四人、笙四人、琵琶六人、箜六人、箜篌四人、方响四人、头管四人、龙笛四人、

---

① 明代侑食乐在洪武二十六年和永乐初年还有另外一种乐器组合形式，即在原有细乐的基础上加入了八音之器，其乐器组合为：瑟、钟、磬、应钟（鼓）、麾、柷、敔、搏拊、琴、笛、埙、篪、排箫、箫、笙等。

② 《明会典》卷104。

③ 张廷玉等：《明史》卷61，《乐志一》。北京：中华书局，1974：1506。

④ 张廷玉等：《明史》卷61，北京：中华书局，1974：1507。

⑤ 张廷玉等：《明史》卷61，北京：中华书局，1974：1507～1508。

⑥ 张廷玉等：《明史》卷61，北京：中华书局，1974：1507。

⑦ 顾起元：《客座赘语》卷9，陆粲，顾起元：《庚巳编·客座赘语》，北京：中华书局，1987：290。

⑧ 景蔚岗：《中国传统笙管乐申论》，长沙：湖南文艺出版社，2005：73。

杖鼓二十四人、大鼓二人、板二人。戴曲脚幞头，衣红罗生色画花大袖衫，涂金束带，红拥项，红结子，皂皮靴”。宴会、朝贺时置于丹陛或丹墀，因此有称之为丹陛大乐或者丹墀大乐。朱有燉《元宫词》言：“雨顺风调四海宁，丹墀大乐列优伶，年年正旦将朝会，殿内先观玉海青”。① 场所不同，乐器组合也有差别。《礼部志稿》载“丹墀大乐”乐器组合为戏竹二、笛十二、箫十二、头管十二、笙十二、篆八、琵琶八、二十弦八、方响二、鼓一、拍板六、杖鼓十二；② 洪武时，礼部奏定王国朝贺用朝贺大乐，其乐器组合为：戏竹二、头管四、笛四、杖鼓十二、大鼓一、花梨木拍板一。宴享用宴乐，迎膳用大乐乐工八人，乐器用戏竹二、笛二、杖鼓二、小鼓一、花梨木拍板一。③ 皇帝出宫、皇帝还宫用于卤簿则为卤簿大乐，它和前代所称之为鼓吹的仪仗用乐性质相似。从操持者的身份来看，则可以称之为教坊大乐。如顾起元所言，细乐与大乐均属教坊，时人便称之为教坊大乐和教坊细乐。

明代仪仗鼓吹和大乐经常同时出现：

皇帝将出，仗动，大乐、鼓吹振作，升御座，乐止。④

是日宴劳百官耆宿于坛傍，銮驾还宫，卤簿导从如来仪，大乐、鼓吹振作。⑤

大明门转东由朝阳门出，大乐、鼓吹前导，设而不作。⑥

是日赐百官耆老宴于坛侧毕，大乐、鼓吹、卤簿导车驾还宫。⑦

执事官备仪卫，教坊司（备）大乐，鼓吹前导，百官后从。⑧

执事官备仪卫，教坊司备女乐，鼓吹设而不作。⑨

执事官备仪卫，教坊司备女乐、鼓吹。⑩

以上材料显示：第一，大乐与鼓吹为两种乐器组合名称，二者常常相应振作，或者一起作为皇帝出宫、还宫时的警严仪仗用乐。第二，大乐、鼓吹、女乐为三种用乐形式。大乐与女乐为同一性质，二者一般不在同一个场所中出现，女乐为后妃

---

① 《御定佩文斋咏物诗选》卷427，《四库全书》本。

② 《礼部志稿》卷21，《四库全书》本。

③ 《明太祖实录》卷146，洪武十五年六月壬辰。

④ 《明太祖实录》卷35，洪武元年九月丁酉。

⑤ 《明宪宗实录》卷13，成化元年正月癸酉。

⑥ 《明世宗实录》卷224，嘉靖十八年五月乙亥。

⑦ 《明宣宗实录》卷14，宣德元年二月乙亥。

⑧ 《明神宗实录》卷520，万历四十二年五月乙亥。

⑨ 《明世宗实录》卷23，嘉靖二年二月丁亥。

⑩ 《明神宗实录》卷580，万历四十七年三月丁未。

等用乐。

由上分析可知，大乐常常用于皇帝及皇族的各种仪仗，且因等级之不同，乐器组合和数量也有相应的差异。作为祭祀性用乐它常用于吉礼之小祀，中祀之旗纛，也常用于军礼之献俘献捷礼、禡祭仪式等等。它同时也是朝廷嘉礼、宾礼等不可缺少之用乐组合形式。因场所不同，乐器组合形式也不同。大乐所属乐人归教坊管理，因之也称为教坊大乐。大乐与鼓乐皆属教坊，相比之下，大乐比鼓乐组合形式要更为复杂和庞大。

雅乐、大乐、鼓吹是军礼用乐的三种主要形式，细乐也是师还赏功宴饮的主要用乐形式之一。雅乐主要用于祭祀天地宗庙社稷；耀武多用大乐，赏功则有多种用乐形式参与，在皇帝在场时，有中和韶乐。雅乐与大乐的区别有三：第一，用乐的场所不同。雅乐主要用于祭祀天神、地祇、人鬼；大乐则应用于各种场合，包括吉、宾、军、嘉诸礼。第二，乐器组合不同。雅乐以金石之乐为其特征，大乐以笙管笛为其主要乐器组合形式。第三，音乐形式不同，雅乐演奏曲目多为各种“和”乐，大乐演奏多为俗乐。鼓吹和大乐均可用于仪仗，同归于教坊管理。二者的乐器组合稍有区别，鼓吹乐以角类乐器为主，具“金革之气”。而大乐主要以笙管笛等旋律乐器为主。

三、明代军礼用乐的特征

从军礼作为一个军事行为过程来看，其构成行为的仪节不同，用乐也不同，其功能自然也不同。军礼行为和仪节的差异构成了军礼用乐的复杂性，由于用乐目的、用乐场所的差异，军礼行施过程有多种用乐形式参与其中。军礼用乐的多种形式，不可避免地决定了它与吉礼、嘉礼和宾礼用乐之关系密切。

军事行为毕竟是国之大事，必须要处理好各种关系，包括人与神、人与人之间的关系。军礼正是调整人与神、人与人之间关系的行为规范。祈告神灵，以佑护军事行为的顺利进行，保护参与军士的生命。兵者，凶也。军礼必须要确定军事战争行为中个体与群体之间的地位、义务和责任；战后则要激励将士、功赏有差。军礼即是上述各种关系的规范和调整。

军礼必用乐。“乐在礼制中具有相当重要而凸显的地位，大凡高级别具有仪式性的礼仪场合，乐成为仪式的兴奋剂和黏合剂，成为人类与精神世界沟通的桥梁和纽带，不可或阙”①。军礼用乐与军礼相须为用，必然也要反映出这种人与神、人与人之沟通与纽带关系。军礼用乐按照其要调整的关系，可以分为娱神之乐和娱人之乐。娱神之乐指祭祀之乐，包括祭祀天地、宗庙、社稷之大祀之乐，以及中祀旗纛之乐。军礼用乐代表着国家的一种强制，因此用乐也是一种规范。这种用乐因神灵的确定，祭祀时无论与祭者是皇帝还是遣官致祭，用乐形式均应相同。因为享用者不变，自然其祭礼用乐组合、乐曲名称、乐舞人员数量皆未有变化，曲辞相同。洪武三年九月，朱元璋下诏太常寺曰：“凡祭，配享之位，不用祝文，不别奏乐。”② 配享祭祀不别奏乐，使得祭祀目的和祭礼用乐清晰而主次分明。由此可以看出，祭祀之乐的专属性。如此，军礼祭祀除了祭告辞不同外，其祭祀天地、宗庙、社稷之用乐当与吉礼大祀相同。出征前之祃祭旗纛仪，当与吉礼中祀之祭祀旗纛用乐相同。明代国家规定旗纛祭祀用大乐，王国祭祀旗纛也用大乐，便是很好的例证。当然在实际的应用中，因为各地条件的限制，全国卫所祭祀旗纛用乐则多因地制宜，结合各地卫所的实际情况，使用鼓乐或细乐形式（详见第三章）。惟所奏乐曲不变。这种娱神之乐体现了军礼用乐的严肃性。

除了上述军礼祭祀之乐外，耀武用鼓吹、大乐，赏功用九奏乐歌、中和韶乐、丹陛大乐则彰显的是军礼的另外一种属性：旨在调整和规范人与人之间的等级有差关系。这种用乐则显示出多变的样态，主要表现在用乐的乐器组合、规模，以及演奏的曲目上。当然场所之不同用乐自然也要有所调整，如此这种旨在确立人与人上下尊卑关系之乐，必然要与嘉礼和宾礼之用乐发生联系。这体现了军礼用乐的丰富性特点。

第三节　小结

通过对明代军礼的制定、分类、内容、实践等问题的梳理，认为军礼是一个系统完整的过程，在此过程中所用之乐，皆为军礼用乐。明代军礼的制定与其社会背景有着密切关系。从明代军礼的功能来看，主要有祭告、耀武、赏功三种类型。明代军礼以皇帝为中心，彰显的是天子的威仪和在整个国家的政治地位。明代军礼的实行，大多仪节有乐相须为用。礼乐一体，乐是礼的重要内容。明代军礼的实践，

---

① 项阳. 小祀乐用教坊，明代吉礼用乐新类型［J］. 南京艺术学院学报：音乐与表演版，2010，(3)：31～41，192/（4)：61～66，82。

② 《明太祖实录》卷61，洪武三年九月乙丑。

即为明代军礼用乐的实践。国家对军礼的规范，决定了这些军礼用乐一次次地响彻于帝国之坛庙社稷、皇城内外。

从军礼用乐的功能角度来看，军礼用乐可分为祭祀之乐、耀武之乐和赏功之乐三种类型。明代参与军礼的主要用乐形式有雅乐、大乐、鼓吹以及赏功宴享时多用的细乐。本章还以《出警入跸图》为例探讨了明代中晚期皇帝仪仗用乐的形式，并对鼓吹之应用、大乐与细乐、大乐与鼓吹、大乐与雅乐等问题做了一些思考。

军礼目的和仪节的差异构成了军礼用乐的复杂性，军礼用乐首先是一种规范性用乐。军礼用乐按照其要规范的关系，可以分为娱神之乐和娱人之乐。军礼这种旨在确立人与神、人与人上下尊卑关系之乐，注定要与吉礼、嘉礼和宾礼之用乐发生联系，但是因为参与者不同、目的不同、场所不同，其用乐也有差异。

第二章　清代军礼及其用乐研究

在此起彼伏的农民起义打击下，大明江山风雨凋零，性情刚烈而多疑的崇祯帝以一条丝带避免了皇帝被俘的耻辱，同时也结束了明洪武帝所开创的一代江山。吴三桂向大清借兵入剿大顺，无疑是以羊饲虎，八旗铁甲转瞬间踏遍了大江南北，朱元璋的后代或被俘、或被杀，历史的车轮进入了大清时代。

从后金到大清，自关外到关内，大清的发展是与其有着强大的八旗军队相联系的。有清一代战事连绵。太祖努尔哈赤起兵统一女真各部并创建八旗，书七大恨取抚顺、清河，激战萨尔浒，攻占辽沈、广宁。太宗皇太极建官制，三征林丹汗、两征朝鲜，大战松山、锦州。顺治朝削平群雄。康熙朝裁三藩、收台湾、战雅克萨、讨噶尔丹、平定西藏。雍正朝平叛青海、西征准噶尔。乾隆时“十全武功”①，嘉、道时平定各地起义、道光朝擒杀张格尔、清末两次鸦片战争、太平军起义、捻军起义、左宗棠收复新疆、中法之战、中日之战。列强入侵，战争不断，大好河山，一时满目疮痍。风雨飘摇中，满清的丧钟响起，清帝逊位，中国封建时代的最后一个王朝结束。纵览清史，战争似乎始终伴随着这个王朝，由之而引发的思考是：明洪武建立的军礼是否在清朝延续？满清是否有自己独特的军礼与用乐？这两个问题都有待解决。

第一节　清代军礼

清朝的军礼在沿袭明代的基础上，吸收先秦和汉唐宋代军礼内容和观念，并结合本民族的风俗习惯，形成了自己的特色。以下从清代军礼的发展阶段和清代军礼的分类和内容、清代军礼的特点来进行研讨。

---

① 《清高宗实录》载，乾隆五十七年十月初三亲撰《御制十全记》，记录了他在位期间重大的十次军事活动。十全武功指：二平准噶尔、定回部、二扫金川、靖台湾、降缅甸、降安南、二战廓尔喀使之降。

一、清代军礼的发展阶段

清代军礼与清代的军事进程有着密切关系。其发展过程大致可以分为入关前的军礼、入关后的初期规范、调整与成熟期三个阶段。

（一）入关前的军礼

满族族源神话言始祖乃天女感孕而生，因此诸事皆重祭祀。

1. 祭天

天神是宗族的保护神，因此入关前的军事活动常常伴有祭天仪式。万历十一年（1583），努尔哈赤为报祖、父二人之仇，以遗甲十三副起兵，“杀牛祭天立誓”① 出兵攻杀尼堪外兰。万历四十年（1612）努尔哈赤领兵往征乌拉国，“太祖张黄盖鸣鼓乐沿乌拉河岸而行……十月初一日，太祖出营以太牢告天祭旗”。② 天命三年（1618 年），清太祖努尔哈赤率步骑二万征明，临行书“七大恨”③，祭告于天。④

祭祀天神往往要竖立旗杆或者“竖杆以祭”。祭天时要吹螺相伴。天命八年（1623）五月初六日，属下击杀叶赫部昂安，太祖出城迎之，“竖旗八杆，吹螺拜天”。⑤ 从竖杆以祭到竖旗八杆以祭天，有一个漫长的过程。同时也说明了满族自然祭祀的政治化过程。神杆，满族人称之为“索罗杆子”，是萨满祭天而用，每家皆

---

① 《满洲实录》卷 1，影印本. 北京：中华书局，1986：33。

② 《满洲实录》卷 3，影印本. 北京：中华书局，1986：149。

③ 其词曰：我之祖父未尝损明边一草寸土也，明无端起衅边陲，害我祖父，此恨一也。明虽起衅，我尚欲修好，设碑勒誓，凡满、汉人等，毋逾疆土，敢有越者，见即诛之，见而故纵，殃及纵者，讵明复渝誓言，遣兵越界，卫助叶赫，此恨二也。明人于清河以南，江岸以北，每岁窃逾疆场，肆其攘夺，我遵誓行诛，明负前盟，责我擅杀，拘我广宁使臣纲古里、方吉纳，挟取十人，杀之边境，此恨三也；明越境以兵助叶赫，俾我已聘之女，改适蒙古，此恨四也；柴河、三岔、抚安三路，我累世分守疆土之众，耕田艺谷，明不容刈获，遣兵驱逐，此恨五也；边外叶赫获罪于天，明乃偏信其言，特遣使臣遗书诟詈，肆行凌侮，此恨六也；昔哈达助叶赫二次来侵，我自报之，天既授我哈达之人矣，而明又党之，挟我还其国，已而哈达之人数被叶赫侵掠，夫列国之相征伐也，顺天心者胜而存，逆天意者败而亡，何能使死于兵者更生，得其人者更还乎？天建大国之君，即为天下共主，何独构怨于我国也？初扈伦诸国合兵侵我，故天厌扈伦启衅，惟我是眷。今明助天谴之叶赫，抗天意，倒置是非，妄为剖断，此恨七也！因此七大恨，是以征之。载〔清〕蒋良骐撰，鲍思陶、西原点校：《东华录》. 济南：齐鲁书社，2005：（5）6～7。

④ 〔清〕蒋良骐撰，鲍思陶、西原点校：《东华录》. 济南：齐鲁书社，2005：（5）5～8。

⑤ 《满洲实录》卷 7，影印本. 北京：中华书局，1986：356。

有，杆上要有九个枝杈，象征九天。祭祀时仅限男子参加。神杆是通往天神的途径，因此要立杆以祭。① 努尔哈赤建立八旗制度后，满族的基本社会结构发生了变化，八旗成为一种社会组织，同时它又是一种军事制度，旗为军事制度下的军事基本组织。遇战事则八旗同出，祭天则每旗皆祭。天命四年（1619）清太祖率诸王等领大兵，行至界藩，因破敌乃杀牛八只，谢天祭旗。② 天命十年（1625），太祖命将讨瓦尔喀部，闻捷出城相迎，宰牛八只祭旗，帝与诸将行抱见礼，燕赏三军。③天命十一年（1626），太祖亲征五部贝勒归，“宰牛八只祭旗”。④ 天聪二年二月二十四日，皇太极及诸贝勒亲率兵追察哈尔逃人，获二百户。翌日，刲八牛，祭纛告天。⑤

祭告天神可能来自于蒙古的“长生天”信仰。⑥ 满族敬畏天神，战前战后皆要致祭，无论胜败。天聪五年（1631）九月大捷，“竖纛鸣螺，汗率诸贝勒及领兵大臣拜天，行三跪九叩头礼”。⑦ 战后为死者也要向天神祈祷，以求天神妥善照顾死者的魂灵。《重译〈满文老档〉》载：天命六年（1621）三月十六日，太祖向天祈祷曰：“天佑并以为是处，也难免犯一二错误。天以为非，不至于死。雅巴海，我也为你向天祈祷。你也向去了的地方的阎罗王诉说，投生在汗伯父那里。如果不那样，就投生你的诸兄中任何一人那里，投生在和硕贝勒以下，旗主以上任何一人那里。雅巴海、布哈、苏嘉泰、巴颜、雅母布立、实尔泰、郎格、图木布、达哈木布鲁、王格你们九人的名字写在纸上，向天祈祷。天爱育我们，在战争之道中难免有一二错误。天一度以为是而钟爱，使你们投在好的地方”。⑧

满族的祭纛和竖杆以祭或祭旗，和明朝的祭祀旗纛明显不同。明朝的旗纛祭祀是祭祀战神和兵器，祭祀的神主是旗头大将、六纛大将、五方旗神、主宰战船正神、金鼓角铳砲之神、弓弩飞枪飞石之神、阵前阵后神祇五昌等神，是先前原始军礼和历代中原统治王朝的军礼遗存。而满族祭旗则是为了祭天，旗纛只是祭天的一个

① 吕大吉等：《中国各民族原始宗教资料集成·满族卷》. 北京：中国社会科学出版社，1999：463～572。

② 《满洲实录》卷5，影印本. 北京：中华书局，1986：243。

③ 《满洲实录》卷8，影印本. 北京：中华书局，1986：378～379。

④ 《满洲实录》卷8，影印本. 北京：中华书局，1986：402～403。

⑤ 《满文老档》天聪第9册，天聪二年二月，北京：中华书局，1990：880。

⑥ 刘小萌、定宜庄：《蒙古游牧文化的影响》，《萨满教与东北民族》，吉林教育出版社，1990年版。

⑦ 《满文老档》，天聪第41册，天聪五年九月，北京：中华书局，1990：1155。

⑧ 辽宁大学历史系：《重译〈满文老档〉》卷19，天命六年三月，辽宁大学内部资料，1979：12。

重要媒介。最初只是一个木杆子，祭祀者通过这个高高竖立的杆子来与神交流。后发展为出兵诸旗通过竖纛来进行祭告天神。满族竖纛以祭，通常发生在战前或战后，甚至是一场战役前后，而明朝的祭祀旗纛则为师行而祭和日常祭礼两种形式。

2. 祭堂子

除了祭祀天神之外，战前战后还要谒堂子拜祭。堂子，即“祖先神之家”。满语称“恩都力包”，“包”系帐篷、家舍之意，现称为神堂，是供奉祖先神偶、神谱、神案、神像、神谕、神器之所。努尔哈赤统一建州女真各部落时，每征服一个部落后，必废掉这个部落的堂子。“并以爱新觉罗氏的堂子取而代之。同时还要把各部落世代崇祭的守护神祇和祖先神祇也要统一于爱新觉罗氏堂子所崇祭的守护神祇和祖先神祇之内。努尔哈赤征服各部后，对各部的堂子归顺本部堂子至高无上的地位是毫不手软的，在政策和态度上也是十分强硬的”。① 崇德元年（1636）规定：“其妄率行祭祀之举，永行禁止。”满族祖先死后均归入堂子，不敢扬弃。堂子是族人死后必归之所，是佑护人世族人的精灵之所，因此，战事前后，满族人皆要祭告。天命三年（1618）九月初四，努尔哈赤迎击明军，出征前往祭堂子。② 天聪元年五月初六日，“汗遂率诸贝勒大臣往征明国。起行时，鸣炮三次。卯刻，出城，谒堂子毕，西行，出上榆林边，至辽河驻营。”③ 天聪二年（1628）五月十一日，“兵将行，汗出谒堂子，送出征贝勒于十里外，授以方略。”④《满文老档》载：天聪三年，“十月初二日，即丑日巳刻，谒堂子，率兵起行。”⑤ 天聪二年三月初七日，太宗征察哈尔凯旋，“申刻，至沈阳城，谒堂子，还宫”。⑥ 天聪四年三月初二日，太宗征战师还，至沈阳城，先拜谒堂子，然后才由东门入城。⑦ 可见征战前后拜谒堂子乃是满族入关前的战争军事的主要礼仪。

祭天与祭堂子，都是清入关前战争的重要祭礼。一般情况下，出征时先谒堂子，然后祭天。崇德元年十二月初二日，太宗南征朝鲜，列队设仪仗，诣堂子行礼，复

① 李国俊. 努尔哈赤时期萨满堂子文化研究［J］. 满族研究，2002，(4)：9。
② 《满文老档》天命第7册，天命三年九月，北京：中华书局，1990：67。
③ 《满文老档》天聪第5册，天聪元年五月，北京：中华书局，1990：845。
④ 《满文老档》天聪第10册，天聪二年五月，北京：中华书局，1990：884。
⑤ 《满文老档》天聪第17册，天聪三年十月，北京：中华书局，1990：940。
⑥ 《满文老档》天聪第9册，天聪二年三月，北京：中华书局，1990：881。
⑦ 《满文老档》天聪第25册，天聪四年三月，北京：中华书局，1990：1006。

于堂子外树八纛拜天，礼毕，遂行。① 凯旋归来时则先祭天，再谒堂子。天聪二年五月十三日，太宗皇帝闻出征诸贝勒将至，出城五里迎接大军，见统兵诸贝勒、诸大臣及士卒后，拜天。礼毕，皇帝还行幄落座，出征诸贝勒大臣等依次抱见，赏诸将，随谒堂子，还宫。② 崇德元年九月二十八日，皇太极出城十里，迎接伐明凯旋归来的多罗武英郡王等人，先立八纛，行拜天礼，率众人诣堂子，行祭告礼。礼毕，还宫。③ 同年十月初二日，皇太极往迎出征明国宁运、锦州一带之和硕睿亲王、和硕豫亲王、多罗贝勒岳託、多罗贝勒豪格、固山贝子及诸大臣等。也是先行拜天礼，然后率出征诸王、贝勒、贝子及大臣等诣堂子行礼。④

崇德元年之前的堂子祭礼比较简单，充分保留着满族传统祭祀的基本方式。崇德元年之后，堂子祭礼吸收了汉族祭祀文化的一些特征。崇德元年（1636）六月十八日，皇太极定祭堂子、神位典礼。谕曰："前以国小，未谙典礼，祭堂子神位，并不斋戒，不限次数，率行往祭。今蒙天眷，帝业克成，故仿古大典，始行祭天。复思天者，上帝也。祭天祭神，倘不斋戒，不限次数率行往祭，实属不宜。嗣后，每月固山贝子以上各家，各出一人斋戒一日，于次早初一日，遣彼诣堂子神位前，供献饼酒，悬挂纸钱。春秋举杆至祭时，固山贝子，固山福晋以上者往祭，祭前亦须斋戒。除此外其妄率行祭祀之举，永行禁止。著礼部传谕周知。"⑤ 可知，崇德元年之前的堂子祭祀并不斋戒，祭祀不限次数，往往率行往祭。皇太极吸收了汉族儒家文化的礼仪制度，初步对祭天和祭神礼做了规范，改变了原先国小未谙典礼的原始祭祀形态。对祭祀堂子的次数与祭者、祭祀方法做了规定，并严禁率行祭祀之行为。这次改革规范了祭天祭神行为，部族未有大汗诏令，不得随意祭祀，将祭天祭神礼升为大汗特权。仪式的规范正是为了强调和提升祭祀的重要性，摒弃了随意性的祭祀行为，加强了大汗的天命神授之特权和精神方面的控制，巩固了大汗的政治地位。另一方面，对祭天祭神礼的规范和控制，也是满族接受儒家文化并逐步汉化迈出的最重要的一步，同时也增强了民族自信心和统一中国的决心。

3. 宴饮赏功

清入关前有战争胜利后宴饮赏功仪式。天命八年（1623）五月初五，努尔哈赤为迎接出征蒙古的诸贝勒，"率福晋们从东京城到四十里外的古城堡以南野地，会合

---

① 《满文老档》崇德第 38 册，崇德元年十二月，北京：中华书局，1990：1718。
② 《满文老档》天聪第 10 册，天聪二年五月，北京：中华书局，1990：885。
③ 《满文老档》崇德第 28 册，崇德元年九月，北京：中华书局，1990：1603。
④ 《满文老档》崇德第 29 册，崇德元年十月，北京：中华书局，1990：1609。
⑤ 《满文老档》崇德第 18 册，崇德元年六月，北京：中华书局，1990：1514。

出征的诸贝勒、诸大臣们行凯旋礼。汗率众诸贝勒、诸大臣树纛对天叩头，坐在凉棚。随后出征的诸贝勒、诸大臣、众兵谒见汗。众人跪时，阿巴泰阿哥先前来跪在汗的脚下，抱膝。汗对抱。随后德格类阿哥、宰桑古阿哥、岳托阿哥依次前来抱见，接着出征的诸贝勒也依次抱见了。在战争中获得蒙古福晋们，叩头谒见。叩头谒见后，设大宴。初七将获得的俘虏和牲畜赏给有职的诸大臣"。① 可知努尔哈赤时期的凯旋礼包括几个程序：竖纛拜天、行抱见礼、大宴礼。天命十年（1625）四月，太祖燕赏旺善、达珠瑚彻尔格等出征军士。② 同年八月，"屯布噜等献功，帝出迎十里，宰牛八只祭旗"。③ "帝迎博尔晋至浑河，并大宴之"。④ 天聪二年二月十七日，拜天告捷，以所俘获，赏随征将士及被创人等。⑤ 三月初七日，大军克捷凯旋，将至沈阳，途设大宴，赐多尔衮、多铎名号。⑥

努尔哈赤早期实行的军礼多为满族传统的礼仪，天命后期开始吸收汉族文化来改造传统的满族军礼，并加入了乐的成分。皇太极时，逐步重用汉人，并按照明代军礼范式，亲征增加了告祭天地、太庙仪，并对仪式程序进行了规范。可知，清入关前皇太极时期的军礼仪式，已在保留本民族传统的基础上，借鉴明朝军礼的内容和形式，逐步形成了自己特有的军礼特点。

从家家可以立杆祭天，到行军八旗拜纛祭天；从每个部落可以拜谒堂子，到大汗废拆他部落堂子、并将诸部落之祖先神归依爱新觉罗氏堂子并率众一并告祭，满族军礼经历了一个将民间宗教色彩祭礼提升为国家军事祭礼的过程。从最初的随意性拜祭堂子到对堂子祭祀的从祀人员、次数、程序、仪节等方面的规范，无不显现了汉族儒家文化的影响。兴师出征、凯旋而归从最开始的鸣螺拜祭到鼓乐声振、卤簿仪仗皆陈，均和与明朝的战事胜利相关。可以说，入关之前，满族已经形成了自己特有的军中祭礼仪式，当然这种军中祭礼是在吸收儒家文化并长期与明朝的战事过程中形成的。

（二）入关后初期的军礼规范期

礼乃治世之大经。面对新征服的国家和人民，清入关定鼎燕京后，始期几乎全

---

① 辽宁大学历史系：《重译〈满文老档〉》卷51，天命八年五月，辽宁大学内部资料，1979：46。

② 《满洲实录》卷8，影印本.北京：中华书局，1986：378～379。

③ 《满洲实录》卷8，影印本.北京：中华书局，1986：381～382。

④ 同上。

⑤ 《满文老档》天聪第9册，天聪二年二月，北京：中华书局，1990：880。

⑥ 《满文老档》天聪第9册，天聪二年三月，北京：中华书局，1990：881。

盘接受了明代的礼乐制度。清世祖顺治曾言："明太祖立法周详，可垂永久，历代之君皆不能及也"。① 顺治元年工科给事中朱鼎蒲上奏言道："礼仪为朝廷之纲，而冠履、侍从、揖让、进退其纪也。若上习便安，下乐盘辟，则错乱无纪而礼仪之纲坏。"② 顺治十七年皇帝言道"朕自践祚以来，斟酌前代之典章，每于有明用深嘉叹"。③ 由于皇帝年幼，顺治八年之前，一切军政大事均有摄政王多尔衮处理。多尔衮进入北京之初即接受了汉族大臣们的建议，继续使用明朝旧官，因袭明制，国家的行政统治体系并未因改朝换代而停止运转。顺治朝对明代各种制度的借鉴和因袭，使得国家在改朝换代的阵痛中，很快恢复了正常。但是过度使用明代政权统治的经验，也带来满族贵族的不满。顺治在临死前已经意识到这个问题，颁发遗诏曰："朕以凉德承嗣丕基十八年于此矣。自亲政以来，纪纲法度、用人行政不能仰法太祖、太宗谟烈，因循悠忽，苟且目前，且渐习汉俗，于淳朴旧制，日有更张，以至国治未臻，民生未遂，是朕之罪一也"。④ 虽然遗诏可能为辅政大臣合议之后的意思，或为顺治的自谦之言，但是却也透漏出这样一个事实：清代入关后随着统治区域的扩大，其统治职能和机构设置几乎完全承袭了明朝的结构和各项政治礼仪制度。

顺治初期在军礼上的改制似乎不大。这可能由于入关初期，各地用兵甚紧，直至顺治十八年永历帝被俘，大陆才基本实现统一之故。统治者无暇顾及对军礼的改革，但也借鉴了明代军礼的一些内容，例如凡军事大捷奏报，祭告天地、宗庙、社稷，诏敕天下。顺治朝的军礼主要为皇帝遣将礼，大致包括遣将出师、奏捷、班师、庆成赏功等仪礼程序。此外，日常尚有大阅军礼得以实行。下分别述之。

1. 出师礼

顺治元年四月，多尔衮准备率师入关征明。初七日，"以出师祭告太祖武皇帝和大行皇帝"。初八日，"上御笃恭殿，赐摄政和硕睿亲王多尔衮大将军敕印"。初九日，多尔衮、多铎、阿济格、孔有德、耿仲明、尚可喜等"诣堂子，奏乐，行礼。又陈列八纛，向天行礼毕。统领满洲蒙古兵……声炮起行"。⑤

这次出师礼可谓顺治朝遣将出征的典型仪礼。入关前期，清出师礼的基本仪节与之大多相似，仅于细节上有所调整。如顺治八年皇帝亲政后，四月初二日定"命

---

① 〔清〕蒋良骐撰，鲍思陶、西原点校：《东华录》卷7，顺治十年二月。济南：齐鲁书社，2005：102。

② 《清世祖实录》卷10，顺治元年十月丙寅。

③ 《清世祖实录》卷141，顺治十七年十月庚戌。

④ 《清世祖实录》卷144，顺治十八年正月丁巳。

⑤ 《清世祖实录》卷4，顺治元年四月甲子、乙丑、丙寅。

将出师至堂子行礼仪”，对出师祭告堂子礼做了新的规范：

“护军统领、梅勒章京各率本部官兵俱于驾出门外排列，出师及留京诸王、贝勒，各具吉服，齐集朝房，候驾出宫，于午门内分两翼序立。驾至金水桥，俱跪候驾过，随出。其出师及留京贝子、公、固山额真、条纛、亲军，俱于东长安门外分两翼排列。留京文武各官，各具吉服，于午门外常朝处分两翼序立。驾出午门，跪候驾过。其长安门外，排列贝子、公、固山额真等，俱跪候驾过，按队随行。上至堂子行礼。诸王、贝勒、贝子、公及固山额真等官，俱随入行礼。毕，出师诸王、贝勒、贝子、公、固山额真，起行驾还。留京诸王、贝勒、贝子、公、固山额真，俱随还。午门外序立各官，俱跪候驾过。诸王、贝勒，随入午门于内金水桥前序立，候上入宫乃退。”①

这次对堂子祭礼的规范，主要是为了适应定都北京后，因祭祀程序、人员配置等方面的变化，而进行的有序调整。详细记载顺治朝出征仪式的史料比较少见。大多数文献对出征军礼的记载较为简略，出征仪式多失载不记。但顺治十三年三月十五日诏定的“大军出征、班师礼”，却显示出出师礼仪节和顺治初年的出师礼存在很大的差异性。其主要内容为：

“诸王、贝勒、贝子、公、大臣、于出师前一日，将例赏衣服、马匹、弓毡等物、于午门前颁给。领赏毕，其出征护军校、骁骑校等官以上，诣上前，面谕行师方略，赐宴。及出师日，出征各官俱穿鲜明袍服，候于午门外。是日，皇上卤簿全设。其不出征诸王、贝勒、贝子、公俱朝服，集太和殿丹陛上；文武各官俱朝服，集太和殿丹墀内，分班序立，颁给主帅敕印。设于太和殿外东旁，俟皇上升殿，主帅诣前跪领敕印毕，出征官、听鸣赞官赞行三跪九叩头礼毕，仍赐茶，遣之。”②

其基本程序主要有：出师前一日例赏、面谕行师方略、赐宴。出师当日赐印、赐茶、出师。和顺治初年相比，取消了出师祭拜堂子礼。取消原因可能是，出师之前要祭拜太庙，太庙中供奉的祖先神灵和堂子里供奉的祖先神灵相同，清代传统军礼和明代汉族文化军礼出现了矛盾。这在《清世祖实录》中也有所反映：顺治十五年正月初五日，“礼部以将征云南，奏出兵仪注。得旨：‘既因祭太庙斋戒，不必筵宴。其诣堂子，著永行停止，余俱照定例行’”。③ 顺治十三年十二月二十四日，“礼部奏元旦请上诣堂子。得旨：‘既行拜神礼，何必又诣堂子？以后著永行停止。尔部

① 《清世祖实录》卷56，顺治八年四月戊申。

② 《清世祖实录》卷99，顺治十三年三月甲午。

③ 《清世祖实录》卷114，顺治十五年正月壬寅。

亦不必奏请”。[①] 推测在顺治十三年十二月之后，出师行堂子祭礼暂时被告祭太庙礼所代替。

2. 奏捷礼

顺治朝战事报捷，一般要行朝贺礼，告祭天地宗庙。顺治二年二月初六日，西安大捷，“李自成败遁，三秦平定。上御武英殿，诸王、贝勒、文武大小群臣行朝贺礼”。[②] 六月初八日，南京平定，摄政王率诸王、贝勒、贝子、公及文武群臣上表行庆贺礼。“是日，遣户部尚书英俄尔岱告祭圜丘，礼部尚书郎球告祭方泽，吏部尚书巩阿岱告祭太庙，内大臣何洛会告祭社稷”。[③] 闰六月十一日，顺治皇帝以阿济格荡平流寇事，遣官分别告祭天地、太庙、社稷。是日，上御殿，诸臣上表行庆贺礼。[④] 顺治三年十一月初一日，福建悉平捷至，皇帝“命所司择日祭告天地、宗庙，诏赦天下”。[⑤] 二十六日，“以浙东全闽荡平，遣官祭告天地、宗庙、社稷。免行庆贺”。[⑥] 月末，豪格奏报，张献忠伏诛，四川平定。大捷报至，皇帝深感嘉悦，命有司择日祭告，诏赦天下。[⑦] 这种奏捷礼伴随着清初对全国的统一战争，贯穿顺治朝始终。

和入关前的军礼比较，它明显承袭了明代献捷礼的形式和内容。《清实录》记载这种奏捷祭告和庆贺礼多集中在顺治亲政之前，亲政之后则较少记载，这也和当时的战事情况相关。另顺治三年之后，大捷庆贺礼仪皆免行，仅行告祭礼。例如顺治四年正月，四川平定，皇帝遣官祭告天地、太庙、社稷，免行庆贺礼。[⑧] 再如同年三月，“以广东平定，遣官祭告天地、太庙、社稷，免行庆贺礼”。[⑨] 由于长期不行宣捷朝贺礼，吏科给事中法若真、广东道御史朱裴，借“云南贵州大定”疏言，“滇黔底定，率土同欢。所有祭告宣示典礼应如议举行”。顺治十六年七月初七日。皇帝命礼部议覆言道：“祭告典礼，著察例具奏。大兵开服滇黔，业成一统，皆赖上天眷命，太祖、太宗功德贻庥，非朕德威所能自致，何敢居功。宣捷表贺等礼，俱

① 《清世祖实录》卷105，顺治十三年十二月丁酉。
② 《清世宗实录》卷14，顺治二年二月己未。
③ 《清世宗实录》卷17，顺治二年六月己未。
④ 《清世宗实录》卷18，顺治二年闰六月辛卯。
⑤ 《清世宗实录》卷29，顺治三年十一月癸卯。
⑥ 《清世宗实录》卷29，顺治三年十一月戊辰。
⑦ 《清世宗实录》卷29，顺治三年十一月甲申。
⑧ 《清世宗实录》卷29，顺治四年正月丁卯。
⑨ 《清世宗实录》卷31，顺治四年三月丙子。

不必行。”①

3. 班师礼

清顺治亲征班师仪节和入关前的仪节相同。入关前主要仪节有郊迎行凯旋礼、竖纛拜天、宴饮，例赏，入关初期基本沿袭了入关前的主要仪节。顺治三年，扬威大将军和硕德豫亲王多铎等凯旋，八月二十三日，摄政王多尔衮决定出边迎接。②九月二十三日，摄政王抵达兀蓝诺尔，“是日，出征和硕德豫亲王师至，摄政王出营五里外迎之。率出征内外王、贝勒、贝子、公等诸大臣，吹螺拜天，行三跪九叩头礼毕，至设凉帐所。摄政王坐于金黄凉帐内，出征王、贝勒、贝子、公等暨诸大臣两翼序立，听鸣赞官赞行三跪九叩头礼，众仍跪。和硕德豫亲王、土谢图亲王、卓礼克图亲王、承泽郡王、英郡王、扎萨克图郡王等进前跪，行抱见礼。出征王、贝勒，傍坐蓝凉帐内，贝子以下、章京以上，照各旗坐，大宴之。”宴后以所俘获马驼牛羊等“大赏出征内外王、贝勒、贝子、公、台吉等，暨固山额真以下、侍卫、牛录章京以上等官有差”。③ 返京后皇帝出安定门迎劳，并赐宴赏功。④ 基本仪节和入关前相同。

顺治八年亲政后，开始逐步调整多尔衮摄政时的一些政策和措施。顺治十三年诏定的“大军出征、班师礼”对班师做了新的规定：“待平定地方，班师还京之日，或王、贝勒、贝子、公，遣一员，仍量遣大臣，随同出城迎接。该部备茶酒，赍往赏赉。到京次日平明，出征各官各具鲜明袍服，候于午门外。皇上卤簿全设。其未出征诸王、贝勒、贝子、公俱朝服，在太和殿丹陛上。文武各官俱朝服，在太和殿丹墀内，分班序立。候皇上升殿，出征官听鸣赞官赞行三跪九叩头礼毕，赐宴。其破敌冲锋、效有勤劳兵丁，序坐各官班后，与宴。”⑤ 和入关前相比，取消了竖纛拜天仪，但基本仪节变化不大。

4. 大阅礼

顺治朝承袭了明代的大阅礼概念，但是由于多种原因，大阅礼始终未有实行。顺治八年四月初二日，皇帝定“诸王、文武群臣、陪祭扈从及接驾送驾仪注”时，曾言及大阅事宜：“诸王、贝勒、贝子、公等，各按旗传令兵马整齐队伍毕，部臣奏请阅营，上遍阅。诸王、贝勒、贝子、公等及各旗大臣，率众官兵跪候驾过，归本

---

① 《清世祖实录》卷127，顺治十六年七月丙寅。

② 《清世宗实录》卷27，顺治二年八月丁酉。

③ 《清世宗实录》卷28，顺治三年九月丙寅。

④ 《清世宗实录》卷28，顺治三年九月己卯。

⑤ 《清世祖实录》卷99，顺治十三年三月甲午。

队立。如上召见，率领额定随从人员朝参。上还宫，若命随行，仍率领额定人员随行。否则各从本队而还。"①

顺治十三年八月二十六日，兵部等衙门议覆内大臣鳌拜等疏奏："'大阅以讲武，典至重也。自太祖太宗以来，举行已久。今请酌古准今，三年一次大阅。阅毕，传令大臣并侍卫于御前较射、赐宴。次日，诸王贝勒率文武各官上表称贺，以昭大典'。应如所请。"得旨："允行，并著为令。"② 从鳌拜所言的大阅仪式来看，其应该就是明代大阅礼的翻版。虽然皇帝同意了鳌拜的疏奏，并强调将三年一大阅"著为令"，但是并没有落实到位。以至于三年之后的顺治十六年六月初九日，皇帝再次谕兵部言："大阅典礼，三年一行，已永著为例。数年以来，尚未修举。今不容再缓，著即传谕各旗官兵，整肃军容，候秋月朕亲行阅视。尔部即详察应行事宜，择吉具奏。"③ 但当年秋七、八、九三月仍未行大阅礼，此后也未见有文献记载。可见顺治朝承袭入关前太祖、太宗行大阅事宜，仿明代大阅礼，对大阅仪式进行了新的规范，但是却未见实行。

顺治朝兵事不断，相关军礼事宜大多以明代军礼为主要模式，并结合本民族的传统礼仪，做了一些局部调整。除了以上所析诸礼之外，顺治朝还在行军仪仗、仪礼方面做了一些规范。如规定："凡出猎行军，摄政王仪仗前导，奏乐而行。其余和硕亲王、多罗郡王、多罗贝勒，随带仪仗，不前导。或专领兵马，或镇守城池，仪仗前导，奏乐而行。"④ 这是仿照明代的仪仗制度，并结合清初摄政王及各王的地位而定的。再如顺治三年九月初七日，定"摄政王出都，及和硕亲王、多罗郡王、多罗贝勒、奉命出征，经过地方，迎送礼仪"，规定了摄政王、和硕亲王、多罗郡王、多罗贝勒等奉命出征时，各地文武官员迎送礼仪。⑤ 另外与军礼相关的还有祭祀火炮之神和旗纛之神，完全是对明代祭祀礼仪的承袭。总体来讲，顺治初期军礼实行多沿袭入关前旧礼。随着全国统一战争的发展及对先朝官员的使用，形式完备、仪

---

① 《清世祖实录》卷56，顺治八年四月戊申。

② 《清世祖实录》卷103，顺治十三年八月辛丑。

③ 《清世祖实录》卷126，顺治十六年六月己亥。

④ 《清世祖实录》卷3，顺治元年正月戊申。

⑤ 顺治三年九月壬辰："摄政王出都，经过地方。文官，知县以上；武官，游击以上。于本境道右六十步外跪迎送。地方官六十里内者来朝，六十里外者免。和硕亲王奉命出征，经过附近地方。府、州、县官员，于本境道右四十步外跪迎送。多罗郡王，于三十步外跪迎送。多罗贝勒、于二十步外、跪迎送。亲王、郡王、贝勒、私自出行。各地方官不许迎送。违者治罪"。《清世宗实录》卷28。

制详尽、礼意清晰的明朝军礼逐渐为顺治皇帝所接受，并在实践中得以施行。

（三）清代中叶军礼的调整和成熟

1661年，康熙继位大统，清朝进入了盛世阶段。康熙朝清三藩、收台湾、反沙俄、平噶尔丹；雍正朝统青海、征服准噶尔；乾隆朝大一统空前强大。受四位辅政大臣影响，康熙初年将顺治后期对前明旧制的完全承袭国策进行了调整，恢复了部分满族旧制。但在康熙亲政后，各项政策遂逐步恢复到顺治朝后期状态。在礼制方面，除祭堂子礼仪尚保持着满族旧俗外，其他大多数礼仪皆沿袭前明旧制。

1. 康熙朝对军礼的调整

康熙朝军礼可分为皇帝亲征、命将出征、大阅礼和大狩礼四种类型。我们仍以出师、告捷、班师、大阅礼仪仪节为例对康熙朝军礼进行考述。

（1）出师礼

清康熙朝出师礼有二：命将出征、皇帝亲征。

康熙朝命将出征仪和顺治朝前期相似，包括授大将敕印、祭堂子拜天，饯行于郊等仪节。从仪节上来看，康熙朝完全放弃了顺治十三年之后的出师军礼。康熙十三年正月初十，康熙于太和殿，遣宁南靖寇大将军多罗顺承郡王勒尔锦带兵征伐湖广，遣安西将军都统赫业领兵征四川，赐敕印；皇帝率众诣堂子行礼；吹螺、竖旗纛拜天于兵部前；皇帝置大驾卤簿于天安门桥前，出西长安门为诸将送行，“命王以下、副都统以上、俱乘马驰而过、复遣内大臣、礼部、兵部大臣饯于郊外”。① 同年十月初六日，赐和硕简亲王喇布扬威大将军印，命其帅师之江宁。皇上亲诣堂子行礼，于兵部前祭旗纛。皇帝亲出西长安门为其送行。② 康熙十五年二月二十六日，命图海为抚远大将军。康熙御太和殿，授敕图海抚远大将军印，命礼部、兵部官员为之饯行于郊外。③ 康熙五十七年十一月十五日，为征剿策妄阿喇布坦，皇帝自太和殿排设卤簿，率众亲诣堂子行礼，于兵部外，鸣角祭旗毕还宫。十二月十一日，敕抚远大将军允禵印，于太和殿行授敕印仪。大将军望阙叩首行礼，肃队而行。④ 可见，从顺治十三年开始废黜的出征前祭堂子礼，在康熙时期又得到了恢复。顺治朝出征前告祭太庙等仪则不行于圣祖朝，说明康熙时期对顺治晚期的完全汉化政策做了适当的反思，并吸收满族传统祭堂子习俗，在军礼中加以运用。康熙朝的军礼

① 《清圣祖实录》卷45，康熙十三年正月乙亥。

② 《清圣祖实录》卷50，康熙十三年十月丙申。

③ 《清圣祖实录》卷59，康熙十五年二月戊寅。

④ 《清圣祖实录》卷282，康熙五十七年十一月己丑、乙卯。

仪节对于其后各朝影响很大。

皇帝亲征。康熙皇帝曾三征噶尔丹。康熙三十四年，皇帝决定分三路征剿噶尔丹，自己统帅中路大军亲征。三十五年正月二十八，皇帝以亲征谒暂安奉殿、孝陵。① 二月二十七日，遣官告祭天地、宗庙、社稷、太岁、火炮、道路之神。二月三十日，“皇帝率诸王、贝勒、贝子、公、文武大臣，诣堂子行礼，祭旗纛，亲领六军启行”。② 军行途中，随时遣祭风雨及沿途山川诸神。③ 后两次亲征与三十五年礼仪相同。与清太宗相比，礼仪明显不同。崇德元年十一月，清太宗征朝鲜仅于征前祭告天地太庙，而无祭社稷、太岁、火炮、道路之神仪。也无沿途祭祀风、雨、山川之礼。可知皇帝亲征的这些具体礼仪仪节皆承沿明旧。

（2）告捷礼

明朝告捷分大、中、小三种礼仪，凡有捷音皆有相应仪节。④ 顺治朝告捷则告祭天地、太庙、社稷，并行庆贺礼（后期省略庆贺礼）。康熙朝稍有不同。一般战事告捷，皇帝均下旨嘉奖并下部议叙有功人员，战事结束后，再行告祭天地、宗庙、社稷及庆贺礼。康熙十三年，李之芳疏报金华、郑店捷音；尚可喜疏报新亨捷音；董卫国疏报龙泉捷音；阿席熙疏报绩溪捷音，皇帝皆令嘉奖并下部议叙；同年杰书等疏报黄瑞山捷音、十四年傅喇塔疏报沈家门大捷、岳乐疏报东乡捷音、十五年李之芳疏报常山、仙霞关、浦城捷音、十八年杨捷疏报岑阳山大捷，其礼皆如之。

康熙元年三月十二日，以伪永历帝朱由榔就擒、残明陨灭事，“告祭世祖章皇帝，并遣官告祭天地、太庙、社稷、福陵、昭陵。是日，上御太和殿，王以下文武各官上表朝贺”。⑤ 康熙二十年，云南平定，三藩之害解除，皇帝行庆贺礼，并诏令告祭天地、宗庙、社稷、孝陵，及盛京祖陵。⑥ 康熙二十二年十二月十二日，皇帝以海逆荡平、遣官告祭天地、太庙、社稷、福陵、昭陵、孝陵、仁孝皇后、孝昭皇后陵等。⑦ 康熙二十四年六月初四日，圣祖闻彭春恢复雅克萨，时上驻跸古北口，诸臣于行宫行庆贺礼。⑧ 康熙三十五年五月，费扬古击噶尔丹而大败之，遣副都统

---

① 《清圣祖实录》卷170，康熙三十五年正月乙酉。

② 《清圣祖实录》卷171，康熙三十五年二月癸丑、丙辰。

③ 《清圣祖实录》卷171，康熙三十五年二月丁卯；卷172，康熙三十五年四月癸巳。

④ 详见第一章第一节相关内容。

⑤ 《清圣祖实录》卷6，康熙元年三月乙酉。

⑥ 《清圣祖实录》卷98～101。

⑦ 《清圣祖实录》卷113，康熙二十二年十二月庚戌。

⑧ 《清圣祖实录》卷121，康熙二十四年六月癸巳。

阿南达奏捷，康熙闻知大喜，“顾诸大臣曰：‘师行绝域，即奏肤功。皆上天眷佑。应先行叩谢’。乃于行宫南门外设香案，亲率诸皇子、王、大臣官员及外藩王行礼。大学士伊桑阿、张玉书恭捧诸王、大臣、文武官员庆贺表人奏”。“于是诸皇子在幔城内，诸王及文武大小官员、外藩王、台吉在幔城外，行庆贺礼。”①

（3）班师礼

班师礼包括皇帝亲征班师礼和大将出征班师礼两种。康熙皇帝三征噶尔丹，回师皆行班师礼。康熙三十五年六月初九。驾发清河，设卤簿，皇太子、诸皇子、诸王、及在京文武大小官员，于郊外道旁跪迎；八旗护军、骁骑及近京闲散官员、士民工商、耆老男妇，夹道捧香跪迎。“上由德胜门人，诣堂子行礼毕，回宫，诣皇太后宫问安。翌日，以荡平噶尔丹，王以下文武各官行庆贺礼。”② 康熙三十六年五月，皇帝亲征朔漠，噶尔丹死，大军班师。《清实录》载：十六日，驾发清河，设卤簿，皇太子、诸皇子、诸王及在京文武大小官员出郭外五里跪迎，八旗护军、骁骑步军及京城附近绅衿、士庶工商、耆老男妇，俱扶老携幼，陈设香案，沿门结彩，执香跪迎。上由德胜门入，诣堂子行礼毕，回宫，诣皇太后宫问安。③ 可知，皇帝班师仪节包括皇帝设卤簿、众人郊迎、皇帝拜谒堂子、还宫、行庆贺礼等内容。除此之外，皇帝班师后还要磨崖勒石，并遣官告祭天地、太庙、社稷、永陵、福陵、昭陵、暂安奉殿孝陵、仁孝皇后、孝昭皇后、孝懿皇后陵。④

大将出征班师礼。康熙朝战事频仍，多次遣将出征各地，皇帝通常视战功情况和出征大将的爵位，安排大臣郊劳或者皇帝自己亲迎于郊。

康熙十四年闰五月十六日，抚远大将军多罗信郡王鄂札等征灭察哈尔，班师凯旋，皇帝亲率在京诸王、贝勒及文武大臣，迎劳于南苑大红门。康熙御黄幄，命诸将行抱见礼，赐茶，逐次面问各有功将士毕，率在京王贝勒大臣、及凯旋王大臣等回城诣堂子行礼，礼毕回宫。⑤ 康熙十九年三月初八日，“上以定远平寇大将军和硕安亲王岳乐、自湖广凯旋、率在京诸王、贝勒、贝子、公及满汉大臣、出郊迎劳”，当日，皇帝驻跸芦沟桥，初九日，“上自驻跸所率诸王大臣等，迎凯旋大军于二十里外，大军既至，上率出迎诸王大臣及凯旋王大臣、官员等，拜天毕，上御黄幄，和

① 《清圣祖实录》卷121，康熙三十五年五月癸酉。

② 《清圣祖实录》卷174，康熙三十五年六月癸巳、甲午。

③ 《清圣祖实录》卷183，康熙三十六年五月乙未。

④ 《清圣祖实录》卷184，康熙三十六年六月甲寅、乙未。

⑤ 《清圣祖实录》卷55，康熙十四年闰五月癸卯。

硕安亲王岳乐率凯旋将帅行礼”，赐茶毕，皇帝回宫。① 康熙十九年九月，康亲王杰书自福建凯旋，皇帝率诸臣出郊迎劳。“大军既至，上率出迎诸王大臣、及凯旋王大臣官员等、拜天毕，上御黄幄、和硕康亲王杰书、率凯旋将帅行礼。”② 康熙二十一年十月十一日，“上以定远平寇大将军贝子章泰、征南大将军都统赖塔、自云南凯旋”，亲率文武百官驻跸芦沟桥，准备郊劳凯旋之师，十二日，皇帝率诸臣自驻跸所前行二十里外郊劳大军。③

康熙十八年十月初一，荆州凯旋。科尔沁公图纳黑等将至都城，康熙遣内大臣塔达，携茶郊迎。十八日，荆州参赞军务蒙古台吉温布率所属将士凯旋，遣散秩大臣博落特等迎劳之于天津。④ 康熙十八年十一月十二日，郭尔罗斯三等台吉鄂齐尔等自荆州凯旋，皇帝遣内大臣寿世特等迎劳之；十三日，杜尔伯特三等台吉俄木布等自荆州凯旋，皇帝遣内大臣塔达等迎劳之。⑤

班师凯旋后，便是议叙军功。《清圣祖实录》（卷八十八）载，康熙十九年正月十九日，兵部题福建凯旋官兵叙功事，康熙言曰：“此等官兵，在外效力，极其劳苦。有功之人，着先行议叙；其有罪者，俟全师回日、再加详议。”⑥ 二月二十一日，“理藩院兵部会题，福建诸处、凯旋外藩蒙古公台吉官兵，陕西凯旋鄂尔多斯王古鲁等三旗贝子台吉官兵，功绩均应议叙。若令俱至京师，人数众多，恐致縻饷。宜俟草青时，令齐集适中之处，理藩院遣官四员，两路分往，察核军功案籍，照例议叙。得旨：议叙军功，事关重要，其令理藩院侍郎达哈塔、兵部员外郎杜楞往彼察核。”⑦ 议叙军功，清朝非常认真，经过有司查验察核，才能论功升赏。

（4）大阅礼

顺治朝曾多次言及大阅，但终未实行。康熙时，大阅则多次举行。康熙十二年正月十九日，皇帝巡幸南苑，率诸臣行猎郊射。⑧ 二十日，皇帝大阅，诸文武官员、亲王、贝勒等皆于晾鹰台分两翼排立，康熙披甲御晾鹰台上黄幄，命诸臣领兵结阵操练。之后树侯骑射，康熙与诸臣皆射毕，卸甲，御黄幄，赐宴，还宫。康熙甚为

---

① 《清圣祖实录》卷89，康熙十九年三月丁酉、戊戌。

② 《清圣祖实录》卷92，康熙十九年九月壬寅、癸卯。

③ 《清圣祖实录》卷105，康熙二十一年十月甲申、乙酉。

④ 《清圣祖实录》卷85，康熙十八年十月壬戌、己卯。

⑤ 《清圣祖实录》卷86，康熙十八年十一月癸卯、甲辰。

⑥ 《清圣祖实录》卷88，康熙十九年正月己酉。

⑦ 《清圣祖实录》卷88，康熙十九年二月辛巳。

⑧ 《清圣祖实录》卷41，康熙十二年正月庚寅。

认可此次大阅之礼，对兵部尚书明珠言：“今日陈列甚善，可著为令。”① 此后康熙朝大阅仪皆以本次大阅为准。

大阅目的在于修武备、昭法制、简阅军器、训练士卒，另一方面可以威吓邪小，以防其不轨。康熙深悉此道，每大阅必允到京蒙古诸部及其他外藩观阅。皇帝虽曾言：“从来抚绥万邦、在德教、不在威武。故兵者、不得已而用之。”但是演兵场上，排枪并发，声震天地。“巨炮所击、树侯栏墙、莫不声应而倒”，众藩皆惊惧失色，甚有匍匐仆地、战栗不止、惊心破胆者。② 此时的威慑作用，甚于任何言语。

2. 雍正对军礼的继承和发展

雍正朝基本沿袭康熙诸军礼仪节。雍正二年，青海平定，雍正命裕亲王保泰等议平定青海仪节；三月十三日，保泰等议覆曰：“应照平定吴逆、噶尔丹之例，遣官告祭天、地、宗庙、社稷、永陵、福陵、昭陵、暂安奉殿、孝陵、孝东陵、景陵、并奉先殿”，雍正深以为是；二十二日，以青海平定，遣官告祭天、地、宗庙、社稷、奉先殿③；四月初一，遣官告祭暂安奉殿、孝陵、孝东陵、景陵等，叙诸将功并升赏有加；初五日，遣官告祭永陵、福陵、昭陵；十四日，诸王、贝勒、贝子、公、文武官员上表，行庆贺礼④；六月撰平定青海碑文，令勒石国学，颁发直省，以昭功德。⑤

雍正七年四月二十八日，朝廷准备征讨准噶尔噶尔丹策零，诣太庙告祭。⑥ 六月二十二日，授靖边大将军公傅尔丹敕印，礼毕，雍正率大将军、副将军、参赞大臣及在京诸王、贝勒、贝子、公、内大臣、大学士、都统、尚书等，拜谒堂子，于兵部前鸣螺竖纛拜天，皇帝亲送傅尔丹于东长安门外，命“王大臣与大将军、副将军递茶进觞；礼部、兵部堂官与参赞大臣递茶进觞；侍卫与出征官员递茶进觞”，礼毕，大军出征。⑦ 雍正九年八月，大学士忠达公抚远大将军马尔赛出征，上命弘历告祭奉先殿，王以下官员俱至西长安门外送行。⑧ 雍正六年十二月、七年五月大

① 《清圣祖实录》卷41，康熙十二年正月辛卯。

② 《清圣祖实录》卷123，康熙二十四年十一月甲戌。

③ 《清世宗实录》卷17，雍正二年三月丁亥、丙申。

④ 《清世宗实录》卷18，雍正二年四月乙巳、己酉、戊午。

⑤ 《清世宗实录》卷21，雍正二年六月乙酉。

⑥ 《清世宗实录》卷80，雍正七年四月壬寅。

⑦ 《清世宗实录》卷82，雍正七年六月乙未。

⑧ 《清世宗实录》卷109，雍正九年八月辛卯。

阅皆准康熙定制。①

可知雍正朝从遣将出征到凯旋班师军礼，皆延续了康熙朝的相关军礼制度。当然雍正也在前人的基础上有所创制，例如，平定青海后增加了献俘和受俘礼。青海大捷对于刚即位的雍正皇帝意义至关重大，在按照成宪举行各种庆贺仪式之外，雍正皇帝令行献俘军礼。雍正二年四月十九日：

总理事务王大臣议奏青海大捷应献俘于太庙，恭请皇上临御午门受俘。得旨："平定青海，实乃皇考留贻之功。故捷音到日，恭告景陵。今造逆首恶吹拉克诺木齐、阿尔布坦温布、藏巴札布等三人，槛送来京。朕令议献俘太庙之礼，以慰列祖在天之灵。诸王大臣等乃议请受俘，归功于朕，非朕本意也，可否祗行献俘，不行受俘之礼?"诸王大臣等再察典礼具奏，寻议出师凯旋，执获丑类，献于庙社，即受俘于廷，历代行之。大典攸昭，应请允行。从之。②

雍正二年闰四月初十，将平定青海所获吹拉克诺木齐、阿尔布坦温布、藏巴札布等三人，解送至京，行献俘礼。遣官告祭太庙、社稷。十三日，行午门受俘仪。"王以下、文武百官齐集午门前。设卤簿，鸣金鼓，上御午门楼前楹，升宝座，受俘。兵部官率解俘将校，将平定青海所获叛逆俘囚吹拉克诺木齐、阿尔布坦温布、藏巴札布三人，白练系颈，跪伏。兵部堂官奏：'所获俘囚，谨献阙下。'上命交刑部，于是刑部官领旨，兵部官引俘押出。王以下文武各官行礼毕。上回宫。是日，赐解俘官各蟒缎、朝衣、帽、韡，加赏银百两，兵丁各赏银二十两"。③

从雍正献俘受俘仪具体仪节来看，它与明代献俘军礼仪节基本相同。雍正对清代军礼的继承和发展，使得清代军礼的主要内容在雍正朝得以完成。

3.乾隆时期军礼的成熟与稳定

乾隆朝政治相对清明，经济繁荣，清朝进入繁盛阶段。国家实力强大，给统治者增强了无比的信心。乾隆皇帝开疆拓土，战事更为频仍，乾隆皇帝自认为有十全武功，皆与战事相关。其军礼诸仪也进入成熟和稳定期。其军礼的成熟和稳定主要表现在以下两个方面：

（1）诏定诸军礼仪注

经过了康熙对军礼的初步调整和雍正的平稳发展之后，清代军礼从仪节到内容

① 《清世宗实录》卷76，雍正六年十二月庚辰；卷81，雍正七年五月甲寅。

② 《清世宗实录》卷18，雍正二年四月癸亥。

③ 《清世宗实录》卷19，雍正二年闰四月癸未、丙戌。

基本确定。从最初的满洲传统到顺治后期的全盘接受明代军礼仪式，再到康熙时期的兼容并蓄，及雍正的逐步完善，清代军礼在承袭明朝军礼的基础上，结合本民族的习惯，形成了本朝特有之军礼仪节。例如祭堂子礼，本为入关前满族特有之原始崇拜仪式的孑遗，但是经过几代皇帝的努力，作为祖制，成为清代军礼出师班师仪所必行之礼。虽然被视为祖制，但顺治的疑惑也依然存在于后世各朝。顺治认为"既行拜神礼，何必又诣堂子?"堂子祭祀为各祖先神位，既然出师已经拜祭了太庙，诸神已经受享，何必再次诣堂子再拜？看来顺治认为堂子祭礼为满洲旧礼，既然统一了全国，必然要承袭明朝的所有，惟此才能彰显以清代明的国家统治的正统性。顺治亲政后便按照儒家思想，从国家制度到社会生活的各方面进行了新的审视。其时的社会现实也迫使其必须按照明代的制度，来统一全国仕民官绅等各阶层的思想，以此消解明朝后裔的"以夷代夏"之反抗。后世研究清代军礼的学者也有同样的疑惑和不解。针对这种疑问乾隆十四年四月诏定致祭堂子典礼之前，皇帝对议政王大臣等谕曰：

堂子之祭，乃我朝先代循用通礼。所祭之神，即天神也。列祖膺图御宇，既稽古郊禋，而燔柴典重，举必以时。堂子则旧俗相承，遇大事及春秋季月上旬，必祭天祈报，岁首最先展礼。定鼎以来，恪遵罔怠，且不易其名，重旧制也。考诸经训，祭天有郊、有类、有祈谷祈年，礼本不一。兵戎国之大事，故命遣大将，必先有事于堂子，正类祭遗意。而列纛行礼，则祃也。我祖宗于行营中，或别有征讨，不及归告堂子，则望祭而列纛行事，其诚敬如此。朕思出师告遣，则凯旋即当告至。乃天、地、宗、社俱已祝册致虔，且受成太学。而堂子则弗之及，祠官疏略，如神贶何，祀典攸关，彝章宜备。著议政王大臣等详悉具仪，朕亲为裁定，载入《会典》。特谕。①

此时，满清统治已经被认可，乾隆承认祭祀堂子乃满洲旧俗，之所以不改其名，在于"重旧制也"。然后引经据典，言古人祭天有郊有类，礼本来就是不同一的。遣将出征，祭堂子是古人类祭遗意，列纛行礼则与古人祃祭者同。因此认为出师当告遣，班师则须告至，而相关祀典及具体仪节则祠官疏略，彝章阙备，因此命议政王大臣等"详悉具仪"。乾隆将堂子祭礼亲自裁定，载入《会典》，一改以往纷扰缠说，使得堂子祭礼成为国家制度所规定师出师入军礼所必行之仪节，此意义极为重大，形成了中国古代历朝军礼所特有之内容和仪节。此后，各朝出师必告遣、凯旋必告至堂子。

---

① 《清高宗实录》卷339，乾隆十四年四月丙午。

乾隆定制祭祀堂子礼主要依据的是前朝《会典》所载祭祀堂子礼而成。“谨按《会典》，崇德间大兵凯旋，太宗文皇帝率众拜天，大设筵宴，宴毕，躬率凯旋王、贝勒、贝子、公、大臣等恭谒堂子，行三跪九叩礼。请嗣后凯旋，致祭于天、地、太庙、奉先殿、社、稷、陵寝、如常仪外。皇帝告祭堂子，由礼部请旨，钦天监择吉，届期卤簿大驾全设。礼部堂官奏请皇帝诣堂子行礼。凯旋将帅大臣、及诸王、贝勒、贝子、公镇国将军、都统、尚书等官俱随行。皇帝进堂子上香毕，礼部堂官恭导就位，凯旋将帅等依次排立，鸣赞官赞跪叩兴，皇帝行三跪九叩礼，将帅等随行礼毕。礼部堂官奏请驾还宫，乐作，礼成如仪。”①

全国的统一战争和对周边防御体系思想的建立，使得清代乾隆朝以前的军事行为连绵不断，这很大程度上促进了军礼制度的建设。到乾隆十四年时，国家强盛，军队战无不克，乾隆借傅恒金川告捷之事诏定出师告捷典礼仪节。此后乾隆朝及其后世子孙所行军礼均以此为例，这次军礼的诏定也标志着清代军礼仪注的基本成熟。

议政王大臣会同兵部议奏“出师告捷典礼”。臣等考究前史，参采现行事例，并大学士公傅恒原奏，区别四款。曰命将、曰徂征、曰专阃、曰奏凯。又于四款中酌定授敕以迄劳师。计仪注十有二则：

一、授敕印。经略大将军出师，皇帝临轩，王公文武百官朝服侍班，颁敕印于太和殿。经略大将军率随征诸将于丹陛上跪受，行礼如仪。

二、祓社。经略大将军出师，先期告祭奉先殿。及启行日，皇帝率经略大将军随征诸将诣堂子行礼。鸣角吹螺，祭纛于门。

三、祖道。经略大将军启行，乘舆亲饯于长安门外。赐卮酒，佩弓矢，上马。文武大臣承诏送至郊外，有司具祖帐及燕，礼兵二部堂官奉茶，望阙谢恩，乃行。

四、整旅。凡随征参赞大臣均奉钦简外，护敕印官内阁学士一人、中书翰林院笔帖式各二人、记室官四人、户兵二部司官各一人、刑部理事官一人。如蒙古地方，则委理藩院官一人。应随侍卫，仍候钦定。

经略大将军前队，列上赐军械；次列令箭十二枝；次列敕印，护敕印官随行。经略大将军乘马，后建大纛。参赞大臣及司官侍卫等随纛行。又次以十二标旗。大队军旅殿。

五、守土官相见。经略大将军所过地方，守土官将军、督、抚、文官司、道、

---

① 《清高宗实录》卷339，乾隆十四年四月丙午。

以下，咸蟒袍补服，武官总兵以下披执，率兵列阵跪迎，提督、副都统近前问安。经略大将军升厅正坐，将军、督、抚、旁坐，文官司、道、武官提督、副都统、以下行庭参礼。至起行时，将军、督、抚、以下各官候送如前仪。

六、封章拜诏。凡封奏，营门鼓吹声炮，在营弁丁两旁肃立，记室官奉奏函置案上，经略大将军行三跪九叩礼毕，兵部司官奉函，由中道授台站赍驰。若诏书至营，鼓吹声炮如前仪。兵部司官接箧置案上，经略大将军行三跪九叩礼，受箧启阅。如钦差大臣到营，经略大将军率在营大臣等，离营三十里迎候。请圣安。守营官导引，并马进营。钦差大臣宣旨毕，经略大将军正坐，钦差大臣按品级坐。钦差大臣回京，经略大将军率所属离营候送。请圣安如前仪。

七、升帐接属。凡军营设大幕，惟经略大将军近侍官暨办理军机有职掌者，准令出入。余官均幕外祗候。议事时经略大将军正坐，参赞大臣及一品官佥坐，有问则起立致词，提镇等官禀事，由传宣官转达，令入则引进，令坐则向上佥坐。凡参赞大臣、一品官入见，于营门内下马，余官于营门外下马，由角门出入。如经略大将军下设有将军者，相见照参赞大臣一品官仪。若外藩部落谒见，幕外官均进幕肃立，直班弁兵按汛肃立，军门鼓吹声炮，经略大将军升坐，外藩跪禀辞毕，即引出，各官兵咸退。

八、简阅。凡简阅营伍，经略大将军起行，军门鼓吹声炮，守营大臣及官弁离营里许候送。首队赍敕印前行，十二标旗随后。周巡提、镇、等官屯营之处。每至一营，官兵离营一里外迎候，经略大将军阅过，提、镇、等率所属弁兵随行，离本汛乃止。

九、献俘。经略大将军告捷，解俘至京。钦天监择吉，献俘于太庙社稷坛。至期，兵部率解俘官兵，以白组系俘颈。由长安右门入，进天安右门，至太庙街门外，向北立。候告祭大臣至，令俘向北跪。告祭大臣进太庙行礼毕。兵部率解俘官兵，押俘至社稷街门外。令俘仍向北跪，告祭行礼如前仪。

献俘次日。皇帝御午门楼，王公百官朝服侍班，铙歌大乐，金鼓全作。兵部堂官跪奏请旨，有制宣刑部。刑部堂官跪领旨，押俘出天安右门。王公百官庆贺，听赞引礼。

十、受降。凡经略大将军受降，飞章入告，得旨允降，乃大书露布，传示中外。筑受降坛于大营左。坛方，南向，距百步树大旗，书奉诏纳降字。降者至，兵部司官引立旗下。经略大将军出营，鼓吹声炮，参赞大臣各官随行。降者于旗旁向北跪，匐伏，候经略大将军登坛。参赞大臣及一品官分翼佥坐，队伍将领等官分翼立，其余官兵分班排立。兵部司官引降者抵坛前匐伏，乃宣谕德音，酌加赏赉，声炮鼓吹，降者泥首伏谢而退。

十一、告成凡奏凯告成。致祭天、地、宗庙、陵寝，释奠于孔子，勒碑太学，群臣恭进贺表，并请编纂方略以垂奕禩。

十二、劳师。凡师旋将入城，遣廷臣出郭迎劳，经略大将军还朝谢恩。皇帝御殿，设卤簿，王公百官齐集如仪。鸿胪寺官，引经略大将军、从征各官，于丹陛下缴敕印，行三跪九叩礼毕。皇帝还宫。翼日赐燕，颁赏焦爵有差。

以上各条。应请饬交会典馆纂入军礼。从之。①

以上材料显示，乾隆时期诸种军礼仪节皆已形成规范。将军礼十二条纂入军礼，形成制度，使得其后各代皆有章可循，清代军礼发展进入稳定期。

(2) 军礼内容的确定和成熟

“清以例治天下，一岁汇所治事为四季条例，采条例而为各部署则例，新例行，旧例则废，故则例必五年一小修，十年一大修。采则例以入会典，名为会典则例或事例”。② 满清入关之前即已注意《会典》之意义。入关之后，康熙、雍正、乾隆、嘉庆、光绪先后修撰《会典》。乾隆起，将典则和事例分为两部分：会典和会典事例。嘉庆和光绪《会典》，将礼部之仪式、祭器、卤簿及户部的舆图、钦天监的天体图汇为一编，即《会典图》。清代五部《会典》均记录了军礼的相关内容，《会典》所载军礼内容，可以显示出当时清人之军礼观念。将五部《会典》所载军礼内容进行比较，即可看出清代军礼发展的大致轮廓。我们先来看乾隆中期之前的三部《会典》所载军礼类项：

表 13 清前中期会典军礼内容比较表

会典类别	主要内容	见载卷数	备注
《康熙会典》	命将出征 凯旋	卷45	
《雍正会典》	圣驾亲征、圣驾凯旋 大阅、会阅 命将出征、凯旋仪、献俘仪、受俘仪	卷63	
《乾隆会典》	亲征、命将 献俘、受俘 (大阅、大狩)	卷35 卷61	大阅大狩列入专列于兵部守卫一节

上表显示，《康熙会典》载录的军礼为命将出征和凯旋仪，《雍正会典》载录的军礼有“圣驾亲征、圣驾凯旋”、“大阅、会阅”、“命将出征、凯旋仪、献俘仪、受

① 《清高宗实录》卷339，乾隆十四年四月丙午。

② 邓之诚. 中华两千年史［M］，北京：中华书局，1958：531。

俘仪”，《乾隆会典》军礼为“亲征、命将”、“献俘、受俘”、“大阅、大狩”。三种《会典》，《康熙会典》最为简略，仅记有命将出征及凯旋礼，是因《康熙会典》修成于康熙二十九年，康熙三十四年开始的亲征噶尔丹自然没能载入，其前的顺治朝也无皇帝亲征之事，因此虽然《康熙会典》是仿照《明会典》撰修，但无载亲征内容。完成于雍正十一年的《雍正会典》，则将康熙亲征事例以及太祖、太宗时期亲征事例列入《会典》，并将“大阅、会阅”列入军礼，还将雍正始创的清代献俘、受俘仪节列入《会典》。乾隆朝基本沿袭成宪，内容和仪式无有新内容出现。可知，清朝军礼的主要仪节形成于雍正朝。乾隆朝对军礼诸项内容的完善和丰富主要见载于《钦定大清通礼》。

乾隆朝《会典》虽对各礼开载详明，惜因其卷帙繁多，多藏之秘府，民间难以窥知。为此高宗令李玉鸣等检集前代礼书及本朝《会典》，博采前闻，广搜往册，摘取汇集，斟酌损益，修撰《大清通礼》，以期“明白简易，士民宜于遵守”，“通礼所重，在行礼仪节，详悉纪载，以便与遵循”①，因此乾隆二十四年成书的《大清通礼》所载的军礼内容最为丰富，主要有大阅、亲征、告至、命将、献俘、日月食救护等，各礼仪节均极为详尽。惜《钦定大清通礼》刊刻之后，并未发至各地，直至宣宗道光四年，始刊刻颁行全国。

《大清通礼》对各礼进行规范，重在践行。因此其仪节和内容比较全面，军礼的主要内容基本确定。其后，完成于乾隆五十一年前后的《清朝通典》、成书于乾隆五十二年的《清朝通志》，以及后世嘉庆和光绪朝《会典》所载的军礼也基本依《大清通礼》军礼内容为标准：

表 14　清中后期主要文献所载军礼内容表

见载文献	内　容	成书时间
《清朝通典》	大阅、大狩、亲征、命将出征、凯旋郊劳、受降、献俘、受俘、马政、日月食救护	修成于 1786 年前后。
《清朝通志》	皇帝亲征、亲征凯旋、命将出征、凯旋郊劳、献俘、受俘、大阅、大狩	1787 年
《嘉庆会典》	亲征、亲征凯旋、命将出征、命将出征凯旋、受降、献俘、受俘	1818 年
《光绪会典》	大阅、京营训练、直省阅兵、亲征、亲征凯旋、亲征告至。亲征饮至策勋、亲征告成纪功、命将、遣使颁敕印、纳降、凯旋、告成燕赉、献俘、受俘、日食救护、月食救护、直省日月食救护	1899 年

① 《钦定大清通礼》卷首，《凡例》，《四库全书》本。

上述文献所载军礼内容，由于皆重在仪节践行或者相关管理机构的职责，因此多以具体仪节为主要内容，如果从实行军礼的整体行为来看，其皇帝亲征、命将出征、大阅、大狩和日月食救护等诸礼皆在乾隆朝之后趋于稳定，并不再有新的变化。道光之后，面对着帝国列强的坚船利炮，输多胜少，其军礼之献俘、受俘、受降诸仪如何还能够延续？

二、清代军礼的分类和内容

（一）清代军礼的分类

明代朱元璋在建国之初即开始了礼制建设，并制定了军礼类项和基本内容，后世诸君虽有补充，但多奉太祖礼制为圭臬，不敢稍动。清朝与明不同，是经过长期的与明朝的接触和战争逐渐取得全国的统治权的。皇太极统一辽东，开始借鉴明代军礼制度，但是由于军制的不同，本民族的祭纛拜天、祭告堂子礼仍然得以保留。入关后虽然对传统师行祭堂子礼有过反复，但很快便吸收了原来的祭礼形式。经康雍乾三世，清代军礼基本成型，并忝之《会典》，成为后世必行之制度。乾隆时期是清代军礼的成熟时期，本节即以乾隆朝所行军礼为着眼点，来分析清代军礼的分类和主要内容。

正如上文所述，乾隆二十一年完成的《大清通礼》记载了清代军礼的主要仪节，其后各种典章制度所记军礼皆与其相差不多。由于编写体例的不同，上文所述的几种清代文献对军礼的记载比较繁芜杂乱。由于重在记录军礼的详细仪节程序，各项礼节显得纷繁琐碎，使人很难清楚地把握清代军礼的整体情况。为此，我们依据清代军礼的实行时间，将其分为战事军礼和日常军礼两个大类。

战事军礼主要指因国家战争需要而实行的军礼，这是一种非常态下的国家行为规范。这种规范包括国家对战争的准备和战后的诸种为战争所作的各项活动。清朝战事军礼有二：一为皇帝亲征、一为命将。日常军礼主要指国家常态情况下，为预防战争所作的各种训练和演习。主要包括大阅、大狩两类。至于日月食救护则是清代乾隆时期类先秦周礼夏官太仆赞鼓之意，仿杜佑《通典》，缀附类归军礼。

战时的皇帝亲征礼、命将礼以及日常时期的大阅和大狩礼，均是皇帝亲行之礼，是围绕皇帝为中心而建立起来的一套相关国家军事行为的礼仪制度。

表 15　清代军礼分类表

分类	主要仪节	主要内容
战事军礼	皇帝亲征	告祭诸神
		祭堂子拜天
		祭风雨及沿途山川诸神
		凯旋郊迎
		凯旋行祭堂子礼
		庆贺礼
		告祭诸神礼
	命将	告庙
		授敕印
		祭堂子拜天
		饯行于郊
		受降礼
		凯旋行劳师礼
		大将还朝谢恩缴敕印
		庆贺礼、赐燕
		遣官告祭天、地、宗庙、社稷、诸陵
		献俘和受俘礼
日常军礼	大阅	
	大狩	
其他	日月食救护	

（二）清代军礼的内容

从清代军礼的发展阶段可以看出，清代军礼的分类在各朝均有不同。康熙朝仅有命将军礼，雍正时期则将亲征和大阅礼视为军礼的主要内容，乾隆时则大狩之礼也列入了军礼的范畴。

清代战事军礼，皇帝亲征前要先期遣官告祭天地、宗庙、社稷、太岁、火炮、道路诸神。出征当日，皇帝率众出征文武大臣，诣堂子行礼，祭旗纛后启行。途中，随时遣官祭风雨及沿途山川诸神。皇帝凯旋班师而归则有众大臣行郊迎礼、皇帝拜谒堂子、行庆贺礼、磨崖勒石告功，告祭天地、太庙、社稷、诸陵等仪。《大清通礼》载皇帝亲征出师礼主要仪节有：

诹吉戒办：皇帝亲征之礼，命下内阁诹启行吉日，以闻兵部承制，宣摄内外诸司，各随职供备。从征将士部勒禁旅，前后备六军，颁行军律令。

告祭：前期三日遣官各一人，祗告天、地、宗庙、社稷、太岁。届日，遣官致祭道路之神于天安门外，列炮于演武场，遣八旗都统或副都统致祭司炮之神均如仪。

告祭堂子：銮仪卫陈骑驾卤簿于午门外，前列铙歌大乐。金二、金钲四、钹二、鼓二、点二、篴四、云璈二、管二、笙二、金口角八、大号小号各八，次御仗六、吾仗六、立瓜六、卧瓜六、星六、钺六……堂子街门外左右列蒙古画角十有六、海螺二百，亲军护军分掌之。兵部设御营黄龙大纛于堂子内门外之南，内大臣侍卫守之，设八旗羽林纛八、火器营纛八，按翼分列于黄龙大纛后，各以本旗参领一人守之。不从征王公暨满一品官蟒袍补服，从征王以下大臣服征衣佩刀豫往堂子街门内东面祇竢，从征六军分翼列阵于都门外，司炮官设三炮于军前，步军统领勒所部辟除御道，所司以皇帝行营次舍先发。届吉时，礼部尚书侍郎诣乾清门请驾，皇帝御征衣佩刀出宫，乘骑前列九龙华盖一，武备院卿骑导领侍卫内大臣，侍卫咸服征衣佩弓矢，乘骑前后翊卫。午门鸣钟鼓，骑驾卤簿前导，乐陈而不作，驾至长安桥，军士吸角吹螺，驾入堂子街门。王公以下跪候过兴随入，武备院官豫布皇帝拜褥于圜殿外甬道正中，及旗纛前。銮仪卫移卤簿起堂子至驾所，出都门外。皇帝降骑，角螺止。礼部尚书侍郎恭导由内门中门入就圜殿外拜位，南向立。前引大臣止立门外，后扈大臣随侍。鸿胪寺官引王公位丹陛上，引众官位丹墀东西，鸣赞奏跪拜兴，皇帝行三跪九拜礼，王公等随行礼毕，螺角齐鸣，礼部尚书侍郎恭导皇帝出堂子内门，诣旗纛前望纛行三跪九拜礼，王公等随行礼毕，角螺止。皇帝乘骑，导迎乐作，奏《佑平之章》，辞曰：禋祀隆永，维统百灵，延福储祉，奠安神鼎。修祀祠，通紫庭，降福祥，昭德馨。领侍卫内大臣侍卫班领率亲军护军，举黄龙大纛扈跸，王公以下咸骑从。

銮舆进发：驾出都门，至陈兵处。司炮三举炮，各旗满汉将弁、士卒，咸于马上屏息俯伏，候过，整队随行。驾至郊，不从征王以下文武百官咸蟒袍补服跪送，候过兴皆退。六军经行之地有司豫修桥梁、平道路，直省文武大臣出境迎候，三品以下守土官迎于本界，外藩王公率属迎于所部，皆蟒袍补服。绅士耆民，结采于门，设香案跪接，均与时巡同。

途祭：军行所至随时遣使致祭名山大川及风雨之神，各如仪。将及所征之地，遣使赍勅往谕不庭，亲御军门，简阅将士，申严纪律，诸军秉睿谟宸算，分道进发，奏克捷，乃班师。

凯旋班师主要仪节有：

诹吉戒办：皇帝亲征既克有罪，乃诹吉凯旋，遍布六军戒办。

致祭郊迎：前期一日，遣官致祭旗纛之神如仪。届日，銮舆先发，诸军整旅徐旋，所在有司治桥梁道路，外藩王公、直省文武大臣暨守土官、绅士耆老，恭迎如初。驾将至京，内阁宣下诸司传告在京王公百官，咸蟒袍补服郊迎。

告祭堂子：至日，銮仪卫陈法驾卤簿自郊外五里至堂子门外。驾至郊，王公百官跪候过兴随行。驾入都门，大乐鼓吹前导至堂子内门。礼部尚书侍郎恭导皇帝降舆，致祭堂子如初仪。王公等均随行礼毕，銮仪卫移设卤簿，起堂子至午门外。皇帝乘舆入东长安门，至午门，百官跪候过兴，王公随入，至内金水桥，候驾还宫，皆退。

告至：大师凯旋翼日，遣官祇告天、地、宗庙、社稷、太岁，并遣官致祭陵寝及随征旗纛、司炮之神。

饮至策勳：燕从征将士于御苑，皇帝亲劳之，策勳行赏各有差。

庆贺礼：礼部诹吉疏请御殿受贺，宣布诸司戒办。届日，銮仪卫陈法驾卤簿，乐部和声署陈乐悬，侍班执事官、王公百官朝服咸集。皇帝御太和殿，受中外群臣表贺，如朝贺仪。颁诏布告天下，分遣京堂四品以上官，致祭岳镇海渎、前代帝王、先师阙里。

告成纪功：御制碑铭，勒石太学，以告成功编次亲征方略，宣付史馆。

命将出征军礼包括先期告祭太庙、授大将敕印、祭堂子拜天，饯行于郊。战争中如果敌方投降，有受降礼。凯旋则行劳师礼于郊、大将还朝谢恩缴敕印、行庆贺礼、赐燕、遣官告祭天、地、宗庙、社稷、诸陵、行献俘和受俘礼、撰平寇碑文，勒石国学。《大清通礼·军礼》载“命将出征之礼”分为以下几个仪节：

前期准备：皇帝命大将军统帅诸军出讨寇乱，先期命礼部制印，钦天监诹启行吉日，送内阁以闻，兵部遍布诸司供备。

颁敕印：前期三日昧爽，鸿胪寺官预设敕印案于太和殿内东楹之南。内阁侍读二人自阁奉敕印入陈于案，各退。銮仪卫率官校陈法驾卤簿，乐部率和声署陈乐悬，王公百官咸蟒袍补服入就班位，序立如常朝仪。出征大将军暨从征各官蟒袍补服入俟于丹墀之东，西面。礼部尚书、侍郎诣乾清门请驾。午门鸣钟鼓，皇帝龙袍补服乘舆出宫，导从扈卫如常仪。至太和殿北阶降舆入。工举麾鼓柷，中和韶乐作，奏《隆平之章》。皇帝御太和殿，升座。工偃麾戛敔，乐止。銮仪卫官传鸣鞭，阶下三鸣鞭。戏竹交，丹陛乐作，奏《庆平之章》。鸿胪寺官引大将军升自东阶，立丹陛之东，北面。接敕印官二人从升，立于左西面，分引从征各官按左右翼就丹墀东西拜位，均北面序立。赞进，少进。赞跪，皆跪。乐暂止。赞受敕，大学士一人入殿左门，就东案奉敕，由中门循左闑出，授大将军。大将军祇受，转授接敕官，跪奉以兴，退俟于左。赞受印，大学士一人奉印授大将军，如受敕仪。乐作，赞叩兴，大将军暨从征各官行三跪九叩礼，兴，乐止。奉敕印官降自东阶，由太和门中门出，大将军从出，从征各官皆出。銮仪卫官传鸣鞭如初，驾兴，中和韶乐作，奏《显平之章》。皇帝还宫，乐止。王公百官咸退。

祇告：出师日五鼓，銮仪卫陈法驾卤簿于午门外，如常仪。文武百官蟒袍补服按翼集午门外东西阙下，大将军暨从征各官服征衣，王、贝勒、贝子、公、满大学士、将军、都统、尚书蟒袍补服，均东面预俟于堂子街门内。兵部建八旗大纛各一于堂子内门外之南，军士执螺角列俟于街门外，从征将士按翼分立于甬道左右。质明，礼部尚书、侍郎诣乾清门请驾，皇帝龙袍补服乘舆出宫，午门鸣钟鼓，法驾卤簿前导，乐陈而不作，百官跪送如常仪。驾至长安桥军士吹角吹螺，大将军从征各官暨王公大臣等跪，候过，兴，随行。驾进堂子街门，螺角止。礼部尚书、侍郎恭导皇帝降舆就位，行礼如仪。群臣咸随行礼毕，恭导皇帝出堂子内门，螺角齐鸣，皇帝至纛前行礼，大将军暨从征各官均随行礼毕，螺角止。导迎乐作，奏《佑平之章》。午门鸣钟，皇帝回銮，是日并遣官以师行祗告奉先殿，如常仪。

祖饯：其日昧爽，工部官预张黄幄于东长安门外，南向。武备院官供御座铺陈，光禄寺官备酒以俟皇帝祗告堂子礼毕，王公大臣先至东长安门分翼序立，大将军暨从征将士先至幄外恭俟。皇帝至幄前降舆，群臣跪迎，入幄，升座。内大臣侍卫翊立左右，皇帝召大将军入，亲赐卮酒，大将军跪饮毕退，率从征将士谢恩，行三跪九叩礼毕，佩櫜鞬辞驾。皇帝命乘马，乃各乘马启行，乐作，皇帝乘舆还宫，王公百官送驾如仪。各退，乃遣官祖饯大将军于都门外。礼部官预张幕于门外道左望阙，设画屏香案，案前布拜席。内务府官设燕于幕内，光禄寺官备茶酒俟于幕侧，鸿胪寺官二人蟒袍补服俟于香案左右，承旨饯送之王公大臣、侍卫各官，蟒袍补服俟于幕外，大军按翼肃队，夹道东西，分列大将军。至下马从征各官咸下马，王公大臣侍卫迎入，鸿胪寺官引就拜位，听赞行三跪九叩礼毕，鸿胪寺官分引就燕席。礼部、兵部尚书、侍郎奉茶燕毕，望阙谢恩行礼如初仪。王公大臣侍卫送至幕外，视大将军启行，各退。

如果王公大臣先已出师或者身在外地，皇帝则遣使颁敕印，至日大将军率属，郊迎预于演武场筑坛行礼。大将军班师凯旋礼主要有三个仪节组成：迎劳、凯旋、告成燕赉：

迎劳：振旅还朝，将至京师，先遣官入奏，皇帝命廷臣以茶酒出郭迎劳。大将军率从征将士望阙谢恩，行三跪九叩礼毕，还朝，从征将士以次归营伍。

凯旋：翼日黎明，卤簿乐悬陈设，王公百官陪位均如颁敕印仪。鸿胪寺官陈设黄案于丹陛正中，届时，皇帝御太和殿，中和韶乐作，奏《隆平之章》。升座，乐止。大将军出班，从征内阁官二人恭奉敕印升丹陛，大将军诣案前跪，以次恭纳敕印于案，退就班位。丹陛乐作，奏《庆平之章》。大将军乃率从征将士谢恩，听赞行三跪九叩礼毕，乐止，驾兴，中和韶乐作，奏《显平之章》。皇帝还宫，乐止，群臣咸退。

告成燕赉：师旋，诹吉祗告天、地、宗庙、陵寝、社稷、先师孔子，并致祭旗纛、炮神。群臣恭进贺表，皇帝升殿受贺。御制碑铭，勒石太学。分命儒臣，编纂方略，垂示武功。燕劳大将军及与征诸将，翼日论功行赏。

如果穷寇请降，大将军即封章入陈详细事略。降如受兵，因此清朝对于受降非常谨慎。朝廷经过慎重研究之后，才传旨允降，大将军便即令人诹吉行纳降仪。

纳降：所司预于大军之左筑受降坛，南向。坛南百步外树表，建受降旗，将校守之。届日所司诣坛铺陈，设大将军座于坛上正中，设案于座南，陈敕印。设参赞大臣座于左右，东西佥向，侍卫记室官立大将军左右，引礼立坛南，左右将领按队伍立坛下左右，均东西面，按品为序，北上。从征军士戎服按翼肃队陈列坛外。至时，兵部总尉领降人立受降旗表下祗俟，引礼二人诣军门请大将军升坛，军门鼓吹三，举炮，大将军戎服乘骑出营，鼓吹节钺前导，引礼官骑导参赞大臣暨侍从官骑从节钺将至坛，兵部总尉挥降人于表前，北面跪，匐伏。大将军至坛前下马，群官咸下马，引礼引大将军陟中阶登坛，南面升座，参赞大臣以下咸就位，鼓吹振作，举炮三，兵部总尉挥降人膝行诣坛下匐伏，乞命大将军宣谕皇帝威德受降，量加赏赉，降人泥首伏谢，仍膝行退。大将军降座，乘骑还营，军门鼓吹，举炮，导引侍从如初，乃露布以闻。

大军出征奏捷班师，献俘于太庙、社稷。其主要仪节为：

太庙献俘：前期有司备陈如常仪。届日五鼓，恭请中殿神位，奉安于前殿，兵部司官朝服率解俘将校，预以白组系俘颈，由西长安门至天安右门入，候于太庙街门外。黎明，承祭官朝服至，俘跪伏，承祭官入庙就位，陪祀、执事各官咸就位，立祗告献俘，读祝。后行三献礼，陪祀官皆随承祭官行礼。并遣官告祭后殿，凡陈设行礼仪节并与时飨同。

社稷献俘：前期有司供备。届日献俘太庙礼毕，兵部司官以俘候于社稷街门外，承祭官朝服至，俘跪伏，承祭官就拜位行礼，陪祀官随行礼。礼毕兵部司官解俘仍由原入之门出，各官俱退。

献俘翌日，皇帝午门受俘，即为受俘礼。先期兵部遍布诸司戒办，有司陈设序位。

受俘礼：届日漏未尽，王公朝服立阙左右门北，百官朝服立阙左右门南，均按翼东西祇俟。兵部司官率解俘将校，以俘由西长安门至天安右门入，立于右翼金鼓之后，刑部司官立兵部司官之次。黎明执事官咸就位，礼部尚书、侍郎诣乾清门奏时，遂前导驾。皇帝礼服乘舆出宫，前引后扈如常仪。午门鸣钟鼓，驾至太和门，大乐铙吹，金鼓振作。礼部尚书、侍郎恭导皇帝登午门楼，至前楹降舆。御黄幄，升座毕，乐止。銮仪卫官传鸣鞭，校尉三鸣鞭。鸣赞赞进俘，丹陛乐作，奏《庆平之章》。序班引解俘将校自丹墀卤簿之南，进至御道西，北面。赞进，少进。赞跪叩兴，将校行三跪九叩礼。兴，乐止。赞退，引将校退复原位立，鸣赞赞受俘，兵部司官率将校以俘至右翼金鼓之下，北面，跪，匐伏。兵部尚书趋至午门前御道西，跪奏平定某地，所获俘囚，谨献阙下，兴，少退。东面立刑部尚书趋至兵部尚书之右，承旨大臣传制，鸿胪寺官接宣曰："所献俘交刑部"。刑部尚书趋进，北面跪领旨讫，兴。偕兵部尚书退复位，兵部司官以俘交刑部司官械系，由原入之门出。鸣赞赞齐班，丹陛乐作，序班分引王公百官各就拜位立，听赞行礼如常仪，毕，乐止。鸣鞭如初，驾兴，大乐铙吹，金鼓振作，午门鸣钟，皇帝乘舆还宫，乐止，众官皆退。是日赐解俘官兵燕于兵部。翼日午门外赐解俘官兵冠履、银币有差。

以上皇帝亲征和命将出征仪皆选自《大清通礼》之四十和四十一卷。正如上文分析，《大清通礼》重在仪节实行，因此它对军礼相关内容的仪节记录甚为详尽，成为乾隆之后军礼实行之轨则。乾隆对军礼"钦定"之后，后世清代诸帝皆袭之成宪，未再有所变化。

清代大阅一般行于南苑。皇帝行宫外设卤簿，驾出鸣炮三，铙歌大乐奏《壮军容章》，鸣炮阅武，驾还奏《邕皇威章》，赐赏。除此外尚有康熙三十年与蒙古各部于上都七溪会阅之礼。京营春秋合操训练、直省讲武、漕河训练等。大狩又称秋狝，包括启行、校猎、驻跸等仪，类古意田猎讲武事。日月食救护，顺治元年定制其仪。凡日食八旗都统等率其属行救护礼于所部，顺天府、銮仪卫、乐部、钦天监、礼部官员各司其职行礼如仪。月食救护如日食。直省日月食救护，各官于公署行伐鼓救护仪。

第二节 清代军礼用乐

一、清代军礼用乐发展概述

清代入关前的军礼用乐主要借鉴了明朝和朝鲜的军礼用乐制度。"天命、崇德中，征瓦尔喀，臣朝鲜，平定察哈尔，得其宫悬"。[①] 清入关前太祖天命前期，其军事行为中主要实行的是满族的传统礼仪，如出兵祭天、谒堂子等。天命晚期随着战事行为的增多，归顺的汉族读书人也逐渐增多，努尔哈赤开始接受明朝的礼乐制度，如在祭天谒堂子时增加了明朝仪仗用乐。在战争中也注意保护奏乐乐人，以为己用。天命六年三月二十三，努尔哈赤下文书曰："……还有歌根的、哨探的、布莱牛录

① 赵尔巽：《清史稿》卷94，北京：中华书局，1977：2732。

的、卖黄酒、馒头、纸等零碎东西的店里的人、工匠等、吹喇叭、锁呐有用的人可以在城里。"① "德格类阿哥、宰桑古阿哥率领八旗各一大臣、一牛录各二甲，去看完辽河渡口的桥，并安抚新尼堪，于二月二十七去时，海州城的诸官员，那里的诸火人抬着轿，打着鼓，吹着喇叭、锁呐，迎入城中。"② 天命七年（1622）三月，都堂下达给平虏堡的备御文书载："派出马肥的十五人，管理养马。给八旗共有的骆驼一头，载十五人食品等东西。喇叭一对、锁呐一对、小鼓一对、唐弹一个、东鼓一对、夸夸一对，如果不会使用，就要教给。"③ 可见这些乐器至少已经在备御级别中开始使用。这些乐器和乐人有些是自动归顺的。天命七年（1622）三月初九，努尔哈赤下达给抚西额驸、石乌里额驸、刘副将的文书言："沈阳辽东的人是战败的。广宁的人是不战，吹喇叭、锁呐像亲戚一样迎接的"。④《满洲实录》卷七有图⑤。

图10 《满洲实录》载广宁鼓乐出迎太祖图

① 辽宁大学历史系：《重译〈满文老档〉》卷20，天命六年三月，辽宁大学内部资料，1979：17。

② 同上，17～18。

③ 同上，131。

④ 同上，130。

⑤ 《满洲实录》八册，辽宁故宫博物馆崇谟阁藏本，不知撰人名氏，成书于清太宗天聪九年（崇祯八年）（1635）。此书为绘图写本，用满洲、蒙古、汉三种文字书写。其纪事与《清太祖实录》相同。

图为天命七年正月，广宁城游击孙得功等率全城士庶人等迎接太祖进城之事。图中有龙亭一座，大铜角、小铜角、唢呐、鼓各一及其他仪仗用器。《重译〈满文老档〉》言："广宁城的众官员们、秀才、白人全都举伞、纛，抬轿，打鼓，吹喇叭、锁呐、箫，在一里外迎接（汗），跪下谒见了"。① 天命七年正月，还吸收明朝仪仗制度，制定了诸贝勒、大臣等各级仪仗器物及用乐：

都堂、总兵官以下，备御以上，按等级准用小旗、伞、鼓、喇叭、锁呐、箫。汤古岱阿哥……给这十六人小旗各六对，伞各一把、喇叭、唢呐、箫、鼓。多弼额齐克……给了这十九人各小旗五对，伞各一把，喇叭各一对。给下级的参将、游击各小旗各四对、伞各一把。给众备御小旗各三对、伞各一把。②

第一等的和硕诸贝勒都要准备小旗各八对、伞各一把、鼓、喇叭、锁呐、箫。第二等的诸贝勒要准备小旗各七对、伞各一把、鼓、喇叭、锁呐、箫。诸申和尼堪第一等的诸大臣要准备小旗各六对，伞各一把、鼓、喇叭、唢呐、箫。第二等的诸大臣要准备小旗各五对、伞、各一把、鼓、喇叭、锁呐、箫。第三等的参将、游击要准备小旗各四对、伞各一把、鼓、喇叭、锁呐、箫。众备御要准备小旗各三对、伞各一把。第二等的游击官以上要准备轿各一乘。诸申和尼堪的所有的官员要按汗规定的这个礼制做，在出城时，乘轿按等级打鼓、吹喇叭、锁呐，整饰行列行走。③

天命七年所作的仪仗规定，明显是受到了明代汉文化的影响。从天命六年七月初三努尔哈赤大宴诸臣所列之宴会用乐（见图11），也可以看出此时努尔哈赤已经吸收了汉文化的礼乐形式。宴饮分堂上堂下，宴乐位于堂下，其乐器组合为大铜角二、小铜角二、唢呐二、笙管笛各一、云锣一、大鼓二。天命八年，"定凯旋拜天行礼筵宴乐制"。④

至天聪朝时，皇太极十分注意吸收汉族的统治经验，曾言："凡事都照《大明会典》行，极为得策。"⑤ 皇太极吸收了明朝军礼的一些特点，在遣将出征和凯旋归来时，加入军礼用乐。《满文老档》载：崇德元年（1636）五月三十日，皇太极遣

---

① 辽宁大学历史系：《重译〈满文老档〉》卷38，天命七年三月，辽宁大学内部资料，1979：101。

② 辽宁大学历史系：《重译〈满文老档〉》卷33，天命七年正月，辽宁大学内部资料，1979：95。

③ 辽宁大学历史系：《重译〈满文老档〉》卷33，天命七年正月，辽宁大学内部资料，1979：97～98。

④ 赵尔巽：《清史稿》卷94，北京：中华书局，1977：2733。

⑤ 《天聪朝臣工奏议》，"高鸿中陈刑部事宜奏"条，载潘喆、孙方明、李鸿彬《清人关前史料选辑》第二辑，北京：中国人民大学出版社，1989：2。

阿济格等往征明国。“卯刻，圣汗出抚近门，列大驾卤簿，吹喇叭、唢呐、海螺，诣堂子，行三跪九叩头礼。于是，至堂子外，以出征所携护军八纛列于前，鸣磁海螺及喇嘛号筒，拜天，行三跪九叩头礼……遂鸣炮三，大军启程。”①崇德元年（1636年）九月二十八日，皇太极往迎出征明国阿济格等，午刻出盛京城地载门，迎于十里外。出征多罗武英郡王等人序次排班，立八纛于前，吹螺掌号及喇叭、唢呐，拜天，行三跪九叩头礼，大宴毕，皇太极率出征多罗武英郡王等诣堂子，行三跪九叩头礼。礼毕申刻还清宁宫。② 同年十月初二日，皇太极往迎出征明国宁运、锦州一带和硕睿亲王等人。诸大臣序次排班，立八纛于前，吹螺掌号及奏喇叭、唢呐等，拜天，行三跪九叩头礼。太宗入黄幄升座，诸大臣行三跪九叩头礼毕，圣汗率出征诸王、贝勒、贝子及大臣等拜诣堂子、吹螺掌号及奏喇叭、唢呐等，行三跪九叩头礼。③

图 11　太祖宴乐图

崇德元年十一月二十五日，皇太极亲征朝鲜增加了告祭天地、太庙礼。④ 太宗亲征之日，则卤簿仪仗皆陈。十二月初二日，大汗亲征朝鲜，列队毕，“巳刻，圣汉出抚近门，设仪仗，吹磁海螺、喇嘛号并喇叭、唢呐，诣堂子，行三跪九叩头礼。

---

① 《满文老档》崇德第 14 册，崇德元年六月，北京：中华书局，1990：1488。

② 《满文老档》崇德第 28 册，崇德元年九月，北京：中华书局，1990：1603。

③ 《满文老档》崇德第 29 册，崇德元年十月，北京：中华书局，1990：1609。

④ 《满文老档》崇德第 37 册，崇德元年十一月，北京：中华书局，1990：1710～1714。

复于堂子外树八纛，仍吹磁海螺、喇嘛号并喇叭、唢呐，拜天，行三跪九叩头礼，遂起行，列队诸将士俱跪候圣汗经过”。①

入关前的清代军礼用乐，在借鉴明朝制度的基础上，结合本民族的仪礼传统，形成了其军礼用乐的雏形。入关之后，军礼用乐修明之旧，式皆遵明故。康熙二十九年行会阅礼，陈卤簿，奏铙歌大乐，康熙时感礼乐不调，“始有志制作之事”。②“三十四年，定大阅鸣角击鼓声金之制。”③ 后康熙于律吕数算用功甚力，军礼相关用乐乐章和形式仍沿袭往旧，并无多少改进。雍正即位后，励精图治，整顿吏治，扩大垦田，摊丁入地，其制礼作乐主要在于与农事关系密切的耕耤、风雨雷神等的乐章定制。乾隆时期军礼用乐则有较大的变化。乾隆十三年十一月授大学士傅恒征金川敕印，皇帝御殿奏中和韶乐《隆平》和《显平》，辞章新撰。④ 乾隆十四年，平定金川凯旋，皇帝幸丰泽园，定筵宴三章。⑤ 乾隆十七年定出师、凯旋祭祀堂子导迎回銮奏《祐平乐章》。二十四年十一月初五，皇帝御太和殿，诸王百官行庆贺礼（初四日为冬至），因平定回部，颁诏中和乐章增撰《武成》、《庆语》两章。⑥ 乾隆二十五年定平西凯旋筵宴笳吹乐章和进果丹陛清乐《圣武光昭世之章》，郊劳定得胜乐铙歌十六章，凯歌四十章。乾隆四十一年平定两金川凯旋筵宴乐章定皇帝升座中和乐奏《隆平之章》，⑦ 郊劳定铙歌十六章，御制《凯歌》三十章。乾隆朝之后，道光八年，因重靖回疆，定筵宴得胜舞乐二十章，其后再无改动。

二、清代军礼仪节与用乐

礼行乐举，乐举礼彰。礼意在其秩序，在其差别，乐行在其统一，在其协调。礼有别，乐有节。乐以其节使礼得到统一、有序，礼以其别为乐呈现丰富、多彩。礼乐虽相须为用，但并不是所有的礼均有乐相随，军礼也是如此。上文我们探讨了军礼的详细内容和具体仪节，用乐的军礼主要有亲征、命将和大阅礼。

亲征礼中，遣官告祭天、地、宗庙、社稷、太岁、道路、司炮、旗纛之神，不用乐，这一点和明代有所区别。清代《大清通礼》相关各节规定，有事遣官致祭上

---

① 《满文老档》崇德第38册，崇德元年十二月，北京：中华书局，1990：1718。
② 赵尔巽：《清史稿》卷94，北京：中华书局，1977：2738。
③ 同上。
④ 《律吕正义后编》卷41，台北：台湾商务印书馆，216册：267～269。
⑤ 《清朝文献通考》卷172，《四库全书》本。
⑥ 《律吕正义后编》卷38，台北：台湾商务印书馆，216册：214。
⑦ 《清朝文献通考》卷172，《四库全书》本。

述神祇，则一般不用乐。告祭堂子则用铙歌大乐。其器主要有：金二、金钲四、钹二、鼓二、点二、篴四、云璈二、管二、笙二、金口角八、大号小号各八。① 另有蒙古画角十六、海螺二百。皇帝祭天毕，导迎乐作，奏《佑平之章》，辞曰："禋祀隆永，维统百灵，延福储祉，奠安神鼎。修祀祠，通紫庭，降福祥，昭德馨。"② 行军途中，遣使致祭名山大川及风雨之神目前所见文献不见有用乐记载。亲征凯旋祭堂子和出师同。饮至策勳行庆贺礼皆要用乐。

命将出征礼之主要仪节均有用乐现象。授大将敕印、祭堂子拜天、纳降、郊劳、缴敕印、行庆贺礼、赐燕、献俘和受俘皆用乐。大阅礼则用铙歌大乐。

表 16　清代军礼仪节与用乐类型表

类别	主要仪节	用乐类别
亲征	告祭堂子	铙歌大乐
	饮至策勳	宴乐
	庆贺礼	丹陛大乐
命将出征	授大将敕印	中和韶乐
	祭堂子拜天	铙歌大乐
	祖饯	导引乐
	纳降	军门鼓吹
	郊劳	铙歌
	缴敕印	丹陛大乐、中和韶乐
	庆贺礼	丹陛大乐
	赐燕	宴乐
	献俘	铙歌鼓吹
	受俘	金鼓铙歌大乐
大阅	大阅	铙歌大乐、铙歌清乐

三、清代军礼用乐的个案研究

清代入关后，几将明朝用乐制度全盘接受。"世祖入关，修明之旧，有中和韶乐，郊庙朝会用之。有丹陛大乐，王公百僚庆贺用之。有中和清乐、丹陛清乐，宫中筵宴用之。有卤簿导迎乐，巡跸用之。"③顺治元年定"三大节、常朝及皇帝升殿、还宫，俱奏中和韶乐，群臣行礼，奏丹陛大乐。亲祭坛庙，乘舆出入，用导迎

① 《大清通礼》卷40、41，《四库全书》本。

② 同上。

③ 赵尔巽：《清史稿》卷94，北京：中华书局，1977：2732。

乐，乐章均用‘平’字。宴享清乐，则以乐词之首为章名”。① 八年定“常朝升殿中和韶乐奏隆平，王公百官行礼丹陛大乐奏庆平，外籓行礼丹陛大乐奏治平，还宫中和韶乐奏显平”。② 可知，原明代所用朝会乐在顺治八年后改名演奏。改名后其曲辞也有所变化。康熙二十一年，虽对朝会宴乐诸章进行了重撰，但是乐仍袭明故。乾隆六年，皇帝深感诸乐未谐，于是命允禄等考察缘由，允禄亲聆之后奏言说，未谐主要是因为曲调仍沿用明旧，而清代重撰辞章与明不同。明代每章八句，每句六、七、八字，音律节奏与字相谐。而清代则以四字为句，每章十句，以十句四字之乐章和八句六、七、八字之音律，其长短抑扬，自不相符。③ 最后皇帝议准了允禄等所奏，即按照音律节奏调整乐章字句，使音律节奏与字句相谐为用。因此乾隆四十五年（1780）朝鲜派使团进贺乾隆七十大寿时，朴趾源所闻清代朝会用乐仍为明旧，只是名字有所变化。

余问：“雅乐如何?”亨山曰：“概沿前明之制。大朝会用乐工六十四人，引乐二人，箫四人，笙四人，琵琶六人，箜篌四人，篆六人，方响四人，头管四人，龙笛四人，杖鼓二十四人，大鼓二人，板二人。协律郎先期陈悬于丹墀，銮驾将出，云麾仗动，则协律郎举常奏《飞龙引》之曲，俟五云驾座，常偃乐止，鸣赞官唱，鞠躬，协律郎唱奏《风云会之曲》，乐作，百官拜叩毕，兴，乐止。和硕亲王升殿，国公阁辅随升，协律郎唱奏《庆皇都》、《喜升平》之乐。今其名虽殊，工器不易，音调无改。”④

朝鲜人朴趾源于乾隆四十五年（1780）所闻知的清代朝会乐皆是明代朝会所用的《飞龙引》、《风云会》、《庆皇都》、《喜升平》等曲。《明史·乐志》载“洪武三年，又定朝会宴飨之制。凡圣节、正旦、冬至、大朝贺，和声郎陈乐于丹墀百官拜位之南，北向。驾出，仗动。和声郎举麾，奏《飞龙引之曲》，乐作，升座。乐止，偃麾。百官拜，奏《风云会之曲》，拜毕，乐止。丞相上殿致词，奏《庆皇都之曲》，致词毕，乐止。百官又拜，奏《喜升平之曲》，拜毕，乐止。驾兴，奏《贺圣朝之曲》，还宫，乐止。百官退，和声郎、乐工以次出。”⑤无论仪节还是乐曲，明清两代朝会用乐皆相同。

上文所言世祖入关，修明之旧，有中和韶乐、丹陛大乐、中和清乐、丹陛清乐、

---

① 赵尔巽：《清史稿》卷94，北京：中华书局，1977：2734～2735。

② 赵尔巽：《清史稿》卷94，北京：中华书局，1977：2736。

③ 《御制律吕正义后编》卷首，215册：232。

④ 朴趾源：《热河日志》卷3，《忘羊录》条。北京：北京图书馆出版社，1996：408～409。

⑤ 张廷玉：《明史》卷61，《乐一》。北京：中华书局。1974：1502～1503。

卤簿导迎乐等，看来所谓修旧之说只是简单将歌辞变化，将不适用新朝的乐章字句进行修改。其音调旋律没有变化，当然这也符合清新掌大统之一般逻辑。以夷代华，以一隅进全国，且有汉化之传统，全盘接受明代之礼乐制度，全面接受统治中国的各项制度，以彰显新旧朝交替、大清代明乃天命所归。另一方面，制礼作乐毕竟不是短时期能够完成的事情，但彰显皇帝身份的各项仪礼则必须有乐，先接受则是很自然之事情。这种接受包括乐制、包括承应人员、包括整体礼乐实行的机构以及由此产生的礼乐观念。

清代军礼所用各乐，即包括上述中和韶乐、丹陛大乐、中和清乐、丹陛清乐、卤簿导迎乐等形式。按照功能它同样可以分为祭祀用乐、耀武之乐和赏功之乐。但具体军礼类型不同，时代不同，用乐的形式可能也有所变化。本节拟以乾隆三十六年至乾隆四十一年平定大小金川事为例，探讨清代军礼用乐的形态。以大小金川事为例主要基于以下两点考虑：其一，乾隆五十一年武英殿刻本的《律吕正义后编》（一百二十八卷）其所载乐谱止于乾隆三十年，其后《清朝续文献通考》所记乐谱记载了乾隆五十五年之后的用乐情况，中间有二十多年的用乐情况无有传世乐谱记录，而平定大小金川军礼用乐正处于这一时段内。本节欲以《律吕正义后编》所记乾隆十三、十四年第一次平定金川时的军礼仪节及用乐，以及乾隆二十五年平定西陲所用之军礼用乐为依照，来探讨大小金川战事军礼用乐的基本情况。其二，乾隆四十一年，清代礼乐制度基本已经稳定，用乐制度基本定型，其时的凯旋军礼最为辉煌，堪为清代军礼用乐的典范，对其进行探讨，可以了解清代军礼用乐的一般情况。

乾隆对大小金川地区进行过两次战争。第一次针对的是大金川，第二次是大小金川。其中尤以第二次金川之战最为惨烈，战争中征战金川的最高军事统帅定边将军温福被打死，共调集官兵近十三万人，耗资六千多万两，历时四年半，是乾隆“十全武功中历时最长、耗资尤巨的一次战争”。① 乾隆四十一年二月，战争胜利，对于乾隆及整个王朝来说都是一个极大的喜讯。为此，乾隆举行了一系列的班师军礼仪节：四月初二，以平定两金川，遣官告祭天、地、太庙、大社、大稷；十四日遣官告祭昭西陵、孝陵、孝东陵、景陵、泰陵；遣官告祭孝贤皇后陵；十五日，遣官告祭先师孔子。② 二十一日，遣官告祭永陵、福陵、昭陵。③ 二十五，献金川俘馘

① 李治亭：《清史》. 上海：上海人民出版社，2002：1107。

② 《清高宗实录》卷1006，乾隆四十一年四月癸卯、乙卯、丙辰。

③ 《清高宗实录》卷1007，乾隆四十一年四月壬戌。

于庙社。[①] 二十七，皇帝御良乡城南行郊劳礼。[②] 四月二十八，行受俘礼。同日行庆贺礼，乾隆亲制平定两金川告成太学之碑勒石大成殿阼阶前。[③]

下分别就其献俘庙社、郊劳、受俘、饮至礼及其用乐作一探析。

献俘庙社

乾隆四十一年四月二十五日，兵部率解俘将校，押解俘酋索诺木、莎罗奔冈达克、索诺木彭楚克、甲尔瓦沃杂尔、逆目山塔尔萨木坦、布笼普占巴、雅玛朋阿库鲁并逆酋僧格桑馘函，由长安右门入，进天安右门，至太庙街门外，向北立，候告祭大臣至。押俘向北跪，置僧格桑馘函于地。告祭大臣进太庙，行礼毕。兵部率解俘将校，押俘至社稷街门外，押俘仍向北跪，告祭行礼如前仪。[④] 其具体仪礼同"时享太庙"和"春秋社稷二祭"礼。[⑤]

顺治元年定春秋祭社稷"每祭设乐舞于壝门内坛下两旁"；康熙十七年定"太庙时享乐舞仍设于殿内"。[⑥] 乾隆"时享太庙"和"春秋祈报社稷"皆用中和韶乐。[⑦] 太庙时享乐六成，以太簇为宫，迎神奏《贻平》、奠帛、初献奏《敉平》、亚献奏《敷平》、终献奏《绍平》、彻馔奏《光平》、送神奏《乂平》；社稷坛乐七成，春夹钟为宫，秋南吕为宫，迎神奏《登平》，奠玉帛、初献奏《茂平》，亚献奏《育平》，终献奏《敦平》，彻馔奏《博平》，送神奏《乐平》，望瘗奏《徵平》[⑧]。

太庙和社稷献俘所奏之乐，应该是和上述时享太庙和春秋祈报社稷用乐相同，毕竟这是为地祇人鬼所奏之乐，其用乐应该具有规定性，从用乐的乐队组合到乐章乐歌，一般不会变化。其器用中和韶乐，"中和韶乐，用于坛、庙者，镈钟一，特磬一，编钟十六，编磬十六，建鼓一，篪六，排箫二，埙二，箫十，笛十，琴十，瑟四，笙十，搏拊二，柷一，敔一，麾一。"[⑨]

郊劳

清制皇帝郊劳用铙歌乐，回銮振旅用凯歌乐。乾隆四十一年四月二十七日，乾

---

① 《清高宗实录》卷1007，乾隆四十一年四月丙寅。

② 《清高宗实录》卷1007，乾隆四十一年四月戊辰。

③ 《清高宗实录》卷1007，乾隆四十一年四月己巳。

④ 《清高宗实录》卷1007，乾隆四十一年四月丙寅。

⑤ 《钦定大清会典则例》卷74，《军礼》之《献俘》条，言太庙献俘礼"行礼如时飨仪"、社稷献俘礼"行礼如春秋祈报仪"。

⑥ 《钦定大清会典则例》卷78。

⑦ 《钦定大清会典则例》卷98。

⑧ 《清朝通典》卷63、卷64。

⑨ 《清史稿》卷101，《志七十六·乐八》。北京：中华书局，1976：2985。

隆自行宫启驾，前由骑驾卤簿导行，至良乡行郊劳礼。先期有司筑坛于良乡城正南，坛上左右各列得胜大纛。驾将至坛，鸣螺，铙歌乐作。众将士官兵戎服跪迎。乾隆皇帝登坛拜天。众人皆随行礼，礼毕，上御黄幄。将军、副将军人等率众行三跪九叩头礼，候旨，行抱见礼。皇帝赐坐，慰劳，赐茶，礼部堂官奏礼成。马上凯歌乐作，乾隆还行宫，赐将军等随征将士宴，王公大臣咸与。赐赏阿桂、丰升额、海兰察、额森特、奎林、和隆武、福康安、普尔普、明亮等御用鞍马各一，上回跸京师。

拜纛祭天时，铙歌乐作。此次铙歌乐歌辞为时任大学士的于敏中撰写，礼毕后的凯歌乐章则是由乾隆皇帝亲撰。于敏中在其撰写的《平定两金川铙歌十六章》序言中言道："定西将军阿桂以乾隆乙未十二月尽得金川之地，遂进兵围噶拉依贼巢。丙申二月四日克之，获逆酋索诺木暨其兄弟、属党，槛车献俘，越八日露布驰达行在。上适以告功珠丘礼成，驻蓟州之桃花寺，景佑翕集，皇心穆愉，衢氓轩饕，扈旅忭贺。上展阅红旗，立成《凯歌》十章，复制为郊劳纪勲之辞，合前此勒乌围志事之作，又各十章，通为三阕，授工肄习，被诸管弦，于东巡回跸郊台，陈纛拜天，将士谒见时，谱以为劳还之乐。而以仗前《铙歌》乐曲，命臣敏中为之。"① 可知乾隆撰制之《凯歌》为三十章。于敏中撰制的铙歌乐歌辞十六篇，分别为《皇威鬯》、《慎行师》、《掎角攻》、《攒拉平》、《讨促浸》、《迅霆复》、《八旗勇》、《穷猿僵》、《扼宜喜》、《越重壕》、《河之西》、《后路清》、《一窟摧》、《釜底魂》、《穴蚁扫》、《武功成》。

图 12 清平定两金川郊劳图

---

① 于敏中：《平定两金川铙歌十六章·序》，载《平定两金川方略·艺文一》，《四库全书》本。

《平定两金川方略·天章六》卷首载："郊劳之仪，陈将军参赞等得胜纛于台上，朕亲率成功将士及王公大臣等行礼，是时台下鸣螺铙歌乐作。"① 其时所奏铙歌乐即为于敏中所撰的《铙歌》十六章，为长短句形式，与乾隆二十五年平定西域郊劳用《得胜乐铙歌十六章》相比较，二者皆为十六章，句式也相同。

表 17 清代平定两金川与平定西域铙歌乐比较表

乐章	平定两金川铙歌	句式	平定西域铙歌乐	句式
1	皇威鬯	16	帝效天	16
2	慎行师	17	烁月窟	17
3	犄角攻	15	振王鈇	15
4	攒拉平	16	攻库车	16
5	讨促浸	14	厥角稽	14
6	迅霆复	12	黑水战	12
7	八旗勇	20	援兵来	20
8	穷猿僵	10	阿克苏	10
9	扼宜喜	12	鹿斯奔	12
10	越重壕	16	回城降	16
11	河之西	14	伊西洱	14
12	后路清	14	和门开	14
13	一窟摧	11	天断成	11
14	釜底魂	16	皇式	16
15	穴蚁扫	12	辟拟	12
16	武功成	16	帝图巩	16

于敏中言："臣自惟弇陋，不足探岐伯制作之原，又未能阐鹭鼓合曲之奥，虑无以宣盛美、答明诏。然臣自军兴以来，承旨书事，记睹略得什一。谨依次诠叙，撰《铙歌十六章》，愧于乐府无似，仅仅塞责而已。惟是铙歌体裁大抵言战阵事，其词质、其义浅，至于推原制胜之由，胪述握钤之要，则歌曲无得而详焉。"② 于敏中之言尽显谦虚，"愧于乐府无似，仅仅塞责而已"，但即使是塞责，也必须能够使用，他按照二十五年平定西域所用得胜乐《铙歌十六章》歌辞格式，重新撰写了《平定金川郊劳铙歌十六章》，并经由乐工习练之后，用于郊劳。其用乐形式当与二十五年同。

《御制律吕正义后编》记载了乾隆二十五年平定西域用《铙歌乐章》，其乐器一般有：金四、大铜角四、小铜角四、锣二、铜鼓二、铙四、钹四、小钹二、金口角

① 《平定两金川方略》卷首，《天章六》。

② 《平定两金川方略》卷首，《艺文一》。

八、花腔鼓四、得胜鼓四、海笛四、管六、箫六、笛六、笙六、篪六、云锣四人各一器，司铙歌二十人。所有人俱服驾衣戴驾帽，“驾至郊劳处，铙歌乐作，至礼成铙歌乐止”。① 现依据《御制律吕正义后编》和《平定两金川方略》记载，将乾隆四十一年四月二十七日平定两金川所用铙歌乐章译谱于后（见附录3）。

平定两金川郊劳所用《凯歌》，为乾隆亲撰，每章七言四句，共三十章。与二十五年《平定西陲凯歌四十章》相比，少了十章。依据于敏中的记载，平定两金川所用凯歌“各十章，通为三阕”，可知凯歌十章为一阕。则二十五年平定西陲凯歌四十章则可分为四阕，其每阕的相应乐章旋律应该相同或者相似。假设凯歌每阕的旋律相同，则第一、十一、二十一、三十一各章旋律应该相同或相似，审视《御制律吕正义后编》所载平定西陲凯歌乐谱，则每阕字谱并不相同，也不是按照字的音韵所定旋律。但也并非没有规律可循，其每阕的一二曲之间的连接乐句与四五曲之间的连接相同。二三曲之间的连接句则与五六曲之间的连接相同，三四曲的连接与六七曲连接相同。其大致结构为：

前众和乐＋【1】＋A＋【2】＋B＋【3】＋C＋【4】＋A＋【5】＋B＋【6】＋C＋【7】＋A＋【8】＋B＋【9】＋C＋【10】＋A＋……＋后众和乐

其中前众和乐和后众和乐以及三个过渡乐句A、B、C是固定不变的，其他曲【1】【2】等等则基本无规律可言，既不是文辞的音韵谱，也非固定的曲牌遣词，其中奥秘，暂不可释，只好存疑。平定大小金川所用凯歌乐章为乾隆皇帝亲撰，然后授工肄习，被诸管弦，当也有可能是在原有的凯歌乐的结构上，因字词之音韵不同而少有变化。凯歌乐所用乐器有方响一、钹二、杖鼓二、管十二、点二、笛四、星二、笙四、锡二、箫四、大钹二、云锣四，司乐器共四十八人，司凯歌十二人。②

受俘

乾隆四十一年四月二十八日，乾隆皇帝行受俘礼于午门。“侍郎福康安率押俘将校，以俘酋索诺木、莎罗奔冈达克、索诺木彭楚克、甲尔瓦沃杂尔、山塔尔萨木坦、布笼普占巴、雅玛朋阿库鲁等，并逆酋僧格桑馘函，豫俟于午门外。铙歌大乐，金鼓全作。上龙袍衮服，御午门楼。王公百官朝服侍班。侍郎福康安率押俘将校三跪九叩，押逆酋索诺木等，北向跪伏。置僧各桑馘涵于地。兵部堂官跪奏：平定两金川，生擒逆酋索诺木等，并获逆酋僧格桑首级，谨献阙下。命交刑部，刑部堂官跪

① 《御制律吕正义后编》卷41，《铙歌乐》条。《四库全书》本。

② 张廷玉：《皇朝文献通考》卷168。

领旨，押俘自天安门出。王公百官行庆贺礼，礼成。”①

皇帝受俘礼用金鼓铙歌大乐。《清史稿》言：“御楼受俘，用法驾卤簿，则陈金鼓铙歌大乐。”金鼓铙歌大乐是卤簿乐与前部大乐并列之称。前部大乐亦曰大罕波。其乐器组合形式为大铜角四、小铜角四、金口角四②。卤簿乐其部有一，曰铙歌鼓吹。铙歌鼓吹的乐器组合形式为龙鼓四十八、画角二十四、大铜角八、小铜角八、金二、钲四、笛十二、杖鼓四、拍板四。③ 但是在乾隆平定两金川受俘图中所用的乐器组合却稍有不同，在御楼受俘仪式金鼓铙歌大乐基础上加入了丹陛大乐部分乐器。

图 13　平定两金川御楼受俘图

《清史稿》言：“若御楼受俘，则设九龙曲柄黄华盖于楼檐下，设丹陛卤簿于午门外左右两观下，设丹墀卤簿于阙左右门至端门北，设仗马于两角楼前，设辇辂仪象于天安门外，设静鞭于两角楼夹御道左右，设金鼓铙歌大乐。铙歌鼓吹与前部大乐并列，曰金鼓铙歌大乐。于午门前，设丹陛大乐于卤簿之末，其器云锣二，方响二，箫二，篴四，头管四，笙四，大鼓二，仗鼓一，拍板一。”④ 这也可以在乾隆二十四年平定西域所绘的受俘图中得以验证（见下图）。

---

① 《清高宗实录》卷 1007，乾隆四十一年四月己巳。

② 《钦定大清会典则例》卷 98，《四库全书》本。

③ 关于铙歌鼓吹的乐器组合文献记载略有差异，如《大清会典则例》卷 98 载铙歌鼓吹乐器组合形式为：画角二十四、搁鼓四十八、应角鼓八、杖鼓二、拍板二、金二、钲四、篴十二、大铜角八、小铜角八。

④ 《清史稿》卷 105，《志八十·舆服四》。

图 14　平定两金川御楼受俘图局部

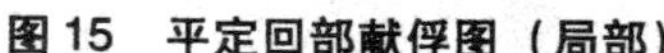

图 15　平定回部献俘图（局部）

上图为故宫藏铜版画，是乾隆帝为庆祝二十五年平定西陲所绘。

饮至

受俘礼成，上御紫光阁，行饮至礼。“赐将军阿桂、副将军丰升额等卮酒，成功将士并王公大臣咸入宴。奏凯宴乐。各番人以次歌舞，退，赐将军至随征将士银币有差。”① 可见饮至礼要奏宴乐，有四夷乐助兴。《清史稿》载曰：“（十四年傅恒）凯旋，赐宴丰泽园，驾御帐殿，进茶、赐茶奏《景运乾坤泰》，掌仪捧台盏卮壶奏《圣德诞敷》，进馔奏《日耀中天》。其后兆惠平定西域，阿桂再克金川，凯旋皆用此礼，改《景运乾坤泰》为《圣武光昭世》，《圣德诞敷》为《禹甸遐通》，《日耀中天》为《圣治遐昌》。改《德隆舞》为《德胜之舞》。中和乐章皆增《武成》、《庆语》，以夸肤绩。”② 乾隆平定大小金川于紫光阁设宴庆祝，其用乐同第一次平定

① 《清高宗实录》卷 1007，乾隆四十一年四月己巳。

② 《清史稿》卷 94，《志六十九 · 乐一》。

金川，只是《景运乾坤泰》改名为《圣武光昭世》，《圣德诞敷》改名为《禹甸遐通》，《日耀中天》改名为《圣治遐昌》。《德隆舞》改名为《德胜之舞》。其用乐程序《清朝文献通考》载曰："上御紫光阁，赐将军阿桂、副将军丰升额及有功将士并王公大臣筵宴。升座，中和韶乐奏《隆平》之章。进茶、赐茶、进酒、进馔，并奏清乐。还宫，中和韶乐奏《显平》之章。"①

这里中和韶乐随月用乐，其时为四月，其乐章为中吕清角立宫，大吕清宫主调。其乐器有箫四、笛四、篪二、琴四、瑟二、笙八、鎛钟一、特磬一、编钟十六、编磬十六、建鼓一、排箫二、埙二、搏拊二、柷一、敔一、麾一。升座奏《隆平》；还宫奏《显平》。② 今依照《清朝续文献通考》所载板眼译谱如下：

谱例1 《隆平》

升座《隆平之章》

谱例2 《显平》

还宫《显平之章》

① 《清朝文献通考》卷156，《乐考二·乐制二》。

② 《清史稿》卷97，《志七十二·乐四》。

进茶、赐茶、进酒、进馔，所奏清乐包括丹陛清乐和中和清乐两种类型。中和清乐用于宴飨进馔，其乐器组合为：云锣二、笛二、管二、笙二、杖鼓一、手鼓一、拍板一；“丹陛清乐，用于宴飨进茶、进酒，临雍赐茶亦用之。乐器均与中和清乐同”。① “皇帝进茶赐茶，丹陛清乐奏《圣武光昭世》之章。掌仪司官奉台盏卮壶，进丹陛清乐，奏《禹甸遐通》之章。将军大臣跪进爵，大臣跪进爵，皇帝进酒赐酒毕，乐止。进馔，赐各筵食品，中和清乐奏《圣治遐昌》之章。”②《圣武光昭世》其乐与《海宇升平日》同，《禹甸遐通》其乐与《玉殿云开》相同，《圣治遐昌》与《万象清宁》同，③ 其谱略④。

图 16　乾隆平定两金川紫光阁饮至礼图

以上对大小金川凯旋军礼用乐的研讨，可知献俘庙社、郊劳、受俘、饮至礼皆有用乐现象。其中献俘庙社、受俘、饮至礼用乐与日常用乐形式相同，郊劳礼所用铙歌和凯歌是为军礼凯旋所专制。从清代军礼用乐的实践来看，军礼实行的仪节和用乐俱有规定性，这种规定呈现在乐的层面，主要表现为用乐曲牌的固定，曲辞可依据不同的战事状况而重新撰写。这种规定性必须从属于国家相关用乐的规范，军礼用乐必须服从于国家大的礼乐制度，例如遣将出征授敕印，其行为为军礼

① 《清史稿》卷 101,《志七十六 · 乐八》。

② 《清朝文献通考》卷 156,《乐考二 · 乐制二》。

③ 《御制律吕正义后编》卷 52,《四库全书》本，台北：台湾商务印书馆，216：495、496、497。

④ 谱例见《中国民族民间器乐曲集成北京卷》第 1657 ～ 1677 页。

仪节毫无疑问，但其所用的中和韶乐和丹陛大乐则必须符合国家用乐制度所规定的随月用乐之规范。清代承袭明制，其军礼用乐和明代无甚大的区别。只是在乾隆时期将原来明代所用乐曲进行了改名处理，但是实际情况所用旋律仍沿明旧。和明代不同的是，清代军礼用乐有乐谱传世，为我们认识清代军礼用乐提供了最为直接的帮助。

第三节 小结

本章探讨了清代军礼的发展、分类和内容，认为清代军礼主要承袭了明代军礼的相关内容和仪节，是古代军礼之集大成者，并具有本民族的特色。进而探讨了清代军礼用乐的发展脉络，以及军礼仪节与用乐形式，并对清代乾隆平定大小金川所用军礼作了个案分析。

下篇：明清军中用乐研究

具有象征意义的军礼用乐行于朝廷，镇戍各地之军营中用乐则与军兵生活息息相关。军营中用乐或用于军中礼仪、或用于军事实践、或用于娱乐，既有国之规范，也呈现出异彩纷呈之样态。

明清国家军队的镇守制度基本相同。明代的卫所制度，清代的旗绿两营，除一部分长期值守京师、并担任国家战争总预备队的京营外，大部分士兵分散戍守于全国之要地和边疆。本部分所要研讨的正是明清这种军营中所用之乐具体情况。

第三章　明清军中礼仪用乐研究

从上部分研讨中，我们知道，明清两代军礼是以皇帝为中心建立起来的一套有关军事行为之礼仪制度。这种礼仪制度主要行于中央、以皇帝的出席为最隆。军礼是皇帝代表国家对战争的一种礼仪行为和态度。除了这种行于中央，由皇帝所行之礼外，在长期的镇戍和征战之军营，还有一系列礼仪形式，这些礼仪形式和地方官府中的礼仪相同，也需要以乐助礼，这种礼仪形式中的用乐就是本章所要研讨的内容。

第一节　明清军中礼仪及其用乐形式

明清军中礼仪主要包括“公式”、“祀典”、“宾兴”等三类内容。公式即国家规定的公务范式，其仪主要有圣诞、冬至、正旦三大节庆贺，以及开读诏敕、日食、月食、迎春等仪式；祀典为国家规定的吉礼仪式，在各卫所军镇（或汛地）的一般有先师庙、启圣公祠、名宦祠、乡贤祠、山川社稷、风云雷雨、厉祭、城隍庙、八蜡、旗纛庙等；此外尚有宾兴诸仪：科贡、武举、乡饮、乡射等。这些仪式均有用乐现象。

明清两代皆非常重视祭祀仪式。《明会典》载“新官上任须知”言：“国之大事，所以为民祈福。各府州县每岁春祈秋报二次，祭祀有社稷、山川、风云雷雨、城隍诸祠，及境内旧有功德于民、应在祀典之神，郡厉邑厉等坛。到任之初，必首先报知祭祀诸神日期、坛场几所、坐落地方、周围坛垣、祭器什物、见在有无完缺。如遇损坏，随即修理。务在常川洁净，依时致祭，以尽事神之诚。”① 以上所载祭祀项目，同样也适用于各地军镇卫所。

明嘉靖抄本《宣府镇志》记载了宣府镇官方设立的祭祀坛庙有：宣府镇社稷坛、风云雷雨山川城隍坛、火神庙、厉坛、旗纛庙、城隍庙、文宣王庙、龙神祠、北极玄武庙、东岳庙、三官庙、马神庙、汉寿亭侯祠、义烈祠、文昌祠、八蜡庙。明嘉靖《全辽志》也记载了辽东都司卫所各庙祭礼和其他礼仪情况（见下表②）。

表 18　明辽东都司卫所军中礼仪表

序号	军中礼仪	日期	仪式
1	山川社稷	仲春秋上戊日	守土官祭如仪
2	风云雷雨	仲春秋上巳日	守土官祭如仪
3	厉祭	清明中元十月朔	守土官祭如仪
4	城隍庙	清明中元十月朔	随厉祭礼如仪
5	八蜡	冬后二戊日祭之	辽阳附城隍庙，广宁庙在城东。
6	旗纛庙	霜降日	守土官祭如仪
7	褒功祠	春秋丁后	守土官祭如仪
8	圣诞 冬至 正旦	前一日习仪，至日行礼	辽阳于上帝庙、广宁于普慈寺、余卫于庙寺。三堂及文武诸司率属行礼如制，御史行出使礼，至日辽阳于都司衙门广宁于会府余卫行礼如之。
9	迎春	立春先一日三司迎于东郊赴春宴，至日具朝服行礼	三司迎于东郊赴春宴，至日具朝服行礼如制。
10	开读诏敕		众官出郭迎拜，辽阳导至都司衙门，广宁导至会府，三堂及文武诸司率属行礼如制，御史行出使礼，都司誊黄，遣生员赍捧各卫开读如制。
11	日食、月食		具朝服行礼如制
12	先师庙	仲春秋上丁日，月朔望辰行香如仪	祭如制

① 《明会典》卷 9。

② 《全辽志》（嘉靖）卷 1，辽海丛书本。

这些坛庙多数由卫所官员负责祭祀仪礼。清康熙时期《天津卫志》也记载了明代所建的旗纛庙、关帝庙、武成王庙、火神庙情况。其载武成王庙言："武庙春秋二大祭，银十八两"，"圣位初设西南城花楼上，供享春秋二祭，明万历四十年，整饬天津道高邦佐建，三卫掌印指挥张文学、赵如祖、杨大庆监修。武成王殿三间，东庑三间，西庑三间，仰圣门三间，东名宦祠三间（今废），西乡贤祠三间（今废），脚门两座，棂星门三间，启圣祠三间（今废），明伦堂三间，储英毓秀斋三间，进德修业斋三间，凉亭一座。"① 天津卫武成王庙为官修大庙，每年要举行春秋两次祭礼，共花费官银十八两，可知祭祀仪式应该为卫所官方行为。

明清三大节庆贺礼、迎接诏敕、日月食救护、鞭春、进表仪式均有用乐现象。南明永历刊本《宁洋县志》言："凡圣诞、正旦、冬至之辰，各官先期一日赴公所习仪。是日，结彩于公廨，各官斋沐于本衙门宿。设龙亭于庭中，设仪仗于庭外露台上之东西，设鼓乐于露台南之东西北向，设香案于龙亭前。至日，各官具朝服，文东武西，就于丹墀下，赞行四拜礼，班首官诣香案前告天祝寿元：'某衙门某官臣某等荷国后恩，叨享禄位，皆赖天生我君保民致治，今兹（正旦长至圣诞）圣寿益增，臣某等下情无任欣跃，感激之至'。复位，行四拜礼，跪，山呼者三，复行四拜礼。"② 此为明代三大节庆贺礼之公式。明代官员受诰封赠要用鼓乐③，日月食救护、迎接诏敕等仪礼均用鼓乐。此项规定仍然适用于军镇卫所。下图为《明集礼》所载开读诏敕和迎接诏敕仪仗与官员拜位图。可知该礼的具体施行仪节和使用鼓乐、仪仗的具体位置排列情况。

以上军中礼仪用乐都提到了用鼓乐，那么鼓乐是一种什么样的形式呢？其乐器组合如何？它与鼓吹是否是同一种类型用乐形式？第一章我们在探讨鼓吹与仪仗的关系时知道，除了具有警严之角类乐器和金鼓、杖鼓之外，仪仗还有另外一种乐器笛子，和前者相比，作为一种旋律乐器用在仪仗中，其意何在？再者，我们在《出警入跸图》皇帝仪仗中看到了唢呐的出现，可以推断至少明代嘉靖时期唢呐已经在仪仗中得以运用。明《万历起居注》载："上御经筵，谕礼部都察院，朕躬诣天寿山行春祭礼兼择寿宫，凡仪卫护从等项一遵皇祖世宗嘉靖间定制，务从省约，内外随行官员人等，不许沿途生事，扰害百姓，有违反的着厂卫访拏，科道官指名参

---

① 《天津卫志》卷2，康熙刻本。

② 〔明〕金基纂修：《宁洋县志》（永历），段梦霞选编：《日本藏中国罕见地方志丛刊续编》第10册.北京：北京图书馆出版社，2003：730。

③ 《明会典》卷74。

图 17　明开读诏敕和迎接诏敕仪仗与官员拜位图

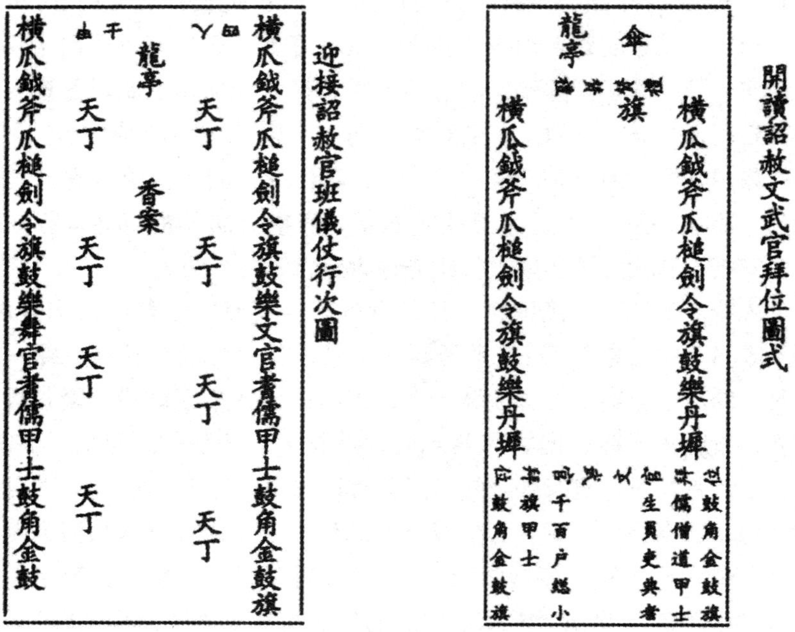

奏。"① 万历间谒陵皆遵嘉靖朝仪仗，也就是说，描写万历十一年皇帝谒陵春祭礼的《出警入跸图》所载仪仗，皆与世宗嘉靖时期相同。作为仪仗用的唢呐，值得关注。

《明太祖实录》卷 138 载："金鼓、仪仗、鼓乐、百官前导，进表笺官在龙亭后，东行至郊外，置龙亭，南向，仪仗鼓吹陈列如初"。② 这里鼓乐应该与鼓吹乐是一回事，或者说鼓乐是鼓吹乐的一种形式。《明会典》载"册立太子颁诏仪注"言：

和声郎入陈乐于丹墀之南，所司备鼓乐、仪卫备仪仗于奉天门外、伺候迎送册宝至东宫。……仗动，大乐、鼓吹振作，升座，乐止……乐作，出奉天门，乐止。引礼引皇太子诣东耳房伺候，于中宫行礼，内使舁册宝亭东门出至西道，仪仗、鼓吹前迎，百官迎送至东宫，安奉册宝于殿内……执事者各舁册宝以次前行，引礼导皇太子由东阶降，持节等官随之。乐作，至奉天门，乐止。用仪仗鼓乐迎册宝至文华殿，行礼毕。持节官持节复命。是日礼部官候节册宝启行毕。③

可以看出，仪仗鼓乐即为仪仗鼓吹。不过这里强调的是乐，毕竟册立太子是喜

---

① 《万历起居注》，万历十一年闰二月二日乙卯。北京：北京大学出版社，1988（2）：322。

② 《明太祖实录》卷 138，洪武十四年秋七月乙酉。

③ 《明会典》卷 47。

庆值得庆贺之事。在仪礼过程中，和声郎所陈之乐在这里应为大乐，是为皇帝升座、还宫而行。所司备鼓乐即是鼓吹之乐，和仪卫备仪仗同作为迎送册宝之用。册立亲王仪同太子，也是由“所司备鼓乐、仪卫司备仪仗”，候于奉天门西右顺门东，等亲王受册宝毕，然后中宫行礼，内使舁册宝亭东门出，仪仗鼓乐前行，送至亲王殿。进表、颁诏、受诰封、迎接诏赦也是由仪仗鼓乐引导迎送。《明会典》载“进表仪”为：

洪武间定，凡在外衙门进贺表笺：前期一日，结采于公廨及街衢，文武官各斋沐于本衙门内宿歇。其日清晨，设龙亭于庭中，设仪仗于庭外露台上之东西，设鼓乐于露台南之东西北向，设表笺案于龙亭前，设香案于表笺案前，设进表笺官位于龙亭之东。鼓初严，各官具服；鼓次严，引礼引班首具服，诣香案前，涤印用印讫，以表笺置于案，班首退于幕次；鼓三严，各官入班，赞礼唱班齐，鞠躬，乐作，四拜，平身，乐止。唱进表，引礼引班首由东阶升，诣香案前。赞跪，传赞众官皆跪。唱搢笏，班首搢笏。执事者以表笺跪授班首，班首跪授进表笺官，进表笺官跪受表笺，置龙亭中。赞内外官俯伏，兴，班首复位。赞礼唱鞠躬，乐作，四拜，平身，乐止。唱搢笏，鞠躬，三舞蹈，跪，山呼者三。唱出笏，俯伏，兴，乐作，四拜，平身，乐止。金鼓、仪仗、鼓乐，百官具服前导。进表笺官在龙亭后靠东行。至郊外，置龙亭南向，仪仗鼓乐陈列如前仪，文武官东西侍立，班首取表笺授进表官，进表官就于马上受表即行，百官以次退。①

明代徐学谟在其《题革衍圣公女乐疏》中言道：“公府女户、乐户相沿已久，未经厘正，以致凡遇宴会，俱用女乐供应。即使全无狎昵之私，亦非君子远嫌之道。相应将前所存女户二十六户尽行查革，以后不许滥用。每年进贺表文等项，止用该府鼓吹人役供应。”② 明代规定进贺表文必用鼓乐，可知鼓乐当是鼓吹之一种。从其名称来看，乐是其主要特征，鼓为其主要乐器。鼓吹仪仗中除了作为警严用的角和鼓之外，旋律乐器仅有笛子（或唢呐）一种，而鼓类乐器是其主要的组成，简称其为鼓乐，当也不过。明戚继光《练兵实纪》载：“凡军士一切鼓乐，有音如号笛、哱啰、喇叭、鼓、钹等类，每欲止，必鸣金一声。其已举者，开金即止。听更令后，即如所更之令行。打金三声，是要退兵。及止吹打，打金二声，是大吹打……发放毕，分付各官旗下地方大吹打得胜鼓乐，听各回营。”③ 这里鼓乐既作为一种信号，

① 《明会典》卷75。

② 徐学谟：《题革衍圣公女乐疏》，《皇明经世文编》卷341，上海：上海古籍出版社，1996。

③ 〔明〕戚继光：《练兵实纪》卷3，《四库全书》本。

又是一种鼓吹仪仗。《满洲实录》卷七有明广宁城守将鼓乐迎接清太祖之绘图，图中有龙亭一座，大铜角、小铜角、唢呐、鼓各一（图见第二章第二节图一）。可知鼓乐的组合可能为大小铜角、唢呐、鼓、钹等。

从现有的材料来看，明初鼓乐主要作为仪仗用乐，且常用于朝廷公式。明代中后期，鼓乐的用处有所扩大，鼓乐不单单用于上述各项事宜，而且鼓乐也作为祭祀仪式用乐，从而代替了本该由大乐来完成的小祀用乐，当然其规模和乐队编制要比大乐小的多。

嘉靖二十二年十月十五日，“太常寺奏，祭三皇于景惠殿，请比历代帝王祭典。前期二日，奉天殿奏祭祀并奏视牲。又景惠殿前地狭，难举大乐，请比圣济殿先医例，举用鼓乐”。[①] 可见因景惠殿狭窄，大乐铺展不开，则改用鼓乐。这里还有一个信息，圣济殿祭先医也用鼓乐。《太常续考》载曰：“嘉靖初年创建圣济殿祭先医之神，殿在文华殿后。每岁仲春冬上甲日，本寺题请，遣太医院堂上官行礼”，每岁以二月和十一月上甲日分祭三皇和先医之神：“前期十日，本寺题本，遣礼部堂上官行礼，太医院堂上官二员分献”，祭祀三皇和先医之神除太医院人员之外，需用太常寺执事人员有：“办祭官一员、执事乐舞生五人、厨役十三名”。[②]《明集礼》规定群祀用大乐。群祀即小祀。《太常续考》卷六曰：“小祀曰后妃嫔、太子王妃、公主及夫人、曰三皇、曰先医、曰五祀、曰司火、曰都城隍、曰东岳、曰京仓、曰启圣公、曰汉寿亭侯、曰文丞相、曰姚少师、曰北极佑圣真君、曰金阙玉阙真君、曰司牲。”[③] 三皇、先医皆为小祀，均应该用大乐，但是由于场地限制，改用了鼓乐。鼓乐用来替代大乐，成为三皇和先医祭礼仪式的相须为用之乐的主体。当然这些祭祀均由太常执事，太医院行礼，乐依然用教坊，只是由大乐形式转换为鼓乐形式，人数和乐器编制比之大乐，少了许多，其演奏乐曲当是不变。

鼓乐应该是全国皆有的乐器组合形式。许多本为鼓吹的场合所用术语为鼓乐。鼓乐与鼓吹差异主要在于具体功用之不同。战阵所用，即便是旋律乐器，其主要功用也在于鼓舞士气、传递信号等实用性方面，所谓吹打角类，更多是在制造气氛，如同陈旸所述，“为惊中国马所用”，显然其主要功用不在“乐”。鼓乐从其功用上来看主要用于仪式，从其名称来看，主要在于乐。明代“迎接诏赦仪”规定，“凡朝廷遣使各处开读诏赦。如至开读所，本处官员具龙亭彩舆、仪仗鼓乐、出郭迎

① 《明世宗实录》卷279，嘉靖二十二年十月丙戌。

② 《太常续考》卷6，《四库全书》本。

③ 同上。

接”，明代刊刻的“新官仪注”对此有明确的记载。明代至少府县一级皆有鼓吹乐人，以承事相应的朝廷规定的各种仪礼。鼓乐既有仪仗警严功能，又有祀神和誉人之功能，其演奏者称为吹鼓手，各地均有。当然与府县相同具有明代政区统治性质的卫所，使用鼓吹当是十分自然之事了。从戚继光的练兵来看，每营拥有鼓吹手十六名。从《万历琼州府志》来看，海南卫拥有吹鼓手四十名，其中百户所拥有吹鼓手四名①。千户所虽对吹鼓手的数量未有记载，当应至少不低于八名。明嘉靖年间《全辽志》② 载：辽东都司每年向定辽中等二十五卫，安乐、自在二州，招集，永宁监等单位征收徭役中，共需鼓手二百九十三名，这些鼓手和修边夫、修仓夫、局造、窑造、纳粮、银官、斗级、狱卒、水手等一起，每年皆由各卫所、州、招集、永宁监等按量供给，大致每单位的征收标准见下表③：

表19　明辽东都司各卫鼓手服役数量表

卫所名称	鼓手名数	卫所名称	鼓手名数	卫所名称	鼓手名数
定辽中等六卫	40	广宁左卫	5	广宁前屯卫	22
海州卫	16	广宁右卫	5	宁远卫	12
盖州卫	28	义州卫	10	沈阳中卫	12
复州卫	15	广宁后屯卫	10	铁岭卫	22
金州卫	20	广宁中屯卫	12	三万卫	12
广宁卫	5	广宁左屯卫	12	辽海卫	12
广宁中卫	5	广宁右屯卫	12	永宁监	6

以上主要研讨了明代的军中礼仪用乐情况，清代基本沿袭了明代的用乐制度。京营和驻防各地的旗绿两营在三大节庆贺礼、迎接诏敕、日月食救护、鞭春、进表仪式等仪节中的用乐，皆与明代相同。《清史稿》载有迎接诏敕仪也用鼓乐，仪同明代。《荆州驻防志》卷4“祠宇”条言：“万寿亭，在承天寺内，每逢圣诞令节，各官于此朝贺。”三大节庆贺礼与明同。明代军镇卫所中的城隍、社稷坛、风云雷雨山川坛、旗纛庙皆为中祀坛庙，其祭祀用乐，与京师相比略有降杀。清代将关圣提升为中祀，从现存的民间祭祀形式来看，清代驻守各地旗绿两营军营中的关帝祭祀、火神、城隍、龙神、北极玄武、东岳、三官、马神、药王祭祀等皆应该有乐舞献祭形

① 《琼州府志》（万历本），《日本藏中国罕见地方志丛刊》，北京：书目文献出版社，1990：195～196。

② 〔明〕李辅辑：《全辽志》卷2，《徭役》．《辽海丛书》本。

③ 表中所列各单位鼓手共281名，与所定额数293名尚差12名，不知何因，此处暂且存疑。

式。这些类属吉礼小祀的诸神献祭，各地驻防兵营祭祀与地方相同。除此之外，军营中还有军中专有的旗纛祭礼，尤其在明代，旗纛祭祀被列为中祀神典。下试析之。

第二节　旗纛祭祀及其用乐

旗纛祭祀乃是非常重要的军中专祭之礼。旗纛祭礼即为祃祭。郑玄注《礼记·王制》曰："祃，师祭也，为兵祷，其礼亦亡。"孔颖达疏认为，祃祭是祭黄帝或蚩尤，以壮军威。① "其神不明"②，郝懿行以为祠兵就是祃祭③。何休认为出兵必祠于郊，所谓陈兵习战，杀牲飨将士；徐彦则日祠兵乃祠其兵器、飨其士卒也。④ 先秦祃祭主要有三：田猎立表而祭、征前祭兵器与战神、征战之地严军法祭战神。汉应劭认为祃祭乃于战地祭马神。⑤ 隋代祃祭黄帝行三献礼，有衅鼓之仪。《隋书》卷八载："又卜日，建牙旗于墠，祭以太牢，及所过名山大川，使有司致祭。将届战所，卜刚日，备玄牲，列军容，设柴于辰地，为墠而祃祭。人司马奠矢，有司奠毛血，乐奏《大护》之音。"⑥ 唐代祃祭祀轩辕黄帝，建军旗以祭。⑦ 宋代征前祀蚩尤、牙旗，并规定了祃祭的具体仪式。⑧ 元代祃祭以人牲衅旗。⑨ 明代出

---

① 郑玄注、孔颖达等正义：《礼记正义》，《十三经注疏》本，上海：上海古籍出版社，1999：1333。

② 李学勤：《毛诗正义》，北京：北京大学出版社，1999：1036。

③ 郝懿行：《尔雅义疏》，上海：上海古籍出版社，1983：787。

④ 〔汉〕何休注、〔唐〕徐彦疏：《十三经注疏·春秋公羊传注疏》，上海：上海古籍出版社，1990：84。

⑤ 〔汉〕班固：《汉书》卷100下，北京：中华书局，2001。

⑥ 〔唐〕令狐德棻、长孙无忌、魏征：《隋书》卷8，北京：中华书局，1973。

⑦ 《新唐书》卷16："若祃于所征之地，则为壝再重，以熊席祀轩辕氏。兵部建两旗于外壝南门之外，陈甲胄、弓矢于神位之侧，植槊于其后。尊以牺、象、山罍各二，馔以特牲。皇帝服武弁，群臣戎服，三献。其接神者皆如常祀，瘗而不燎。其军将之位如类。"

⑧ 《宋史》卷122："祃，师祭也……军前大旗曰牙，师出必祭，谓之祃。后魏出师，又建纛头旗上。太宗征河东，出京前一日，遣右赞善大夫潘慎修出郊，用少牢一祭蚩尤、祃牙；遣著作佐郎李巨源即北郊望气坛用香、柳枝、灯油、乳粥、酥蜜饼、果，祭北方天王。咸平中，诏太常礼院定祃仪。所司除地为坛，两壝绕以青绳，张幄帟，置军牙、六纛位版。版方七寸，厚和三分。祭用刚日，具馔。牲用大牢，以羊豕代。其币长一丈八尺，军牙以白，六纛以皂。都部署初献，副都部署亚献，部署三献，皆戎服，清斋一宿。将校陪位。礼毕焚币，衅鼓以一牢。又择日祭马祖、马社。"

⑨ 《元史》卷138："（至元元年）六月三十日，唐其势伏兵东郊，身率勇士突入宫阙。伯颜及完者帖木儿、定住、阔里吉思等掩捕获之。唐其势及其弟塔剌海皆伏诛。而其党北奔答里所，答里即应以兵，杀使者哈儿哈伦、阿鲁灰用以祃旗。"

征前行祃祭礼。[①] 清人也有征前祭祀竖纛而祭的习俗。

明清两代均有祭纛祭仪。主要分师行而祭与庙祭两种形式。

一、明代官方旗纛祭祀系统

明代旗纛祭礼主要有师行而祭和日常旗纛庙祭。明洪武元年诏定军礼，有祃祭仪注。洪武四年《明集礼》也记载有祃祭仪注，其大致仪节为：斋戒、省牲、迎神、三献礼、饮福、彻豆、送神、望燎。如皇帝亲征则亲祭旗纛诸神，若遣将出征则遣官行礼致祭。洪武三年定亲征礼设旗纛于群神祠致祭。[②] 洪武元年十二月建旗纛庙于京师，日常则遣官于春秋致祭。洪武三年七月之前曾有每月朔望祭祀旗纛之制，后改为每年春秋二祭。[③] 洪武三年二月，祭祀山川坛时合祀旗纛。洪武九年，将旗纛祭祀析出于山川坛，另建庙于山川坛左，主祭者由皇帝改为旗手卫官。[④] 明代各王之国，皆建有旗纛庙一所。王国祭旗纛，遣武官戎服行礼，乐用大乐。[⑤]

作为军中专祀，旗纛祭礼在当时的京营中也有记载，主要在每月的朔望日行祭旗纛礼，[⑥] 一般于教场进行。除此之外，星罗棋布分布于全国之都司、卫、所均建有旗纛庙，每年春之惊蛰日、秋之霜降日行二祭礼。《明会典》载：“凡各处守御官，俱于公廨后筑台，立旗纛庙。设军牙六旗纛神位。春祭川惊蛰日，秋祭用霜降日……若出师、则取旗纛以祭。班师则仍置于庙。”[⑦]《翠屏集》载言：“洪武纪元之四月，公总率大军建牙于广。是月平三山贼，七月平山南龙潭诸寨，十一月开广东卫岭表咸靖。越明年三月，有旨大都督府即所治后立旗纛庙，有旗有帜，悉庋于中，岁春惊蛰、秋霜降祀以大牢。天下守镇官于总卫各立庙，视京师典礼如之。”[⑧]《嘉靖邵武府志》：“旗纛庙，在卫署西，所祀军牙六纛之神，卫所守御官

---

① 《明史》卷57：“方出师，有祃祭礼。”

② 申时行等修：《明会典》卷53。万历朝重修本。

③ 《明太祖实录》卷54，洪武三年七月乙未：礼部尚书崔亮奏，每月朔望祭旗纛，礼烦而渎，非所以示诚敬，请止于当祭之月祭于旗纛庙，从之。

④ 《明太祖实录》卷103，洪武九年正月庚午。《明史》卷50，“旗纛”条：“每岁仲秋，天子躬祀山川之日，遣旗手卫官行礼。”

⑤ 《明会典》卷56，《祭祀》条。

⑥ 《明英宗实录》卷5，宣德十年五月癸酉：“行在礼科掌科事给事中虞祥，劾奏武进伯朱冕，每月朔望奉命祭族纛之神，不合与都督佥事沈清同祭，皆当治罪。上以冕等武人不谙礼，姑宥之。”其时朱冕和沈清主要掌管神机营操练。

⑦ 《明会典》卷94，《旗纛》条。

⑧ 张以宁：《翠屏集》卷4，《广州卫旗纛庙记》，文渊阁《四库全书》本。

皆得立庙致祭，旧典春祭用惊蛰日、秋祭用霜降日，今惟霜降日。”① 弘治《易州志》载：“旗纛庙，在州治东南三百六十步，景泰四年龚让建，成化十九年议官周诚重建。”②

明代旗纛庙祭祀神祇为：“旗头大将、六纛大将、五方旗神、主宰战船正神、金鼓角铳砲之神、弓弩飞枪飞石之神、阵前阵后神祇五昌神众”，常合坛祀之。永乐之后，有神旗祭祀，专祀火雷神。旗纛主祀皆为军伍之神灵，旗纛神灵成为军伍的保护神和专有神祇。无论出征还是日常旗纛祭祀皆由军伍之人来行祭。洪武年间行春秋二祭，永乐时期则每年霜降遣官祭祀。宣宗朝每岁秋八月和岁暮遣官祭祀旗纛，后成为惯例。但是这种惯例到武宗时期被打破，据明各朝《实录》所载，明武宗从正德六年开始不再遣旗手卫官祭祀，其后世宗朝遣官祭祀旗纛的记录也仅有三次，穆宗也仅于隆庆五年八月遣旗手卫官祭祀旗纛神一次，万历时期旗纛祭祀有八次。可知从明武宗六年开始，明代中央政府每岁两次遣官祭祀旗纛神的惯例也已不再。当然这是中央政府的祭祀旗纛情况。

永乐时期开始的神旗之祭主要祭于京营。这与永乐征伐安南获得火炮神铳，并逐渐引入明朝军队有关系。成化十五年闰十月，皇帝命修神机营神旗庙。③ 神机营“皆步队肄习火器”④，祭祀神旗之神，主要为专祀火炮之神。隆庆朝，京营之五军营、神机营与神枢营三大营每月轮流祭祀神旗，“改三营总兵官为提督，以定西侯蒋佑领神枢营，平江伯陈王谟领神机营，同恭顺侯吴继爵俱改给敕谕关防，每月轮祭神旗”。⑤ 其时恭顺侯吴继爵掌京营事物并兼五军营总兵官。

从现有的方志来看，明代各地卫所的旗纛祭祀大约在嘉靖之后，开始减少，逐渐定为每岁霜降日祭祀，这与在北京的中央政府旗纛祭祀情况相似。由于军事制度的变化，加之武官地位的下降，以及明代军事后勤保障也即卫所经济来源转由地方政府财政掌管，武官每支出一两银子都要向当地府县行政长官申领，这在一定程度上加剧了旗纛祭祀的衰落。国家规定只能由卫所武官与祭，文官系统的地方行政体系又掌管着卫所的经济来源，而明代卫所武官人多为世袭军职，二者属于两个系统，因此旗纛虽属国家吉礼之中祀，但实际的祭祀仪式却不如府县城隍祭礼，以至于到明万历后期，许多卫所旗纛庙坍塌衰落，卫所军兵只好转祭旗纛于教场。当然并不

① 《嘉靖邵武府志》卷10，明嘉靖刻本。
② 《弘治易州志》，明刻本。
③ 《明宪宗实录》卷196，成化十五年闰十月乙亥。
④ 徐学聚：《国朝典汇》卷150，《兵部十四·京营》，书目文献出版社，1996年。
⑤ 《明穆宗实录》卷43，隆庆四年三月壬午。

是所有地方的旗纛庙都坍塌不堪使用，有些地方的旗纛庙直至清康乾时期仍然使用。《康熙建宁府志》载："旗纛庙在行都司后，在宋云榭台故址，本主题曰：'军牙六纛之神'。岁霜降日行都司官率其属戎服以祭，祭物于本府库支官钱办祭。仪与府社稷同。今祀守备司主之。"①《清高宗实录》载："河南巡抚雅尔图奏称：豫省伏牛山需员弹压稽查。应建移驻之通判、州同、州判、守备、衙署、各营房、马棚、墩台、旗纛庙、烟墩、牌坊、门楼、共估地基工料银六千一百七十两零。"② 清中叶以后，随着清代逐渐以府县取代卫所管理体制，旗纛庙祭祀逐渐消亡。地方的旗纛庙开始转换职能，将主祀旗纛诸神转换为火神或者其他神，以便能够适应清代国家规定的正神祀典。

由上可知，有明一代从中央到王府，从京营到各地都司卫所均有旗纛祭祀，国家将旗纛祭礼列为中祀，终明一代，未有变化。除师行祭祀旗纛外，皇帝巡幸也有祭祀旗纛礼。各地卫所旗纛祭礼一直相沿至清代中叶。

二、明代旗纛祭祀仪式

明代师行祭祀旗纛和日常祭祀旗纛稍有不同。

师行禡祭仪分为皇帝亲祭和皇太子致祭。其仪相同，大致为：前期斋戒、省牲、陈设如常仪。正祭日：

清晨，建牙旗六纛于神位后，旗东纛西。皇帝服武弁服，导驾官同太常卿导皇帝自左南门入就位。赞礼唱："迎神"，大乐作。太常卿奏："鞠躬！"乐作，奏："拜，兴，拜，兴，平身"，乐止。赞礼唱奠币行初献礼，太常卿奏请诣盥洗位，皇帝至盥洗位。措圭盥悦讫，出圭，请诣爵洗位。搢圭，执爵官以爵进，受爵涤爵拭爵讫，以授执爵官。再进爵亦如之。出圭，请诣酒尊所。搢圭，执爵官以爵进，受爵，司尊者举羃酌醴齐讫，以授执爵官，再进爵亦如之，出圭。请诣军牙神位前。爵币前行，皇帝升庙坛，乐作，至神位前。奏跪，措圭，三上香，奠币，三祭酒，奠爵，出圭，乐止。读祝官跪读祝于神右讫，太常卿奏俯伏兴，乐作。奏："拜，兴，拜，兴，平身"，乐止。请诣六纛神位前，礼同，复位。亚献终献不奠帛读祝。余皆如之。讫，赞礼唱饮福受胙，太常卿奏诣饮福位，奏："鞠躬"，乐作。奏："拜，兴，拜，兴，平身"，乐止，奏跪，措圭，饮福受胙讫，出圭。奏俯伏兴，乐

---

① 〔清〕程应熊、姚文燮纂修：(康熙)《建宁府志》(二)，康熙五年刻本。载段梦霞选编：《日本藏中国罕见地方志丛刊续编》第7册，北京：北京图书馆出版社，2003：11～12。

② 《清高宗实录》卷162，乾隆七年三月辛未。

作。奏“拜，兴，拜，兴，平身”，乐止，复位。赞礼唱：“彻豆”，乐作，掌祭官各彻豆，乐止。太常卿奏：“皇帝饮福受胙”，免拜。赞礼唱陪祭官皆再拜，传赞讫。赞礼唱：“送神”，太常卿奏：“鞠躬”，乐作，奏：“拜，兴，拜，兴，平身”，乐止。赞礼唱：“望燎”，读祝官取祝、捧币官取币、掌祭官取馔，诣望燎所。太常卿奏：“诣望燎位”。燎举，执事杀鸡刺血于酒碗中，酹神。燎半，太常卿奏礼毕。仍同导驾官导引还太次。①

祝文国家也有规定范式：

“维某年某月某日，皇帝遣具官某，致祭于旗头大将、六纛大将、五方旗神、主宰战船正神、金鼓角铳炮之神、弓弩飞枪飞石之神、阵前阵后神祇五昌等众。惟神钦天命而无私，助扬威武，有功国家，兹当仲秋，谨遵常典，特以牲醴，遣官致祭，神其鉴之。尚享。”② 岁暮祝文为：“皇帝遣具官某，致祭于旗纛之神。维神之灵，实壮威武。适当岁暮，礼宜时祀，敬陈牲醴。神其鉴之，尚享。”③

朔望日祭神旗仪：正祭行三献礼。祝文为：

“维某年某月某日，皇帝遣具官某，致祭于天威神机火雷无敌大将军之神。维神威勇猛厉，刚劲精强。訇雷掣雷，欻火奔风。护国庇民，厥功显著。肃靖凶暴，宁谧封疆。遇有征讨，惟神是赖。驱锋遣镝，端直奇妙。万发万中，叠贯连穿。破敌致胜，如拉枯朽。无坚不摧，无悍不灭。神其蓄锐毓灵，用之则应。特以牲品致祭。神其享之。”④

国家规定春秋二祀旗纛仪式为：先期斋戒二日；省牲牛、羊、豕各一；陈设神七位：旗头大将、六纛大将、五方旗神、主宰战船正神、金鼓角铳炮之神、弓弩飞鎗飞石之神、阵前阵后神祇五昌等众，皆南向。祭物主要有：犊、羊、豕。器用登各一，铏、簠簋各二、笾豆各十、帛七（黑二、白五）。正祀：盥洗，教坊司奏乐、各就位，迎神，乐作，拜，行三献礼、饮福受胙。日常祭祀，各地卫所军营仪式相同。《嘉靖邵武府志》载：旗纛祭祀用牲羊一、豕一（今副牲各一），帛一、祝一，香烛随宜。“至日，守御长官，武服行三献礼。”⑤ 各地卫所常祀祭祀仪文也有规范。《明会典》载各地卫所军营《祝文》样式为：“维神正直无私，指挥军士，助扬威武，皆仗神功。某等钦承上命，守御兹土。惟兹仲［春/秋］，谨以牲醴庶品，用申

---

① 《明会典》卷92。

② 同上。

③ 《明会典》卷92，《礼部志稿》卷30。

④ 《明会典》卷92，《礼部志稿》卷30。

⑤ 《嘉靖邵武府志》卷10，明嘉靖刻本。

常祭。尚享。"①

祭祀仪文因祭祀目的和祭祀地点不同也会稍有变化。明洪武十一年，命沐英、蓝玉西征，皇帝亲撰《祭岳镇海渎锺山大江旗纛文》②。明代韩雍山镇两广时，为分道进兵讨贼，亲撰《祭旗纛之神文》，文曰：

"维兹两广叛蛮，久违王化，戕害民命，罪恶贯盈，圣天子甫即大位，奉天勤民，悯兹广人久坠涂炭，特命雍等统率大兵，来兹伐叛，用救民生。初指桂林，贼侵我疆，五发偏师，所向克捷，是皆神威，助我先声。今寒霜既降，肃杀维时，蕃汉夷兵，川汇云集。雍等整饬兵戎，申严号令，将图分道并进，往问叛蛮之罪。惟神主司戎兵，三军瞻仰，伏望威灵，阴相默佑，指麾将士，旌旗所向，战胜攻取。指日削平群凶，慰安黎庶，使地方永永无虞，用副朝廷伐罪吊民之意，实荷灵神无疆之休，谨用祭告尚飨。"③

除此之外韩雍还撰有《祭旗纛之神文》：

"雍奉命提兵留镇南蛮，狂冠虽平，余孽犹滋。寒霜既降，肃杀维时。仰体天心，爰整我师，派流西行，祈神指麾，务殲残凶，俾无漏遗，庶康我民，彰神灵慈，谨用祭告，尚飨。"④

可知明代虽然对祭祀旗纛祭文和祭祀坛庙、宰牲房屋、牲帛、日期等皆做了规定，但祭文并不是一成不变的，只要其意和基本仪文符合国家规定，符合基本仪文的结构和要表达的告祭拜谢旗纛神灵护佑意义即可。国家对祭文的规范，更多是因为明初礼制推广之需要，考虑到元代对礼制的破坏及明初礼乐人才之缺乏，明代对诸礼的规范，也是制度实行的必然。

三、明代旗纛祭礼用乐

明代师行祭祀旗纛、王国祭祀旗纛用大乐，这在《明集礼》、《明会典》、《明实录》、《明史》中均有记载。对于各地卫所旗纛祭祀用乐情况，现有文献均无涉及。现依据一些零碎材料，尝试对其进行初步的判断。

---

① 《明会典》卷94。

② 《明太祖实录》卷121："曩者兵争已久，老幼艰辛，少壮奔逼，苦哉甚矣。当是时贤愚思治，感动昊穹，于是上帝好生授民以福，命予平祸乱，育蒸黎。予无已能，多赖百神效灵。今者祸乱已平十有一年矣，惟西戎有密迩边陲者，洮州戎冦肆侮年年，未曾出师问罪，今特命西平侯沐英、金都督蓝玉、王弼等等，率兵进讨，兵行会神以告，神其鉴知，尚飨。"

③ 〔明〕韩雍：《祭旗纛之神文》，《襄毅文集》卷15，《四库全书》本。

④ 同上。

《明会典》对各地祭祀旗纛仪式进行了大体的规范。《明会典》卷九十四载：凡各处守御官、俱于公廨后筑台、立旗纛庙，设军牙六旗纛神位。春祭用惊蛰日、秋祭用霜降日。祭物用羊一、豕一、帛（白色）一、祝一、香烛酒果。先期，各官斋戒一日，至日，守御长官武服行三献礼。① 可以看出，国家对旗纛祭祀所作的规定非常宽泛，只是限定了旗纛庙的位置、祭祀的神灵、祭祀日期，祭物和简单的程序及与祭者。至于如何进行及是否用乐，国家未作强制性规定。这种情况比较符合明代的实际情况。毕竟明代疆域辽阔，卫所众多，除直属五军都督府管辖的卫所之外，尚有很多羁縻卫所以及具卫所性质的土司府、军民司等建制。

凯尔森对法律规范所作的分类理论值得我们思考，他说："法律秩序，尤其是国家作为它的人格化的法律秩序，因而就不是一个相互对等的、如同在同一平面上并立的诸规范的体系，而是一个不同级的诸规范的等级体系。这些规范的统一体是由这样的事实构成的：一个规范（较低的那个规范）的创造为另一个规范（较高的那个规范）所决定，后者的创造又为一个更高的规范所决定，而这一回归以一个最高的规范即基础规范为终点，这一规范，作为整个法律秩序的效力的最高理由，就构成了这一法律秩序的统一体。"② 明代礼制就是一种法制，对祭祀礼仪的不敬和亵渎，是要受到法律惩罚的。从这一点上来说，明代规定的宽泛化的旗纛祭祀仪式，便即为国家的最高规范，即基础规范，这种基础规范必然要考虑到明代中国的现实，幅员辽阔，各地发展不均衡，内地卫所与边地卫所以及羁縻卫所共存之现象，仅仅对其基础规范做了规定。各地都司、卫所可以在此基础规范之上，形成自己的地方规范。上文所论旗纛祭祀基本仪文模式即为证明，只要基于国家基础规范，可以有在基础规范之内的结合本地卫所的创新和发展，当然这种新的规范必须符合基础规范之本意和核心仪节之要求。

明代对旗纛祭祀做出规定时，即充分考虑到了国家用乐的差异性特点。朝廷师行及日常遣官祭祀用大乐，王国祭祀也用大乐，这一点在用乐制度上有保障。毕竟国家专门有礼乐机构负责承应，王国也有专门的乐人应承各种礼仪活动。至于卫所则为国家大乐制度所不及之地，目前看来明代大乐制度仅限用于皇族或国家规定的小祀。当然这种小祀用乐多居于京师，由太常牵头各相关部门负责和实施，教坊司负责承应乐舞。国家遣官祭祀小祀神祗乐用大乐，部分祭祀因场地狭窄使用鼓乐。

---

① 《明会典》卷94，《旗纛》条。

② 〔奥〕凯尔森著，沈宗灵译：《法与国家的一般理论》，北京：中国大百科全书出版社，1996：141。

鼓乐用于祭祀既是一种实用性体现，又给我们一种启示，毕竟各地军卫皆有鼓乐。按照明万历《琼州府志》记载，一个千户所至少应该拥有八个吹鼓手，这些吹鼓手除了训练之外，恐怕属于军卫专祀的旗纛祭仪当是必然要参加的。况且这种乐的参与符合国家礼制的精神，并没有违反朝廷关于旗纛祭祀的基本规范，在规范范围内的用乐参与，是对旗纛祭祀的有效补充。况且既使朝廷祭祀也有用鼓乐的先例，旗纛祭祀在地方卫所的乐用鼓乐顺理成章。

朝廷对地方祭祀旗纛没有在用乐方面进行具体的规定，其一，正是充分考虑到全国的实际情况。其二，为各地卫所依据自己的实际情况做出适当的调整留出了自由的空间。“用乐的礼必然是具有仪式性、得到世人普遍重视、而且属于重要场合者。”① 军卫专祀，旗纛诸神是士卒的保护神，是相关自己和国家安全的中祀之礼，自然是各地卫所的重要仪节，其用乐就成为一种必然。军中吹鼓手的身份既属于军卒，又属于教坊（详见第二章）。毕竟乐是一种特殊性技能，没有长期的训练和相应的有效培训，一般士卒是不能达到要求的。这些培训皆在于国家制度的设定，是一种制度规定下的体系内传承。② 那么在这种国家制度保障下的体系内传承的乐人，对于祭祀用乐非常熟悉。国家在京师祭祀旗纛所用大乐，仅是一种乐器组合或者说是一种乐器制度（《明会典》将大乐制度列于乐器制度之下即为例证），其具体用乐的曲目，则是那些“史书”和记录者所不屑于记或者根本不懂其之为何物者。然而这些曲目却是这些吹鼓手们非常熟悉和每个人的必备知识。吹鼓手和社会上层是两种知识体系，历史书写的话语权执掌在这些社会上层的所谓的知识精英手里，因此无限丰富的“三千小令、四十大曲”，便淹没于“乐用教坊司”话语之中。这也是现存史料无载祭祀旗纛教坊用乐名称之道理。

虽然如此，既然朝廷祭祀用大乐仅是一种乐器制度，那么地方卫所祭祀旗纛所用鼓乐演奏的、与旗纛礼相须为用的曲目当是一致，只是目前无有材料说明所奏曲牌的名字。但是，作为一种教坊乐人体系内的传承，又是为神奏乐，其变化的程度应该不大。至清中叶随着卫所制度的消亡，旗纛庙转化为其他各种清代官方允许的官方祀典神祇，如火神、关公等，其中关公祭祀在很大程度上承袭了明代旗纛祭祀的功能。那么清代原属明代卫所管理的地方，其关公及其他神祇的祭祀则很有可能依然保留有明代旗纛祭祀的用乐曲牌，结合明清俗曲和戏曲曲牌，以及现存所谓活

① 项阳：《小祀乐用教坊，明代吉礼用乐新类型》[J]，《南京艺术学院学报：音乐与表演版》2010年第3期，第31～41；192页，第4期第61～66，82页。

② 关于此点项阳有诸多考证，此处不再赘述。

化石之乐种材料，运用黄翔鹏先生所提出的曲调考证的方法，或许能够找出一两首明代旗纛祭祀的所用音乐曲牌。限于时间和精力，这将是笔者以后研究工作的方向，此外暂付阙如。

第三节　小结

本章讨论了军礼之外的各地驻防军营中的礼仪形式。认为军中的这些礼仪形式及其用乐，与地方行政系统相同。除个别军镇卫所或旗绿驻防之地的孔庙祭仪用雅乐之外，多为鼓乐形式。明代中期鼓乐的形式可能为唢呐、铙、钹、鼓组合，这种组合形式对于后世的影响较大，至今中国北方“鼓手、吹鼓手用唢呐演奏的音乐俗呼鼓乐”①。本章还对明代官方旗纛祭祀系统、旗纛祭祀仪式及明代旗纛祭礼用乐做了研讨，认为虽无文献明确记载明代军镇卫所祭祀旗纛所用何乐，但通过国家对旗纛祭祀的规范要求，可以推断，旗纛祭祀在军营中用鼓乐的史实。

---

① 景蔚岗：《中国传统笙管乐申论》，湖南文艺出版社，2005：73。

第四章　明清军事实践用乐研究

明清两代军事实践中的用乐问题，学术界少有关注。两代的军事实践用乐中，有许多问题尚未能够厘清，如明代军事实践中是否用乐？明代军中用乐是否有统一的规范？明末多人言及鼓吹乐原本军乐，至明末逐渐为军民所混用，其因何在？换言之，明代鼓吹乐是如何逐步下移民间的？清代的军事实践用乐是否有统一的规范？旗绿两营是否相同？清代勇营制度用乐形式如何？太平军军事实践中是否用乐？新军乐是如何被接受并在中国出现的？最早的新军乐是袁世凯的新建陆军所用的军乐吗？本章拟就以上问题，试作研讨。

第一节　明代军事实践用乐

明朝建国初期，即确立了卫所军事制度。① 明初在统一全国的战争中，每攻占一地，必留军队戍守。按照守地的战略地位和历史归属，分别设置卫所等基本防御单位。② 依据其职能和位置，卫所又分为在内卫所和在外卫所，在外卫所分为沿边卫所、沿海卫所、腹内卫所。在内卫所负责京师安全，在外卫所分统于都指挥使司和行都指挥使司，负责各地戍守。在外卫所除戍守本处防地之外，遇有征战，则被抽调参与战事。“遇有事征调利分统于诸将，无事则散还各卫。管军官员不许擅自调用。”③ 明代卫所制的组织形式见下表：

---

① 《明史》卷90，《兵二·卫所》：“天下既定，度要害地，系一郡者设所，连郡者设卫。”

② 洪武七年对卫所制度进行了整顿，整顿后基本组织形式形成定制：每卫设兵5600员（名），每千户所标准兵额为1120员（名）户，百户所兵额为112员（名）。百户所设总旗二，小旗十，总旗兵额为50人，小旗为10人。

③ 《明太祖实录》卷92，洪武七年八月丁酉。

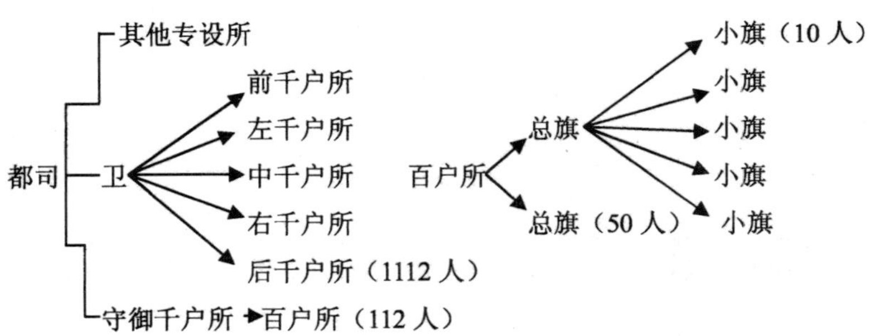

随着卫所制度的逐步完善，卫所职能也趋向多元化。卫所建立初期，国家意在战守，卫所职能主要为戍守。为解决卫所军队长期戍守一地的给养问题，洪武七年，朱元璋实现了卫所职能向戍守屯耕的转变。① 鉴于北边战事的需要，出现了班军和运输粮食之漕运军。随着卫所军户的稳定和卫所人口的增长，卫所的职能逐步扩展为班操、戍守、运粮、屯种、巡城等各项内容。

明代在与北元的长期争斗中，军事政策由进攻转向防守，并在北部边疆确立了总兵镇守制度，后推向全国。明代总兵镇守制度是卫所制度的有益补充，在一定程度上解决了因局部战事吃紧而形成的军事压力。

明代前中期以卫所为基础建立起来的军事制度，为明代军中实用之乐的全国一致性的形成创造了条件。明代中后期，在卫所制的基础上，又出现了募兵制。募兵制的出现，标志着卫所制度军事职能的衰退，为鼓吹乐的下移提供了可能性。本节主要探讨卫所制度与募兵制度下的军事训练及其用乐问题。

一、明代军事训练与用乐实践

明以武功得天下，太祖朱元璋非常注意各地卫所士卒的军事训练。洪武二年三月，朱元璋晓谕诸将校曰："自古帝王居安虑危，处治思乱。今天下初定，岂可遽以为安而忘警戒。朕观尔等智虑多不及此，唯知享富贵取娱乐于所，统军士懵然不知简练，倘一旦有警，将安用之。"② 其时，虽仍有将帅率师在外征战，但留于京师之兵将则多耽于安逸、溺于宴乐。对此，朱元璋保持着清醒的头脑，"凡事必预备然后有济。先时浚流，临旱免忧；已涸而汲，沃焦弗及"，"成功非易，保禄尤难。今国家之用人正如用车，苟有龃龉不行，即移载他车矣"。他要求诸将："汝等当闲暇

① 彭勇：《明代班军制度研究》，北京：中央民族大学出版社，2006：33。

② 《明太祖实录》卷40，洪武二年三月庚子。

之日，宜练习武艺。不可谓无事便可宴安也。夫溺于宴安者，必至于危亡；安而虑危者，乃可以常安”，“汝等其戒之”。① 兵凶战危，日常享安，“非校阅有素，驱以临敌，是直弃之而已”。② 朱元璋的这些思想，贯穿明王朝始末。而有明一代，蒙元始终为其大患，边地不稳，东南沿海又时有倭寇骚扰，因此他们非常重视军事训练。

（一）明代的军事训练的规范与军事实践用乐的逐步形成

1. 军事训练制度的规范

太祖时“宵旰忧勤，不忘武备”，为督促和提高、检验各地卫所的军事训练及其效果，朝廷常委派有经验的战将赴各地进行训练、会阅武事。大将赴各卫所练兵，一方面防止武将拥兵自重，避免战功卓著的开国功勋专擅军队，形成对王朝的威慑；另一方面，大将赴各地卫所主持军事训练和校阅士兵，提升了各地卫所的镇戍能力，也为明代建立统一规范的军事训练制度奠定了基础。

“明以兵部掌兵权，而统军旅、专征伐，则归之五军都督府。兵部有出兵之令，无统兵之权，五军有统兵之权，而无出兵之令”③，“征调则统于诸将，事平则散归各卫”④。明代这种军事制度从客观上也要求军事训练和实战必须规范和统一。卫所是明代的基本军事单位，日常由卫所武官和都司负责士兵的军事素养，遇战则由兵部推选、皇帝任命大将统兵战守。兵将分离的军事制度必然要求各地军事训练和军事号令全国统一，这样无论统兵将令是谁，皆能使皇帝的军事命令得以贯彻执行。

皇帝除委派大将至各地卫所训练军队之外，还对卫所练兵的具体奖惩制度和训练内容做出规定。洪武六年正月，朱元璋制定《教练军士律》，对在内、在外卫所将士练兵做出初步的规范和要求。并命刊印颁发全国，令内外卫所一体遵守。⑤ 国家对各地卫所练兵的校阅制度，直接将各都司、卫所、总小旗官员的命运与练兵效果联系在一起，促使各地都司卫所非常重视士兵的军事训练，形成自下而上的军兵训练体系。《教练军士律》作为一种律法颁布，给全国卫所带来极大的影响。训练不力，轻则罚俸罢职，重则发边卫受苦，使得各地卫所莫不以练兵作为第一要务。

---

① 《明太祖实录》卷40，《命京卫将士练习武艺》，洪武二年三月丙申。

② 〔明〕范景文：《师律》卷5，《校阅》。续《四库全书》本。

③ 孙承泽．王剑英点校：《春明梦余录》卷30，北京：北京古籍出版社，1992：454～455。

④ 《明史》卷90，《兵二·卫所》。

⑤ 《明太祖实录》卷78，洪武六年正月戊午。

《大明律》也对“不操练军士”做出专门的处罚规定。[①]《教练军士律》和《大明律》为明代卫所的军事训练提供了制度保证。

为检阅士兵训练的效果，皇帝常命令官员赴各地进行校阅，并制定检阅制度。皇帝也亲自检阅士兵，即为大阅。当然这种由皇帝亲自参与并主持的检阅军事训练效果的行为，更多的是在于一种态度和象征，目的是向军民展示朝廷对军事训练的重视。这种检阅由于皇帝的出席，进而上升为军礼，即为军礼之大阅礼。

明初以卫所制为基础的军事训练制度主要有本地练兵和异地练兵两种。本地练兵包括卫所练兵和都司班操两种形式，[②] 各都司、卫、所皆专设一名武官，负责日常军事训练。异地练兵主要包括京操[③]、边操[④]、江操[⑤]等形式。各都司、卫、所也专门设官负责这些异地的轮班行操。这些军事训练制度和为保障制度的顺利实行而制定的其他保障措施，为军事训练的逐步规范奠定了重要基础。

明初的大将练兵政策、为练兵而制定的各项惩罚与奖励措施、以及自上而下的练兵实践，促进了各地卫所军事训练的全国规范。在规范过程中，军事号令得到统一，军事训练中的用乐也逐步趋向统一。

2. 军事训练的内容规范

洪武六年制定的《教练军士律》显示出明代前期军事训练的内容，主要在于个

---

① 《大明律》卷14，《兵律二》：凡各处守御官、不守纪律、不操练军士、及城池不完、衣甲器仗不整者，初犯杖八十，附过还职。再犯杖一百，指挥使降充同知，同知降充佥事，佥事降充千户，千户降充百户，百户降充总旗，总旗降充小旗，小旗降充军役，并发边远守御。

② 明初卫所军役单一的屯田和操练至明中叶有了很大的变化。根据卫所所处的位置，学术界一般将卫所分为沿边卫所、腹里卫所、沿海卫所。明代中后期各地方志材料显示，各地卫所旗军职役主要有：操练、巡捕、屯田、运粮、成造军器、养马、守卫等等。各卫所因所处的地理和环境的不同，其军卫职役也有侧重。但无论如何变化，在籍旗军进行日常训练操演，仍是卫所旗军的主要职责。各卫所旗军除了在本卫所进行日常操练之外，还要定期到都司或行都司进行查操。

③ 京操始于洪武六年，永乐末年逐渐转化为京营班操制度。京营最初主要为训练在京官军。永乐时期，各临近北京卫所轮班上操以内卫京师，对外备征伐，始称三大营。后随形势不同发展为十营、十二团营、东西两官厅。嘉靖二十九年又恢复三大营体制，仍称京营。京营是卫戍京师、国家有事之总预备队，因此军事训练是其日常主要的任务。

④ 边操源于明初边地设卫，有警则调外卫兵协守，后发展为内地旗军轮流戍守，形成边操班军。边操班军重要的职责即在于戍守，因此日常的军事训练是其主要的任务之一。朝廷为保证诸边镇的正常军事训练和戍守对各地人班时间有明确的规定。

⑤ 江操，始于永乐五年。江操的目的主要在于练习水战，参加江操的官军，大多均为沿江卫所水军，平时训练，同时也分班负责值守、备倭、防汛、巡江等任务。

体的技击。马军在于“驰马、射弓及枪刀”，步军在于“弓弩及枪”。① 当然这些内容是军卫对军士的基本要求，其他战阵戍守虽未列入国家对军卫的直接考核内容，但是随着明代军事战争经验的积累，行军打仗、兴兵布阵也逐渐形成规范。“土木堡之变”后，朝廷增加了实战演练和阵法操练内容，② 并成为明代军事训练的主要内容。

从明代的兵书来看，明代军事训练的主要方法和内容可以归结为练胆、练艺、练阵、练地、练时五种。③ 练胆所谓有所畏有所恃，日常练兵明号令，行赏罚，使兵将惯于所战。练艺主要指练习器械技艺，明代军中器械主要有长枪、狼筅、朳、杈、棍、弓、弩、立牌、藤牌、火器等。④ 练阵主要在于练习攻防行阵，使各兵士熟识阵法，形成“惟旗鼓是从，而不滞为精”⑤ 之习惯。营阵主要有野营之法、行营之法、阵营之法等。各营阵又根据具体实战情况有所变化。练地、练时乃是根据不同的时空环境进行预先的设定，针对不同的地理环境和气候变化以及昼夜时间进行针对性的预案练习。在这些练习中，军中乐器及其组合起着重要的信号传

① 《明太祖实录》卷78，洪武六年正月戊午。

② 团营练兵的具体内容可从于谦等人的奏言看出来：“先是少保兼兵部尚书于谦等议选官军十万，分五营团练，每队五十人一人，管队两队置领队官一员每千人把总官一员三五千人置把总都指挥一员其管队把大小总官各量其才器谋勇授之。使之互相统属，兵将相识。管军者知军士之强弱，为兵者知将帅之号令，不致临期错乱，贼来多则各营俱动，少则量势调遣，随机应敌。头目素定，交战之时，但调其头目，而士卒自随，相处既久，同辈者易以相救，管队者易以使令。又贼之所持弓马冲突而，已知我火器一发，猝难再装，以此即肆驰突。今若与敌，我军列阵，外用鹿角遮护持满，以待贼来急坚阵不动，神铳未发，先以火药爆伏诈之，贼必谓我火药已尽，不复畏避，驰马来攻，我则火铳、火炮、飞枪、火箭、弓矢齐发。贼势重大，又以大将军击之。待贼势动，分调精骑，用长枪、大刀、劲弩射砍，步卒以圆牌、腰刀，齐冲贼阵。或刺射人马，或砍其马足。将卒不得退缩，违者治以军法。此操军出战之势。如此训练则各营已选团操，饬部伍，严号令，务使人马强盛，武艺精熟。团营外更选其次，以备缓急调用。每日除演习弓马武艺，仍令马步官军兼习阵法及交锋冲突安营走阵，以为战斗之势，使之耳目惯熟，步骤轻健，能知进退坐作之法，免致临敌畏怯失措。至如固守之法，则今日士卒颇多，京城完固，又有战车鹿角器具，纵贼势众，可以固守无虞。但丑虏矫健，去来如飘风骤雨，非勇无以挫其锋，非智无以破其诈，必谋勇兼济而后可以成功。岳飞有言，阵而后战，兵家之常，运用之妙，存乎一心。又言文官不爱财，武官不惜死，天下太平矣。臣等既受重任敢不洁己爱军，以作士气，损躯效死以报国恩。疏入，帝深然之，仍谕谦等有警运谋战守，无事抚养士卒，庶军国有赖，不负委托之重。”《明英宗实录》卷211，景泰二年十二月丙戌。

③ 〔明〕郑若曾：《江南经略》卷1（上），《练兵》。《四库全书》本。

④ 〔明〕戚继光：《纪效新书》卷6，《比较武艺赏罚篇》。北京：中华书局，2001。

⑤ 〔明〕何良臣：《阵纪》卷1，《教练》。《四库全书》本。

递作用。

明代对军事训练的规范过程，也是军事实践用乐的规范过程。军事用乐的内容主要体现于军事训练的各个环节，当然这种用乐也是军事战阵和戍守活动的不可缺少的组成部分。

（二）明代兵书所反映的军事实践与用乐事实

明代兵书大多是富有军事战斗经验的领兵将领以及长期生活在军营的军事将领幕僚，根据日常军事训练和战事的实践经验撰写而成。它集中反映了明代军队的军事实践和日常训练的诸多细节。明代军事实践中的用乐表现在日常军事训练中的各个环节，因此本节欲结合明代兵书，以明代水陆两兵种的军事训练为例，探讨明代的军事用乐实践。

1.明代陆战军事实践用乐

明代军事类书《登坛必究》卷十三《训练》条载："夫号令者，乃将官分付军士、军士听命于将官，使上下之意相通，分付的话不使临期有违之意。"① 号令乃是将官传达命令之信号，而传递这些号令的器物正是我们所熟知的喇叭、唢呐、锣、鼓等信号性乐器。明代军事训练的每个阶段都离不开这些信号乐器。

（1）升帐发放

军事操演之始，必先有将军升帐发放命令。"进来操演，首先掌号。号即喇叭，谓之号头，盖言头先吹他为号，故谓之号头。"② 号头即喇叭，军中以吹喇叭为号，召集各路将官至中军大帐听候命令。掌号即是发命令，命令发出，唯恐军卒诸多，听不真切。"既举号矣，恐人马数多，一两声号，军中尚有听不真者，却又放一炮，以济号声不及。"③一般情况下号声与信炮声之间，紧接而行，中间不得停滞时间过长，导致节奏失节。经常号声一止，而炮声即继。"夫炮谓之信炮，譬如将官又寄一信与军士之意。此皆将官自上面传于下面，军士至于下面。军士听见不听见、留心不留心，将官尚不可知，故令军士呐喊一声。夫呐喊一声即如答应将官一声，说我众人知道了之意。"④ 掌号和信炮、呐喊均为军事行动中将令传达的基本手段。"进来操演，首先掌号"，指军中主将以号声和信炮声聚集操演各将官至中军帐发放任

---

① 〔明〕王鸣鹤：《登坛必究》卷13，《训练·号令说》。《续修四库全书》第959册，上海古籍出版社，2002。

② 同上。

③ 同上。

④ 同上。

务。《登坛必究》卷13有详细记载：

凡见主将入营，将台上大吹打，掌号三声，放起火三枝，炮三个，各军呐喊三声……如不闲仍先放炮后掌号，亦听其便。每见各处有升帐炮三个，今止禀放升旗炮一个，升旗即升帐，少省火药，亦听其便。放升旗炮，台上即擂鼓升旗毕，中军官禀举号笛，聚官旗听发放。凡中军官禀事务，要高声，使千军万马听得见，其临了句语用张口字，以示威武。其听事官代分付聚来发放，中军官起过傍立，将手执小旗一招，台上方掌号旗役二人执蓝旗二面，自马路分道而下，至官旗来路口，将旗旋摩三转，以示调兵之意。各官旗见蓝旗行动，即离本哨队信地，照依次序序。凡至转湾抹角之处即摩旗一次者，为头目示知后人我欲向东向西之意也。旗役执蓝旗引导各官旗齐至马路两傍，各分次序立定。执蓝旗入报："官旗到齐，承听发放"。中军官跪下禀："宣军令，起立。"台边高声云："官旗上来。"旗役报："官旗进。"各依班次跪倒。中军官宣云："奉台上将令，（如系上台阅操，加奉台上老爷军令。）各官旗听着，耳听金鼓，目视旌旗，步闲进止，手习击刺，万人一心，惟将令是听，违法的军法不饶。"谕毕，各官旗依次叩头，中军官分付起去，两边军牢喝堂。中军官又禀发放巡视蓝旗，听事官分付起去。中军官云："巡视蓝旗过来，凡部下军兵，闻鼓不进，闻金不止，临阵退宿、喧哗错乱，俱听尔拿来处治。"蓝旗叩头分付起去。中军官禀云："宣令已毕，官旗下地方。"听事官分付起去，中军官分付起去，官旗齐应一声，两傍军牢大声喝堂，各分两边立定。中军官分付官旗下地方，台上吹打，旗役仍执旗引下信地，各官旗依次而下，伺各官旗俱到信地毕。旗役复回，齐至道中跪报："官旗已到地方。"中军官禀："放静营炮。"听事官分付起去，中军官将旗一举，台上掌号一声，放炮一个，各兵不许呐喊，俱各衔枚在口，听候号令出兵。①

此为明校阅军士或者战前大将升帐发放任务之规范程序，每一阶段均有用乐现象：

A. 主将入营：将台上大吹打，掌号三声。

B. 主将升帐：台上即擂鼓升旗，中军官禀举号笛，聚官旗听发放。

各官旗至中军帐，听发放命令，宣示军令。

宣示发放毕，台上吹打，各官旗回各自信地。

C. 主将静营：放静营炮，台上掌号一声，禁声等待号令出兵。

---

① 〔明〕王鸣鹤：《登坛必究》卷13，《训练·号令说》。《续修四库全书》第959册，上海古籍出版社，2002。

同书卷十五《陆兵舟行号令示各总知悉违者连坐》条曰："起行处所，中军放炮一个，鸣鼓声、行旗、大吹打。毕，掌号笛，各官哨长赴中军听发放本日所行所止之事，毕，散回。听放炮、吹天鹅声，呐喊三声，点鼓，竖何旗色照旗色相同，应行之营，一体点鼓开船。"① 这里记载了各船启行前，赴中军听候发放之事。起行处所鸣鼓、放炮、升旗、大吹打是宣谕各官哨兵卒主将行船处所，掌号笛是升帐发放任务。戚继光《纪效新书》载："凡掌号笛，即是吹锁呐，是要聚官哨队长来分付军中事务"。②《八阵合变图说》之《八阵号令》篇也言道："闻中军号笛响，马步官旗诣中军，听发放讫，回还各队，传令谕众，不许喧哗及错乱队伍。"③ 发放完毕，吹天鹅声，点鼓出发。

以上为主将升帐和发放任务时的用乐现象。在军事训练或者战争的各个阶段，军中皆有用乐现象，多是作为传递信号来用的。

（2）行兵布阵

明正德朝龙正所撰兵书《八阵合变图说》，结合明朝兵制和兵营特点，将明代营阵旗号与练兵实践做了详尽的记载：

闻中军第一声哱啰响④，各队步兵皆集，骑兵解绊牵马；第二声哱啰响，步兵举旗，骑兵乘马；第三声哱啰响，点鼓，间队出缓行，一鼓一跷，至十八步，中军放炮一个，磨旗三次，发喊三声。战声喇叭响，发鼓，急行十八步，金响止，单摆开。锣响，放铳，弓弩、枪牌各作战势，官军齐唱"护！护！护！"三声。唎咧响⑤，发喊。摔钹响，收队。驻为第一阵。

再点鼓，后面队尽出缓行，过第一阵前十八步。放炮一个，磨旗一次，发喊一声。战声喇叭响，发鼓，急行十八步，金响止，单摆开。锣响，放铳，弓弩、枪牌皆作战势，齐唱"杀！杀！杀！"三声。唎咧响，发喊。摔钹响，收队。驻为第二阵。

---

① 〔明〕王鸣鹤：《登坛必究》卷15，《陆兵舟行号令示各总知悉违者连坐》。《续修四库全书》第959册，上海古籍出版社，2002。

② 〔明〕戚继光：《纪效新书》卷2，《紧要操敌号令简明条款篇第二》。北京：中华书局，2001：63。

③ 〔明〕龙正：《八阵合变图说》，《八阵号令》篇。《续修四库全书》第959册，上海古籍出版社，2002。

④ 哱啰又写为"哱罗"，即海螺。

⑤ 唎咧，是类筚篥性状乐器，今仍流传于广西壮族自治区龙州、凭祥、宁明等地。由哨口、管身、喇叭口三部分组成，形制略同唢呐。正面开七空，直吹，音域能演奏三个八度。

三次点鼓，后第一阵又间队出缓行，过第二阵前十八步，放炮一个，磨旗一次，发喊一声。战声喇叭响，发鼓，急行十八步，金响止，单摆开。锣响，放铳，弓弩、枪牌皆作战势，齐唱“突！突！突！”三声。唢呐响，发喊。摔钹响，收队。驻为第三阵。

四次点鼓，后第二阵亦间队出缓行，过第三阵前十八步，放炮一个，磨旗一次，发喊一声。战声喇叭响，发鼓，急行十八步，金响止，单摆开。锣响，放铳，弓弩、枪牌如前作势，齐唱“诃！诃！诃！”三声。唢呐响，发喊。摔钹响，收队，驻为第四阵。

中军放起火三枝，点鼓，每阵皆间队出，前行十八步正，各趋原分地方下营。左、右、前、后纵横摆成行列，面俱朝外，金响止。战声喇叭响，单摆开，如阵总图，隅落钩连，以成八阵之规。唢呐响，发喊。摔钹响，收队。①

以上为排兵布阵，其变阵也用信号乐器作为战场指令：

若欲冲演变阵者，先整前哨金鼓旗二对、响器二副：金二口、锣二面、鼓十二面、摔钹二个、大铳四口。中军金鼓旗幡如旧，听本哨官入天阵内用。次中军举玄、黄二色旗，为一变天覆、地载二阵。放炮一个，点鼓，该天阵队往南缓行，布天阵；该地阵队往北缓行，布地阵。各至地界，磨旗一次，发喊一声。战声喇叭响，发鼓，急趋下营，金响止，单摆开。锣响，放铳，弓弩、枪牌皆作战势，齐唱“护、护、护”三声。唢呐响，发喊。摔钹响，收队。中军放起火三枝，二阵皆动，复回总阵。打得胜鼓，哱啰、喇叭、号笛齐响，各归原地。②

《八阵合变图说》作者龙正为明正德时人，龙正曾入四川巡抚蓝章幕为幕僚，参议军机，并依八阵之法教练士卒，对于平定汉中民乱立有战功。《八阵合变图说》正是作者练兵的总结。其后的嘉靖三十九年戚继光完成的《纪效新书》，其所用信号乐器和功能与《八阵合变图说》记录相似，后详述。

（3）城守镇戍

除上述军事训练要用这些信号性乐器外，这些信号性乐器尚用于日常的军事镇戍和城守。《江南经略》载：“宜将各敌台编以字号，分以信地，别以号旗金鼓响器之类。日间则观旗色，夜间则听号声。各将字号大书垛墙，使各熟认。如天字号敌

---

① 〔明〕龙正：《八阵合变图说》，《八阵号令》篇。《续修四库全书》第959册，上海古籍出版社，2002。

② 同上。

台用红旗、用鼓，则大书‘日观红旗，夜听鼓声’八字于垛墙；地字号敌台用黄旗、用锣，则大书‘日观黄旗，夜听锣声’等字。”① “潮河川守御千户所……军士列两山上伐鼓吹角，以震詟之。”② 在边远的烽燧，也有信号性乐器。现藏于西北师范大学博物馆的明代万历“深沟儿墩”碑载有梆铃一幅，即是作为传递信号的功能性乐器。其碑文为：

墩军五名口：丁杲妻王氏、丁海妻刘氏、李良妻陶氏、刘通妻董氏、马名妻石氏。火器：钩头炮一个、线枪一杆、火药火线全。器械：军每人弓一张、刀一把、箭三十支、黄旗一面、梆铃一付、软梯一架柴堆伍座、烟皂（灶）伍座、擂石二十堆。家俱：锅五口、缸五只、碗十只、筋十双。鸡、犬、狼粪全。万历十年二月一日立。③

顾炎武言：“每一二里铃柝相闻为一墩。”④。戚继光言：“大约相去一二里，梆鼓相闻为一墩”。⑤ 可知明代北方镇戍重地长城沿线烽燧皆有铃（或鼓）、梆等信号乐器。明代规定，凡城守，平时无警之日守城，每天天亮吹打一通，守城人下城；每晚吹打一通，守城人上城。⑥ 这类吹打既具有信号的功能，也是军事仪式的必备。

（4）夜战

除上述升帐发放、排兵布阵、城守镇戍之外，作为军中旗号，上述信号乐器在明代也常用于夜战、急阵等情况。《登坛必究》卷十五载：

若贼来冲该哨，千把总俱亲临督战。候贼至七八十步，鸣锣；当贼各队小锣一齐俱响，于是火器弓箭一齐望敌俱发。至十步内，领哨官击锣边响，当贼各队俱击锣边，于是各军齐叫杀杀杀，枪刀及弓箭手持闷棍前后齐起，奔贼搏战。贼败走，咧咧响，各回照旧站立。第二次贼四面来冲，各哨亦照此拒战。第三次添贼四面来冲，各哨亦照此拒战。主将仍于中军量火器或弓箭斩马刀枪钩等队，策应接站。候各步军击贼败走，中军放炮发鼓，即于四面放出奇兵追杀。贼散，得胜，九声咧咧响，收军。咧咧响，回队，动金鼓入营。鸣锣，驻队报功。毕，中军吹哱罗动身，

① 〔明〕郑若曾：《江南经略》卷2（上），《练兵》。《四库全书》本。

② 顾炎武：《昌平山水记》卷下，《昌平山水记·京东考古录》. 北京：北京古籍出版社，1982。

③ 李怀顺：《明万历（深沟儿墩碑）考释》，《华夏考古》2005（2）：103～107。

④ 顾炎武：《昌平山水记》卷下。

⑤ 〔明〕戚继光：《练兵实纪·杂集》卷6，《车步骑营阵解·烽堠解》。

⑥ 《登坛必究》卷28，《守城》条。《续修四库全书》本。

吹喇叭攒队，吹唢呐旋队，各顺序回各地方。①

此处信号乐器锣用法有四：贼至七八十步，鸣锣示警；当贼小队小锣齐响，火器弓箭击敌；锣边响近搏；得胜鸣锣报功。其他信号乐器唢呐响为收队，得胜后中军吹哱罗动身，吹喇叭攒队，吹唢呐旋队。《武编》也载曰：

每夜军别量抽三五人，于当军前或于军侧三五里外稳便要害之处，安置外铺。仍令各将一两面鼓自随，如夜中有贼犯大营，其外铺看贼与大营交战，即从鸣鼓大叫以击贼后乘，得机便必当克捷。②

如有警，急奔驰报诸军。昼日有贼犯营，被犯之营即击鼓，诸营亦击鼓相应，讫。无贼之营即止。唯所犯之营非贼散，鼓声不得辄止。诸军各着衣甲持仗，看大将五方旗所指之方，即是贼来之路。装束兵马，出前布阵，诸军严警。如须兵救，一听大总管，进止不得辄动。诸夜有贼犯军营，被犯之营击鼓。警一如昼日，非贼去不得辄止，仍须尽力御捍，百方防备。诸军系鼓传警讫，鼓音即止。各自防备，不得辄动。被犯之营，贼侵逼急，即令告中军，大总管自将兵救，余军各准常法于营前后出队布阵，以听进止。诸狂贼夜来犯，被犯之营，但击鼓拒战，不得叫唤。诸营击鼓传警讫，鼓音即止，当头着衣甲防备。被犯之营，既鼓声不止，大总管身将兵救，先与诸将平章兵士或随身将胡桃铃为标记，不然打鼓。从四面外以相救助。其被犯之营，闻鼓铎之声，即知大总管兵至。其兵内节度，大总管临时改变处分。每晨朝即共诸军将论一日事，至暮即共论一夜事，若先为久长定法则恐有漏泄，狂贼万一得知，翻输机便。(其胡桃铃或铎之类皆不可先定，恐贼知误人也)③

上述文献，显示夜战以鼓为号，且夜战以胡桃铃为号，救援被犯军营之法。而信号乐器在音色、音调等方面的差异性，也被充分使用，如《武编》载："凡军中遇夜以各样大小铜角、笛声为号，不许声音相同。各听号声，识认队伍，不许叫营，违者论罪。但夜间有喧哗者，即问所起之处，及左右应声之人，与该管头目，皆治以重罪。凡行营须待大营旗纛起行，或听驾前铜角声，各营方许起行。"④

因地理气候等多种因素的影响，夜战信号乐器也有其缺点。"新法，夜用金鼓，谓如一金一鼓，则四顾平安；二金二鼓，则兵发动；有金无鼓，则贼步起；有鼓无

---

① 〔明〕王鸣鹤：《登坛必究》卷19，《下急营法》。《续修四库全书》第959册，上海古籍出版社，2002。

② 〔明〕唐顺之：《武编前集》卷2，《宿》。《四库全书》本。

③ 〔明〕唐顺之：《武编前集》卷2，《警》。《四库全书》本。

④ 〔明〕唐顺之：《武编·前集》卷1，《令》，《四库全书》本。王鸣鹤：《登坛必究》卷19，《国朝行军号令》，《续修四库全书》本。

金，则贼骑至之类是也。然其患亦有五：一则相去太远，声音不闻；二则风势不顺，声音不接；三则暴雨击剥，声音不辨；四则贼振金鼓，声音混乱；五则溪涧湍急，声音交杂。此金鼓之不足恃也。"① 对此，各领兵大将可临机处置。"暮夜，或笛，或击小鼓子、铜盂子、小木之类声音可通一里余者，或使人长啸为应验。随大将临时处分。"②

在长期的征战中，敌我双方均有俘获人员及投诚者，对双方的军事号令比较熟悉。在实战中，各领兵将帅对此也有针对性的调整。"昔闻鼓而进，今则闻鼓而反止；昔闻金而止，今则闻金而反进"，"恐贼军诈吾号令，即令诸军于相见之际一鼓一金，次二鼓二金，次三鼓三金，彼既同此相见，应即是吾军，然后合阵。否则番军，实时掩杀"。③

当然，无论战术如何变化，乐器的信号传递功能，始终在军事实践用乐发挥着重要作用，并且，随实战而不断变化的乐器信号内容，也在客观上，对乐器性能的进一步开发，创造了可能。

2. 明代水师军事实践用乐

以上为陆战所用军中信号乐器，明代水军训练和实战所用军中信号乐器和陆战相似。《武编》卷十一《水战·号令》条载：

凡中军吹长声喇叭一通，立起黄旗一面，各哨船出洋哨贼。如报有警，本总即升船厅炮三个，大吹打毕，先吹哱罗一荡，各船一面起舵。掌号笛，官捕旗甲俱坐三板赴中军船下，两边照营列定。掌号官禀称："官旗到齐，听发放"。船上叫官旗进来，入仓门，报门，俱赴船面，掌号官叫官旗过来，以下俱照常时于水寨操练规矩发放。毕，各官捕回船，亦照寨操一体发放毕，中军船擂鼓行升旗。吹第二荡哱罗响，各船起篷，第三荡哱罗，依次开船……中军船战声喇叭响，各鸣锣，齐擂战鼓，天鹅声响，大声呐喊，奋勇剿杀，获有功级，各送领兵指挥研实，类送中军，纪验解报……各船遇警，听中船天鹅声喇叭响，各船鸣金鼓一通，捕兵大声呐喊，以壮军威。违令治以军法。④

水兵操练和陆军程序相同，先是中军官升船发放，大吹打，吹哱罗，掌号笛。发放毕，吹哱罗以通知各船起航。遇敌中军船吹战声喇叭，鸣锣，齐擂战鼓，吹天

① 〔明〕唐顺之：《武编·前集》卷1，《明》，《四库全书》本。

② 〔明〕王鸣鹤：《登坛必究》卷1，《明》。《续修四库全书》本。

③ 〔明〕唐顺之：《武编·前集》卷1，《疑》，《四库全书》本。

④ 〔明〕唐顺之：《武编·前集》卷11，《水战·号令》，《四库全书》本。

鹅声，众军呐喊杀贼。明人郑若曾撰《江南经略》卷七（下）《见行兵政二》条，对明代水军号令用法作了详尽的记载：

洋中报警，各哨官捕者听中军号令，昼则中军鸣金鼓三通，扯行船旗，起椗起篷，各船俱鸣金鼓，扯行船旗，起椗起篷追赶；夜则中军放起火三枝，鸣金鼓，扯行船旗，起椗起篷。各船不必放起火，只鸣金鼓，扯行船旗，起椗起篷追赶，误者究治。

凡兵船出洋泊港，听中军坐船吹双锁呐号响，各船捕盗舵工俱赴座船，听候主将发放。已毕，方回各船。

中军座船放起火三枝，鸣锣三通，各船亦鸣锣三通，吹大铜角号响，座船起椗，各船亦起椗。

中军座船吹双喇叭响，座船起篷各船亦起篷。

各船起椗起篷完备，中军座船放起火三枝，大铳三个，吹打金鼓，插行船号带，开行各船，一齐开行，在洋行，使依次而进，不得搀前落后。

兵船日间收港，中军座船鸣锣三通，各船火兵方得上岸斫柴取水，完毕听中军船再鸣锣三通，各即回船，违者直日巡哨军牢即拘送责惩。①

同书《水操事宜》也记载了水军操练时信号乐器之功能：

主帅至官厅坐下，放炮三个，擂鼓，升将旗，各船亦擂鼓，插行船旗。

吹双号笛，各哨官、捕甲兵到官厅前发放。

吹喇叭，官捕、甲兵各回本船。

中军发号，吹大铜角三通，各船扬篷起椗。

中军放起火三枝，差八桨船二只前去打哨，遇警放起火一枝，大铳一个，中军放大铳三个接应。

中军举红旗，冲锋船并奇兵船出敌。中军放起火三枝，吹天鹅三声，鼓噪而进；金止，诱敌前来。中军举青旗，左右哨三板船出战。中军放起火三枝，天鹅三声，呐喊三声，鼓噪而进。中军举白旗，两翼伏兵攻敌，擒获贼船，听候中军举黄旗打得胜鼓，解送中军，请军令发落毕，吹打各回本哨。

各哨官赴中军船禀操毕，擂鼓落篷下旗。

这些战守中的信号乐器之功能，为官军所必需熟知和掌握的基本常识。所谓“金鼓练耳，旌旗练目”，它与坐作击刺练手足之类技法一起形成明代军中训练之基本原则。惯习熟练金鼓旗帜，手熟击刺之法，足熟进退之度，则军卒进退有节，无

① 〔明〕郑若曾：《江南经略》卷7（下），《见行兵政二·水兵号令》，《四库全书》本。

论兵数多寡，皆可以使之多而不乱，将令通畅，此乃行军领兵之基础。反之则军伍失序、号令不传，遇战必溃。因此，明代对军中信号乐器管理和规定十分严格，对违反规定之惩罚非常严厉。《阵纪》卷三《战令》篇言："顾行伍，挤拶稀密不均，前后紊次，旌旗乱摇，金鼓不节者，所犯与队伍长俱死之。故举号差错，则掌号者罪。行阵失序，则偏裨官亦坐。临敌而悮号者，则掌号者当斩。失旌旗、金鼓、符节或为敌所窃者全队斩之；不遵金鼓、旗旛、火角、号令者斩之"。① 《阵纪》卷3《水战》条也载曰："习水战之令。临汛官兵无得脱衣夜卧，无得擅离本船。凡角掌一号，炮响一声，擂鼓一通，吏士皆严肃器具，听令而去。角掌二号，炮放二声，擂鼓二通，吏士各就本部，旗旛鱼贯摆列。角掌三号，炮放三声，擂鼓三通，大小战船依次进发，左右前后毋得搀越，临战而忘教习号令者诛之。"②

旗鼓乃三军之耳目，练兵即先练习旗鼓赏罚。练兵前坐营将官督促各管事官，将号令与众军士逐一讲解，使每名士卒皆能通晓，"毋徒随众呼喊，虚应故事"。③《登坛必究》卷十四载："要紧哉，旗与鼓耳，军士眼不可别视，惟旌旗是视；耳不可乱闻，惟金鼓是闻。夫一军之中，刀能杀人，枪能戳人，炮能打人，岂不厉害！古人只云祭旗，只云衅鼓，可见旗鼓乃三军耳目，大将之任也。"④ 卷十五《陆兵舟行号令示各总知悉违者连坐》条也言："凡水陆行营，第一肃静为要，不拘何事，俱听旗鼓号令，不许口传，口传之言虽本府面说亦不许从，除明白进止用旗鼓号头给令书外，若或近贼，或欲暗行暗止，听中军如何开传令，一人挨递一人，不分官目，虽本府亦自递之。"⑤

（三）明代军事实践用乐的乐器及其组织形式

上述军事训练和实战中的信号乐器，从其音乐的本体特征来看，似可分为两类：一为直畅性特点较强，旋律性较弱，仅作为信号传递功能的一类，如角、梆、铃、哱罗等；一为旋律性较强之乐器。下分而言之。

1. 节奏性较强的信号类打击乐器

兵书《八阵合变图说》中载录了龙正练兵时各信号用乐器及其具体功用（见下表）。

---

① 〔明〕何良臣：《阵纪》卷3，《战令》。《四库全书》本。

② 〔明〕何良臣：《阵纪》卷3，《水战》。《四库全书》本。

③ 〔明〕范景文：《师律》卷1（下），《兵制第一》。《续修四库全书》本。

④ 〔明〕王鸣鹤：《登坛必究》卷14，《号令说》。《续修四库全书》本。

⑤ 〔明〕王鸣鹤：《登坛必究》卷15，《陆兵舟行号令示各总知悉违者连坐》。《续修四库全书》本。

表 20 龙正练兵乐器及其功用表

序号	乐器	信号乐器功用
1	哱啰	传递中军主将号令
2	点鼓	缓行
3	战声喇叭，发鼓	急行
4	金	行止
5	锣	放铳，弓弩、枪牌皆作战势，齐喝。
6	唰咧	发喊
7	摔钹	收队

戚继光的《纪效新书》和《练兵实纪》，对当时军中练兵所用乐器和功能也做了详细的记录（具体见下表）。

表 21 《纪效新书》所载乐器功用表①

<table>
<tr><th>乐器</th><th colspan="2">使用规定</th><th>功 能</th><th>备 注</th></tr>
<tr><td rowspan="7">喇叭</td><td rowspan="3">吹喇叭</td><td>第一荡</td><td>火兵即做饭，众人收拾。</td><td rowspan="3">休息处</td></tr>
<tr><td>第二荡</td><td>各兵吃饭。</td></tr>
<tr><td>第三荡</td><td>各兵出赴信地扎营，候主将到，发放施行。</td></tr>
<tr><td colspan="2">吹天鹅声喇叭</td><td>要各兵呐喊</td><td rowspan="4"></td></tr>
<tr><td colspan="2">吹摆队伍喇叭</td><td>要各兵即于行次每哨一聚，各留空地摆定。</td></tr>
<tr><td colspan="2">吹单摆开喇叭</td><td>要各队即便挨队甲疏疏摆开,每一小队相平离一丈五尺。</td></tr>
<tr><td colspan="2">旗点过，只吹喇叭一长声</td><td>要各兵转身，照旗所向转过</td></tr>
<tr><td>铜锣</td><td colspan="2">打铜锣</td><td>要各兵坐地休息</td><td></td></tr>
<tr><td>哱罗</td><td colspan="2">吹哱罗</td><td>要各兵起身，执器械站立</td><td></td></tr>
<tr><td rowspan="2">鼓</td><td colspan="2">点步鼓</td><td>要各兵照先树起的旗次发兵行营，每点鼓一声走十步。</td><td></td></tr>
<tr><td colspan="2">擂鼓</td><td>要各兵趋跑向前，对敌交锋</td><td></td></tr>
<tr><td rowspan="2"></td><td colspan="2">擂鼓</td><td>是放火兵出营樵汲，</td><td rowspan="2">凡下营定，立中军旗</td></tr>
<tr><td colspan="2">掌号</td><td>是火兵回营</td></tr>
<tr><td rowspan="3">金</td><td>鸣金</td><td>一声</td><td>立止</td><td rowspan="3">凡各举动与交锋</td></tr>
<tr><td>又鸣</td><td>一声</td><td>是要各兵退还</td></tr>
<tr><td>连鸣</td><td>二声</td><td>是要各兵又于脚下便再转身，向前立定</td></tr>
<tr><td></td><td colspan="2">打金边</td><td>是发人探贼</td><td></td></tr>
<tr><td>钹</td><td colspan="2">摔钹响</td><td>是要各收队，即将原单摆开的兵，照旧收成各哨，再收成每营一处。</td><td></td></tr>
<tr><td colspan="5">遇贼至一百步之内，听吹竹筒响，在兵前摆开，每一哨前摆一队，听本管放铳一个，才许放铳，每吹喇叭一声，放一遍，摆阵照操法；若喇叭连吹不止，及铳一齐尽放，不必分层</td></tr>
</table>

① 依据戚继光的《纪效新书》卷 2,《紧要操敌号令简明条款篇第二》制表，北京：中华书局，2001：63～64。

《纪效新书》是戚继光在东南沿海为抵御倭寇进行练兵的实录整理而成的。《练兵实纪》是隆庆二年五月，戚继光任总理蓟、昌、保练兵事务大臣时，结合北方军事防务特点，在《纪效新书》的基础上改写而成的。作为三镇练兵总的指导，《练兵实纪》是戚继光长期军事实践经验的总结，其所载的旗鼓号令，皆是其在蓟州、昌平、保定将近十年时间的练兵实践中所用的，其影响非常大。《练兵实纪》所载信号乐器及其功能，实为当时此类乐器功能在军中实践的集中表现。具体见下表：

表 22 《练兵实纪》所载乐器功用表①

乐器	功 能	备 注
号笛	要聚各官旗头目，发放军务，必须吹得到齐方止。	吹唢呐谓之掌号笛。
喇叭	1. 第一次是头号，要人收拾行李，做饭食。再迟半个时辰，又吹第二次喇叭，要人吃饭，收拾出门，询问扎营地方取齐。吹第三次喇叭，是要起身。主将自本衙门出，到各兵扎营地方，另拟向往。其在营中，或在教场，或正行正操之处，及各人饭已吃过，俱已出门，只掌一号。便听令行营或演操，不必仍用二号三号也。 2. 凡喇叭吹长声一声，谓之天鹅声，是要各兵齐呐喊。 3. 凡喇叭吹摆队伍声，是要车、步、骑三兵，就于脚下挨营摆队伍也。 4. 凡吹长声喇叭，放铳一个，磨旗，是要转身，各兵俱看旗所指处，俱向某处转身转车。 5. 凡摆队已完，喇叭稍歇，复又吹摆伍者，是要车、步、骑三兵一字列开成阵备战也。	大小将领门前，及教场内行营处，吹喇叭是掌号。
哱啰	凡吹哱啰，是要各兵起身。再吹一次，是要马兵上马，车兵附车，步兵执器械立齐。	
锣	凡打锣，是要各马兵下马，车兵下车。再打铜锣，是要各项兵俱坐地休息，旗帜俱偃卧。	
羯鼓	凡点鼓，是行营。点鼓一声，约行二十步。点紧鼓一声，行一步，则将擂鼓交锋矣。但闻擂鼓是交锋，要各兵向前与贼厮杀。	
摔钹	凡摔钹鸣，是要各兵收队。再鸣成大队，旗帜通回中军。	
釭号	凡军士一切鼓乐，有音如号笛、哱啰、喇叭、鼓、钹等类，每欲止，必鸣金一声。其已举者，开金即止。听更令后，即如所更之令行。打金三声，是要退兵及止吹打。打金二声，是大吹打及退兵。下方营时鸣金边，是发五方旗，招出营立表。	

① 依据戚继光《练兵实纪》卷 3，《练耳目》制表。见戚继光《练兵实纪》，北京：中华书局，2001：78～81。

戚继光还对号炮和乐器的结合做了规定①：

表23 戚继光信号乐器与号炮结合功用表

号炮		乐 器	备注
升帐炮	三举	即鸣金、大吹打。	
升旗炮	一举	即擂鼓，鸣锣升帐。	
呐喊炮	一举	喇叭吹天鹅声，呐喊一声。	三举止。
开营炮	一举	即听点鼓，开便营行。	
分合炮	一营一举		欲分几营几路，为几举无定数，举毕，看旗帜照旗色依数分之，合营同。
闭营炮	一举	即大吹打，闭营门。	
定更炮	遇夜擂鼓毕，一举	喇叭吹天鹅声。	

上表显示，明代的这些军事信号乐器主要用于军事实践，每一种乐器因其发出的声音不同，其具体功用也有差异。在具体的战争中，这些信号乐器具有十分重要的作用，下图为明代战争中信号乐器的使用情状②，旗鼓喇叭与号炮俱为信号功用之器。

图18 延庆火神庙明代战争壁画一

① 本表依据戚继光《练兵实纪》卷3，《练耳目第三》条制作而成。见戚继光《练兵实纪》，北京：中华书局，2001：80。

② 延庆县文化委员会. 妫川壁画［M］. 北京：中国商业出版社，2010：114。

2. 旋律性较强乐器为主的乐器组合形式

除上述直接用于战阵、戍守等军事活动的信号乐器之外，还有一类旋律性较强的乐器如唢呐、笙、管等，这些乐器和打击乐器一起形成军乐的另外两种形态：军中吹打和细乐。

（1）吹打的乐器组合形式

戚继光的练兵用乐，基本上可以作为明代中后期练兵用乐的代表。上引材料中的信号乐器，除唢呐外，其他信号性乐器所发声音较为单一，皆不成旋律。有的则无固定音高，仅能作为信号器来用。从号炮和乐器结合的表格来看，升帐和每日的闭营均要用大吹打。升帐时要聚各官旗头目发放军务，必须吹唢呐至所有官旗头目到齐方止。《练兵实纪》卷三，载："吹唢呐谓之掌号笛，要聚各官旗头目发放军务，必须吹得到齐方止。"① 卷四也言："掌号笛，听发放。各头目到中军，人齐，鸣笛止。"②

唢呐是一种旋律性很强的乐器，不可能在升帐过程中仅仅单吹一两个音。举升帐炮后之"鸣金、大吹打"，是一种以唢呐为主奏的吹打乐器组合演奏形式。《练兵实纪》言："若值紧急军机，虽有文字抄示不及者，主将门上掌号笛，各偏裨传带头目，自百总以上，赴听而谕。主将无定位，但凡临时在本地方独尊者，便是。如职位相等，则尊其老成年长者一人主之。掌号笛，各同僚、中军、千、把、百旗总以上，俱赴其行，会计遵守。"号笛即唢呐，军营有紧急军务和每日的升帐闭营均要用以号笛为主奏乐器的吹打乐器组合，以传达军令并使各头目到齐听候发放。这即为大吹打。

上述升帐发放、开辕门，大吹打乐器组合除唢呐外，还应该有喇叭、鼓、钹等乐器。喇叭即为大铜角和小铜角之俗称。《满州实录》记载天命七年（明天启二年，1622），明广宁城游击孙得功投降后金时所用乐器组合为"大铜角、小铜角、唢呐、鼓"。③ 这类组合也称为鼓乐，多用于军中仪式，如迎接诏敕等礼仪。现存的北京延庆火神庙（原为旗纛庙）西山墙明代壁画中所绘的军中乐器组合形式为鼓二、唢呐一、钹一。此地位属戚继光蓟镇练兵的重要区域，当地文物专家认为很有可能为明代军中用吹打组合的写实性存在④（见下图）。

---

① 〔明〕戚继光：《练兵实纪》卷3，《练耳目》条。北京：中华书局，2001。

② 同上。

③ 《满洲实录》卷7。崇谟阁藏本。

④ 文化中国—中国网：http：//www.china.com.cn/culture/lishi/2010－08/04/content_20635995.htm

图 19 延庆火神庙明代战争壁画二

（2）吹打的应用

明代军中吹打主要应用在每天的开营闭营、升帐发放。每天开营和闭营要吹打。开营也称开门。开门和闭营在某种意义上讲，也是一种仪式。《纪效新书》载：“凡大开门时，先小开门，听中军官即将轮日亲兵在外照前项摆定，一半带进丹墀摆列，乃用四人在堂上带短刀立定。口报讫，方听开门。若在人家，一体相同，比在衙门更加谨慎。在野宿，亦与在城相同，比在城更加谨慎。”① 每天开启营门时所奏乐曲很有可能为现今所存各地的《开门》系列曲牌。② 闭营是一天军事生活的结束，闭营吹打也应该有专门的曲牌与之相应，惜无文载。《练兵实纪》有很多地方都记录了开门与闭营时有吹打乐的情况。③ 城守军兵日常每天早上下城休息和晚上上城戍守时，均有吹打仪式。“平时无警之日，每早天明吹打一通，守城人下城；每晚吹打一通，守城人上城。”④ “吹鼓手八名，平时无警之日，天明放炮三声，吹打一通，催守城人下城；天晚放炮三声，吹打一通，催守城人上城。每更尽，吹喇叭二声，催人换更……”⑤ 水军在早晚也有吹打仪式。“在港，每日清晨，中军船定营吹打三

① 〔明〕戚继光：《纪效新书》卷 7，《行营野营军令禁约篇》。

② 从清代早期上演的、反映明末起义军事的昆曲《铁冠图》第三折《营哄》的对白来看，武将升帐皆要传点开门吹打。见《昆剧手抄曲本一百册》第六十六册。广陵书社，2009。

③ 《练兵实纪》卷 7，《练营阵 · 严营门》：“除朝暮吹打、开门外，以后闭门时，必有令旗、令箭，方许开门。遇开门时，把门官军披执严阵以待。”《安野营》：“落旗吹打，封闭营门”。《设灯火》：“大吹打毕，发放夜巡，即知其为明更也。”《下暗营》：“凡要下暗营，看闭门时不吹打，便知要下暗营。”戚继光：《练兵实纪》卷 7，北京：中华书局，2001：134；133；139；139。

④ 戚继光：《纪效新书》卷 17，《守哨篇 · 号令》。北京：中华书局，2001：310。

⑤ 《城守筹略》卷 3，《临敌固守 · 中军号令》。中国兵书集成编委会：《中国兵书集成》（第 37 册）北京：解放军出版社，沈阳：辽沈书社。1994：542 ～ 543。

通，放炮三个，升太平旗，左右前后四营依序安摆，各擂鼓鸣金，亦升太平旗。”①“每日日落时分，听中军船上吹打三通，放炮三个，各船一体鸣金、擂鼓、落旗。”②

升帐是要聚各官哨、将领，分付一天之军事事宜。明代兵书中对此也多有记载，戚继光言：“主将出至教场，中军官禀放升帐炮。喊堂开辕门。禀升旗，望旗同升。在野则升望旗幕属等官先行参见回还，中军官禀掌号笛，聚官旗，听发放……至台下立定，笛止……发放毕，分付各官旗下地方大吹打得胜鼓乐，听各回营。各哨将一体掌号笛，一照台上发放，即使金鼓班声相闻无妨也。”③ 大将发放用吹打，发放毕，诸官旗下地方依然有大吹打。各哨把总至本信地发放仪式，一体按照中军发放形式。此时，就是“金鼓班声相闻”，也是“无妨”。

军事训练中需要变阵，则要吹打。“又听鸣金一声，又后一层不退之兵间队退过已退兵之后；又鸣金二声，齐喝一声立定。如此间队，依金退至中军大营，放炮三个，呐喊三声，鸣金大吹打得胜鼓，各兵挨次看旗头收回作大四叠，此五营出阵之说也。”“听大吹打，五方旗齐点，各兵照旗色分行各旗下，为大四叠。”“收毕，吹打止，鸣锣，坐地休息。金鸣锣止，打金边，发塘报。”“鸣金大吹打，各营照旗收回，仍为长一字阵立定。”

军中吹打除上述战事训练功用之外，还常常用于卫所礼仪。如在迎接诏敕时要用鼓乐④，每年三大节要用鼓乐进表朝贺⑤，军中卫所每年立春日要行鞭春牛仪式，也要用鼓乐⑥。日月食时也要用鼓乐⑦。

（3）军中细乐

除军中吹打乐之外，明代军营中还有细乐。《纪效新书》卷九载，大营吹鼓手有细乐八人。下图为《纪效新书》所载军营吹鼓手阵图。⑧

---

① 戚继光：《纪效新书》卷18，《治水兵篇・平居号令禁约》。北京：中华书局，2001：329～330。

② 戚继光：《纪效新书》卷18，《治水兵篇・平居号令禁约》。北京：中华书局，2001：333。

③ 戚继光：《练兵实纪》卷2，《练耳目・定发放》。北京：中华书局，2001：85。

④ 明代规定：凡朝廷遣使各处开读诏敕，如至开读处所，本处官员具龙亭彩舆、仪仗鼓乐出郭迎接。宣读毕本处官复具鼓乐送诏于官亭。参看明代不着撰人：《新官到任仪注》。

⑤ 明进贺礼仪规定：凡天寿圣节、正旦、冬至，在外衙门先期拜表称贺。凡在外衙门进贺表笺，清晨设龙亭于庭中，设仪仗、鼓乐，百官行礼，进表笺官就于马上受表笺即行。参看明代不着撰人：《新官到任仪注》。

⑥ 明代鞭春礼仪一般用鼓乐。《明会典》卷74。

⑦ 明代规定，日月食救护军卫要以鼓乐救护。参看明代不着撰人：《新官到任仪注》。

⑧ 本图选自《纪效新书》卷9。此处笛应为号笛，即唢呐。

图20 《纪效新书》军营行阵吹鼓手位置图

金鼓旗　金鼓旗
锣铃　钲　钲　锣铃
喇叭　哱罗　哱罗　喇叭

鼓　鼓　鼓　鼓
小铰　笛　笛　小铰
鼓　鼓　鼓　鼓
杖鼓　铜鼓　铜鼓　点子
细乐　细乐　细乐　细乐
亲兵　亲兵　亲兵　亲兵　亲兵
坐纛

与戚继光的另外一部兵书《练兵实纪》相对照，便知这些细乐包括管二、笛二、笙一、小鼓一、云鼓一、钹鼓一，共八件乐器，由八人演奏。如下图①：

图21 《练兵实纪》军营行阵吹鼓手位置图

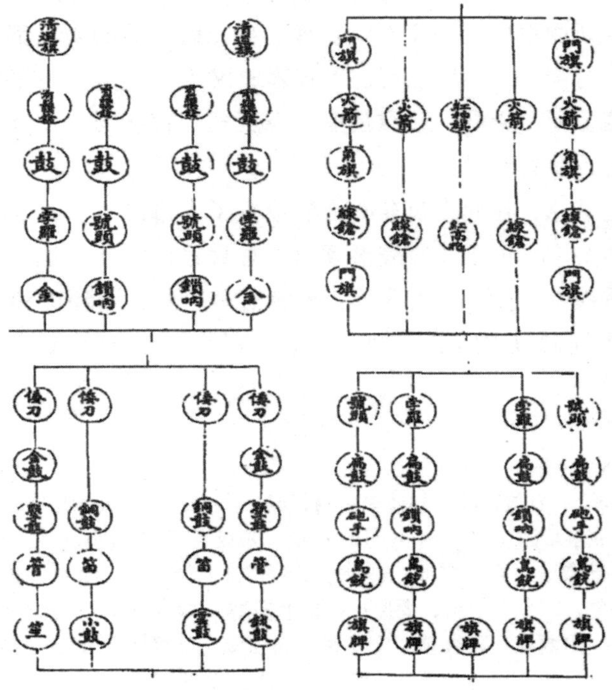

① 《练兵实纪》卷1，《练伍法第一・中军旗鼓》。

军中细乐具体应用于什么场合，因没有更多的文献此处暂存疑。

各种乐器作为号令传达功能是其军事实践过程中最主要的功能，旋律乐器的运用除作为号令传达的功能之外，还有一种用途：作为仪式的必不可少的音声因素，参与到仪式行为的全部过程中去，并对仪式的完成具有十分重要之作用。

二、明代军事实践用乐的全国一致性

“明以武功定天下，革元旧制，自京师达于郡县，皆立卫所。”① 明代形成两个基本政区系统——布政使司系统与都司卫所系统。布政使系统层级主要表现为行省—府—州—县；都司卫所系统主要表现为五军都督府—都司（行都司）—卫—所。这两个系统形成明代的两个基本政区统治网络。都司卫所管理的系统归属五军都督府，其所辖成员主要为卫所军户。明代这两种统治系统既有效地避免了地方割据的可能，又加强了边地与险地的镇戍力量。两种系统常常是犬牙交错，你中有我，我中有你。边地和边远之处则专设军卫以佑疆土，形成了多处军事飞地。这些军事飞地卫所则不但要负责当地的军事活动和军户管理，还要承担原属府卫州县的行政管理职责。都司、行都司、腹内卫所常与布政司、府、州、县同处一城，“都司、行都司只负责其相应卫所的军事活动及人口管理，在无府州县的实土都司、行都司或实土卫所地，都司、行都司、卫所也行使民政管理权”②。明代直辖疆域之外，尚有数量庞大的各种羁縻卫所、土府、宣慰使府、安抚司、宣抚司、长官司等与中央保持着松散关系的各种行政管理机构。

明代随战事之缓急，在北边及东南沿海设置了大量的卫所，西南西北卫所的设置则集中于各交通要道。由于北边战事频仍，总兵官出镇各要地，便形成了北边的九镇，也称九边重镇③。西南西北卫所和东南沿海卫所，因环境和文化的不同，其军事练兵存在着因地制宜之特点。例如《登坛必究》记载了夜里号令由大将临时

---

① 《明史》卷89,《兵一·序》。

② 郭红、靳润成:《中国行政区划通史·明代卷》上海：复旦大学出版社，2007：2。

③ 随各边地的战事缓急，九边有不同的专指。嘉靖前期九边指辽东、蓟州、宣府、大同（三关内附）、榆林、宁夏、甘肃、固原;《皇明九边考》（嘉靖二十一年）九边指辽东、蓟州、宣府、大同、三关、榆林、宁夏、甘肃、固原;《九边图说》（隆庆三年）则认为九边指辽东镇、蓟镇、宣府镇、大同镇、山西镇、延绥镇、宁夏镇、固原镇与甘肃镇;《经国雄略》认为九边指辽东蓟镇、宣府、大同、三关、榆林、固原、宁夏、甘肃；万斯同之九边为辽东、蓟州、宣府、大同、榆林、宁夏、甘肃、太原、固原。参看赵献海:《“九边”说法源流考》,《雁北师范学院学报》，2007（1）：40。

处分之事。“暮夜或笛或击小鼓子、铜盂子、小木之类声音可通一里余者，或使人长啸为应验，随大将临时处分。”① “恐贼军诈吾号令，即令诸军于相见之际一鼓一金，次二鼓二金，次三鼓三金，彼既同此相见，应即是吾军，然后合阵。否则番军，实时掩杀”，“昔闻鼓而进，今则闻鼓而反止；昔闻金而止，今则闻金而反进”。② 但是总体上，其军事训练所用号令和军中礼仪形式用乐，均与中央保持着一致。

（一）明代卫所练兵用信号乐器的全国规范

在军卫中，无论正军、舍余，军事训练是其日常的第一要务。明初通过大将赴各地练兵和班军京操、边操制度，使得全国军事训练体系和军事号令得到统一。军中号令的传达主要由军中信号乐器来完成。军中信号乐器“计其梆铃、板、钹、笳角之节，笙篥、唢呐、哱啰之音，起火、坐炮、卧笛之号，悉皆变队易伍出伏之节奏，分合奇正进退远近无穷不测之密令也。”③ “军中响器则有铜鼓、铙鼓、鼙鼓、仗鼓、鼛鼓、鼖鼓、鼍鼓之类，用虽不同，大抵壮逄（上鼓下隆）之势，彰震天之威。其大金錞钲、铙铎、号笛、笳管、觱篥、锁叭、哱啰、板钹、梆铃者，齐心听别昼夜用变率然之号，而奇正进退因之以分合焉。长六尺者曰角，五尺者曰蠡。蠡角之用亦皆神出没三军也。”④ 这是明代中期对军中信号乐器功用的详细记载。

无论是内外卫所，还是九边重镇，对这些信号乐器的功能性运用，已成为一种共识。这种共识是建立在长期的军事实践和军事训练的基础上，是长期的军事经验的总结。信号乐器的使用也是符合明代军事基本制度特点的。平常由各卫所武官负责军事训练，用军中信号乐器指挥军士进退分合，且定期于都司或者固定地点进行校阅。一旦有战事发生或者边地紧急，皇帝委派领兵官集中全国各地卫所军兵，带兵征剿，其军事号令，依然是要依靠这些信号乐器。再者，这些军事信号乐器首先是一种军器，其制作维护皆有国家委派工匠实施，其大小尺寸皆有轨范，其他人等不得私自拥有。《明实录》记载景泰六年，皇帝训斥华阳王私卖军乐器之事：

敕华阳王友堚曰，得千户买俊等首称，蒙王差赍奏赴京，有内使魏祥，传王令

---

① 〔明〕王鸣鹤：《登坛必究》卷15，《下急营法·立号法》。《续修四库全书》本，第959册，上海古籍出版社，2002。

② 〔明〕唐顺之：《武编·前集》卷1，《疑》，《四库全书》本。

③ 〔明〕何良臣：《阵纪》卷1，《教练》。《四库全书》本。

④ 同上。

旨，付银十两，令买铜喇吧，哱罗，号笛，并活套鹅项喇吧，大铜锣等器回用凡百。该用器物，国有定制，踰制而妄用者，是于祖训有违。王所令买器物，皆行师之具也。其于祖宗成训何如？今王差来千户既已举首，律同自首，悉置不究。敕至王宜动循礼法，毋或仍前妄妄为，庶几永全令誉①。

华阳王友堚令买铜喇吧，哱罗，号笛，活套鹅项喇吧，大铜锣诸器皆为师行之器。师行之器即军器，明代对军器的管理非常严格。《明会典》（卷一百六十六）《律例七·兵律一》载：

《私卖军器》：凡军人，关给衣甲枪刀旗帜。一应军器，私下货卖者，杖一百，发边远充军。军官卖者罪同，罢职充军。买者笞四十。应禁者以私有论，军器价钱并入官。军官军人买者勿论。

《毁弃军器》：凡将帅，关拨一应军器征守，事讫停留不回纳还官者，十日杖六十，每十日加一等。罪止杖一百。若辄弃毁者，一件杖八十。每一件加一等。二十件以上，斩。遗失及误毁者，各减三等。军人各又减一等。并验数追陪。其曾经战阵而有损失者、不坐不陪。

《私藏应禁军器》：凡民间私有人马甲、傍牌、火筒、火炮、旗纛、号带之类应禁军器者，一件杖八十。每一件加一等。私造者加私有罪一等。各罪止杖一百，流三千里。非全成者，并勿论，许令纳官。其弓、箭、枪、刀、弩、及鱼□、禾□、不在禁限。

作为军器的这些信号乐器的专属使用，是由国家的律法制度所规定了的。非军人不得使用，非军卫不得乱用。如果私相买卖、毁坏、摒弃、私藏均要受到相应的处罚。军事卫所使用这些信号乐器，是国家制度的规定，是由国家统一组织工匠制作而成。军士坐进行退，分合连纵，皆有成轨。按照军卒的规模编制不等，其所用信号乐器有所差异。《车营叩答合编》对此有详细的记载（见表24）。

表24显示，明代信号乐器在具体军营练兵时，因参与的士卒数量多少和规模大小而有所变化，同时也反映了信号乐器在具体练兵中的功用基本固定，这是军营练兵时实用军中信号乐器的使用情况。因其有统摄军兵，传递军令之功用，所以明代各种军事训练和实战中，这些军中信号乐器必不可少，它们由国家统一定制，并依制统一配发各军卫使用。

① 《明英宗实录》卷252，景泰六年夏四月乙酉。

表 24 《车营叩答合编》① 乐器功用表

名称	编制（人数）	信号乐器	具体功用	文献出处	备注
练伍	5	口呼	伍长口呼方圆曲直，统一字二字为号，或击筅一二三四五为号	p589.	若集营部哨队，听号令
练队	25	小竹木梆	方队者，号声用四	p598.	若集营部，听大号令
			圆队者，号声用五	p600.	
			曲队者，号声为一	p602.	
			直队者，号声用三	p604.	
			锐队者，号声用二。	p607.	
			一字队者，号声用连二又一	p607.	
			二字队者，号声用连二又二	p609.	
练哨	125	哨笛、小鼓、小金	方哨：吹笛一声，摩旗，鼓四声	p613.	若集营部，听大号令
			圆哨：吹笛一声，摩旗，鼓五声	p615.	
			曲哨：吹笛，摩旗，鼓一声	p617.	
			直哨：吹笛摩旗，鼓三声	p619.	
			锐哨：吹笛摩旗，鼓二声	p622.	
练部	670	喇叭、中鼓、中金	方部：喇叭一声，摩旗，鼓四声	p641.	若集营，听大号令
			圆部：吹喇叭，摩旗，闻鼓五声	p643.	
			曲部：吹喇叭，摩旗，鼓一声	p645.	
			直部：吹喇叭，摩旗，鼓三声	p647.	
			锐部：吹喇叭，摩旗，鼓二声	p648.	
练营	3450	各色旗帜金鼓、号器号炮起火	方营：营将放号炮或放起火，摩旗变阵，喇叭四声	p651.	若集大军听大号令
			圆营：营将放号炮或放起火，摩旗变阵，喇叭五声	p654.	
			曲营：营将放号炮或放起火，摩旗变阵，喇叭一声	p657.	
			直营：营将放号炮或放起火，摩旗变阵，喇叭三声	p658.	
			锐营：营将放号炮或放起火，摩旗变阵，喇叭二声	p659.	

（二）明代军中鼓吹的全国一致性

军事卫所制度不仅有军事镇守之功能，而且还承担着地方行政管理的部分职责。这种军管型政区建立之初无疑是以军事防守和军事保障作为其主要职能，因此，与地方行政管理体制下的民户和匠户为主要成员不同，卫所中其成员皆为军户。在明

① 《车营叩答合编》. 中国兵书集成编委会：《中国兵书集成》（第 37 册）北京：解放军出版社，沈阳：辽沈书社。1994。

代分户应差制度下，军事卫所的军户主要来自于归附、垛集、谪从。这些军户的主要职责为军事训练和防守。其分化而出的屯田、运输等职能，也是为更好地保障军卫的后勤供应。具有地方行政管理职能的实土卫所，还必须在军事职能之外，承担地方管理的各项事宜。既是腹内卫所，也必须要负责卫所正军舍余及其家属的经济与文化生活。这样，地方府州县的很多功能，在卫所中一样存在。

明代对军中鼓吹的规定，使得各地卫所官员的使用鼓吹必须符合国家制度要求。弘治朝巡抚雍泰被人告发，言其壻田聪，过保安、怀来二城时，指挥王忠、吴钺鼓吹迎送违制。① 明代擅用鼓吹罪按律则用杖刑。可知鼓吹乃是军中专用，一般是不能逾制的。成化六年监察御史郑已因“骑从鼓吹甚盛”而被皇帝谪充边卫。②

军卫迎诏接敕、三大节朝贺、鞭春牛、日月食救护、旗纛祭祀、文庙祭礼、社稷坛祭祀皆要用鼓乐，此鼓乐当然也要符合国家对相关仪式的用乐规范。军事卫所迎接诏书用乐，必然为军卫中之乐人所承应。祭祀仪式中的主祭、陪祭均有严格的规定，初献、亚献、终献参加者的顺序和其在卫所的身份地位相一致，主祭者往往是卫所之职位最高者，如果职位最高者有事不能与祭，则必然委派一名自己的代表，来代表自己行使职能。迎接诏书时“随品序列”，不敢有错，这既是一种身份的象征，也是国家统治秩序的政治要求。

明代军卫对军中鼓吹的使用和卫所仪式用乐必须符合国家的规范。从社会功能性用乐的实践来看，明代卫所用乐的全国一致性特征也是非常清晰的。“溥天之下，莫非王土；率土之滨，莫非王臣”，③ 各地卫所在行使祭礼或者其他相关礼仪时，因祭祀对象的不同其用乐相应有所变化，但是全国卫所在行使同一礼仪时，其用乐必然相同，这是国家制度使然也。

明代军中鼓吹制度必然使得各都司卫所的用乐呈现一致性特点，明代对卫所仪式用乐的规范，也使得卫所用乐呈现出全国一致性特征。明代的卫所制度下的各种军中用乐形式是明代军事用乐实践的主体，这种军卫用乐制度的全国性规范，显示出明代军实践用乐的全国一致性特点。

（三）明代军营和卫所乐人

《武编前集》言：“夜不收并吹鼓手共一百名，内中军官一员，千总官二员，把总官一十二员。合营共车二百辆，官军三千二十七员名，此一营之总会。”④《车营

---

① 《明孝宗实录》卷177，弘治十四年闰七月辛卯。

② 《明宪宗实录》卷81，成化六年秋七月己丑。

③ 《诗经·小雅·谷风之什·北山》。

④ 〔明〕唐顺之《武编前集》卷3，《第一立营总图》。

叩答合编·车营图制》载，骑营官兵共两千一百人，其中吹鼓手有八人；步营大约三千二百余人，吹鼓手大约有二十人；内营士卒共三千名，其中有吹鼓手四十一人。①《练兵实纪》记录了戚继光兵营的编制和练兵的方法。《练伍法》篇记录了骑兵、步兵、车兵、辎兵、车步骑合营、车步骑保结及中军旗鼓的训练方法。其中骑兵、步兵、车兵、辎兵营每营各有吹鼓手十六名，中军旗鼓仪仗有吹鼓手三十四人。②《杂集卷六》记录了车营、马营、步营、辎营的总人数和军营物质的数量③。现将二者数量列表如下：

表 25 戚继光练兵各营官兵与吹鼓手人数统计表

标营	骑兵营	步兵营	车兵营	辎兵营	中军
总人数	2988	2699	3109	1660	约 100
吹鼓手	16	16	16	16	34

将蓟镇练兵作为一个标准，大约每一百一十名官军就有一名吹鼓手。以上是蓟镇练兵京营的吹鼓手情况。戴金《皇明条法事类纂》载：

今后上下班沿途操军往来，不许成群作伙，恣意非为，扰害良善，敢有在于经过去处，强劫偷盗，抢夺财物头畜，杀伤人命，奸淫妇女，拐带人口，并作践人家田禾，强买铺店货物，占夺过往船车，砍伐园林桑枣树木，恃强凛弱，殴伤平人者，许被害之人赴所在巡抚、巡按、巡河并按察使、分巡等官员合干上司，或府州县并巡检司具告，就将违犯法之人擒拏到官，如法枷杻，差人押解兵部，转送法司究问。除真犯死罪外，杂犯死罪并徒流罪名，俱照先行事例，不分旗军、舍余人等，俱调

① “《车营叩答合编》载：骑营……金手一人，鼓手四人，锣手二人，摔钹一人，吹手八人，高招旗手三人，五方旗手十人，八门旗手十六人，清道旗手二人，号带旗手一人，赏罚旗手二人，金旗手五人，号炮手三人，内巡五人，巡察五人，巡视五人，医生一人，医兽一人，捕伍兵二十五人。步营……金手二人，鼓手二人，锣手五人，摔钹手二人，吹手八人，五方旗手十人，八门旗手十六人，号带旗手一人，赏罚旗手二人，令旗手五人，清道旗手二人，号炮手二人，内巡五人，巡视五人，医生一人，医兽一人，部将捕伍亲丁一百人。步营余奇一百一十人隶各营：……旗手一人，鼓手一人……”，“内营畸旅第二局授旗鼓杂器金手四人，鼓手八人，锣手四人，摔钹手四人，吹手十六人，门旗手十六人，四方旗手八人，大金手一人，大鼓手二人，大锣手一人，大钹手中央旗手二人……计兵：队长一百二十名，四旅战兵二千名，容旅权勇五百名，畸旅奇零五百名，通共三千名”。《车营叩答合编》. 中国兵书集成编委会：《中国兵书集成》（第 37 册）北京：解放军出版社，沈阳：辽沈书社。1994：33 ～ 37；65 ～ 66。

② 戚继光：《练兵实纪》，北京：中华书局，2001：14，28，31，42，50 ～ 51。

③ 戚继光：《练兵实纪》，北京：中华书局，2001：331 ～ 343 。

边卫充军，常川哨瞭，笞杖、笞罪各照常例发落。若该管指挥千百户，不行严加钤束，并故纵所管军人劫盗抢夺，并杀伤人命等项。重情者一体参提问罪，亦照先年事例，调卫边。其余钤束不严，并吹击喇叭锣鼓，虚张声势，警疑人民者，俱照常例发落。①

这是弘治年间京操、边操班军经由赵州时违法频频，为此兵部重申的处罚规定。文献显示轮班京、边操的各卫所军队，均有吹打喇叭锣鼓等军中实用性很强的信号乐器。《登坛必究》卷二十八《守城》条载："先于本城高处可以四面瞭视之地……日夜分班四瞭城外陆路号火铳炮，拨吹鼓手一幅八名，专执此处号令，不拘何事，不许差扯。"② 明崇祯时《梧州府志》记载："管操、领哨、千百户、总旗、小旗、书识、戍守差操、跟用听差、铳手、吹鼓手、泥水旗军、军匠、军士不一。"③ 可证，无论京操、边操，这些信号乐器，皆有各轮班卫所自带，卫所自然有相应的军卒执掌之。

明代军制，每卫大约为五千六百人，每千户所大约一千一百十二人。明万历刊本《琼州府志》记载了海南卫内辖五所，其中四所有"吹鼓手军四十名"，并注曰："四所各十名"④。海南卫辖内外共十一所，内辖五所，外辖六所，按每所十名吹鼓手的标准配置，全卫至少共有一百一十名吹鼓手，这尚是最为保守之统计，如果算上卫直辖吹鼓手以及在外守御百户所的吹鼓手数量⑤，估计海南卫属卫吹鼓手数量将至少在一百二十人左右，平均每一百一十名旗军将有一个为吹鼓手。万历时期的《南昌卫》记载："本卫中军吹鼓手一百三十二名"⑥，看来这个标准是比较可靠的。按照这个标准，考虑到误差，明代每卫军中吹鼓手数量大约为三十至五十名，每所

① 戴金：《皇明条法事类纂》，刘海年，杨一凡：《中国珍稀法律典籍集成》（第四册）北京：科学出版社，1994：349。

② 《登坛必究》卷28，《守城》。

③ 〔明〕《梧州府志》（崇祯刻本）卷12，《兵防志·班军》。

④ 《琼州府志》：海南卫指挥使一员、同知二员、佥事十员、镇抚一员、经历司经历一员、知事一员（今革）。卫令史六名、典吏十二名、镇抚吏一名、军器局司吏一名、卫堂护印军十名（五所各二名）、直堂二名、守大门二名（口所各一名）、库子馀丁一名、吹鼓手军四十名（四所各十名）、铳手八名、勾摄军十名（五所各二名）、指挥跟伴各四名（四所各一名，隆筑郡佥者加二名）、镇抚司跟伴二名、守禁十六名（四所各四名）、经历跟伴八名、巡捕四十名（四所各十名）、守大城门三门各总旗一名、军十名（今加兵十名）、子城三门各五名。《琼州府志》（万历本）卷7，《日本藏中国罕见地方志丛刊》，北京：书目文献出版社，1990：195。

⑤ 《琼州府志》还有海南白沙百户所有"吹鼓手四名"的记载。

⑥ 〔明〕《南昌府志》（万历刻本）卷9，《典制类·军差》。

则有七至十名左右。明代全国隶属都司的“卫”有四百多个，直隶都司的“所”大约有一百四十个，则全国卫所军中吹鼓手的数量大约在一万三千名到两万一千四百名中间。换一种算法，明代卫所军队总数大约有二百四十多万人，若参照海南卫的旗军与吹鼓手的比值110:1为准，则全国军卫中吹鼓手数量也在两万一千人。110:1的数值和戚继光蓟镇练兵时的数值相同。这仍然是一个极为保守的数字，因为数量众多的全国羁縻卫所的吹鼓手数量并未计算于内。

军中有专人负责信号乐器的使用和传递。《车营叩答合编·车营图制》载：“旗鼓官一员，司全营旗鼓。骑将中军官一员，司骑营旗鼓号令。步将中军官一员，司步营旗鼓号令”。① 此处旗鼓官和各营中军官主要管理军营金鼓旗帜、响器号令，平常则要督促检查吹鼓手，“比吹打，比下操号令”。② 各卫所军营对军卫号令必须熟悉，因其为战争胜利之关键。《阵纪》言训练经月，如果武艺不精或者不熟进退、不知号令者，不但要“治之以法”，相关伍、队长、千、把总、偏裨将也要连坐。③ 事实上，明代中期之前，军户大多生长于卫所，从小耳闻目染，对这些信号乐器自然再熟悉也不过了。

那么，这些军中吹鼓手的身份如何？从明代的分户当差制度来看，这些军中乐人可能分为两部分，一部分为军户，一部分为乐户。

《明太祖实录》卷六十一载，朱元璋准许晋王相曹兴所言“王府鼓手欲选民间少壮，虑为动扰。宜于太原等处汉军内选充”的奏请。④ 太祖皇帝北征曾赏随驾三千官军，其中赏赐“旗手卫旗鼓手领队者”“彩币表里一、钞百锭”。⑤ 这些军中鼓手可能属于军户。他们可能和其他军户来源一样，来自归附、垛集、谪从。《康熙万载县志》卷五载，明代万载七十一名守城哨兵中，有吹手九名。⑥《江西赋役全书·永新县》载有永新所有书伴、吹手十六名。⑦ 另据于志嘉研究，“南昌卫的吹手、局匠、火药、马军共正军一百六十二名”，吹手为军卫中专职，属杂役，所支月粮虽

---

① 《车营叩答合编》. 中国兵书集成编委会:《中国兵书集成》(第37册) 北京：解放军出版社，沈阳：辽沈书社。1994：33。

② 戚继光:《练兵实纪》卷4,《练手足第四》。北京：中华书局，2001：90。

③ 〔明〕何良臣:《阵纪》卷1,《教练》。《四库全书》本。

④ 《明太祖实录》卷61，洪武四年二月戊午。

⑤ 《明太宗实录》卷154，永乐十二年八月丙辰。

⑥ 《康熙万载县志》卷5,《武备》。清刻本。

⑦ 不著编人,《江西赋役全书》不分卷，台北：台湾学生书局，据明万历三十九年江西布政司刊本影印,《明代史籍汇刊》25，1970。

略有差，但与操、运、巡捕、局匠等原属正役军维持相同水准。① 宣德八年，皇帝诏减军卫余丁之在营者，“先是有言兴州卫军有挈其全籍丁男二十余人，在营避免赋役，下行在礼部会官议。请如旧制，除正军家属外，每军选留一丁协助，余悉遣归有司，以供赋役。于是行在兵部右侍郎王骥亦奏：内外卫所及各王府护卫、军旗、校尉、鼓手人等，余丁在营多者，往往类此，所司略不遵行旧制遣归，请通禁约，军丁在营，不得过二人，如有怙终不遣及遣而不归者，御史按察司治其罪，皆从其言，故有是命。”② 明代规定，军户正军在营者，可以带一余丁，余丁负责正军的衣食住行，余丁可以免赋役。其时，为避免赋役，内外各卫所及王府护卫等军旗、校尉、鼓手人等，多挈余丁在营。以至于“兴州卫军有挈其全籍丁男二十余人在营避免赋役”之事发生被人举报，朝廷不得不重视，重新强调“请如旧制，除正军家属外，每军选留一丁协助，余悉遣归有司，以供赋役”。这条文献显示，各卫所之鼓手为卫所正军，可以带一余丁协助。

弘治十八年十二月，“兵部覆议选军科道官葛嵩等所言修明武备事宜……谓团营将台设有令牌官、吹鼓手、直台军牢等役，各号头假此役，占三千余名。今宜遵照旧例，不许额外多留一人，违者举奏，数及五名以上，降调边卫……坐营内外及号头把总等官，拨有军伴，鬻放办银，又倍役见操精卒，宜申明禁例，违者劾奏参究，诏准议。”③ 从这条文献可以看出，吹鼓手乃属“见操精卒”，当属正军无疑。明熹宗时的一条材料也充分证明军中鼓手乃为正军之实：

总督京营恭顺侯吴汝胤等奉旨清查五军、神枢、神机、三备兵营各衙门执事等项，及三将台鼓手、拉旗、看厅、看庙、教习、勋爵应袭勋官等项，并大小将领原役军牢。三备兵营原册开各项执事官军四千五十四员名，今裁去冗役一千六百五十六员名，议留二千三百九十八员名，以充各项执事应用。三大营原册开军牢七千九百九十八名，今裁去冗滥三千七百一十四名，议留四千二百八十四名，以充各官银。从之。用二项，共裁去五千三百七十名，分发原营操练，其二项应留执事军牢六千六百八十二名，永为定额，得旨，依议行。④

恭顺侯吴汝胤清查军中冗滥，旨在精简，裁去五千三百七十名，仍分发原营操练，如此应留执事军牢编制得以固定。鼓手自是军中重要职役之一，无论回原营操练，

---

① 于志嘉：《卫所、军户与军役》，北京：北京大学出版社，2010：173。

② 《明宣宗实录》卷100，宣德八年三月壬午。

③ 《明武宗实录》卷8，弘治十八年十二月壬戌。

④ 《明熹宗实录》卷37，天启三年八月辛巳。

还是留下执事，其身份当为军户。

军中吹鼓手是否均属军户，当也有疑。鼓乐吹打乃是专业性极强的行当，一般人则恐怕很难遽人。军中列营吹打，三大节用乐，迎接诏敕用乐等，要演奏的曲目当必须符合定制。场所与功用不同，其用乐自然有别。按照明代分户当差制度，这一切均应为在乐籍之人所悉掌之差事，寻常军卒，恐难于应对。如此观之，明代军中吹鼓手，当有二类。一类乃属军户，主要操持军中信号乐器，如鼓、锣、角、哱罗等等，这类军中信号乐器较易掌握，大多为单一发音乐器或者是仅能发三两音之器，其主要功能在于军中将帅的号令传递。既使用于军中仪式中，当也只是重在营造气氛、烘托场面、彰显威仪。另一类则当为军中乐户。其所掌乐器主要为旋律性很强的诸如唢呐、笙、管、笛之类。这些乐器演奏主要为应用于各种军中仪式的曲牌音乐，并因场所、人员、事例之不同，其曲牌应用也不同。这类曲牌名目繁多，功用复杂，非体系内传承而极难掌握。军中乐户其来源之一可能为谪发。明《礼部志稿》卷十六云："万历十年议准：宗室如有奸收乐女与不良之妇为婚者，所生子女并选配夫人等及仪宾已授封爵禄米封号尽行革去，未受名封者不许朦胧冒请，新生者不许人玉牒，以混天潢。其妇女尽数逐出，乐工人等俱问发边远卫，永远充军。"① 这些充军乐工，其主要任务在于吹打鼓乐，因为明代军卫对于士卒选练有一定的要求，毕竟并不是所有人都能抡枪习射、舞刀弄剑的。再则配户当差也是国家的制度要求，不可能将本属社会底层的乐籍中人，充军发配为比其地位还要高很多的军籍。

《纪效新书》卷九载大营吹鼓手有：金鼓二副，钲二，摔钹二，哱罗四，喇叭四，鼓十二，（号）笛二，板二，细乐八，共享吹鼓手三十八名。值得注意的是这里有细乐八名。那么这些细乐的演奏者身份问题是否是乐籍中人？若非乐籍中人如何能够演奏这些并非一日之功便能习得之细乐？笙管笛中，尤其是管子，是极难掌握之乐器，非体系内传承恐怕极难掌握其技术。近几年我们在河北圈头村、河南新密超化村、山西省长治各县、北京房山北窖村等地做田野调查时，民间艺人多次提到管子的重要性和学习传承之难于掌握情况。再则这些细乐所奏皆为各种礼仪用乐，自然需要系统的学习，才能懂得这些用乐的应用场所和功能，这些皆为乐户们的知识体系，很难为军户所习得，另一方面军户也不屑于学习这些社会地位极其低下者所习之技艺。这些乐籍制度下的军中乐人是明代军事实践用乐全国一致性的重要保证。

---

① 《礼部志稿》卷16，《四库全书》本。

无论军中军户所掌之旗鼓信号乐器，还是乐户所掌之军中礼仪用乐，其所用所习皆为国家制度下的规范，因此明代军中用乐存在着一致性特点。总之，明代卫所练兵制度和卫所用乐制度，是明代军中用乐全国一致性的重要保障。这种一致性主要表现在：信号乐器功用的全国一致性和乐籍制度下音乐的体系内传承特点。信号乐器的全国一致性是与明代的军事制度和练兵制度关系密切。从信号乐器的制作、管理与惩罚制度可以得以证实。大军每日的开营闭营、大将升帐发放、以及军中其他礼仪形式用乐，涉及国家的礼法，其用乐属乐籍体系内的乐人承应，一般军中军户甚难习得。这两种制度保证了明代军中用乐的全国一致性特征。

三、鼓吹的下移与唢呐的民用化

军中鼓吹，在隋唐以前，即大臣非恩赐不敢用。旧时，吾乡凡有婚丧，自宗勋缙绅外，人家虽富厚，无有用鼓吹乐与教坊大乐者，所用惟市间鼓手与教坊之细乐而已，近日则不论贵贱，一概滥用。浸淫之久，体统荡然。恐亦不可不加裁抑，以止流兢也。①

鼓吹，军中之乐也，非统军之官不用，今则文官用之，士庶人用之，僧道用之，金革之器，遍于国中。②

以上两则文献显示：第一，明代早期鼓吹为军中之乐，为军中统军官所用，文官和士庶人等皆不得使用。第二，明万历时期，军中鼓吹遍及各地，无论文官武臣、宗勋缙绅、士庶僧道，皆可使用鼓吹。第三，明代军中鼓吹之乐器组合主要为金革之器。

明代鼓吹原由军中使用，如何在明代后期沦为全国庶民皆可使用？明代鼓吹原为军中统军官专用，如何后期文官系统也可使用？喇叭、唢呐原属军器，如何在明代中后期，逐渐为民间所用？

顾炎武言明代鼓吹之乐器组合主要为金革之器。按照八音分类法，革类为各种皮膜鼓类乐器。金类当为铜属乐器，如锣、角之类。《三才图会》之《器用篇》载：“铜角，古角以木为之，今以铜即古角之变体也，其本细，其末鉅。木常纳于腹中，用即出之，为军中之乐。喇叭，其制以铜为之，一窍直吹，身细尾口殊敞，似铜角，

① 〔明〕顾起元：《客座赘语》卷9，陆粲，顾起元：《庚巳编 · 客座赘语》，北京：中华书局，1987：290。

② 〔明〕顾炎武著，黄汝成集释：《日知录集释》卷五“木铎”，长沙：岳麓书社，1994：168～169。

不知始于何时，今军中及司晨昏者多用之。”① 《三才图会》还记载了唢呐的情况：“唢呐，其制如喇叭，七孔，首尾以铜为之，管则用木。不知起于何时代，当是军中之乐也。今民间多用之。”②《三才图会》完成于万历年间，此时唢呐已经普遍应用于民间。除《三才图会》之外的其他明代类书，一般不将唢呐列入音乐篇中。如刘胤昌撰写的《刘氏类山》、郑若庸辑《类隽》、刘仲达的《刘氏鸿书》、徐炬的《新镌古今事物原始全书》等。可知此时虽然唢呐已经普遍用于民间，但硕儒缙绅并没有将其视为民间该用之物，唢呐的军器性质依然存在于士大夫上层的共识之中。唢呐作为军器，也是鼓吹乐的主要代表性乐器。鼓吹下移民间的重要表征即为唢呐的民用化。下结合文献将唢呐由军器逐渐沦为军民共享之原因进行探讨，以探讨鼓吹乐下移的原因。

明人徐渭言曰：“中原自金、元二虏猾乱之后，胡曲盛行，今惟琴谱仅存古曲。余若琵琶、筝、笛、阮咸、响盏之属，其曲但有《迎仙客》、《朝天子》之类，无一器能存其旧者。至于喇叭、唢呐之流，并其器皆金、元遗物矣。”③ 刘勇等学者认为唢呐在元代时主要用于军中，其言甚是。④ 朱元璋在元末的统一战争中，随着实力和统治区域的扩大，以及蒙元降兵的增多，吸收蒙元各项军事制度，逐渐建立了自己的军事体制。作为军中号令的信号乐器唢呐可能也被其吸收应用于军中，或者说洪武年间至少在投降过来的蒙元军队，即“达军”中，唢呐已经在使用。永乐时期，唢呐正式作为军中信号用乐器出现在文献中。《明会典》卷一百三十四，《营操》载曰：

凡行军号令：永乐十二年令，凡军中遇夜，以各样大小铜角、笛声为号，不许声音相同。各听号声，识认队伍，不许叫营，违者论罪。但夜间有喧哗者，即问所起之处，及左右应声之人，与该管头目皆治以重罪；凡行营，须待大营旗纛起行，或听驾前铜角声，各营方许起行。

既然必须依照大小铜角、笛声为号，又不许声音相同，则其声音的组合形式就必然会高低有别或长短节奏有差，这就带来声音组合形式的多样性，但是这种多样性又不能完全脱离军队号令功能的实践。这种声音组合形式，必然要让军中每一个人都听得懂，这才是“明号令”之意义所在。这样才能够从军士到小旗，从小旗

① 王圻：《三才图会》。《续修四库全书》本。

② 同上。

③ 徐渭：《南词叙录》，《中国古典戏曲论着集成》（三），北京：中国戏曲出版社，1959：241。

④ 刘勇：《中国唢呐艺术研究》，上海：上海音乐学院出版社，2006：29～30。

到总旗，从总旗到百户，从百户到千户，从千户到指挥，从指挥到都指挥，从都指挥到总兵官，上下一体，军令明白，全军上下，务令遵守。永乐十二年的师行号令已经有“大小铜角和笛声”，笛声应该为唢呐，此后永乐十二年所发的军事号令便成为明代的军营律法，被后世所遵守。① 戚继光《练兵实纪》说道：“掌号笛即为吹唢呐。”② 隆庆三年六月庚子，兵部议覆巡视给事中李已、御史刘思问所陈大阅事宜时亦载：“开营将台上吹号笛。”③ 广东东部的中军班直至现在仍然称唢呐为笛。从当时军中用乐器来看，唢呐其时已经在军中运用，且为军中专用之器。《明实录》景泰六年夏四月乙酉日载：

敕华阳王友堚曰，得千户买俊等首称，蒙王差赍奏赴京，有内使魏祥，传王令旨，付银十两，令买铜喇吧，哱罗，号笛，并活套鹅项喇吧，大铜锣等器回用凡百。该用器物，国有定制，踰制而妄用者，是于祖训有违。王所令买器物，皆行师之具也。其于祖宗成训何如？今王差来千户既已举首，律同自首，悉置不究。敕至王宜动循礼法，毋或仍前妄妄为，庶几永全令誉。④

号笛乃军中常用之物，所谓“皆行师之具”。华阳王私命人购买，胆大妄为，买俊自首，按照《大明律》，显系自首不究。从皇帝敕书来看，恐怕这些器物皆没有成交就已经被告发，否则按照明朝法令，私下购买军器俱重罪。从这一条记载我们也可以推断，明朝前期唢呐恐怕只用于军中，民间尚未见有记载。华阳王尚且如此，其他民间众生，焉有敢以身试法者。唢呐的民用或者说唢呐由军中走向民间，至少应该是景德年间之后的事情了。它可能与明代的兵制变迁有关系。

明初朱元璋建立了系统的仪仗制度。从《明集礼》来看，唢呐在洪武朝尚没有正式进入仪仗，其时唢呐可能仅用于军中。唢呐用于仪仗最早应该在永乐年间。永乐朝曾数次北征，在永乐亲征北元过程中，五军营、三千营、神机营三大营逐渐形成。其中作为皇帝仪仗亲兵的三千营主要职责为“司宝纛令旗”。《明会典》载：三千营，提督内臣二员；武臣二员；掌号头官二员；坐司官五员；见操把总三十四员；上直把总十六员；明甲把总四员。坐司官五员：一司管执大驾龙旗、宝纛、勇字旗、（巾夫）御宝、及兵仗局什物等件，上直官军。一司管左右二十队勇字旗、大驾旗纛金鼓等件，上直官军。一司管传令营令旗、令牌、御用监盔甲、尚冠、尚衣、尚

① 明嘉靖间刻本《宣府镇志》将该行军法令载人“法令”条为军所必守。

② 戚继光《练兵实纪》卷3，《练耳目》. 北京：中华书局，2001：78～81。

③ 《明世宗实录》卷538，隆庆三年六月庚子。

④ 《明英宗实录》卷252，景泰六年夏四月乙酉。

履、什物等件，上直官军。一司管执大驾勇字旗、五军红盔贴直官军，上直官军。一司管杀虎手、马轿、及前哨马营、上直明甲官军、随侍营、随侍东宫官舍、辽东备御回还官军。① 嘉靖二十九年，更三千营曰神枢营。最早的三千营皆为投诚归附而来的蒙元士兵，唢呐既然为蒙元军队皆有的信号乐器，其拥有唢呐应当无疑。作为皇帝的仪仗亲军，唢呐既是军中信号传达的工具，又是军营鼓吹的主要乐器，其功用主要在于警严。

明代中期之后，由于文官系统在国家政治生活的逐步加强，嘉靖时期，原有武官镇守各地的制度，逐渐也出现了文官替代武官出镇现象。这就为原属军营武官专用的、以唢呐为主奏乐器的军中鼓吹，逐渐在文官系统也得以使用。此外，属于监察系统的各省巡抚本属文官系统，但是在明代中期后，也逐渐兼主各地兵事，使用鼓吹自然也是十分自然的事情了。《苍梧总督军门志》卷一载：

明兴，既平两广，各设都指挥使司、布政司、按察司领之。永乐始于广西置镇守内臣、总兵武臣。正统末，广东并置。是时，文臣又以侍郎、都御史巡抚赞理军务者，然亦止理一省耳。太子太保左都御史王公翱虽尝总督两广军务，而事已即归，又非永设者。迨成化元年，宁皇帝念诸夷煽乱又弗靖，命征夷将军都督赵辅、游击将军都督和勇充总兵讨之，而以浙江左参政韩雍有文武才，升都察院右佥都御史，赞理军务，太监陈瑄监督之。贼平，留瑄镇守，以雍提督军务，兼理巡抚旧两省……而雍专理军务。②

韩雍以文官出镇，专理军务，自然拥有军中鼓吹：

总督、总兵二府牙纛、令旗十面……画角六枝，金一面，响器一幅，共八件，大铜一对，湾喇叭一对，直喇叭一对，锁呐一对，大鼓两面，扁鼓十二面，铜更点一个，杖鼓二面，横笛一对……大鼓罩十二个，小鼓罩十二个，合共二十四个，以上用银四十八两九钱九分一厘六毫，遇推提督总兵官先期都指挥使司领银置造，候至南雄府呈送。

总府③：铜鼓，总府大小一十四面，梧州府二十一面；铜金大小六面；铜响器五十二件；小扁皮鼓六十面；杖鼓九架……④

明人王世贞撰《觚不觚录》言曰：

---

① 《明会典》卷134，《京营·旧三大营制》。

② 〔明〕应槚原辑，刘尧诲重修：《苍梧总督军门志》卷1，北京：全国图书馆文献缩微复制中心出版，1991：1。

③ 总府为总督府、总镇府、总兵府三府合衙办事所在。

④ 应槚：《苍梧总督军门志》卷1，北京：全国图书馆文献缩微复制中心出版，1991：17。

先明之制，惟总兵官列营，始举炮，奏鼓吹。而吾苏韩襄毅公雍，以右都御使，总督两广，开府梧州最盛。自是三边宣大之总督，以至内地带提督者皆然。若巡抚则不尔。生君代杨襄毅总督，驻密云，晓堂则不举炮奏鼓吹矣。云：杨公固如是，得非密云逵京辇，当稍从裁省耶？然自是以后，巡抚亦无不举炮奏鼓吹矣。①

可知此时，无论文武，总督巡抚皆有鼓吹。明代初年，只有总兵官列营用鼓吹，到明中期后，由于文官统军，而得以下移文官系统。考虑到明代的分户当差制度，明初对军户的规定非常严格，军户地位也非常特殊，至少在永乐之前武职官员的地位要稍重于文官。随着全国统治形式的逐步稳定，文官的地位逐渐上升，加之原归各都司卫所系统自己管理的粮饷转而由各地方布政司及府州县文职官员管理，武官的待遇和地位优势彻底丧失。② 文官统军并使用鼓吹，具有非常之意义。

明代中期以后，各地的农民起义反抗增多，原分布于全国的卫所旗兵脱逃者甚多。而清勾工作由于明廷政策的摇摆，而造成了很大的混乱，清勾工作十分艰难，军士逃亡现象十分严重，给地方安全带来极大的隐患。嘉靖间国防形势趋紧，兵员不足。各地防守吃紧，民壮弓兵与正军一起参与城镇的防守和日常训练。嘉靖九年十二月，巡按湖广监察御史傅鹗上条陈言“时校阅以振颓弱事”时曰：“夫行伍具矣，而不训练何益于用，今宜通行畿省抚按，各循旧例，官军与兵快人等，一体讲武较艺。”③ 明《（嘉靖）建阳县志》载：

本县民快二百五十名。成化初，兵部以天下卫兵耗弱，初籍民兵，兵之数视县大小而上下之。每兵二十五设总甲一人，小甲二人，然统驭不专，人不习战，殆成废器。嘉靖辛卯巡按御史虞君守愚，尝著为议，上之曰：“今之军伍即唐开元末年之府兵也，弱亦甚矣！不变不可，变之又足以启乱。窃谓不待变法面可以济弱为强者，计独有民兵耳。民因田而出闾阎，不知有征兵之扰；兵自食其田，官府不闻有馈兵之费。所司既得以时料简，而老弱难容役者又许其随田更代，而额数常足，此制法，善之善者也。如拘儒吏往往泥亲丁之说，拘包当之短，遂使有力者辄以家奴应名，即谓之亲兵，有无臂力技能，有司不问也。乡民间有佣市民自代者，则又皆柔猾便捷之徒。有司苟利其奔走，其有无臂力技能，尤不暇问，纵有其人又未免困于差遣，疲于迎送，然则其衰耗不整去，去今之军伍者几希矣，安望其为国捍御也，近年有司罔寻旧典，徒欲为减损。如宣城原编八百名，既减而半矣。今则一岁之中，又以

① 〔明〕王世贞：《觚不觚录》1卷，明宝颜堂订正本。

② 参阅张金奎. 明代军户研究［M］. 北京：线装书局，2007。

③ 《明世宗实录》卷120，嘉靖九年十二月乙酉。

四百分为两班，每班仅给银四两，是则应官者不过二百而已。于其中又大半役于府县，其荷殳执挺以备非常者，恒不满百人。他县愈不逮是矣，此为足乎？乏乎？民虽利于减银，兵实疏于防患，以考之知必不可谓宜急复生来之数，每岁给银七两二钱，而使偕聚于邑。若民病于银重，即当下令，凡户出兵者，量捐他役以恤之。兵不可以恒聚，春夏秋三时，则许其分番赴操，使尽力农亩，有事召之。仍令毕集冬月，则并班操习。犹必合数邑之兵而大阅之。庶人人习战，仓卒可用。至於选兵之法，要当责其土著，试使负重行百步外能二石者为中式，不及者黜，不然以强弓劲弩连发试之，苟资其勇健不当较其为亲丁与否也，遴选既毕，则登其年貌于册，书曰某也代某某也，自役常以二十受役，六十而罢。每五年则遍加阅视，而用前法汰补之，如此，则不惟兵收精锐，而一方恶少尽入吾网罗矣。兵强士锐，统驭为艰，故事每百人为四队，队设总小甲各一人，统于巡捕之丞，然丞不常任，或兼摄于县令，或别署以他官。号令不一，人心携二，猝有缓急，谁能用之？臣愚以为治兵之法，贵简而严。谓宜稍仿军制，每县四百人以上者分为四哨，三百人以下者半之，哨必置总名，曰哨总，每哨分为四队，队必置长，名曰小甲，兵统于甲，甲统于总，合诸总而约束之，非置长不可唐法兵，数百人者作团，其首名曰团长，统领征调，督率工役，合一邑之兵以听巡捕之号令者，皆团长职也。团长必于出兵之家择富力信义为乡里所推者授之，其次者为哨总。应役必以亲子弟，鳌兜衣甲必递加表异，取其能服众也。体统既定，然后以时教训，兵有短长，各令其专习，设未谙晓，即使能者转相教演，不数月中，足成精技矣。冬月则操三歇三，余时月操二日而止。兵有众寡，阵队亦异，要使疏密之间，足成行列，又宜仿河北南赣攒操之法，每岁命以季冬群赴于府，府巡捕合而演之，至月终，郡守亲临，大阅旌、别赏罚，而后遣。是日也，郡守以下皆以戎服从事，事竣则课诸县之殿最以报于抚按，其废而不举者，稍让加焉，训练有方又必养其锋锐，操演之外，惟逐捕奸宄则役之，修缮城池则役之，械送罪囚则役之，卫护敕使则役之，非此而滥役者，谓如弘治事例坐之。如此，则兵有余勇，其临敌也必争先请战矣。若夫旗帜器仗，旧皆众兵自给。臣谓宜授之，兵不宜重困，请粮征免编之田亩银一分。举一县积之多者可得千余金，少者亦不下数百。以编审之，年敛之于官，而使县巡捕掌之，稍取以治资装。后有凋败，兵自治之。余银则以茸教场、犒勇士，备不时之需。凡遇动支，县巡捕以申府巡捕，府巡捕为之转达，得请而后下之。盖以十年之中，不复糜费公帑，而军容亦得以常肃矣。疏上大司马以为计，便颁其法诸郡。①

---

① 〔明〕《（嘉靖）建阳县志》卷4，嘉靖三十二年刻本。

可知明民兵制度始于成化初年，但因“人不习战”，统驭不专，并没有形成多大影响，推测其时军器唢呐已进入民军。嘉靖十年，巡按御史虞守愚的奏疏，使各地民壮大兴。嘉靖二十九年十二月，夏邦谟等所陈“边备十二事”中言曰：“增苏州之兵。请于直隶八府各州县，量选民兵，号为义勇，仍将应解各省军俱改隶蓟镇。以训练责之兵备，校阅责之御史。”① 各地方志也记载了民壮弓兵参与城守和与正军一体练兵之事。各府州县均有练兵用教场，许多州县周边并无卫所驻兵，其城守除少量正军外，主要依靠民壮弓兵。于志嘉根据嘉靖《江西通志》计算了明代江西各卫所旗军舍余及各府民壮人数，其中旗军舍余共四万两千五百二十七人，操练旗军舍余共一万两千七百九十五人，屯种旗军舍余共一万六千九百零七人，运军一万一千三百五十四人，民壮则有四万零七百四十五人。② 民壮人数已经为操练旗军舍余的2.4倍。这些民壮与正式旗军共同编入军营，共同训练，共同城守。而民壮城守则有吹鼓手参与，例如《嘉靖建阳县志》载：

民壮器械：锣四面，五色旗二十面，牌二十面，飞虎旗四面，标旗四面，铳二十把，弓箭二十把，弩二十把，钯头三十六把，枪二十六把，钩刀三十六把。四门每门：令字旗四面，号铜四面，喇叭四双，唢呐四双，手铳四把，鼓十二扇，大铳二口，大黄旗一面，长枪八把，手弩四把，手铳八把，钯头六把，钩刀六把，挨牌二面，竹筅二十把，问棍二双，盘诘牌一面，大鼓一面。永安、永宁二门每门：长枪四把，手铳四把，钯头四把，钩刀四把，弩六把，竹筅八把，盘诘牌一面（以上大小旗牌，俱嘉靖己酉知县冯继科重制，四门大鼓则其创造者焉）③。

唢呐、号筒、喇叭俱成为民壮所用之器，如此，军中鼓吹之器便自然下移民间。另外唢呐流入民间也与明代中后期的募兵制有一定的关系。嘉靖时募兵制逐渐成为各地镇戍的主要军事体制。募兵制兵源较为复杂，很多即为当地民户，战时为兵，平常则散而为民。即使是原来的卫所守屯士兵，由于明中叶卫所屯政的败坏，“守屯之卒与农氓无异”④。这是作为军中专用鼓吹的军乐器流入民间的第二条渠道。

这些军中专用之器，也称“响器”。《苍梧总督军门志》载曰，总府有“铜响器五十二件”，此响器主要为军中鼓吹乐器组合之统称。《明宪宗实录》卷五十五载：成化四年六月，“镇守陕西太监刘祥等奏，开城县土达满俊即名满四等三百余人，抢

---

① 《明世宗实录》卷368，嘉靖二十九年十二月甲子。

② 于志嘉：《卫所、军户与军役》，北京：北京大学出版社，2010：24。

③ 〔明〕《（嘉靖）建阳县志》卷4，嘉靖三十二年刻本。

④ 郑善夫：《田制论》，《少谷集》卷21，《四库全书》本。

掠苑马寺官马，杀死土官指挥满壿所带官舍十七人，旬日啸聚一千余徒，披明甲，执弓矢，吹响器，势已猖獗。上命祥同宁远伯任寿，右副都御史陈价等量度贼情，速抚剿之。”①《明武宗实录》卷十四也记载了尚书张升都御史张敷华上书言及皇朝旧例，皇亲族属、姻党家人往来河道，吹响器，张旗号，需索人夫酒食车船之事。②隆庆三年礼部上大阅礼仪注时言：“上升辇，中军举号炮三，各营鼓吹齐鸣，卤簿及马战兵导从如来仪，钲、鼓、响器与大乐相应振作。”③ 明熹宗皇帝时，顺天巡抚岳和声奏言，顺义官兵“所有营房、盔甲、器械、车马、旗帜、响器各项动支永平库贮”。④ 明代响器主要指铜角和唢呐等乐器。至今中原许多地方民间尚有称唢呐班为响器班的习俗，这可能是明时对军中唢呐等铜制乐器称呼的一种民间称呼孑遗。

此外，洪武朝初期，朝廷常将投诚和归降的蒙元旧军聚族而居。“置洮州常阳十八族等处千户所六，百户所九，各族都管十七，俱以故元旧官韃韃等为之。”⑤洪武六年，“侍御史商暠招集王保保河南旧将士，得元参政副枢等五百八十余人，军士一千六百六十余人，至京师简其壮勇者为驾前先锋”；“命河南卫都指挥郭英招集故元将士，得七百余人，皆命分补侍卫”。⑥ 这些蒙元降兵属于特殊的军户，有事则参与兵事，无事不与当地卫所相辖属。其首领者品级较高⑦，一般为闲职军官。一旦国家有事，朝廷即征召他们率兵出征。这一部分人，在明代后期时，逐渐与当地民户相融合，其所用军中响器也随即进入民间。

通过上文分析，我们可以作如下结论：唢呐为金元军中专用信号乐器，明初达军通过投诚、归附、附籍等方式归入明军。永乐北征，达军三千营作为皇帝亲兵，主要职掌仪仗旗鼓。唢呐等作为仪仗用器，可能为军中所用。唢呐流入民间与明朝军事体制的变化有关系。由于文官统兵体制，使得鼓吹由武官专用，扩展到了文官体系。再因明代军事体制的变化，卫所制度的逐渐败坏，各地府县长官和民壮弓兵参与各地防守，募兵制的出现使得鼓吹、响器、唢呐等逐渐流入民间。至万历朝前后，出现了无论文武、士庶、僧道，皆可用之，“不论贵贱，一概溷用”之现象。

---

① 《明宪宗实录》卷55，成化四年六月辛亥。

② 《明武宗实录》卷14，正德元年六月辛酉。

③ 《明穆宗实录》卷36，隆庆三年八月甲辰。

④ 《明熹宗实录》卷40，天启三年闰十月乙未。

⑤ 《太祖实录》卷79，洪武六年二月庚辰。

⑥ 《太祖实录》卷80，洪武六年三月癸卯。

⑦ 明代为了吸引更多的蒙古军民投充，而专门制定了优厚待遇，其帅群归来者，往往比照人数的多少，给予较高的职级和待遇。

第二节　清代军事实践用乐

清代入关后，在统一全国的战争中，主要以八旗兵为主。全国基本稳定后，以八旗兵之一半戍守京师，剩余八旗兵则和绿营兵一起分驻全国诸要害之地。① 京营八旗训练各有章程，常川训练也是各地驻防兵的主要任务之一。雍正五年，开始对全国的军事训练做出了初步的规范。其下诸帝皆准世宗成命，直至咸丰帝时随着国外新式武器的进入，练勇乡勇的冲击，军事训练方式有了极大地变化。同治、光绪时期，新军借鉴国外的军事训练方法成为当时的军事训练之主流。和明代一样，清代军中训练和战争实践中，皆有用乐现象。本节拟以清代的军事训练阶段为基础，探讨有清一代军事训练用乐形式和特点。

依照清代军事训练的方式和特征，可将其分为两个时期、四个阶段：前中期的因袭与杂糅（顺治至雍正五年）、规范与稳定（雍正六年至道光）两个阶段；后期的分化（咸丰初年到同治三年）与突破（同治四年至清亡）两个阶段。清代军事实践中的用乐分期大致与清代军事训练的每个发展阶段相一致，每阶段均有用乐现象。由于时势之不同，其用乐组合和形式也有所变化。

一、清代前中期军事训练及其用乐

（一）清代前中期的军事训练

1. 因袭与杂糅：清代前期的军事训练

清军入关之前，非常重视八旗士兵的军事训练。皇太极即位建号后，逐步增设了蒙古八旗和汉军八旗。“对骑兵的训练尤其严格。训练内容包括培养士兵的勇敢精神，熟悉弓马技艺等。在费阿拉有很大的操场，天天操练兵马。练兵除演习枪、刀、骑、射外，还进行‘水练’（跳涧）和‘火练’。”②清兵入关后，八旗铁蹄踏破大江南北。在统一全国的征伐中，八旗士兵每得一地，便即将该地投诚明军改编为绿营，并使其与少量八旗兵一起驻防该地。清初直至顺治十八年，全国始逐步稳定。

---

① 王尔敏：《清代勇营制度》载：“有清一代军制，大致言，总括于八旗、绿营二种体系。以当日中央政府立场观之，原认定并确信只有此两种国家军制。虽至中叶有所变化，末叶有重大改观，然自始迄终在制度体系上一直维持旧贯。”《清季军事史论集》，台北市：联经出版事业公司，1980。

② 罗琨，张永山：《中国军事通史》卷16，《清代后期军事史》上册，北京：军事科学出版社，1998：103。

对于各地的军事训练和城防问题，顺治和康熙皇帝都非常重视。

顺治曾言："我朝原以武功开国，历年征讨不臣，所至克捷，皆资骑射。今仰荷天休，得成大业，虽天下一统，勿以太平而忘武备。"① 康熙更是多次对军事练兵作出申令，康熙四十四年曾谕松江提标副将俞章言等言："尔众武臣，当不时训练兵丁，教之骑射。倘安于怠忽，不加训练，朕不惟不贷尔等，即尔之提督亦不贷也。可谨志之毋忽。"② 康熙五十八年又言曰："操练兵丁、整理器械、应行令直隶各省督、抚、提、镇，严饬各营将弁。将所管兵丁不时操练，一应器械、加意整理。如有该营将弁废弛营伍，及该管上司徇庇不参者。俱照例议处。"③ 此时期虽然两朝皇帝均相当重视军营士兵的训练，但是两朝尚无暇顾及军事训练的规范性问题。当然朝廷也先后制定了禁旅和各地驻防军的基本训练制度和检验军事训练的方法。

八旗兵主要沿用入关前的军事训练方法，但是由于统治区域的扩大，八旗兵逐渐成为常设兵，并分为驻守京师的禁旅和分驻全国的驻防兵两种。禁旅练兵每月习练六次左右，每营春秋两次分操，每年秋季诸营会操一次。汉八旗鸟枪营每年春秋仲月始习射鸟枪四十五天，合操两次，每三年炮枪合演一次。其他诸营均于春秋二季合操训练。驻防各地之旗兵皆重日常训练，朝廷对此也有相应的制度要求。各地旗兵训练如同京营，皆有规制。④ 驻防旗兵分水师和陆兵两种，其水陆训练与绿营相同。

绿营兵分马、步两类。绿营陆兵以总督、巡抚、提督、总兵率本标官兵，进行操练。⑤ 其训练仍沿袭明旧，各地绿营兵在各地督抚的监督下⑥，每岁定期操演：申

---

① 《清世祖实录》卷48，顺治七年三月戊寅。

② 《清圣祖实录》卷129，康熙四十四年三月癸亥。

③ 《清圣祖实录》卷288，康熙五十九年六月己亥。

④ 《清朝通典》卷77，载："直省八旗驻防营以将军、都统、副都统，掌其教阅训练、骑射演放枪炮，并以时亲临阅试，第其优劣，以为赏罚。春秋合操均与京营同。"

⑤ 《清朝通典》卷77，载："陆路绿旗营总督所属为督标，巡抚所属为抚标，提督所属为提标，总兵所属为镇标，总督节制巡抚、提镇，提督节制镇标。"镇为各省绿营的最高编制。各标下设2、3、4、5营不等，另有协兵直接归属于各标统属。协之长官为副将，营之长官为参将、游击、都司、守备等。各协、营绿营兵或防守本营、或守城、或分防各自汛地、或驻守各塘。

⑥ 《中国军事通史》卷16，《清代前期军事史》言："清代的督、抚制度是在明代督抚制度的基础上发展起来的。清代的总督总管一省或二三省的军政与民政，巡抚则是一省的地方行政长官。大致是军事归总督，民事归巡抚，但巡抚也兼管本省的一些军务，未设总督的省份更是如此，而提督则属于听命于总督并节制各总兵的专职武官。督、抚、提及其以下的总兵、副将等皆设吏，办理绿营的各种事务。"

令本标官兵校阅于演武场。前一日，各营将弁，肃队伍赴教场豫立军幕。届日，黎明军士擐甲列阵，中军建大纛于场正中将台上，传令合操，中军扬旗麾众，台下举炮三，军中鸣角击鼓，步骑甲士列队行阵，施放枪炮，连环无闲，并如京营之制。若长枪、藤牌、扁刀短兵之属，各因其地之宜，以教士卒，皆有成法。阅毕，试材官将士骑射技勇，申明赏罚，犒劳军士，各释甲归伍。①

顺治朝穷于应付各地战事，无暇顾及各地旗绿兵军事训练的内容和方法。康熙时期，内臣之争、平三番、收台湾、中俄之战，亲征噶尔丹、多伦会盟、西藏问题等等一系列事件，使得康熙无有时间考虑军事训练的规范性问题。因而清朝初期，旗兵主要因循的是入关前的军事训练方法和内容；绿营则沿袭明朝的军事训练方法和内容。全国的军营练兵和军事实战方法和内容，尚没有得到规范和统一，各地均依据自己的传统和统兵官的认识，来主持营堂和各汛地的军事训练。从全国的角度来看，则呈现出多元杂糅的特点。

2. 规范与稳定：清代中期的军事训练

清代疆域辽阔，每地因气候、地形、物产、人文之不同，其军兵戍守和训练相应地也有所变化。但清初并没有结合各地具体情况对练兵内容进行规范，练兵主要是依据统兵将领的喜好和习惯来进行的。“大凡各处营伍，所习武艺，所用器械，操演队伍，向来原无一定之制，是以武弁到任，往往以己所好尚及素所熟习者操演，所属兵丁，间或学习未久，而接任官员，又另有意见，将从前所习者更改调换。”②对此，雍正皇帝甚知其缺陷，“兵丁之技艺，每视该上司之去留以为转移，非训练专精之道也”，并指出：“凡事久则熟，熟则生巧。宜令各省将军、督抚、提镇，因地所宜，酌定规制，永远遵奉。除骑射最为紧要、天下通行学习外，其余各种演习，着该上司会同通省大员，悉心斟酌，应如何操练，用何军器，详悉定议奏闻，令各营永远遵行，接任官员不得擅自更改。倘将来有应行变通之处，着具题请旨。如此，则兵丁各精其业，且使一省之中，彼此画一，将来或有调遣、会集之处，正可相资为用，于训练营伍大有裨益”。③ 自此之后，清代各地军营训练逐步规范，从训练内容来看，呈现出“全国丰富，分省鲜明”的军事训练特征。

---

① 《清朝通典》卷77。

② 《钦定军器则例》卷1。嘉庆二十一年兵部刻本。

③ 同上。

雍正皇帝除了规范军事训练制度之外，还对军事训练的检阅制度进行了规范。① 其后的乾隆又对其进行了完善。乾隆元年议准，因督抚离提镇辽远，不能亲身稽察者，各省营伍提镇等隔数年一次亲身察阅，并对各省督抚察阅制度进行了新的规定。② 嘉庆和道光皇帝对军伍练兵也多有诏谕。③ 皇帝对军事训练的重视，使得清代前中期的军事训练逐渐走向规范和稳定。这种规范和稳定，成为军中训练用乐规范之前提和保障。

（二）清代前中期的军事训练用乐

清代中期对军事训练的逐步规范和检阅制度的成熟，对提高各地旗绿营兵的技战术水平，起到了较大的促进作用。各皇帝对军事训练的重视，使得清代绿旗两营军事训练制度得以巩固。逐渐规范的军事训练制度，使各地驻防营汛的练兵实用之乐也渐趋稳定。

---

① “雍正五年复准，骁骑营校射以每月上旬逢四、逢八，中下旬逢三、逢八，共进行 6 次。该营春秋季节擐甲胄，步射 2 次，骑射 2 次。护军营每月校射 6 次，与骁骑营同。春秋二季验看骑射，官兵擐甲胄，马、步射一二次，三年一次考验甄别。同时还规定：每年校阅自七月十六日开操，至来年四月十六日停止；每年春季于二月十五日起，三月初一日止，秋季于七月十五日起，八月初一日止，各于本旗城上演习鸣海螺，委司官巡查；八旗大炮、鸟枪，由兵部三年一次奏请运往卢沟桥演放一月。八旗汉军每年秋季到卢沟桥演放火器。满洲八旗火器营成立后，也令每年秋季赴卢沟桥操演，并照火器营、护军营例，每三年考验一次。每年京营八旗官兵大操，必须在每旗于一处合操的基础上进行”。(《中国军事通史》卷 16，《清代前期军事史》，第 348 页)。

② 《皇朝通典》卷 77。

③ 嘉庆四年七月，谕内阁曰：“国家设兵卫民，各按地方形势，以定额数多寡，备操防巡缉之用，不可稍有短缺。”(《清仁宗实录》卷 48，嘉庆四年七月丁巳) 嘉庆五年谕内阁：“国家设兵，原以卫民，全在平时操练方能得用。第承平日久，文恬武嬉，各营伍将弁往往自耽安逸，竟不以操练为事，而该管上司，又复不加查察，以致日渐懈弛。……谕令各该督抚提镇，按数召募新兵，以备操防巡缉之用。自须勤加训练，悉成劲旅，一经调遣，即可得力。若仅以兵数充足，而不加之训练，仍属有名无实。转致虚縻帑项，着各该督抚提镇，务须随时认真操练，使之技艺娴习，悉成可用之兵，以饬营伍而重巡防。”(《清仁宗实录》卷 58，嘉庆五年正月辛巳) 嘉庆二十二年六月二十四日谕内阁曰：“近阅外省折奏操演兵丁情形，率举春、秋二操，有云夏令兵丁多务农功，恐妨其耕作者。此言大误！……嗣后各将军、督抚、提镇等督率将弁所辖兵丁，常川练习，不可稍有旷废，以肃军纪而励戎行。”(《清仁宗实录》卷 331，嘉庆二十二年六月丙申) 道光八年六月，针对承平日久，各地营兵自耽安逸，废弛军务之情状，皇帝谕曰：“着通谕各将军、都统、督抚、提镇，于驻防绿营将弁士卒，督率练习，务期一日有一日之功，一兵有一兵之用，断不可任其萎靡不振，无裨战守。经此次训饬之后，倘不痛惩恶习，实心振作，以致兵力渐形软弱，经朕觉察，定将该管大员，勿论现任、历任，一并从重治罪，决不宽恕！该将军、督抚等身受重恩，其加意策励，简练精严，以副整饬戎行、谆谆告诫之至意。并着将此旨各录一道，实贴衙署或教场，俾触目警心，日久无懈。”(《清宣宗实录》卷 137，道光八年六月乙酉。)

八旗和绿营兵为有清一代之经制兵，清代前中期的八旗军事训练和战阵用乐皆沿袭入关前旧制，绿营则承袭明制。下分述之。

1. 八旗战阵与训练用乐

清代八旗战阵和训练用乐主要体现在作为军中信号用之军乐器——海螺、鼓类、金类乐器。清人关前，每出兵必吹螺以为号令。明万历四十三年（1615）十一月，清太祖努尔哈赤“遣兵二千征窝集部东额赫库伦城。至固纳喀库伦，招之不服。遂吹螺布兵，拆其栅，越三层壕，攻取其城”。① 天命四年三月，明兵“自呼兰处回兵时，有我哨兵二十人见之，乃立于山上吹螺，作后有大兵状，将帽系弓梢，挥之喊噪而入，杀兵四十，获马五十匹，于是明兵大溃，夺路而走，自相蹂踏，死者约千余”。②《满洲实录》卷一，载有清太祖努尔哈赤大战玛尔墩之插图：

图22 《满洲实录》载八旗战阵用乐图

图右下可见吹螺士兵二。可知海螺为清入关前的主要军中信号乐器，在战阵中它的主要功能在于布兵列阵，多为战前之发兵信号。

入关后，八旗战守之法基本沿袭入关之前，其军中用信号乐器也相同。康熙在

① 《满洲实录》卷4。

② 《满洲实录》卷5。

谈及与厄鲁特的战争时言，“厄鲁特败，旋奔高山顶，遁于险恶处。因我兵排列太密，敌人乱放鸟枪，故有被伤者。且进退之际，海螺未鸣。此皆未熟于战阵耳”。①可见，入关后八旗兵进退战守仍以海螺为重要信号军乐器。

海螺作为重要的军中信号乐器，其主要功能在于排营布阵、聚散兵丁。《驻粤八旗志》卷四，《满洲汉军八旗合操阵式图说》载：

照部颁合操阵式，满洲、汉军八旗兵丁齐赴校场。……候将台初次鸣海螺，各旗齐入。二次鸣海螺，各纛下归站。三次鸣海螺，马步兵撒队。撒队毕，居中放信炮三，出将台两边，海螺撒至门纛下排列齐鸣，则队内海螺接鸣，将台海螺即止。②

日常驻守时其功能则在于晨昏聚操散营。《清朝通典》载：“凡给发军器。金鼓以示进退之节，海螺以定朝昏之聚散”。③

作为军中常器，兵部对海螺的操演有明确的规定。《钦定中枢政考·八旗》卷二十九《训练》“演吹海螺”条载：“八旗海螺由兵部行文，春季于二月十五日演吹起，三月初一日止；秋季于七月十五日演吹起，八月初一日止，兵部派员稽察。”④《广州驻防事宜》也记载了操演海螺之兵部定期，并记载了广州八旗驻防兵的演吹地点，“分设三门演吹。镶黄、正白、镶白三旗在东门城楼，正黄、正红、镶红三旗在西门城楼，三堂大人海螺并正蓝、镶蓝二旗，在归德门城楼演吹”。⑤一般每日演吹三次。《驻粤八旗志》对此也有记载，协领达绷阿“恪守旗制，勿忘本。每岁仲春仲秋，应令满汉兵登东、西、归德三处城楼，吹演海螺，每日三次，所以警兵众，豫备开操也”。⑥

海螺作为清代军中主要信号乐器，无论旗绿，均有使用记载。惟八旗更为重视。《清朝通典》载，康熙三十年：

定护军营八旗每旗各设海螺三十六，前锋营左右翼各设海螺八，火器营八旗每旗各设随炮海螺五，八旗鸟枪护军、鸟枪骁骑每旗各设海螺十四，骁骑营每佐领下各设海螺一，每参领下各设海螺二。汉军鸟枪营每旗设鼓一，金五。炮营每旗设鼓一、金五，藤牌营每旗设海螺五，……直省标营，金鼓、海螺、鹿角、藤牌、挑刀等项，视营之大小，兵之多寡酌设。⑦

---

① 《清圣祖实录》卷148，康熙二十九年八月丁酉。

② 《驻粤八旗志》卷4，《续修四库全书》本。

③ 《清朝通典》卷78，《军器制度》。

④ 〔清〕明亮等纂修《钦定中枢政考》卷29，《八旗·训练》，《续修四库全书》本。

⑤ 《广州驻防事宜》卷上，《器械》。

⑥ 〔清〕长善等修，〔清〕刘彦明纂：《驻粤八旗志》卷16，《续修四库全书》本。

⑦ 《清朝通典》卷78，《军器制度》。

军中海螺一般皆有各旗统领以下官员自备。《广州驻防事宜》卷上《器械》条言：“将军、副都统、满汉八旗协领、佐领、防御、骁骑校以上战箭兵共一万二千七百枝，自协领以下各官每员自备盔甲一幅，弓两张，腰刀一口，撒袋一幅，海螺一个。”同书卷一“官兵器械”条载：“铁铃铛四百零二个……海螺八十个（系各官自备）。”①

《钦定军器则例》所载八旗用海螺也皆为官兵自备。《钦定中枢政考》也有八旗汉军骁骑营各佐领自备海螺之记载，鸟枪营号令鼓，号锣，海螺也由各佐领自备。②

除海螺外，八旗兵在战阵和训练中还使用两种信号性乐器：金类和鼓类。《荆州驻防志》卷八《武备志·军器》条记载了荆州驻防的八旗官兵军器的数量，其中涉及军乐器的有：

将台鼓一面、锣二面，军鼓、锣各八面，金鼓纛二面，红旗二杆，战鼓一面，大纛一百十二面，海螺一百十二个，京锣一百八十面，铃铛一千四十八个。③

此处，将台鼓、军鼓、战鼓皆属鼓类信号乐器，将台锣、军锣和京锣皆属金类信号乐器。金类和鼓类乐器，依据其名称和使用的场所和功能的不同，其形制也应该有所不同，惜无文献见载。

《驻粤八旗志》卷四，《满洲、汉军八旗合操阵式图说》载曰：

照部颁合操阵式，满洲汉军八旗兵丁齐赴校场。……队内鸣金，枪炮即止。队内又鸣金二声，档木撤去，枪炮进至第十一进阶……出演汉军八旗步兵阵式，先于大队内分为四队。每队纛一杆，每纛下箭手驱旅一杆，牌手驱旅二杆。候红旗一展，信炮一声，起鼓，吹海螺即由大队内冲出，前进至疆界处。鸣锣一声，箭手驱旅抢出，纛前站立。箭手兵分队，听施鼓，由纛后冲出，呐喊摆列一字长蛇阵。牌手兵进至纛下分立。鸣锣一声，箭手兵侧身转脸。敲鼓、边各一声，各兵举弓。擂鼓，各兵呐喊齐射。鸣锣一声，箭手兵攒队站立。擂鼓、吹海螺，牌手兵呐喊冲出，摆列八义梅花阵。④

这里海螺、金与鼓类乐器均有不同的功用。《驻粤八旗志》还载有八旗练兵诸多阵图，图中多见金鼓类信号性乐器。下为《步营演阵图》⑤，图中战鼓和锣，其功

① 《广州驻防事宜》卷上，《器械》。

② 《钦定中枢政考》卷8，《绿营》，《续修四库全书》本。

③ 〔清〕希元原注，林久贵点注：《荆州驻防志》，武汉：湖北教育出版社，2002：125～126。

④ 〔清〕长善等修，〔清〕刘彦明纂：《驻粤八旗志》卷4，《续修四库全书》本。

⑤ 同上。

用是作为信号乐器，指挥军卒进退攻伐。雍正元年，皇帝谕曰："自古用兵之道首以申明号令为务……凡战阵之际，听掌号击鼓鸣金为进止。闻鼓不进，闻金不止者斩；遇敌进战，有回顾畏缩、交头接额、私语者斩。专司掌号击鼓鸣金之人，闻令即掌号击鼓鸣金，令止即止。违者八旗兵鞭责四十，绿旗兵棍责三十，临阵违令者斩。"① 相同的记录还载于雍正九年颁布的《军令》中。② 雍正九年（1731）发布的《军令》言："战阵之际，原凭䗍号，击鼓鸣金以为进止。若有官兵违令，闻声不边、闻声不止者，俱斩。"③ "今春秋二季、令八旗官兵、集于宽敞平原之地。排列阵势。鸣锣进退、以熟操练。"④

总而言之，八旗训练和战阵用乐主要在于信号的传递，主要的信号性乐器为海螺以及金类和鼓类乐器，和入关前相一致，并没有多少新的变化。

图23 《驻粤八旗志》载"步营演阵图"

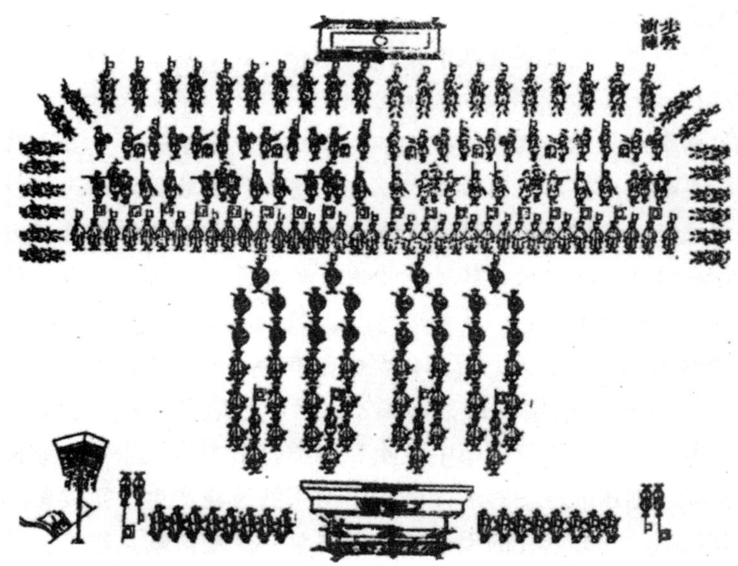

---

① 《清朝通典》卷75，《兵八·军令》。

② 《军令》："专司掌号击鼓鸣金之人，闻掌号击鼓鸣金之令即便掌号击鼓鸣金，停止之令即便停止。违令者，满洲、蒙古兵丁鞭四十，绿旗兵丁捆责三十棍。如遇打仗之时，违令者，斩。"（雍正九年满、汉合璧内府本）

③ 《军令》，雍正九年满、汉合璧内府本。

④ 《清圣祖实录》卷148，康熙二十九年八月丁酉。

2. 绿营战阵与训练用乐

清代初期绿营军事训练或战阵用乐皆沿袭明代旧制，乾隆二十二年开始对绿营军中用乐做出改革，绿营细乐遂弃之不用，形成了以唢呐、喇叭、铜号以及铜钹、铜点、铜锣、战鼓、大鼓、督阵鼓、得胜鼓等吹打类乐器为主的军中用乐实践。乾隆还对军中的乐人数量和军中鼓吹的应用层级做出了规定。

（1）清初的绿营军中用乐

清初，驻防各地的绿营军兵，其军事训练和战阵用乐，并没有随着明王朝的倒台而摒弃不用。除了将旗帜易换之外，其军营生活一如往常。这时期的军中实用之乐，和明代晚期一样，大致可将其分为三类：第一，以金鼓为代表的打击性乐器，其主要功能在于军中信号的发布和传达。第二，以唢呐、鼓角为代表的所谓军中鼓吹，其功用主要在于军中仪仗。第三，以笙管笛为主的所谓军中细乐者，其主要功能在于军中祀神祈福及迎接圣驾或圣旨。

（2）乾隆对军乐的改革

乾隆二十二年三月，乾隆皇帝南下杭州，见绿营兵丁奏笙管细乐以接驾，遂做出上谕言：

今日朕至杭州省城，其接驾之绿营兵丁，有奏箫管细乐者。夫身隶行伍，当以骑射勇力为重。戍楼鼓角，不过用肃军容。即古者，铙歌鼓吹之词，亦以鸣其得胜之气耳。若弹丝吹竹，技近优伶，岂挽引重之夫所宜相效？此等绿营陋习，各省均所不免，可传谕各该督、抚、提、镇等，转饬所属标营，嗣后，营伍中但许用钲鼓铜角，其箫管细乐，概行禁止！①

是为《禁止营伍细乐》圣谕。可知，至少在乾隆二十二年之前，军中细乐尚存于各地绿营之中。《禁止营伍细乐》圣谕颁布以后，各地绿营才逐步摒弃箫管等细乐。自此之后，绿营军中用乐仅剩军中鼓吹和各类打击类信号乐器。应该说乾隆二十二年皇帝禁止营伍细乐的圣谕对清代的军中用乐的风格产生了重要影响。其后的军中用乐形式和风格，一改以往的混杂，呈现出单一的钲鼓铜角组合，风格也呈现出粗犷和强劲之气。

除了禁止军中细乐之外，乾隆二十三年，朝廷还对各地绿营军中乐人进行了裁革，并对绿营辕门鼓吹的使用作了新的规定。《清高宗实录》载：

兵部议覆山西巡抚塔永宁疏称……绿营吹手粮四百余名，原供操演号令，乃平日皆令充辕门鼓吹，虚占粮名，且属僭越。应请除专营副参外，概不许用。至操演，

---

① 《钦定军器则例》卷一，《禁止营伍细乐》。《续修四库全书》本。

大营不得过五名；中小营分不得过三名。余匠粮悉裁等语。应如所请，通行各省遵照。又奏称，绿营陋习，无论大小衙门，皆设有传号、值旗等名目，甚至亲随伴当。每班至十数人。请嗣后按衙门大小，酌定名数，于目兵内轮流承值。其役使人等，在余丁内拣用。应如所请。武职衙门所用人役，务令酌定名数，并跟役在余丁内拣用。倘有将兵任意役使者，查参议处。从之。①

军中吹手，原供操演号令，平日则皆令充辕门鼓吹，辕门鼓吹则彰显威仪。清代分兵驻守各要地，各地驻防因地势和传统的不同，驻防兵丁各有参差。如不论官职大小，军中皆有鼓吹，确实也是一个问题，因此山西巡抚塔永宁疏称，辕门鼓吹有僭越之嫌，奏称鼓吹应该仅用于专营副将、参将以上，其下的游击、都司、守备以及千总、把总、外委皆不得擅用辕门鼓吹。即使是合该用鼓吹的武官，国家对何时何场所用鼓吹也有严格的规定，违者必严加惩罚。道光八年，参将吉祥保即因私役兵丁、违例用刑及擅用鼓吹事，遭人禀控，并被交部议处。②

绿营各协副将为从二品，各营参将为正三品，游击为从三品，都司为正四品，守备为正五品。这就规定了从三品以下皆不得有辕门鼓吹。而且将大营吹手定为不多于五名，中小营则不多于三名。这样的规定虽然确实减少了军粮的虚耗，对于山西驻防绿营可能在无战事时较为实用，但是却没有考虑到全国其他驻防绿营的实际情况。因此，这一政策在实践了五年之后，于乾隆二十八年又进行了调整。这缘起于陕甘总督杨应琚的一道奏章。杨应琚言：

河州镇属旧洮营，距镇甚远，番族环列。向设都司驻扎弹压，准用辕门鼓吹，出入鸣炮。乾隆二十三年，山西抚臣塔永宁奏准，游击以下不许僭用鼓吹。该都司一体停止。而该处番人，渐生藐玩。临番重地，体制宜崇。凡驻扎番境之营，准其照旧鼓吹、鸣炮。③

旧洮营远离河州镇营，属少数民族聚集地区，国家在此处驻兵的目的在于镇戍防变，以兵威镇邪吓小，鸣炮鼓吹皆在于警严。而驻守该地的最高长官为都司，为正四品武官，按照朝廷的新规，并不能拥有鼓吹。考虑到临番重地，体制宜崇，乾隆皇帝根据该地的实际情况和鼓吹之功能，准许了杨应琚的所奏，并推而广之，准

① 《清高宗实录》卷561，乾隆二十三年四月丙子。

② 《清宣宗实录》卷136，道光八年五月丙午。“谕内阁、蒋攸铦奏、审讯字识张显、禀控抚标参将吉祥保、私役兵丁。违例用刑一折。此案参将吉祥保、于向设办公兵丁之外。复添派二人当差。即属私役兵丁。且于素服不理刑名期内、辄将字识张显棍责。并出入衙署，擅用鼓吹。实属违例。吉祥保着交部照例议处。”

③ 《清高宗实录》卷699，乾隆二十八年十一月壬午。

许各地但凡驻临边地和番境之兵营，无论官职品位，准用鼓吹。

乾隆对军中用乐的两次改革，对于军乐的变化具有十分重要之意义。第一次改革，将明代以来军卫的军政化多元用乐进行了简化，使得明代后期以来军乐功能的异化，重新走向军乐的单一实用功能。明代以卫所为基本军队建制，卫所军户为军卫的主要成员。为了保证军卫的兵源之稳定及军队士兵长期驻守的军心和士气，明政府要求军户家属随军而居于卫所，这样使得卫所逐渐由单一驻防之军队功能，走向世俗的、多元的地方行政管理功能，并在明代中叶形成了明代特有的军政型政区管理体制。在这种体制下，军中鼓吹和多用于军卫祀神祈福的细乐自然成为卫所成员的重要用乐形式。改朝换代后，军队易帜成为新朝之绿营，由于习惯因素的影响，这些地域的用乐形式依然保留了前明的传统。雍正以后，各地卫所皆改为地方府县，相应的卫所军户也发生了变化。朝廷在各地设立专职的旗绿驻防兵，以镇戍各地。此时，军队的专事训练和防守性质得以突显，乾隆皇帝的禁止军伍细乐之举，并没有对军队的日常训练产生负面影响，相反，在某种意义上，更是强调了军中用乐的特殊性，将世俗和军中用乐的乐器组合进行了划定，彰显了军乐的严肃性和独特性。

乾隆皇帝对军中用乐的第二次改革，将逐渐俗化了的辕门鼓吹重新进行了提升，并于乾隆二十八年，根据各地统兵的实际情况进行了调整，将辕门鼓吹适用于各边地番境之重要军营，并深切认识到了军营鼓吹的功能。第二次改革将各营鼓吹人数固定为三至五人，规范了此后清代军营鼓吹的乐队组合和人员配置。当下各地所存的响器鼓吹，原也只有三至五人之乐队编制，西北原驻有军营之处，其鼓吹组合也多用三至五人。这对于我们回溯清代军中鼓吹乐具有十分重要之意义。

（3）清代绿营的全国用乐考察——以《钦定军器则例》为例

雍正皇帝对全国的军事训练进行规范以后，乾隆皇帝又对绿营军中用乐进行了规范，自此，清代绿营用乐渐趋稳定。《钦定军器则例》（下简称为《则例》）撰成于嘉庆十六年，嘉庆二十一年刊刻成书。《则例》一书，将“历年钦奉谕旨及内外臣工奏请事件，并各省水陆营伍今昔情形，稍异一切，配造军械及停修存贮之件，有宜酌量变通，以资利用者”，均“逐细增改载入”。《则例》是由兵部“通行内外各衙门，将水陆营伍、额设军械，详细查明，绘图贴说”，并令于文到日，统限三月内造册送部”，再由兵部委派熟谙司员，参酌核办，修辑而成。《则例》反映的是乾隆到嘉庆时期各地驻防兵丁的军器贮备和配置情况，其中也涉及到军中用信号乐器。该书能够比较全面的反映出清代该时期全国驻防八旗和绿营兵的军中实用信号乐器的一般情况，这些信号乐器的使用，基本能够揭示出全国驻防绿营的军中用乐情形。由于八旗驻防兵的用乐情况前已述及，本节主要探讨绿营兵的军中用乐情况。乾隆至嘉庆年间正是全国绿营实力较为强盛之时，其军中用乐能反映出清代绿营繁盛时的用乐实践。下试析之。

《则例》将全国直隶、江南、江西、浙江、福建、山东、山西、河南、四川、广东、广西、陕西、甘肃、湖南、湖北、云南、贵州十七省绿营所用军器及其修缮情况进行了详尽的记载（详见下表）：

表 26 《钦定军器则例》所载各省绿营军用乐器统计表

直隶	铜锣、铜号、铜钹、铜点、喇叭、唢呐、锡嗡筒、海螺、战鼓	广东	铜锣、铜号、号筒、海螺、湾号、战鼓、阵鼓、馒头鼓、号令鼓、大鼓
江南	铜锣、号筒、喇叭、铛子、铜钹、唢呐、战鼓、大鼓、阵鼓、海螺、筚篥、小皮鼓、铜嗡、湾号、操鼓、督阵鼓、箭鼓、更鼓、更锣	广西	铜锣、塘锣、铜嗡、铜点、铜号、湾号、号筒、唢呐、铜钹、铜鼓、海螺、战鼓、操鼓
江西	铜锣、铜号、喇叭、唢呐、海螺、督阵鼓、催阵鼓、摆阵大鼓、行营鼓、箭鼓、阵鼓、得胜鼓、更锣、木梆、铜铃	陕西	铜锣、号锣、铜号、蟒筒、战鼓、阵鼓、号令鼓、督阵鼓、海螺、铜钹
浙江	铜锣、湾号、直号、号头、铜鼓、铜点、铜钹、大筒、唢呐、阵鼓、大阵鼓、行营鼓、海螺	甘肃	铜锣、号锣、铜号、蟒筒、战鼓、阵鼓、号令鼓、督阵鼓、海螺、铜钹
福建	铜锣、更锣、铜号、长号、铜湾号、号头、唢呐、铜嗡、铜铃、大鼓、操鼓、战鼓、箭鼓、得胜鼓、号鼓、更鼓、海螺	湖南	战鼓、操鼓、大鼓、边鼓、得胜鼓、督阵鼓、铜号、唢呐、海螺、铜锣、铜钹
山东	铜锣、号令鼓、催军鼓、军鼓、阵鼓、铜鼓、铜号、喇叭、海螺、唢呐、铜钹、大锣	湖北	铜锣、铜号、铜嗡、铜钹、唢呐、督阵鼓、大鼓
山西	铜锣、铜号、海螺、队鼓、督阵鼓、大鼓、战鼓	云南	海螺、阵鼓、大鼓、铜锣、铜号
河南	铜锣、铜号、战鼓、海螺	贵州	队伍号、号令号、号令锣、号筒、唢呐、铜钹、海螺、号令鼓、大阵鼓、督阵鼓、操鼓
四川	号令鼓、阵鼓、海螺、阵锣、蟒筒、铜号		

除了上述各省绿营使用乐器情况外，《则例》还记载了清朝绿营水师的军用乐器情况。如金州水师营，额设每船金一面、鼓一面；广东省水师督标中、左、右、前、后五营，额设每船铜锣一面，鼓一面；铜锣为金的又一名称，可知水师的每一个最小战斗单位，均有定量的信号乐器。

以上资料显示，清代绿营军用乐器主要为吹打类。其中金类打击乐器主要有：铜锣（金）、号令锣、铜鼓、大锣、塘锣、阵锣、号锣、铜钹、铜点、铛子、更锣、铜铃；鼓类打击乐器主要有：号令鼓、号鼓、催军鼓、馒头鼓、得胜鼓、军鼓、阵鼓、大阵鼓、操鼓、边鼓、催阵鼓、摆阵大鼓、行营鼓、箭鼓、更鼓、战鼓、队鼓、督阵鼓、小皮鼓、大鼓；其他类打击乐器有木梆；吹奏类乐器主要有：筚篥、铜号、队伍号、号令号、喇叭、湾号、铜湾号、长号、直号、号头、号筒、大筒、蟒筒、铜嗡、锡嗡筒、唢呐、海螺等。按照乐器演奏的旋律性特点，吹奏类乐器还可以分为旋律性和非旋律性乐器。旋律性乐器主要有唢呐、筚篥（筚篥仅出现在江南省中，应是特例）；非旋律性乐器主要有铜号、队伍号、号令号、喇叭、湾号、铜湾号、长号、直号、号头、号筒、大筒、蟒筒、铜嗡、锡嗡筒、海螺（详见下表）。

表 27　绿营军用乐器分类表

乐器分类		乐　器　名　称
打击类乐器	鼓类	号令鼓、号鼓、催军鼓、馒头鼓、得胜鼓、军鼓、阵鼓、大阵鼓、操鼓、边鼓、催阵鼓、摆阵大鼓、行营鼓、箭鼓、更鼓、战鼓、队鼓、督阵鼓、小皮鼓、大鼓
	金类	铜锣、铜鼓、号令锣、大锣、塘锣、阵锣、号锣、铜钹、铜点、铛子、更锣、铜铃
	其他	木梆
吹奏类乐器	旋律乐器	唢呐、(筚篥)
	非旋律性乐器	铜号、队伍号、号令号、喇叭、湾号、铜湾号、长号、直号、号头、号筒、大筒、蟒筒、铜嗡、锡嗡筒、海螺

吹奏乐器中的铜号、队伍号、号令号、喇叭、湾号、铜湾号、长号、直号、号头，其名称可能也有重复，如号头又称为喇叭；湾号即铜湾号，直号是相对湾号而讲，则应为喇叭之别称；号令号为号头之别称，队伍号应为铜湾号之别称。①

以上这些乐器中，有些乐器因地域和语言、风俗习惯之差异，其名称可能亦有差异。例如阵鼓、大阵鼓、催阵鼓、催军鼓是否为一种鼓，因其应用功能不同而名称有异呢，惜无更多文献记载，只能暂时存疑。从乐器名称来看，有的是依照乐器的功用来命名，如队伍号、号令号、催阵鼓、摆阵大鼓、行营鼓、箭鼓、操鼓、更

① 各乐器的称谓因上报兵部时并没有一个统一的标准名称，因此很多乐器有同名称现象。本文仅依据附录中的各营乐器名称，比对分析而得出此种判断。

鼓、更锣等；有的是依照乐器的形制来命名和分类的，如大筒、大鼓、小皮鼓、湾号、长号、直号等；有的是依照乐器的制作材料来命名的，如蟒筒、铜嗡、锡嗡筒、铜锣等。这种分类的不一致，正说明了兵部在要求各地呈交这些统计材料时，并没有作统一的要求或者下发一些规范性的公式。即使下发这种公式行文，估计也只是在大的轮廓方面有要求，对于军器或军乐器的规范性名称这种细节性方面没作过多要求，因此各地在呈报兵部的统计资料时，均按照自己的传统或者具体承办人对乐器的认识来进行汇总。从这个方面来看，《则例》一书，具有非常重要意义，它保存了清嘉庆年间各地所用军器（包括军乐器）的原始记录，它反映了清代中叶各地军中所用乐器的真实情况。

我们可以对这些纷繁复杂、名称各异绿营军中用乐器试作分析。关于军中用鼓，《皇朝礼器图式》卷九载曰："鼓，木匡冒革，面径一尺六寸二分，中围一尺八寸二分，厚七寸二分，面绘龙匡绿缘，朱绘花文，上下铜钉，二层匡半铜环四，承以髹朱。架高三尺五寸五分，四柱相距二尺七分，绘花文柱半，各以铜钩附环，平悬之柱端刻花文，高四寸四分，下横木交十字，以枢合之，击以双木椎。汉军鸟枪营每旗一，直省绿营各随其地有差"①，并绘有乐器图式（见下图 24"鼓"）。从《则例》一书所载乐器来看，除了小皮鼓、馒头鼓、大鼓之外，其他鼓类乐器其名称则均显示了它的运用场所或者使用功能。例如号令鼓是传达军令的军中用信号乐器；催军鼓、催阵鼓、督阵鼓、摆阵鼓的意义非常明显，是配合旗帜传达部队训练或者实战时指挥士卒行为的信号乐器；得胜鼓是战争胜利或者训练、简阅结束回营时所敲击的信号乐器；操鼓应是与操练相关的乐器；箭鼓应是传达放箭命令时敲击之鼓；更鼓是晚间计时信号乐器，其他军鼓和战鼓可能是一种鼓类乐器的统称。

这些鼓类乐器可能在形制和发声方面存在着一定差别，毕竟敲击这些乐器是为了让士卒很快理解上级发布的军事指令，因此其敲击的声音必须有所差异，士兵才能分辨清楚指令的意义。至少战鼓、大鼓、督阵鼓、箭鼓、更鼓应该是不同形制的信号乐器，另外战鼓和号令鼓也是不同形制的两种乐器，因为它们多次同时载录于江南省的各营，因此，应该是不同类型的鼓类乐器。

得胜鼓常见于明清两代军营。其形制无文献记载，但在《皇朝礼器图式》和《大清会典》中，均记载了皇帝御用的"凯旋铙歌乐"之得胜鼓（见下图24），"木匡冒革，面径一尺六寸一分，中围五尺七寸八分，厚五寸八分，座为四柱，葫芦顶，

① 〔清〕允禄：《皇朝礼器图式》卷9，《四库全书》本。

铜镮悬之，柱高三尺一寸五分，匡髹以朱，通绘云龙，鼓衣红緞绿垂幨并销金云龙”。[①] 推测除去皇帝专用的云龙鼓衣与四柱绘龙图案，其大致形制应该与真正的军中用得胜鼓相去不远。

图 24 《皇朝礼器图式》所载鼓与得胜鼓

金类打击乐器和鼓类相似，其名称也多是与其功用有关系。如号令锣、阵锣、号锣、更锣等。其他大锣即为铜锣，铜鼓和铜点形制相似，惟铜鼓面径较大，铜点面径较小；铜鼓的厚度以及中间隆起部分也比铜点略厚大一些，铜点更象是缩小版的铜鼓。

铜锣也称为金，是金类乐器的最为主要之代表。刘熙《释名》：“金，禁也。为进退之禁也”。《皇朝礼器图式》载曰：“金，范铜为之。面平径一尺五寸三分，深二寸，旁穿二孔，以绳系于木柄提之，击以椎形如瓜，以韦为之，末穿蓝綫，汉军鸟枪营每旗五，直省绿营各随其地有差”。[②] 清代巡幸铙吹乐、凯旋铙歌乐用“金”，以及卤簿仪仗用“金”其形制和军中用金一致，仅在面径和厚薄上略有差异。

铜鼓，清朝文献中载有“凯旋铙歌乐”和“巡幸铙吹乐”所用之铜鼓（见下图），国家定制为：“范铜为之，形如金，面径九寸七分二厘，深一寸六分一厘，中隆起八分一厘，径二寸六分七厘，边穿圆孔二，以黄绒紃悬之，击以椎木，质通结黄线”。[③] 铜鼓至今仍流传与各地，如陕北榆林地区即有铜鼓。

清朝文献《皇朝礼器图式》载录了，“凯旋凯歌乐”、“巡幸铙吹乐”所用之

① 〔清〕允禄：《皇朝礼器图式》卷 9，《四库全书》本。
② 同上。
③ 同上。

“铜点”乐器（见图25）：“范铜为之，如铜鼓而小。面径四寸八分六厘，深一寸八厘，中隆起四分八厘，径一寸六分二厘，穿孔系紃，亦如铜鼓，击以椎，如镈钟击具之制。”①

图25 《皇朝礼器图式》载金、铜鼓、铜点、海螺图

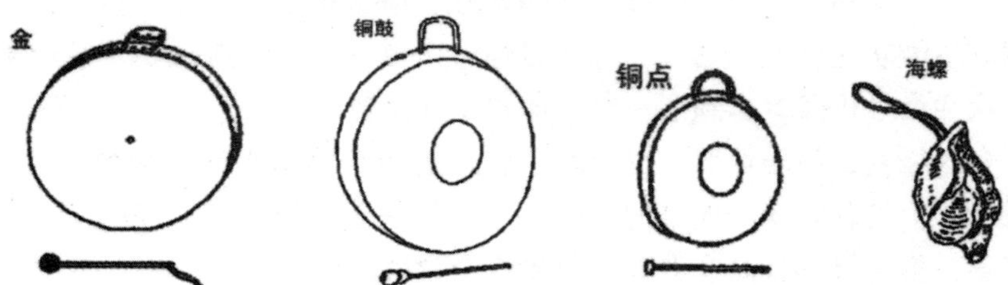

海螺，又称海蠡，“刳螺吹之，以为进止之节”。《皇朝礼器图式》记载说：“凡大阅设亲军海螺十二于纛前，设传令海蠡于台下，前锋营左右翼各八，护军营每旗三十六，骁骑营每参领二，佐领一，火器营随炮每旗五，鸟枪护军骁骑十四，藤牌营每旗五，直省绿营各随其地有差”（见图25）。

以上是部分绿营用军中乐器。除了注意这些乐器之外，还应该注意其具体编制。乾隆二十三年，对辕门鼓吹的人数做了原则上的统一，规定大营不得超过5人，小营3人。这里的鼓吹人数仅限于辕门鼓吹的人数，至于平时的训练和战阵中属于中军旗鼓管理的各项信号乐器之操持者，则是不敢消减的，毕竟这些信号乐器是军令传达的最为有效的手段和方法。但是从《则例》一书载录的情况来看，辕门鼓吹所用之器和军中信号乐器并没有完全分开登记，这是符合清代的历史事实的。乾隆二十三年山西巡抚塔永宁疏称，当时山西绿营吹手有四百余名，约合60名官兵即有一名吹手，这些人原供操演号令，平日皆令其充辕门鼓吹。② 这些吹手平日充辕门鼓吹，其主要任务是负责号令的传达。虽然乾隆二十三年后，各衙门专门充任辕门鼓吹的人数减少了，但是并不等于说操演时，操持这些信号乐器的人数也跟着减少了。如果这样的话，则操演号令必然不能通达于军。《则例》一书载曰：

太湖左右二营额……设副将一员……喇叭、号筒、唢呐二副，战鼓五十四面；洞庭水师营“额设第一号坐船一只……第二号令船一只，派官一员，兵十六名……旗帜九面，金锣二面，战鼓一面，号一枝，铜嗡一枝，海螺四个，铜钹一幅，唢呐

① 〔清〕允禄：《皇朝礼器图式》卷9，《四库全书》本。

② 《清高宗实录》卷561，乾隆二十三年四月丙子。

两枝。又第三第四……第十二号战操船战船十只，每只官一员，兵二十四名……金锣一面，战鼓一面海螺四个……巡船十只，每只派官一员……金锣一面，木梆一个。”①

太湖左右二营设副将一员，朝廷是允许副将拥有辕门鼓吹的。鼓吹有喇叭、号筒、唢呐二副，战鼓二十四面。这是符合朝廷的相关政策的。洞庭水师营拥有的金锣、战鼓、号、铜嗡、海螺、铜钹、唢呐两枝，应该也是符合相关政策的。也就是说即使洞庭营鼓吹应该额设三人，这么多信号乐器的使用，应该是不算在鼓吹乐人内的。鼓吹和信号乐器综合到了一起，却并没有违规。

以上全国绿营的用乐情况，也反映了乾隆的两次军乐改革的影响。第一，全国绿营用乐器中，箫管等属于细乐的一类，已不见踪影。第二，有唢呐、喇叭等鼓吹乐器的军营，多为级别较高或者地处险要或少数民族地区。

二、清代后期军事训练及其用乐

清代乾隆中期，八旗兵丁日耽于安逸，好逸恶劳，不思进取，乾隆皇帝甚为头疼，多次强调八旗练兵的重要性，但冰冻之寒，岂能一朝消解。嘉庆皇帝即位之初，八旗与绿营更是积弊重重，原来的军事训练制度逐步废弛。道光皇帝虽曾连下谕旨，严饬诸将训练操防，但积重难返，八十万旗绿经制兵形同虚设。② 鸦片战争，使得武备废弛的状况得以集中显现出来，也使得一批人开始了“睁眼”看世界。新式武器的引入必须要有全新的兵制与之配合，才能使之发挥出最大的功能。新军的产生，使得军事训练中的用乐也发生了全新的变化。

清朝后期新军和新军乐的出现，与其装备的变化密切相关。装备的变化源起于勇营之兵制，勇营是为了镇压太平天国运动而出现的。这样就构成了一个发展脉络：天平天国运动——勇营（湘军——淮军）——新军，新军乐随着新军兵制的建立而产生。在这个发展过程中，勇营是新军及其军事用乐实践变化的基础，天平天国运动则是勇营制度产生的原因。

本节分两部分，来探讨兵制变革前后的军事用乐实践。变革之前主要有两种用乐实践：太平军的军事用乐和曾国藩的乡勇用乐；变革之后的用乐主要指新军的军事训练用乐。

（一）分化与突破：太平天国和清代勇营制度之军事用乐实践

嘉庆以来的农民起义不断冲击着清王朝的统治，道光二十年（1840 年）开始的

① 《钦定军器则例》卷 24，《续修四库全书》本。

② 罗琨、张永山：《中国军事通史》卷 16，《清代后期军事史》下册，北京：军事科学出版社，1998：30。

鸦片战争极大地打击了清政府的傲慢与闭关自守之心态。清政府每年都在震荡和煎熬中度过，1851 年开始的太平天国运动，更是加剧了清政府的不安和焦躁，旗绿兵也已不堪，各地乡勇应时而起。这一时期的军事用乐实践主要集中体现于大清曾国藩等人领导的勇营和太平天国之太平军。

1. 清朝勇营军事用乐

因镇压太平天国需要而诞生了各地之勇营，勇营是除了作为国家经制兵的旗绿二军之外，最为重要的镇压太平军的部队，其主要代表是湘军和淮军。勇营逐渐取代了旗绿二营，成为此时期朝廷的主要武装力量。勇营约延续了三四十年，先后参与了镇压太平天国运动、收复新疆、中法战争、中日甲午战争等军事活动，对于挽救和延续清朝之命运以及近代军制的变革和发展具有十分重要之意义。①

勇营的军事实践用乐，可以分为两个阶段：湘军阶段和淮军阶段。湘军军事训练和战争中的用乐实践，主要沿袭明清的用乐旧制而略有变化。淮军前期的军事用乐实践和湘军相同。1893 年后，淮军逐渐引进了西方的武器装备，并按照西方的训练体制进行新的操演。其时淮军中的军事用乐实践，既保留了传统，又借鉴了国外军乐的特点。

（1）湘军的军事用乐实践

曾国藩领导的湘军是以明代名将戚继光的“束伍成法”为基本方针，而建立起来的一支“领导集中、指挥统一、组织严密”② 的武装部队。湘军在士兵的编组方面注意了冷热兵器的协同作战，其陆师的火器配比已经大于旗绿两营的持有比例。并在军中设立了营伍处和粮台等组织机构，增强了部队作战的机动性能和后勤安全保障。

湘军在士兵的拣选和训练方面借鉴了戚继光的方法，改绿营的世兵制为募兵制，并十分注重士兵的军事训练。曾国藩认为：“新募之勇，全在立营时认真训练。训有二，训士兵打仗之法，训作人之道。训打仗，则专尚严明，须令临阵之际，兵勇畏主将之法令，甚于畏贼之炮子；训作人，则全要肫诚，如父母教子，有殷殷望其成立之意，庶人人易于感动。练有二，练队伍，练技艺。练技艺，则欲一人足御数人；练队伍，则欲数百人如一人。”③ 湘军在军事实践中非常重视音乐的功用。这主要表现在两方面：第一，重视军营歌曲的作用；第二，重视军中信号乐器的使用。下分述之。

---

① 罗琨、张永山：《中国军事通史》卷 16，《清代后期军事史》下册，北京：军事科学出版社，1998：307。

② 同上，310。

③ 曾国藩：《批韩参将进春禀》，见《曾文正公全集·批牍》卷 2：54。

第一，湘军非常重视军营歌曲。

中国古代非常重视军歌的功用。明代戚继光曾亲撰《传烽歌》、《风涛歌》、《凯歌》等。《风涛歌》主要是使将士明白行军预知天气的；《凯歌》是嘉靖四十一年八月横屿大捷，戚继光于庆功宴上而作的歌曲①；《传烽歌》则是戚继光为士兵们熟记传烽号令规则而作的歌曲，其歌词为："千贼以上是大举，百余里外即传烽。贼近墙加黑号带，夜晚添个大灯笼。若是夜间旗不间，火池照数代旗红。贼若溃墙进口里，仍依百里号相同。九百以下是零贼，至传本协各成功。单用炮声分四路，不用旗火混匆匆。山海大墙皆一炮，石门喜曹两炮从，抬头松古三炮定，四炮燕马石塘烽。零贼东西一时犯，两头炮到一墩重。该墩停炮分头说，东接西来西接东。但凡接炮听上首，炮后梆响接如风。炮数梆声听的确，日旗夜火辨分明。"② 这些歌曲或教将士以行兵技巧，或传将士以军令规则。

湘军首领曾国藩和胡林翼等人皆以戚继光练兵之法，对招募的军兵进行训练。戚继光利用军歌，传达部队对士兵的各项要求和要遵循规则的方法自然为湘军所接受。曾国藩曾亲撰《爱民歌》、《陆军得胜歌》、《水师得胜歌》等，要求官兵皆能熟悉。这些军歌内容涉及到军营士兵的纪律、行军要求、战阵方法、训练的要点、军士与军官的关系等等方面。如《爱民歌》对军兵在扎营、行路、号令等方面要注意的事项进行了规定（具体歌词见附录）。《陆军得胜歌》、《水师得胜歌》对水陆行战、结营操练、出队打仗等方面，"在在如何，切要真诀，莫不委曲传出"，此两篇"语韵而新，理切而实，法约而详"，"诚使援此着之为令，令军士各抄一遍，遍饬将吏随时点背，不记者重责，遇有过犯，能记者免罚。诵到极熟之时，将人人眼内都有定见，个个心中都有主张。力不劳劝而自奋，心不烦约而自齐。所谓一人可役千万人，千万人可使如一人者也"。③ 另外，曾国藩还作有三首《保守平安歌》。其时太平军兵锋正盛，各地乡民兵勇有惧战情绪。很多地方太平军离其很远，便已谣言四起，这样不利于乡勇的士气和军心稳定。为此曾国藩撰写了《莫逃走》歌曲，并号召大家齐心协力，互帮互助，共抗敌兵（《第二要齐心》），还对操练武艺的方法和意义写成《第三操武艺》歌曲，进行传唱。这三首歌曲一起称为《保守平安

① 其歌词为："万人一心兮泰山可撼，唯忠与义兮气冲斗牛。主将亲我兮胜如父母，干犯军法兮身不自由。号令明兮赏罚信，赴水火兮敢迟留？上报天子兮下救黔首，杀尽倭奴兮觅个封侯。"（戚祚国等撰《戚少保年谱耆编》卷3，嘉靖四十一年八月，《续修四库全书》本。）

② 〔明〕戚继光：《戚少保奏议·戚少保奏议补遗》卷2，《条议·额设守堠军卒定编传烽警报法》。北京：中华书局，2001：232。

③ 〔清〕陈龙昌辑：《中西兵略指南》卷1，《营规》。《续修四库全书》本。

歌》(歌词见附录)。曾国藩还写了一首《解散歌》,以瓦解太平军的军心和势力(歌词见附录)。

湘军的这些军营歌曲歌词内容涉及到军营生活的很多方面。“其内容有平时的着装、军纪,武器的保管、保养,训练的要求、方法,行军时的顺序、侦察,营地的选择方法和营墙的构筑规格,作战时的兵力部署、指挥要领和各种情况的处置”,以及瓦解敌人和对待俘虏的方法,所涉内容和方面“几乎包罗无遗”,“起到了相当于条令和条例的作用,收到了良好的效果”。① 这些歌曲多是多年战阵经验的总结,例如《水师得胜歌》是咸丰四年八月撰制,是在湘潭、靖港、岳州、武昌、汉阳等战大捷之后,“水师之规制略定,将卒亦略谙水战之法,遂制为《水师得胜歌》,令士卒歌颂,口相习熟,冀娴其大略,而其临阵之神明变化,则有不能及也”②。《陆军得胜歌》是在咸丰六年创制,也是在部队有了一定的战斗经验后,根据实战需要而写成的。

总之,湘军非常重视军营歌曲的作用。歌曲的创制是针对士兵的实际情况而写的。许多勇营士兵多不识字,因此创作的歌词非常通俗,浅显易懂。内容涉及到军队生活的各个方面。军营歌曲语韵优美,易于传唱,在传唱过程中,士兵很快便能记住这些条规法令。湘军对军营歌曲的重视,尤超以前任一代。湘军的这种运用军营歌曲,来约束和提高士兵战斗力的方法,为其后人们认识军歌的作用和意义,开创了新的天地,也对其后北洋政府军和国共两党所属军队产生了重要影响。

第二,湘军重视军中信号乐器的使用。

湘军依照戚继光的练兵方法训练士兵,军中信号乐器自然非常丰富。反映湘军营制、营规和训练等情况的兵书《练勇刍言》卷一,对湘军每营、每哨、每队的基本编制作了记录。其中提到了每营、每哨均有信号乐器的史实:“八十五名为一哨,正哨长一名,哨旗一,护勇四名……鼓一、喇叭一”③;“五百八名为一营,每营四哨,外有中军、侍勇、壮勇、游勇各二队,均十二名为一队,营官自领之,所用军器由营官酌定”。④ 每营中有亲兵侍勇队负责唢呐和喇叭的训练和操持,壮勇和游勇

---

① 罗琨、张永山:《中国军事通史》卷16,《清代后期军事史》下册,北京:军事科学出版社,1998:328。

② 〔清〕王定安:《曾文正公水陆行军练兵志》,选自《晚清兵书八种》,《中国兵书集成》第47册,解放军出版社、辽沈出版社:875～876。

③ 〔清〕王鑫:《练勇刍言》卷1,《营制·每哨之制》。选自《中国兵书集成47》:736～737。

④ 〔清〕王鑫:《练勇刍言》卷1,《营制·每营之制》。选自《中国兵书集成47》:738。

二队有数名勇兵负责锣鼓乐器的习用，这些亲兵佩短枪或弓箭，与其他亲兵并无二样。① 其兵饷待遇比其他正兵每日还要多出一分，每月累计多三钱，月饷大约为四两五钱左右。②

《练勇刍言》将这些信号乐器和专做信号用的号炮一起称为“响器”。并记载了营中这些响器的数量：“三眼号炮，每营两杆，但小营非分出在外不用开放。唢呐每营两枝，喇叭每营中军二枝，每哨一枝。鼓每营大者一面，每哨小者一面。锣每营大者一面，更锣二面。竹梆每队一”。③ 按照每营五百零五人的编制，湘军每营共有信号乐器数量为：唢呐两枝、喇叭六枝（中军两枝，四哨各一枝）、大鼓一面、小鼓四面、大锣一面、更锣二面，竹梆三十八只（六亲兵队各一，四哨每哨八队，四哨共三十二个）。湘军的这种陆营编制先后用于次第建立起来的水师和马队，“以后的淮军、练军、防军、巡防队的编制无不以此为蓝本”④。

《练勇刍言》卷三《号令》记载了湘军使用这些军中“响器”的具体功用：

唢呐专用以传哨长、什长。吹一次，哨长齐来；连吹二次，哨长率什长同来；若吹唢呐兼放号炮两声，是满传哨长至散勇人人都来。

喇叭，有营中发的。如吹第一荡，伙勇一起煮饭；第二荡，通营一齐吃饭；第三荡，坐营则副哨长带领操习，行营则一齐拔营启行是也。有路间发的，如遇前有险阻，则发喇叭一长声，令各勇戒备；连发数长声是急催各勇前进是也。有阵上发的，如或酣战时，或伏兵突出时，发喇叭作天鹅声，令各勇一齐呐喊是也。

鼓以进兵。击三通鼓则各勇均须戒严，击鼓边是教枪炮手准备，击边时忽从中重击一声，始可开火。放炮一、边鼓忽急催，是让刀锚向前奋杀。急催时忽稍缓、略缓、复急催，是更替接战。进之缓急，以鼓之缓急为节。若临阵变化之鼓，则另有说。即锣亦然。又打更者亦击鼓。

锣以退兵。战时忽鸣锣三声，便须顿住；连鸣不止，方收兵退回。锣忽歇，又要回头，顿住。再鸣，又退。如不再鸣锣，而又击鼓，仍要奋勇前进。退之迟速，以锣之迟速为节。若非打仗时而鸣锣，则必有大号令发下，各勇均须静听。又打点

---

① 〔清〕王鑫：《练勇刍言》卷1，《营制·每营之制》。选自《中国兵书集成47》：738。

② 依据《清代后期军事史》下册《陆师饷章》算出，具体见《中国军事通史》卷16，《清代后期军事史》下册：320。

③ 〔清〕王鑫：《练勇刍言》卷1，《营制·响器之制》。选自《中国兵书集成47》：740～741。

④ 罗琨、张永山：《中国军事通史》卷16，《清代后期军事史》下册，北京：军事科学出版社，1998：315。

者亦用锣。

竹梆夜中用以击更，陆续递击不可丝毫杂乱。这更毕，将起那更，则一齐急击十二声，然后按更击之。吹第二荡喇叭，各棚齐击梆一遍，以二十四声为度，然后吃饭。①

这里唢呐的作用仍和绿营所用相似，一般为大小二枝为一幅，主要有着升帐开营，发放任务之意。喇叭则在坐营、行营、和战阵等三种不同情况下，其吹奏号令也不同。锣鼓则保持了中国传统军用信号乐器的功用，所谓“击鼓向前，鸣金收兵”。但具体运用时也有不少变化。竹梆用以夜间击更或队与队之间的联络。

湘军在军营中用军营歌曲来传播作战和训练常识，以及军营军纪和作战条例，对于近代以来军歌的繁盛，具有重要的开拓之功。湘军在战阵中对信号乐器“响器”的使用，依然沿袭了明代戚继光的练兵用乐方法，但在具体运用中，结合清朝的规定，有所变化，使其更为简洁和快捷，便于士兵习知和掌握。例如营中不设细乐，这是符合清廷的规定的。再如将原来戚继光时哱罗的功用简化，并由喇叭来替代。运用不同的信号乐器来传达军中号令，是湘军军中用响器的目的和基本方法，这种方法伴随着新政和新式装备的到来，也发生了很大的变化。

（2）淮军的军事用乐实践

淮军是1861年底，李鸿章奉曾国藩之命，为保卫上海，在安庆招募以安徽乡勇为主的勇营。淮军的骨干力量是由湘军调拨而来，成立之初，有十三营六千五百人组成。1864年8月，淮军发展为一百四十营，约七万人。镇压捻军时是其最盛时期，约十万人，后裁至四万人，分驻直隶、山东、江苏、湖北等地。“淮军还参加了中法、中日战争和反对八国联军侵华战争，在长达30年时间内，它始终自成一系，成为清政府的重要军事力量。”②

初期淮军的军制与湘军相同，自然其军中用乐和军事练兵用乐也同于湘军。在同与“洋枪队”协同作战，共同镇压太平军的过程中，李鸿章意识到了新式武器的重要性，便逐步对淮军各营进行换装，到1871年，淮军全部更换为新式枪炮。随着新式武器换装的完成，军事训练和军事编制也发生了很大的变化。淮军为了充分发挥新式装备的有效性，聘请了英、法、美等国家职业教官进行训练，并开办了军事

---

① 〔清〕王鑫：《练勇刍言》卷1，《营制·响器之制》。选自《中国兵书集成47》：756～758。

② 罗琨、张永山：《中国军事通史》卷16，《清代后期军事史》下册，北京：军事科学出版社，1998：332。

学堂。此时的淮军军事训练用乐开始逐步和西方接轨。

淮军在练兵时已经注意乐器与阵式变化之关系。要求各军习演阵式时，各号手必须参与，以使各勇熟悉号令，有利于指挥。各军的吹号之勇，每天必须进行相关阵式号令的习练，一般情况下，在每月的单日，各营号令随官长齐集操场，由总号令教习马、步、炮各种阵式号音。① 双日各营号令在本军练习。一般每日练习两次：中午十二点至两点钟练习一次；晚上亦练习两个时钟。主要练习各阵式变化所需号音。这种时段和号手练习的内容既练习了号手的技能，又使得勇营士兵“听闻娴熟，临场之时易于调度”。②

淮军比较注意“训”与“练”的结合。“训”在于人心，“练”在于技能。《淮军武毅各军课程》载：“单日由哨官时以忠勇之言，开导各目勇，使其蹈矩循规。兼令号令吹马步炮各队号音，俾其听闻娴熟，临事易于调度。”③ “单日各官长，双日各排长，均于午前齐赴统领操场习演两点钟，马上分合聚散，步下站转走各法，及问答各种号音。”④

和湘军一样，淮军也十分注意军营歌曲的重要功能，仿照湘军的军营歌曲，新制了淮军军营歌曲，以使士勇遵守淮军军纪和熟悉各项条例。例如淮军“盛字营”创制的《盛军勇歌》言：

三军听我苦口说，教你当勇十妙诀；第一莫结哥老会，哥老会是斩头罪；三个成群五结党，是你自家投法网。第二切莫闹粮饷，军令森严莫乱闯；筹饷本来非容易，稍有迟发莫作声。第三切莫出怨言，我带兵勇已数年；未冷为你制寒衣，有病捐资替你医。第四切莫混出营，无事不准四乡行；奸淫掳掠罪极大，人调你妻依不依？第五切莫吸洋烟，吃上瘾来祸患连；两眼泪痕双鼻涕，皮黄骨瘦真晦气。第六切莫贪嫖赌，嫖赌之人终吃苦；好嫖必害杨梅疮，久赌神仙也是输。第七技艺要勤操，操了矛杆又操刀；洋枪磨得明晃晃，免得临事上阵慌。第八同伴要和好，此需小事莫争吵；你肯让来我肯让，大家同心好打仗。第九买货要公平，不可恃众欺商民；民将本来求利，为何要受你的欺？第十你要学礼貌，遇见官府需避道；在营早晚站个班，朔望官棚请个安。⑤

---

① 〔清〕聂士成：《淮军武毅各军课程》卷1，《律规操章》。选自《中国兵书集成》48册：792～793。

② 同上，790。

③ 同上791。

④ 同上，792。

⑤ 《安徽省志 · 人物志》，31。

这明显是模仿曾国藩的《得胜歌》而写的作品。

总之淮军脱胎于湘军，虽然在新式装备和训练方法上和淮军有很大的不同，但是由于军制并没有变化，使得其军事实践中的用乐并没有完全脱离湘军的体制，其具体用乐可能已经有西洋乐器的参与，惜无更多的文献记载。

2. 太平军军事用乐实践

太平军以1860年天京内讧为界，其军事体制分为前后两期，前期按照《周礼》以“五人为伍，五伍为两，四两为卒，五卒为旅，五旅为师，五师为军”的组织原则，组成太平军军事体制。后期军制为队营和旗军制①。太平军军事体制较为严密，具有“层层节制，分合咸宜”的特点。② 太平军非常注意士兵的军事训练，在军事训练和实际战阵中使用梆、锣、鼓、角等信号乐器作为传达军事号令的手段。

太平军1852年刊刻的《太平条规》，作为太平军的军纪，为军民所共同遵守。其中《营规十要》之第六要曰：“谙熟日夜点兵、鸣锣、吹角、擂鼓号令。”③《行营规矩》之第四令曰：“号角喧传，急赶前禁地听令杀妖，不得躲避偷安。”④ 见太平军行军打仗俱要用锣、鼓、角等信号乐器。

锣、鼓、角、梆是太平军经常使用的信号乐器，它用在军队的各个环节。辑录东王杨秀清所定太平军行军、扎营、传令、查察等九种号令的《行军总要》，对太平军军中使用信号乐器有详细的记载。现依其记载，对太平军所使用的信号乐器试做探讨如下。

（1）太平军陆路行军所用信号乐器

太平军规定，“凡为佐将者，先要令各军军帅，设立锣梆号令”⑤，并使各兵士熟知这些锣梆号令，并遵循号令行事。《行军总要》还对陆路号令具体运用做了规定：

前一军，则用一点锣，一点梆；前二军，则用一点锣，二点梆；前三军，则用一点锣，三点梆；前四军，则用一点锣，四点梆；前五军，则用一点锣，五点梆；

---

① 罗琨、张永山：《中国军事通史》卷16，《清代后期军事史》下册，北京：军事科学出版社，1998：268。

② 同上，304。

③ 《太平条规》，选自《晚清兵书八种》，《中国兵书集成》第47册，解放军出版社、辽沈出版社：587。

④ 同上，590。

⑤ 《行军总要》，选自《晚清兵书八种》，《中国兵书集成》第47册，解放军出版社、辽沈出版社：672。

前六军，则用一点锣，六点梆；前七军，则用一点锣，七点梆；前八军，则用一点锣，八点梆；前九军，则用一点锣，九点梆；前十军，则用一点锣，十点梆；后一军，则用二点锣，一点梆；后二军，则用二点锣，二点梆；后三军，则用二点锣，三点梆；左一军，则用三点锣，一点梆；左二军，则用三点锣，二点梆；左三军，则用三点锣，三点梆；右一军，则用四点锣，一点梆；右二军，则用四点锣，二点梆；右三军，则用四点锣，三点梆；中一军，则用五点锣，一点梆；中二军，则用五点锣，二点梆；中三军，则用五点锣，三点梆；其余依次类推。①

夜晚行军扎营极易造成混乱，对此太平军利用这些信号乐器，能够使各军兵士顺利回归本旗。"若今晚到某处扎夜，其各军军帅衙长夜俱要照打本军应打锣梆点数为号。又命差尉数人，在于来路总口插本军大旗一条、锣一面、梆一个，各打本军应打锣梆点数，待各军兵士随后一到，听得路口有本军锣梆之声，便知本军在何处扎夜，各各尽投旗下，以便指引回营。又令师帅旅帅至两司马，每扎夜时俱要到军帅衙中，一则可听军帅号令，二则各兵士到军帅衙，一见卒长两司马到来，便知方向回营。"②

（2）太平军水路所用信号乐器

太平军水路行军和陆军一样，也充分使用这些信号乐器作为军中号令和各营的标识。白天则使用旗帜相认和联系各军，晚上则专以梆锣为号，以区别各营。其具体规定为：

丞相为佐将，其所坐船，夜间鸣锣四点，周夜不息；检点则鸣锣五点，指挥则鸣锣六点，将军则鸣锣七点，先锋则击鼓二点，大炮船则鸣锣一点，把后船则击鼓三点。譬如五大军，亦均以锣声为号，前军一点锣，后军二点锣，左军三点锣，右军四点锣，中军五点锣。一军至十军均以梆声为号。如前一军，则用一点锣，一点梆；前二军，则用一点锣，二点梆；前三军，则用一点锣，三点梆；前四军，则用一点锣，四点梆；前五军，则用一点锣，五点梆；前六军，则用一点锣，六点梆；前七军，则用一点锣，七点梆；前八军，则用一点锣，八点梆；前九军，则用一点锣，九点梆；前十军，则用一点锣，十点梆；后一军，则用二点锣，一点梆；后二军，则用二点锣，二点梆；后三军，则用二点锣，三点梆；后四军，则用二点锣，四点梆；后五军，则用二点锣，五点梆；后六军，则用二点锣，六点梆；后七军，

① 《行军总要》，选自《晚清兵书八种》，《中国兵书集成》第47册，解放军出版社、辽沈出版社：672～674。

② 同上，672～674。

则用二点锣，七点梆；后八军，则用二点锣，八点梆；后九军，则用二点锣，九点梆；后十军，则用二点锣，十点梆；左一军，则用三点锣，一点梆；左二军，则用三点锣，二点梆；左三军，则用三点锣，三点梆；左四军，则用三点锣，四点梆；左五军，则用三点锣，五点梆；右一军，则用四点锣，一点梆；右二军，则用四点锣，二点梆；右三军，则用四点锣，三点梆；右四军，则用四点锣，四点梆；右五军，则用四点锣，五点梆；中一军，则用五点锣，一点梆；中二军，则用五点锣，二点梆；中三军，则用五点锣，三点梆；中四军，则用五点锣，四点梆；中五军，则用五点锣，五点梆；其余依次类推。"①

这些信号乐器的使用目的在于使兵卒"别队伍"、"识旗号"，在实际的军事实践中，具有很强的实用性。《行军总要》言，每当各船出行时，俱要设号。一般情况下每小船设梆一、旗一。并专门派兵一名在船顶上日夜当值，以听开船、扎船及出战号令。其开船令为：佐将船鸣锣三阵，各船则各击梆一阵，各船接续而响，所有船只便解缆开船。其挽船扎夜令为：佐将船鸣锣四阵，各船则击梆一阵，以佐将大旗麾动为号，将船只扎定。行船遇敌，则以胜角为号。如为前敌，则前军吹动胜角；如后队遇敌，则后军吹胜角、麾大旗。各队则迅即助之。行军途中，"如遇岔河，即将两条小艇，泊在岔河口门，以待后来船只，击梆一下，鸣锣两点，使来船听闻，往前直走，即不入此小港。如或夜间不能看见小艇，在小艇上，须用三个小红灯笼，并一下梆，两点锣，以为号令，亦须预先晓谕各军船兵将。如夜间望见三个号灯，及闻锣梆之声，即是我们兄弟小艇，在岔河湾泊，以便识认，一程一程，总要按法行走"。②

（3）太平军点兵与传官号令中的信号乐器

太平军各佐将衙门均设有鼓角，如遇敌，则以鼓角聚集各领兵官率兵齐击之。聚集各典兵之官一般要擂鼓角三次。第一次鼓角，是要各典官、兵士，迅速装备；第二次鼓角，是要各领兵官，飞赴佐将衙门听令；第三次鼓角，是要各兵将出阵杀敌。③

太平军依靠信号乐器传令点兵时，因军营主将不同，信号乐器演奏时其方法和回数也不同。《行军总要》之《点兵号令》载：

如丞相即刻要传其差尉人等到来听令，则鸣锣三阵。每阵则鸣锣三回三点。头

① 《行军总要》，选自《晚清兵书八种》，《中国兵书集成》第47册，解放军出版社、辽沈出版社：675～682。

② 同上，675～682。

③ 同上，686。

阵三回三点锣响，各差尉即刻装身；二阵三回三点锣响，各差尉即带军装炮火，飞赴自己官长衙门听令；三阵三回三点锣响，各差尉依令诛妖。①

其他如检点、指挥、将军等即刻要传其差尉人等到来听令时，均鸣锣三阵。检点每阵鸣锣三回四点锣响，指挥每阵鸣锣三回五点锣响，将军则每阵三回六点锣响。头阵整装待命，二阵府衙听令，三阵出阵杀敌。若要造饭，食后行兵，则丞相、检点、指挥、将军均要鸣锣三阵。如为丞相要传其差尉，每阵则鸣锣五回三点，检点则为每阵鸣锣五回四点，指挥五回五点、将军五回六点。头阵锣响，各差尉即要造饭、吃饭；二阵锣响，各差尉俱赴衙门听令；三阵锣响，各差尉出兵。②

太平军传官号令也是如此。《行军总要》言："凡镇守营盘首领官，如有公事，无论或日或夜，欲传统下官员至两司马及各典官前来听令。即登更楼，鸣锣两阵，各官员闻锣声即刻急到首领官衙门听令。倘有懦弱不来听令者，便是逆令，即照天法究治。"③ 如果夜间遇有紧急情况，佐将要点统下官兵即刻前来听令，通常以号锣为号。无论前、中后队，皆鸣锣三次，前队每次一阵零三点，中队每次一阵零四点，后队每次一阵零五点。头次整装，二次赴衙听令，三次出阵杀敌。如要造饭后出阵，则前、中、后三队分别三次，三队以每次三阵零三点、三阵零四点、三阵零五点作为军令，头次造饭，二次听令，三次杀敌。如果各队扎营离佐将较远，恐将佐之号锣无法传到各队，太平军还规定了补救方法："则佐将必须预先谕明各首领官，各带铜锣一面，凡每夜扎营之时，令其自己差尉，带锣一面，亦上屋顶，听佐将号令。如佐将鸣锣点兵，该差尉即照所打锣声，阵数打法，以便自己统下官兵，一闻锣声，即赴佐将衙门，齐集听令。如有延迟不到者，斩首示众。"④ 如果行营扎营时，各队散扎较远，若以锣为号，则较远之队，势必很难听到号令，则于中军设立号炮、号灯，替代号锣传令。⑤

（4）其他

太平军在防守城镇和营盘时，通常将信号乐器和旗帜结合起来使用。一般先于四周筑营镇守，于五方位分立五色大旗号。东、西、南、北四方分设青、白、红、黑四色大旗并五色小旗，中央则设五色大旗，俱听中央号令。"譬如东方有妖来，鼓

---

① 《行军总要》，选自《晚清兵书八种》，《中国兵书集成》第47册，解放军出版社、辽沈出版社：688。

② 同上，683～691。

③ 同上，684。

④ 同上，698～699。

⑤ 同上，693。

角喧传，即用大青旗摆动，更楼即擂鼓角。传至中央，中央亦即将大青旗挂起。西、南、北三方，望见此旗，皆知东方已有妖到，个个手持军器，伫立营前听令。”① 太平军的主要信号乐器有鼓、梆、锣，角，它们在军事实践中，起着传递号令的作用。

（二）全新的体验："新军"与"新军乐"

1. 新军

（1）新军产生的背景

鸦片战争后，诸列强的侵入，在丧权失地的同时，也使得许多西方新技术和新武器引入中国。“师夷”已成为其时社会思潮的主流，也是新军和新军乐产生的思想基础。

太平天国运动和各地的农民起义，极大地打击了清政府的统治，使旗绿兵体制的弊病和腐化完全显现出来。咸丰帝借鉴道光帝镇压川楚白莲教起义的方法，诏令各地训练乡勇，以镇压太平军的反抗。在抗击太平军和各地农民起义的战争中，以湘军和淮军为代表的各地勇营实力逐渐坐大，加之旗绿经制兵的无能和暮气沉重，为此清政府又诏令各地，以绿营为基础，裁汰老弱，进行练兵。各地根据不同的情况，掀起了练兵的热潮，逐渐形成了旗绿之外的另外一种经制兵——练军。各地练军多为新旧武器搭配，其中直隶练军装备最为精良。各省练军，许多是直接聘请外国军官作为教练，装备新式武器，进行新式训练。在抵御外侮之战斗中，各地练军也显示了一定的战斗力。新式武器和新式练兵已经深入人心，外国列强的侵略，尤显出新式装备和新式练兵的重要性。朝廷上下，文武群臣，无论洋务派、保守派，皆知西洋武器的威力巨大，要保全国家，必须要加强军事训练和装备新式武器。这为新军的产生，打下了很好的社会基础。

中日甲午战争失败后，举国震惊，弹丸小国，却依靠军力，使我丧师失地。“中日甲午战争中的惨败，朝野痛感旧军之不足恃，才真正认识到进行军事体制改革的绝对必要，从而进一步借鉴西方，编练新式陆军，逐步掀起了晚清军事历史上军制改革的高潮。”② 可以说甲午战争是中国新军及新军乐产生的导火索。

（2）新军军制

同样拥有新式武器，甲午战争中国军队则一败涂地，清廷意识到了军制改革的

① 《行军总要》，选自《晚清兵书八种》，《中国兵书集成》第47册，解放军出版社、辽沈出版社：683～684。

② 罗琨、张永山：《中国军事通史》卷16，《清代后期军事史》下册，北京：军事科学出版社，1998：1033。

必要性。"军队编制体制是否科学合理，人与武器能否紧密结合，各种军事法规和制度是否完善等等，直接关系到军队机制的优劣和战斗力的强弱。"① 为此，清廷决定按照西方军制，编练新军。首先让胡燏棻和张之洞分别在北洋和南洋试办。

胡燏棻招募新军，将之定名为定武军，并移之天津小站进行练兵，后由袁世凯负责。袁"仿照德国陆军编制，制定了新建陆军营制"，分步兵、炮兵、骑兵、工程兵四营，聘请洋教官进行训练。张之洞 1986 年初建立自强军，皆按照德军营制，聘请德军教习，进行教练新军。后由两江总督刘坤一负责。1901 年，自强军调往山东，归袁世凯节制。1902 年全国各省开始编练新军。1903 年，清廷设立练兵处，掌管全国练兵事务，统一全国的营制饷章，各省设立陆军学堂。1906 年清廷将兵部改设为陆军部，全国军制逐渐统一。1907 年，清廷将全国分设为三十六镇兵。

表 28 袁世凯新建陆军营制及人员数量②

职守	陆军步队	陆军炮队	陆军马队	陆军工程
统带官	1	1	1	1
帮统官	1	3	1	1
领官	4		4	
哨官	12	9	8	队官 6
哨长	28	33	12	队长 7
正头目	72	69	48	45
副头目	72	69	48	
兵丁	864	828	384	249
文案委员	12	10	9	6
正医生	1	1	1	
副医生	1	1		
马医生		1	1	
书识	12	9	12	学兵 24
号兵	24	24	12	6
护勇	96	94	26	24
伙夫	72	69（另马夫 158）	48	27
长夫	282	272	194	114
总计	1554	1652	809	510

① 罗琨、张永山：《中国军事通史》卷 16，《清代后期军事史》下册，北京：军事科学出版社，1998：268。

② 〔清〕袁世凯：《新建陆军兵略录存》，选自《中国兵书集成》第 49 册：15～26。

清廷借用西方的军制，并完全按照西方的方法对新军进行训练，这样，西方的军乐便自然而然地进入中国。

2. 新军乐

和原来的军中用乐相比，新军训练用乐无论从器物、组合，还是人员配备及在训练中的功能，已完全不同于原来的军队，因此学术界一般称之为“新军乐”。新军乐最早出现于两江总督张之洞（后改为刘坤一）所练的自强军和袁世凯在天津小站所练的新建陆军，因为是完全借用西方军制所进行的军事训练，因此旧军制的鼓吹乐队被完全摒弃不用。新军中的所有乐器皆来自于西方。1903 年为配合练兵事宜，袁世凯还在天津开办了三期军乐训练班，也曾派人赴德国专门学习军乐。①

（1）军乐队的乐器与组合

新军乐的不同，首先体现在乐器及其组合。新军乐完全摒弃了中国传统军队所用的信号乐器诸如唢呐、铜角等，而改用西方军乐器。光绪二十二年（1896）自强军给金陵支应局的咨明购买军乐器文书载：

为咨明事，窃照自强新军各营，需用带队洋鼓、号筒等件，前经洋统带购办，共计折实价洋六百三十元九角，系在德华银行内支付。前经咨明贵局，查照在案。兹准洋统带来春石泰以全军乐器喇叭、大鼓、军笛、铙钹等件，应即照章置备，拟即函致外洋购运，连运脚共约德银一千二百马克等语。查此项乐器系洋操军中全队合操必需之件，即经函致外洋购运，将来此项价值马克，自应查照成案，仍开票向德华银行先行垫给，即于淞沪厘捐局汇交德华银行款内支付。归垫除俟该银行开送账单再行汇报外，相应备文咨明。为此合咨贵局，请烦查照须至咨者。一咨金陵支应局。②

所有乐器不但完全使用西洋乐器，并且也皆由洋统带来春石泰全权负责采办，这些乐器共费大洋六百三十元九角，是全队合操所必需之器。除此之外，咨文还附录了所购全部乐器名称和件数：

洋将代购本军全副军乐名目：英度三尺高四曲大号黄铜喇叭二具、二尺六寸高四曲二号黄铜喇叭一具、二尺二寸高三曲三号黄铜喇叭四具、二尺八寸高二曲四号黄铜喇叭二具、一尺五寸高四曲五号黄铜喇叭四具、一尺六寸高一曲六号黄铜喇叭

---

① 韩国鐄. 中国现代军乐肇始初探［J］. 音乐艺术，1981，(3)：3～12。

② 〔清〕沈敦和：《自强军创制公言》卷下，《公牍》，选自《中国兵书集成》第 49 册：420～421。

三具、一尺六寸高一曲七号黄铜喇叭二具、一尺五寸高一曲八号黄铜喇叭二具、一尺四寸高一曲九号黄铜喇叭一具、白铜洋铙钹一对、二尺二寸对径大铜鼓一具、一尺五寸径二号铜鼓一具、二尺长苏呐一支、一尺六寸小苏呐一支、步表一具、步号军乐节奏棒二支、谱曲铁架十五个。

续添：步队洋鼓皮面四张、步队洋笛十支、马队洋笛二支、马队长号一支①

这应该是新军会操时使用的所有新军乐器。经过中外教员的共同努力，半年之后，光绪二十三年（1897 年）四月，自强军训练初成成果，主持自强军营务处的道员沈敦和，在给张之洞和刘坤一的禀书中，附带了西方报纸报道自强军操法的译稿：

四月初二日，上海西字日报云："吴淞虽密迩上海，而一年前，西人之往游者，不免招兵勇之凌辱，遭土民之揶揄，使人视为畏途，无敢复至。今自强军营务处总办沈观察折东，遍邀各国水陆文武团练官绅观操，诚中国治兵以来之创举。其情意之隆，尤有令人足感者，始知旧时成见澌除殆尽。……计西官与会者：西班牙总领事官、德国总领事官、俄国总领事官、瑞典总领事官、暨随员赫白君英领事署福士君、英国驻京武随员布朗副戎、俄国驻京武随员华格克副戎、英美法俄等国兵轮管带，以及上海西商团练将弁等客。抵淞时，观察偕提调优礼接见，导入海防厅。盛陈酒馔，奏军乐以娱宾。音韵悠扬，举座惊赞。虽声调尚须加工习练，然以华兵而作洋乐，殊觉新奇。及见军乐教习，以三个月前尚无一人所知觏乐谱，如读希腊文。兹则居然奏西曲矣……"②

文中对会操事宜进行了详尽的报道，尤其报道了中国士兵演奏洋乐迎宾之事，言"虽声调尚须加工习练，然以华兵而作洋乐，殊觉新奇"！此应为西方报纸首次报道我国新军乐情况。新军乐的亮相也得到了西方的认可，这支军乐队应是中国近代最早的军乐队之一。它完全替代了以唢呐为主要乐器组合的鼓吹乐队。

（2）新军乐的功能

新军配备的这些乐器，其目的何在？军乐器又有那些功用？新式军乐器主要归纳为两大类：鼓和号。新建陆军每营须备"洋号十四只，鼓四面。更鼓锣号各二具"。③ 湖北自强军在购置这些乐器的咨文中也将其分为鼓和号（号又分长号和短

---

① 〔清〕沈敦和：《自强军创制公言》卷下，《公牍》，选自《中国兵书集成》第 49 册：421～424。

② 同上，451～453。

③ 袁世凯：《新建陆军兵略录存》卷 1，《章制》。光绪二十四年九月本军排印本。

号）两大类。[①] 沈敦和《自强军西法类编》载："洋操需用洋号，洋鼓。本军由洋员挑选正兵，教练号鼓手，并练一切军乐，均有节奏。"[②]

鼓号主要用于军令的传达。袁世凯认为："鼓者，号之辅也；号者，令之所由宣也。"[③]自强军规定，"军中传令号鼓为凭，合各营号手鼓手司其事，如有违误，按事大小责罚"。[④] 新建陆军军中号鼓，"创练之初，必按本军各营队哨与大小官长名目，及行军进退行止各事，悉以音之高下、字之多寡，分定号牌，随时演练，俾官兵习闻熟记，遇有传调，捷于影响"。[⑤] 这些乐器（主要为号）以"音之高下，字之多寡"，为号令传达的"号牌"。即以旋律的不同，作为指挥部队行动的号令。

《鼓号用法说》还记载了各营共同之号令和不同号令之区别："号牌有公用、独用之分。公用者，传调队伍官长，散合进退各法，步、炮、马、工程各队号虽不同，而号牌名目则一也。独用者，步队有跑步、正步、慢步、发枪、停枪之号；炮队有上下架尾，用何种子弹慢击排击之号；马队有上下马快慢颠之号；工程队有水雷、旱雷、埋雷、放雷之号"。[⑥] 各营共享之信号如传操号令。《新建陆军兵略录存》载言："洋号传操共分三遍，头遍在出队前一点钟发号，各棚头即令各兵洗净手脸，整理衣帽军械，预备出操。二遍在出队前半点钟发号，各队齐集成伍，各棚头查明本棚兵丁出操者若干，请假者若干，报知该管官，查验人数是否相符，衣帽军械是否整洁，均在此半点钟内办毕。三遍在临出队时发号，各领官即传口令

---

① 《自强军创制公言》卷下，《咨明购备洋鼓号筒等件于汇解德华款内支付由》："为咨明事，据洋统带来春石泰以自强军各营需用洋鼓号筒等件，请购洋鼓十六面，每面洋廿八元，共价洋四百四十八元；长号筒十个，每个洋六元五角，共价洋六十五元；短号十六个，每个洋十元，共价洋一百六十元；号筒绳二十六根，又添二根，每根洋一元，共价洋廿八元，统共价洋七百零一元，先付现银照九折算给，计实洋六百三十元九角，已开票，向德华银行先行垫给，即于本月内，贵局汇交德华银行款内支付归垫除俟，造送西七月分洋员薪水银两一并开支，造报外相应备文咨明为此，合咨贵局请烦查照须至咨者。咨金陵支应局。"

② 〔清〕沈敦和：《自强军创制公言》，《凡例》，选自《中国兵书集成》第49册：521。

③ 袁世凯、段祺瑞等：《训练操法详晰图说》第22册，《鼓号用法说》，选自《中国兵书集成》第49册：1029。

④ 〔清〕沈敦和：《自强军创制公言》卷下，《营规》，选自《中国兵书集成》第49册：367。

⑤ 袁世凯、段祺瑞等：《训练操法详晰图说》第22册，《鼓号用法说》，选自《中国兵书集成》第49册：1029。

⑥ 同上，1029。

将队伍带赴操场，官兵均须一律整齐严肃。”①《自强军创制公言》卷下《条教·吴淞本军巡规条》也载曰：“每日早六点钟吹起来号，晚八点三刻钟吹号点名，九点钟吹熄灯号。均由总巡卡发号，各营一律接应”②，看来起床号、点名号、熄灯号均为共享号令。因出操、收队、调队、传官，应操等等军事行为各有不同的号音，即铜号吹奏不同的旋律，来传达这些军事号令。旋律固定地来代表某种行为，清人因此称这些不同的号令为“号牌”。徐建寅则称其为喇叭令，他认为：“喇叭令不宜多，多则不能记忆而混乱，必致误事也。”③ 他撰写的《兵学新书》之《号令》条还记载了这些“号牌”的旋律和表达的意义（见图26“书影”）。此外，沈敦和《自强军西法类编》也选译了自强军所用军乐一卷。

图26　徐建寅《兵学新书》所载《号令》谱

对于编练新军完全使用新军乐，袁世凯等有很好的见解。他组织编写的《训练操法详晰图说》言：“……如行路时，起行驻歇，号以示之；桥梁狭路，号以

---

① 〔清〕袁世凯：《新建陆军兵略录存》卷2，《章制》，光绪二十四年九月本军排印本。

② 〔清〕沈敦和：《自强军创制公言》卷下，《条教》，选自《中国兵书集成》第49册：356。

③ 徐建寅：《兵学新书》卷5，《号令》，《中国兵书集成》第49册：1016。

通之；闻而预备，自可从容整暇。如遇敌接仗，阵局辽阔，无号令则进退不能，乘机变动亦不能迅速。至冲锋之时，则鼓号尤关紧要。队伍猛进，鸣号击鼓，既振官兵之精神，复助队伍之声势，且可惊慑敌人之胆。惟编定密令，只就常法，参伍错综，由主将临阵自酌，非平时所能预定，是鼓号之用，关系匪浅。如谓仅供听闻，无裨军政，是不知鼓号之用者也。"①

除了上述鼓号作为军中号令之用外，军乐队也常用于军中仪式。会操仪式中即使用军乐队掌控部队行进节奏。湖北的自强军在购买洋军乐的咨文中，明确提到新军乐是"系洋操军中全队合操必需之件"。②《新建陆军兵略录存》记载了新建陆军洋教习曼德禀呈的《马队操法条规》言：

照得本年三月二十九日，据马队第一营总教习曼德禀呈，此次教习，将号兵应站之地讲过多次，如成一字操步法时，号兵与二行排头平离四步档子，一开操，号兵即可散开。在马上时，要有号兵一人跟随领官，后面偏左隔一马档子。除领官前往查看队伍齐否，以及转弯时，原地喊口令外，无须洋号相随。其余各事均应相随。在原地成一字时，其余洋号亦应到排头右边，与第二行平离两步档子。分小排时或分二人时，其余洋号要在前边或后边随领官，便俱要离两步档子。分大排时，其余洋号要在末排右边第二行一平离两步档子，由大排转弯，若有地方，其余洋号随在后边。若无地势，应即让路，转至队伍外边。③

曼德强调了开操时因情况不同，号兵的位置也有所不同。号兵合操时的位置，在高士达制定的《号兵条规》中也有明确的说明④，曼德在会操时将发现的问题重新进行了强调，因此言"号兵应站之地讲过多次"。在会操中，演奏军乐器是为了给会阅兵士以节奏，以使之整齐精神。沈敦和言："合操时，须设军乐以为节奏。"⑤

---

① 袁世凯，段祺瑞等：《训练操法详晰图说》第22册，《鼓号用法说》，选自《中国兵书集成》第49册：1029。

② 〔清〕沈敦和：《自强军创制公言》卷下，《公牍》，选自《中国兵书集成》第49册：420～421。

③ 袁世凯：《新建陆军兵略录存》卷7，《洋教习曼德禀呈马队操法条规》，光绪二十四年九月本军排印本。

④ 《新建陆军兵略录存》卷《号令条规》：凡遇大操，每营兵勇化排走队完毕时，鼓号队应跟随队伍行走。操演走队时鼓号兵应在前两队之后，右边离十步档子；站立时亦应在右边。遇一字走时并站立时，不论一队两队，鼓号兵应在后边。

⑤ 〔清〕沈敦和：《自强军创制公言》卷下，《公牍》，选自《中国兵书集成》第49册：425。

《训练操法详晰图说》也载曰："操步、操阵，限以号鼓，尤易整齐。"①

除了在会操和单操时使用军乐队外，在部队换岗时也要使用军乐队奏乐。《新建陆军兵略录存》载："护军队应一昼夜换班一次。换班时，新班之官宜带领队伍击鼓吹号，整队行走。旧班之官宜带领队伍站于官房之右，鸣鼓号相接。俟新班之队于官房左站齐，两官各喊：'双手举枪'，两队鼓号齐鸣，两官亦举刀行礼，鼓号作毕，各喊：'枪放下'。再面谈接替之事。"②

（3）新军乐的教官与乐手的待遇

北洋与南洋编练新军所用军乐的总教官为德国人。西方报纸报道《自强军操法》载言："闻教西乐者为德将喀索维基，德弁米勒耳……"③ 袁世凯小站练兵聘请的军乐总教官高士达也是德国人。《新建陆军兵略录存》卷二《章制·号兵条规》言："照得现据号乐总教习洋员高士达禀呈，号兵条规，颇有可采，合将原件传发，为此传仰各营，即便遵办毋违。"④ 高士达不单是新建陆军军乐的总教习，而且也是军乐队的总负责人，他还制定了军乐队士兵需遵守的条规：

凡遇大操，每营兵勇化排走队完毕时，鼓号队应跟随队伍行走。操演走队时，鼓号兵应在前两队之后，右边离十步档子；站立时亦应在右边。遇一字走时并站立时，不论一队两队，鼓号兵应在后边。

凡遇双手举枪行礼时，鼓号头目要快快留神，将鼓号兵齐集右边。

照规矩，各营单操时，向来吩咐鼓号兵出队到一边等候，以让地位。虽然如此方便，而鼓号兵等，无一人应离守候之地，必须格外留神，以防头目招呼。一见招呼，应即速到队前。

演操时久，鼓号兵设有告便等事须告明鼓号头目，速去速来，不准两人同行。⑤

① 段祺瑞等：《训练操法详晰图说》第22册，《鼓号用法说》．选自《中国兵书集成》第49册：1029。

② 〔清〕袁世凯：《新建陆军兵略录存》卷2，《章制》，光绪二十四年九月本军排印本。

③ 〔清〕沈敦和：《自强军创制公言》卷下，《公牍》，选自《中国兵书集成》第49册：453。

④ 〔清〕袁世凯：《新建陆军兵略录存》卷2，《章制·号兵条规》，光绪二十四年九月本军排印本。

⑤ 同上。

除总教官之外，也有华人熟谙西乐者，作为洋教官的助理，帮为教习号兵。沈敦和在给总督刘坤一的《禀军乐队开办日期暨减额加饷等情俯赐批示立案由》一文中，言光绪二十二年十月，各洋乐器已陆续运达，沈敦和招募了熟谙西乐士兵三名，以“随同洋员，帮为教习”。①

当然，除教官外，新军所练号兵皆为华人。沈敦和记载并翻译的上海西文日报即明确指出，参加会操奏乐的士兵皆为华兵，“然以华兵而作洋乐，殊觉新奇。及见军乐教习，以三个月前尚无一人所知覩乐谱，如读希腊文。兹则居然奏西曲矣!”②沈敦和也特别指出，除三名兼任教习外，其余十二名士兵皆有本营各兵选充学习。这些乐手又称为号手，他们的待遇要高于正兵。下将自强军四营人员饷银情况列为下表，以探讨军乐手的待遇问题。

表29 自强军薪资表③

单位	职守	月薪	备 注
统带	洋将	660 两	
	统带翻译随员	24 两	
	全军乐兵		年共银 414.72 两
步队营	洋将营官	330 两	
	洋弁总哨官	231 两	
	翻译官	24 两	
	华副营官	50 两	
	华副哨官	24 两	
	华哨长	10 两	
	排长	10 元	饷银 7 元，肉食 3 元
	号鼓手	10 元	饷银 7 元，肉食 3 元
	正兵	8 元	饷银 5 元，肉食 3 元
	帮医差兵	10 元	
	书识	12 元	
	伙夫	5 元	

① 〔清〕沈敦和:《自强军创制公言》卷下,《公牍》，选自《中国兵书集成》第 49 册: 426。

② 同上，453。

③ 依据沈敦和:《自强军创制公言》卷下,《薪饷章程》篇制表，见《中国兵书集成》第 49 册: 287～324。

单位	职守	月薪	备 注
炮队营	洋将营官	330 两	
	洋弁总哨官	231 两	
	翻译官	24 两	
	华副营官	50 两	
	华副哨官	24 两	
	排长	10 元	
	炮目	10 元	
	号鼓手	10 元	
	正兵	8 元	
	运送兵	8 元	
	修马掌兵	8 元	
	书识	12 元	
	伙夫	5 元	
	帮医差兵	10 元	
马队营	洋将营官	330 两	
	洋弁总哨官	231 两	
	翻译官	24 两	
	华副营官	50 两	
	华副哨官	24 两	
	排长	10 元	
	号鼓手	10 元	
	正兵	8 元	
	运送兵	8 元	
	修马掌兵	8 元	
	书识	12 元	
	伙夫	5 元	
工程营	洋将营官	330 两	
	洋弁总哨官	231 两	
	翻译官	24 两	
	华副营官	50 两	
	华副哨官	24 两	
	排长	10 元	
	号鼓手	10 元	
	正兵	8 元	
	帮医差兵	10 元	
	书识	12 元	
	伙夫	5 元	

上表显示，自强军号兵的待遇为月薪十元，与步兵营排长、华哨长、炮兵营的炮目、排长、马队营、工程营的排长待遇相同，高于正兵的八元月薪，是伙夫月薪的两倍，在士兵中月薪最高。袁世凯新建陆军号兵的待遇也明显高于正兵（见下表）。

表 30 袁世凯新建陆军各营官兵饷银（单位：两）①

职务	营制 项目	陆军步队	陆军炮队	陆军马队
统带官	薪水银	100	150	100
	公费银	300	300	200
帮统官	薪公银	100		60
领官	薪水银	50	100	50
	公费银	100	100	60
哨官	薪水银	20	20	20
	公费银	10	20（两翼）/26（接应队）	10
哨长	薪水银	15	20（两翼）/26（接应队）	15
	马干银			5
正头目	薪水银	5.5	6.5	11
副头目	工食银	5	6	10
兵丁	工食银	4.5	4.8	9
文案委员	薪水银	22	22	20
正医生	薪水银	40	40	40
副医生	薪水银	20	20	
马医生	薪水银		30	30
书识	薪水银	7	7	12
号兵	工食银	5.5	5.5	11
护勇	工食银	5.5	5.5	11
伙夫	工食银	3.5	3.5	3.5
长夫	工食银	3	3	3

在实际的薪金发放中，各军也会根据具体的情况对号手的薪水有所调整。《自强军创制公言》载《禀军乐队开办日期暨减额加饷等情俯赐批示立案由》言：

故禀者窃查奉发薪饷章程，内开军乐十六名，每名月给洋十一元。前据洋统带来春石泰以各营兵丁操练步伐，打靶瞄准渐臻纯熟，即须全军合操。其合操时，须

① 依据袁世凯：《新建陆军兵略录存》卷1《章制》篇制表，见《中国兵书集成》第49册：14～43。

设军乐以为节奏等语，当经洋将函致洋厂购办外，洋乐器陆续运到。复经（职道）招募熟谙西乐兵三名，随同洋员，帮为教习，其余即由本营各兵选充学习。惟是募到之三名，即系帮同教习。若照章，每名给洋十一元，伊等皆不愿充。二另行加给，碍难开支！因与来春石泰再四筹商，拟于定章十六名内裁减一名。除所募三名外，余选十二名共计十五名。其裁减一名，每月洋十一元，作为加给军乐头目一名洋六元，月给十七元。副目二名，一加三元，月给洋十四元。一加二元，月给洋十三元。其余十二名仍照章月给洋十一元。似此少用一名，以为挹注。虽名数稍有不符，而饷项仍无出入。现于本年正月初四日选募开办，合将开办日期，暨减额加给缘由肃泐禀陈。仰祈大人鉴核，俯赐批示，立案实为公便。恭请钧安！职道：敦和谨禀。①

三名原先即已熟谙西乐者，不但列为教习，还在总薪水不变的情况下，增加了他们的薪资。这样从薪资方面就解决了这三名既是士兵、又为军乐教习者的问题。当然号兵每月十一元的薪资，虽然是新军建立之初由总督刘坤一批示过的，但在实际的薪金发放时，却变成了每人每月饷银十元。这在自强军薪资表中可以看出。

3. 新军中的军营歌曲

与淮军有着密切联系的袁世凯，自然知道军营歌曲对士兵熟悉和掌握部队军事条令和军容军纪的重要性。由于士兵多目不识丁，要想使士卒对军营生活和军事条令熟悉，是非常困难的。为了让士兵们能够背熟和掌握基本的军事条例和要求，袁世凯的新建陆军军伍处将这些基本知识，撰制成为朗朗上口的军营歌曲。《新建陆军兵略录存》言曰："照得本军兵丁多不识字，而每有能将所发歌词、条章默诵至二三十项者，极为难得，殊堪嘉，而惟读诵过多，默记甚难。此后除续发兵丁应读条规外，前次所发各件，限马步队诵《劝兵歌》、《简明军律》、《行军歌》、《侦探歌》、《对兵歌》、《枪件问答》、《发枪问答》七种。炮队加读《炮说》各件，此外概不必读。下届派人考问及本处考拔官长，各营考拔头目，均以此七种为准。传仰各营处，分饬遵照。"② 新建陆军中，《劝兵歌》、《行军歌》、《侦探歌》、《对兵歌》，是士兵必须要学会的，它们也是士兵晋升所必须掌握的内容。据沈敦和记载，自强军军伍处也撰有《劝勇歌》。③

---

① 〔清〕沈敦和：《自强军创制公言》卷下，《公牍》，选自《中国兵书集成》第49册：425～427。

② 袁世凯：《新建陆军兵略录存》卷4，《训条》，光绪二十四年九月本军排印本。

③ 〔清〕沈敦和：《自强军创制公言》卷下，《条教》，选自《中国兵书集成》第49册：377～380。

（1）新军歌曲的内容

因士兵多不识字，这些歌曲多为军令条例和士兵应掌握的基本军营常识，内容涉及“训”与“练”两方面内容。如《劝兵歌》是对士兵训练、打仗以及部队纪律的基本要求，并告诫士兵言，“尔等常记此等话，必然就把头目升。如果全然不经意，轻打重杀难徇情”。《行军歌》是战场经验的总结，要士兵背熟唱会，以避免军队的损失和保护士兵生命的军营歌曲。《侦探歌》是实战中侦探经验的总结。《对兵歌》是将部队扎营士兵要注意的事项编撰成的歌曲。

（2）新军军营歌曲的曲调

新军歌曲的曲调来源可能有二。一来自于原来的勇营旧歌曲。虽然新军完全摒弃了旧军制，但是军营歌曲却是湘军、淮军的传统，这些军营歌曲对于提高士兵的军事素养和遵守军队纪律方面，具有十分重要的作用，这些军营歌曲的功能得到了认可。毕竟新军的兵源和勇营士兵文化水平相同，大多数人识字不多，将传唱多年的原来湘军和淮军的军营歌曲拿过来，根据新军的各项新要求进行新的填词，更便于士兵背诵和记忆。况且这些军营歌曲也多是当是世间流行的小调曲牌，士兵们均已熟知。奋翮生在1902年2月的《新民丛报》发表的《军国民篇》言：“今中国则惟有喇叭金鼓，以为号令指挥之具，而无所谓军乐。兵卒之所歌唱，不过俾曲淫词，而无所谓军歌。至海军则尤为可笑，闻当休息暇闲之际，则互摇胡琴，高歌以自娱，此诚可为喷饭者矣。”① 奋翮生所言虽是只见到了当时大多是绿营士兵的情况，还没见到新军的新军乐，但是他说兵卒所唱多为俾曲淫词却也是事实。据此推测，新军的这些军营歌曲当也可能为当时世间所流传已久的小调曲牌重新填词而成。

新军军营歌曲的另一种来源，可能直接来自于当时的西方国家，是根据当时的军乐谱直接填词而成。沈敦和在1895年到1898年间撰写的《自强军西法类编》凡例中，曾言及翻译军乐谱一卷并“购备西国军乐各书”，② 沈敦和在1896年还招募了熟谙西乐的中国士兵三名，其时西方音乐逐渐被接受，加之当时清廷上下均主张全盘接受西方军制，军营歌曲也有可能是西方旋律配以中国歌词而成。新军中的这些歌曲如果是西方歌曲的填词，则最有可能是德国音乐的旋律填词而来。中日战争失败后，国内上下均主张习法德国，“今各国之学，莫精于德，国民之义，亦倡于

① 奋翮生：《军国民篇》，《新民丛报》1902年2月第2号。选自张静蔚《搜索历史：中国近现代音乐文论选编》，上海：上海音乐出版社，2004：33。

② 沈敦和：《自强军西法类编》，《凡例》。选自《中国兵书集成》第49册：521。

德"①，最早编练新军的袁世凯和张之洞皆聘请了德国人为军乐队的总教习，新军中的军营歌曲有可能为新建陆军和自强军军伍处，分别对熟悉的德国军乐的填词。

第三节　小结

本章通过对明清军中实用之乐的梳理，探究了明清两代军事实践用乐的发展和变化，并结合相关文献对其发展变化的原因进行了研讨。在明清两朝军中用乐基础的问题上，对以下几个方面进行了分析：

第一，明代对军事训练的规范过程，便是军事实践用乐的规范过程。军事用乐的内容主要体现于军事训练的各个环节，当然，这种用乐也是战阵和戍守等军事活动不可缺少的组成部分。

第二，明代军事实践用乐的全国一致性问题。军事卫所使用的信号乐器，是国家制度的规定，是由国家统一组织工匠制作而成，其大小尺寸皆有规范。军士坐进行退，分合连纵，皆有成规。军事号令和乐器之间的固定意义主要体现在明人所编著的兵书之中，这表明当时的信号乐器和军事号令之间的联系，已经固化。全国军事实践用乐的全国一致性还表现在军中鼓吹制度的使用，以及军中礼仪形式用乐的全国制度的规范要求。乐籍制度下军中乐人是明代军事实践用乐一致性的重要保障。

第三，明中期鼓吹下移民间，主要集中表现在"唢呐作为军器而逐渐民用化"这一问题上，其与明代中后期军事制度由卫所制到募兵制的变迁有很大关系。

第四，清代的军事实践用乐在乾隆改革之前皆沿袭旧制，乾隆改制后，使得全国的绿营用乐趋于简单和单一。清代以湘军为代表的勇营制度用乐对后世也产生了一定的影响，其运用军营歌曲形式来加强士兵军事素养的方式，逐步为其后的新军所接受，并一直影响至今。而之所以有如此变化，是因为近代清政府在对外战争失利中，对武器、军制等诸多问题的全面反思与改革，"师夷"观念导致对西方军事诸多方面的接收，军乐军歌由此发生重大变革。

① 康有为：《请开学校折》，选自张静蔚《搜索历史：中国近现代音乐文论选编》，上海：上海音乐出版社，2004：3。

第五章　明清军中娱乐之乐研究

明清军中娱乐形式很多，其中与音乐相关的娱乐形式主要是歌舞、戏曲及器乐演奏几种样式。相对来说军中歌舞和器乐演奏形式，文献记录较少，本文主要以戏曲作为军中娱乐之乐的主要形式来展开讨论，对于军中的其他娱乐形式所用之乐也适当兼及。

明代立国之初如何制定军中娱乐政策？这些政策对明代中期军中娱乐形式的发展有什么意义？学界一般认为，明初是戏曲发展的萧条期，那么，作为军中娱乐形式之重要组成部分的戏曲，在明代初期的军中是怎样的状态？为什么明初会对学唱的军人惩以割舌头之严刑？明代中期这种禁令如何被逐渐废弛？军中娱乐之乐如何被统治者接受？清代前期朝廷对军中娱乐的态度怎样？中期为什么会屡发严诏禁止军中娱乐？清代后期军中娱乐形式又有哪些变化？本章欲结合相关文献，对以上问题做出研讨。

第一节　明代军中娱乐之乐研究

一、明代的军中娱乐之乐发展概略

（一）明代初期国家对军中娱乐的政策

明代建国初期，朱元璋痛感元末统治之腐败，决定以儒家思想作为国家的立国之本。一方面大力提倡程朱理学，重视礼乐教化功能。一方面狠抓吏治，力倡节俭。太祖为人苛刻，御下极严，制定了许多严峻的律条，为民初的经济恢复和社会稳定产生了一定的积极效果。

朱元璋对意识形态的重建是在政治秩序和社会道德两个层面展开的。① 朱元璋废中书、黜丞相，将天下之权收归皇帝一人。并按儒家的统治理念，将社会进行分层管理。在全国实行分户当差制度，并在制度的实行方面做了严格的规定，除皇帝

---

① 丁淑梅：《中国古代禁毁戏剧史论》，北京：中国社会科学出版社，2008：184。

外，其他人没有权力对全国的任何人做出更改户籍的规定。《大明律》载："人户以籍为定。凡军、民、驿、医、卜、工、乐诸色邑人户，并以籍为定，若诈冒脱免，避重就轻者杖八十，其官司妄准脱免及变乱版籍者罪同。"① 各地方定时将所辖人口户籍情况造册并报送户部，各地税赋当差皆以户籍为准。乐户即为在乐籍之人户，军户即为在军籍之人户，如无特别，一朝定籍，累世不得更改。

除此之外，朱元璋还按照儒家的统治思想，诏定了礼乐制度。建国伊始，朱元璋便即厘定乐制，区分雅俗之乐②。洪武八年，定《洪武正韵》，"以官方定法管理和限制诗词曲写作用韵"。③ 朱元璋言："联思古人之乐，所以防民之欲。后世之乐，所以纵民欲。其何故也？古乐之诗章，和而正。后世之歌词，淫以夸。古之律吕，协天地自然之气。后世之律吕，出人为智巧之私。天时与地气不审，人声与乐声不比，故虽以古之诗章，用古之器数，亦乖戾而不合，陵犯而不伦矣。"④ 这种儒家伦理道德礼乐观念上的雅俗之分，反映出了明代的立国之本和所要倡导的社会风气。

正是在这种社会背景之下，朱元璋对和儒家文化相悖离的社会行为和习惯做出十分严格的禁止措施，颁发《大诰》三编，罪刑酷重。⑤ 清代李光地言："元时人多恒歌酣舞，不事生产。明太祖于中街立高楼，令卒侦望其上，闻有弦歌饮博者，即缚至倒悬楼上，饮水三日而死。"⑥ 李光地所言必有所据，朱元璋在开国之初，依据分户当差的原则，仅有乐籍中人才能杂演歌舞，如若是民户弦歌酣舞，不事稼穑，按照朱氏之性格，做出此等惩罚倒是非常有可能的。即使是这些专门从事伎乐之人，其所唱演的内容，朝廷也有规定。凡不合儒家伦理道德者，皆在被禁之列。永乐九年七月初一日，刑科署都给事中曹润等奏："乞敕下法司，今后人民倡优装扮杂剧，除依律神仙道扮，义夫节妇，孝子顺孙，劝人为善，及欢乐太平者不禁外，但有亵渎帝王圣贤之词曲、驾头、杂剧，非律所该载者，敢有收藏传诵、印卖，一时挐送法司究治"。永乐皇帝不但准其所奏，而且要求非常严酷："但这等词曲，出榜后，限他五日，都要干净将赴官烧毁了，敢有收藏的，全家杀了。"⑦ 《大明律》规定：

① 《大明律》卷4。

② 《明集礼》将音乐分为"雅乐"和"俗乐"两类，反映了明初统治者的雅俗音乐观念差别。

③ 丁淑梅：《中国古代禁毁戏剧史论》，北京：中国社会科学出版社，2008：185。

④ 龙文彬：《明会要》卷21，《乐上》. 北京：中华书局，1956：359。

⑤ 孟森：《明清史讲义》第二编第一章《开国》，北京：中华书局，1981：60～78。

⑥ 〔清〕李光地：《榕村语录》卷22，《历代》。

⑦ 〔明〕顾起元：《客座赘语》卷10，《国初榜文》，北京：中华书局，1987：346～347。

"凡乐人搬做杂剧戏文，不许装扮历代帝王后妃、忠臣烈士、先圣先贤神像，违者杖一百，官民之家容令装扮者，与同罪。其神仙道扮及义夫节妇孝子顺孙，劝人为善者，不在仅限。"① 明初的这种政治背景决定了其对军中卫所娱乐用乐的限制。

朝廷对军籍中人不务正业，娱乐唱曲的则有非常严厉的处罚。顾起元《客座赘语》载："洪武二十二年三月二十五日奉圣旨：'在京但有军官军人学唱的，割了舌头；下棋打双陆的，断手；蹴圆的，卸脚；作买卖的，发边远充军'。府军卫千户虞让男虞端故违吹箫唱曲，将上唇连鼻尖割了。又龙江卫指挥伏颙与本卫小旗姚晏保蹴圆，卸了右脚，全家发赴云南。"② 军卫之人属于军户，应专心军务，学唱、打双、蹴圆这些娱乐形式在军中是被禁止的。虞端和龙江卫指挥伏颙、小旗姚晏等皆因此而遭严惩。这是严禁军籍中人涉足他业，惟恐其影响军队的士气和朝廷的安危。为了避免各地将官仗势迎娶乐人为妻妾，保证分户当差制度的有效实行，明政府还专门做出规定："凡（文武）官吏娶乐人为妻妾者，杖六十并离异。若官员子孙娶者，罪亦如之，附过荫袭之日，降一等，于边远叙用。其在洪武元年以前娶者勿论。"③ 这种规定既保证了官员血统的纯正性，并且符合朝廷分户当差的国家基本政策。

除了严禁军人从事各种娱乐形式之外，明初还对其他容易影响军队士气及诱惑军人犯罪的行业作了调整。朱元璋采取的措施之一是将各地妓人尽迁于京师富乐院。《客座赘语》卷六，《立院》载：

太祖立富乐院于乾道桥。男子令戴绿巾，腰系红搭膊，足穿带毛毡皮靴，不许街道中走，止于道边左右行。或令作匠穿甲，妓妇戴皂冠，身穿皂褙子，出入不许穿华丽衣服，专令礼房吏王迪管领。此人熟知音律，又能作乐府。禁文武官及舍人不许入院，止容商贾出入院内。夜半忽遗火，延烧脱欢大夫衙，系寄收一应赃物在内。太祖大怒，库官入院内，男子妇人处以重罪，复移于武定桥等处。太祖又为各处将官妓饮生事，尽起赴京入院。④

太祖在南京乾道桥所立之富乐院，是禁止文武官员及舍人入内的，"止容商贾出入院内"。一场大火后，太祖将富乐院移到武定桥等处。太祖皇帝唯恐驻守各地将官妓饮生事，便将各地妓人迁京而入富乐院。另一方面颁发严令，严禁军职人员宿

① 《大明律》卷26，《搬做杂剧》。

② 〔明〕顾起元：《客座赘语》卷10，《国初榜文》，北京：中华书局，1987：346～347。

③ 《大明律》卷5，《娶乐人为妻妾》。

④ 〔明〕顾起元：《客座赘语》卷6，《立院》，北京：中华书局，1987：188～189。

娼。《大明律》卷二十五和卷二十七，均记载了官吏（包括武职官员）宿娼的处罚条令。“军职宿娼及娶乐人为妻妾与盗娶有夫之妻者，俱问调别卫带俸差操。”① “凡官吏宿娼者，杖六十，媒合人减一等。若官员子孙宿娼者，罪亦如之。附过候荫之日降一等，于边远叙用。”②

宣德年间，更是依据都御史顾佐题准，“将官妓女乐尽行革去，公私典礼、宴会不得杂用，一时风俗为之肃清。”③ 这样做的目的，除了维护儒家的伦理思想外，很大程度上也是唯恐文武官员不事正事，耽于娱乐。这可以从朱元璋于洪武二年三月对诸将校的上谕看出来：“自古帝王，居安虑危，处治思乱。今天下初定，岂可遽以为安而忘警戒。朕观尔等智虑多不及此，唯知享富贵、取娱乐，于所统军士懵然不知简练，倘一旦有警，将安用之。”④ 朝廷认为革官妓女乐是从根本上解决了将官妓饮生事行为。当然这里的官妓女乐主要指的是官办的富乐院，至于各地的妓乐则不在禁止之列，毕竟这也是诸色人户之一种，公私上下均离不了的。

通过以上分析，可以看出朱元璋为了使各行人等，务专其事，各地将官，专习武事，勿耽于伎乐，制定的军中禁乐章程主要内容有二：第一，禁止军户从事与娱乐相关之行为；第二禁止军职人员宿娼及娶乐人为妻妾。两项内容，处罚轻重有差。第一项内容，处罚甚是严厉。第二项则相对较轻，仅是问调别卫、带俸差操。但是从实际处罚来看，也有轻重之分。重者调边卫差操，或者南北东西对调，这种对调有时候是致命的，“北人戍南者，率毙于瘴疠；南人戍北者，多困于苦寒”⑤。但是由于太祖时期，法峻刑酷，似乎并没有更多的人敢于以身试法。太祖时的这两项规定，保证了军户与乐户分户当差的国家基本政策，又考虑到了军户应差的实际情况。此后一直到正统之前，军户再无唱曲扮优之事。而禁止军职人员宿娼及娶乐人为妻妾之项，则因实际处罚较轻，及各朝的政策执行力度不同，后世均有发生。下仅以《明实录》所载，举几例以说明明代军中娱乐的情况。

材料1：永乐十四年七月，监察御史康庆劾奏山西都指挥佥事穆肃，尝以妓女遗纪纲，交结朋党。上命锦衣卫鞫之。⑥

材料2：景泰二年二月，山西行太仆寺主簿蔺让，以御史左鼎案其多役皂隶、

① 《大明律》卷27，《军职宿娼》。

② 《大明律》卷25，《官吏宿娼》。

③ 徐学谟：《题革衍圣公女乐疏》，选自《皇明经世文编》卷341。

④ 《太祖实录》卷40，洪武二年三月庚子。

⑤ 《明孝宗实录》卷134，弘治十一年二月壬申。

⑥ 《明太宗实录》卷178：永乐十四年七月乙卯。

求索财物等罪，让亦讦奏鼎尝以军人家属擅宿馆驿，及奏丁忧御史齐让，饮酒于都督孙安、都指挥翁信所，用乐妇歌唱嗔己，言其不当，且言于鼎，鼎遂令州官查臣多役皂隶、诬坐赃罪事。下法司，请行巡抚巡按官廉让等情状以闻，从之。①

材料3：景泰二年二月，都督同知卫颖、范广、陶瑾，都督佥事郭瑛、张义，各奸宿乐妇于瑛及瑾家，并索都指挥穆晟设晏校尉，廉其实以闻六科十三道，因交章劾其罪，特命宥之。少保兼兵部尚书于谦复劾颖等，俱以凡才，叨膺重任，擢居都府，分掌兵戎，不能宣力竭忠，乃敢纵欲败度。况终日饮酒为乐，又复用钱买奸，若非剥削害军，此物从何而得。即今虏人虽已讲和，而边报未甚宁息，旧耻未雪，当臣子卧薪尝胆之时，大举惟图，宜将帅捐躯致命之日，而颖等所为若此！上辜朝廷之恩，下失军士之望，廉耻荡尽，忌惮全无，宜将颖、广、瑾、瑛、义、晟等，调往开平、独石、大同一带操守杀贼，以赎前罪。帝曰："颖等罪本难恕，既已宥之，令其改过自新，再犯必罪不赦。"②

材料4：景泰二年三月，山西等道监察御史桂怡等，劾武进伯朱瑛，服制未终，娶乐妇为妾。诏宥瑛罪，乐妇离异。③

材料5：景泰三年七月，广东高州府奏，广西瑶贼入本府地方，流劫杀掠，而都指挥孙旺等各拥兵高坐，日设宴乐，不行剿除事。下兵部言，宜将旺等执付总督军务都御史王翱治罪，仍令翱等议剿前贼。从之。④

材料6：天顺三年十二月，调辽东都指挥使夏霖，广西都司带俸差操；谪山东佥事胡鼎隆，庆州为民。霖贪淫受部属馈遗无算，至与建州卫及海西野人交通贿赂，且盗官木以建私居，时与妓女淫亵。鼎疏其三十事，以白巡抚佥都御史程信奏之。上命内官张骥、锦衣卫指挥佥事郭瑛，往核之。瑛等受霖赂，报鼎所疏事有诬。且言鼎尝索部属绢绘已像，乃执霖鼎，俱下锦衣卫狱，鞫送都察院，左都御史寇深庇霖恶鼎，论霖赎徒还职，鼎不能振扬风纪，索所部绢而又增饰人过失，不可以常律，处故有是命。⑤

材料7：天顺四年十二月，敕镇守大同太监王春、总兵官彰武伯杨信等曰：今得偏头关械所获鞑贼间谍刘三等至京，言系石彪家人，惧罪逃往虏酋孛来处，授以伪职，八月间尝导贼入寇，今又同贼众四十余人潜来各边探听，约以黄烧饼衣针为

---

① 《明英宗实录》卷201，《废帝郕戾王附录第十九》，景泰二年二月癸酉。

② 《明英宗实录》卷201，《废帝郕戾王附录第十九》，景泰二年二月己丑。

③ 《明英宗实录》卷202，《废帝郕戾王附录第二十》，景泰二年三月丙寅。

④ 《明英宗实录》卷218，《废帝郕戾王附录第三十六》，景泰三年七月丙午。

⑤ 《明英宗实录》卷310，天顺三年十二月己未。

信，及累石墖为号，但余贼尚多未获者，其严督官军及所属地方，昼夜尽心挨究，况今正旦已近，尔等慎勿以声息稍缓，纵情宴乐，懈弛防守。并敕宣府、独石、怀来、辽东、山西、陕西、宁夏、甘凉、延绥，各边关守臣，亦如之。①

材料8：天顺七年闰七月，南京兵部郎中金亮、员外郎严端，以锦衣卫缉事者奏其奸淫乐妇，下都察院狱鞫罪，当赎杖为民。上曰："亮等行止既不端不可处以常刑，其发威远卫充军。"②

材料9：成化七年二月，后府署都督佥事刘清，家宴用妓乐，抵暮醉中俾火甲送妓，怒其不听命，杖之有伤。明旦兵马司奏其事，清亦自陈求宥，语颇不实。给事中因劾其罪，下法司鞫之。清坐杖徒，例赎还职。大理寺以闻。诏以清纵酒肆暴，不守礼法，命带俸随操，不得理军事。③

材料10：成化十五年七月，掌锦衣卫事都指挥同知牛循，有罪下狱。循初为浙江都指挥，使门达得为漕运总兵官。达败，发广东立功，复夤缘入京结权，幸得掌卫事，至是为西厂发其戏狎乐妇，欺罔贪暴，故勘平人致死，奏保所亲百户章瑾莅镇抚司事，瑾因挟势强奸良人妻女，及为本卫千百户等官通贿于循，希求进用科道交章劾之，下本卫镇抚司鞫问，得实，法司拟循坐斩，瑾坐绞，余各坐罪有差。上宥循瑾死，俱发充军。循广西边卫，瑾湖广卫，分家属随住，余准拟。④

材料11：成化二十年十一月，停都督同知刘宁俸。六月，宁充总兵官，协守大同。天城卫副千户宋琮，以侵欺马价豆银事觉，挟旧怨发宁冒报功次，放债营利，纳乐妇为妾，且诬以他事，下都察院，请俱逮治。上以边方用人之际，宥宁罪，但停俸半年，琮既犯罪，妄行奏扰，谪戍辽东卫，分其冒功升者，命俱执问并革之。⑤

材料12：成化二十一年正月，辽东都指挥佥事张斌，坐随征建州时，窃用官物，奸宿乐妇，且酷刑致人于死，下刑部论斩，至是遇赦，编发原籍为民。⑥

材料13：弘治十一年二月，革南京前军都督府都督佥事张海见任，令带俸闲住。以指挥郭宣发其收乐妇为妾也。⑦

材料14：弘治十一年八月，兵部奏……皇上即位以来德威远被，胡虏不敢拥众

① 《明英宗实录》卷323，天顺四年十二月乙酉。
② 《明英宗实录》卷355，天顺七年闰七月丁卯。
③ 《明宪宗实录》卷88，成化七年二月丁卯。
④ 《明宪宗实录》卷192，成化十五年七月辛酉。
⑤ 《明宪宗实录》卷258，成化二十年十一月乙巳。
⑥ 《明宪宗实录》卷261，成化二十一年正月己酉。
⑦ 《明孝宗实录》卷134，弘治十一年二月辛巳。

侵犯。以此边将日以怠忽，益肆贪婪，耽于宴乐，军马操练惟务虚名，斥堠不谨，烽燧不明，虏入则获厚利，交战辄被损伤，职此故也。①

材料15：弘治十三年十二月，初，义勇中卫舍余张通，内交刑部诸司官，常匿乐妓及女尼于其家，每宴集，辄出之行酒，剧饮歌呼，倡优杂处，率至夜分而罢，通因之请求纳赂。久之，为东厂所发，捕通及优人笪名并女尼乐妓等鞫问，辞连郎中黄暐、邵庄、顾谧，员外郎晁必登、宗佑、曹镤。时佑守制家居，镤以公事往四川，而庄已先迁福建副使，必登庆阳知府，独暐、谧在，命锦衣卫逮问辞服，暐坐与乐妇戏黜为民。谧令优人女妆为乐，冠带闲住。通死狱中，笪名充军，庄罪与暐同，而必登、佑、镤罪同谧，命代镤还考，竟余移文各巡按御史逮治之。是时，饮通家者，尚不止此数人，或以夤缘得免，而亦有为通所妄引者。其后，镤代还，言通素不相识，但通尝坐法不自置对，而令笪名代之，为臣所考，故憾而引之。有旨，令法司、锦衣卫重鞫以闻，时通已死，笪名等皆远谪，而优人刘监、尝侍饮者，亦言不识面，法司不能决，请复移陕西逮名验之，名至竟泥成案，言镤亦与饮而先去，独未尝与优人狎坐对品。调外任后，必登亦具奏自辩，法司援例，亦得减罪，以原品调外任云。②

材料16：万历三年十月，兵部奏言，岁节将临，人情易纵，宜勅各边镇守总兵等官，不许恣肆宴乐，怠弛守备，及轻出围猎，堕贼奸计，奉旨是。③

以上诸例，可列表示之：

表31　永乐至弘治间军职人员因妓乐犯罪统计表

材料序号	时　间	涉军职人员	事　由	处罚情况
1	永乐十四年七月	山西都指挥佥事穆肃	以妓女遗纪纲	鞫之
2	景泰二年二月	都督孙安、都指挥翁信	妓饮于所	无下文
3	景泰二年二月	都督同知卫颖等、都督佥事郭瑛等	奸宿乐妇	宥之
4	景泰二年三月	武进伯朱瑛	娶乐妇为妾	宥瑛罪，乐妇离
5	景泰三年七月	都指挥孙旺	日设宴乐，不行剿除	治罪

① 《明孝宗实录》卷140，弘治十一年八月辛巳。

② 《明孝宗实录》卷169，弘治十三年十二月癸卯。

③ 《神宗实录》卷43，万历三年十月癸酉。

（续表31）

材料序号	时　间	涉军职人员	事　由	处罚情况
6	天顺三年十二月	辽东都指挥使夏霖	贪淫盗官木，与妓女淫亵	赎徒还职，调广西都司带俸差操
8	天顺七年闰七月	南京兵部郎中金亮、员外郎严端	奸淫乐妇	发威远卫充军
9	成化七年二月	都督佥事刘清	家宴用妓乐，醉杖女妓	带俸随操
10	成化十五年七月	掌锦衣卫事都指挥同知牛循	戏狎乐妇，致死平人	充军
11	成化二十年十一月	都督同知刘宁	冒报功次，放债营利，纳乐妇为妾	宥罪，停俸半年
12	成化二十一年正月	辽东都指挥佥事张斌	窃用官物，奸宿乐妇致死人命	论斩遇赦，编发原籍为民
13	弘治十一年二月	都督佥事张海	收乐妇为妾	带俸闲住
15	弘治十三年十二月	义勇中卫舍余张通	匿乐妓及女尼于家，剧饮歌呼，倡优杂处	坐涉多人

上表显示，材料3、4、8、11、12、13、15皆为大明律法所严令禁止的“宿娼及娶乐妇为妻妾”行为，各朝处罚结果，差别不大。景泰与成化年间与乐妇相关的军职人员犯律各有四次，其中材料5为军职人员失职之罪，材料10为军职人员致死人命律相关，与事涉军中娱乐和宴饮之事比较而言，失职与致死人命皆为大明律所不容，因此处罚相对也应该较重一些。

（二）明代中期军中娱乐之乐的发展

明代前期严格遵循太祖的各项规定，关于军中娱乐政策变化不大。各级军中官员均不敢涉太祖所定红线。英宗正统年间，经济有所恢复，社会风气随之也出现了奢侈现象。凡有宴会，富豪之家皆有乐侑酒或者搬演杂剧。正统八年，英宗下诏禁止官民奢侈：“凡官民富豪之家，一应宴会，不遵礼法，辄令乐人搬做杂剧戏文，或扮帝王后妃，或扮先圣先贤、忠臣烈士，甚为亵渎。今后犯者，依律问罪。乐人与同，其神仙道扮及孝顺节义裨益风化者勿禁。”①

土木堡事变后，代宗取代了英宗的位置。政治逐渐宽松，社会经济快速好转，违反太祖规定之事越来越多。上表中，景泰时期军职人员妓饮，如卫颖等奸宿乐妇，朱瑛娶乐妇为妾，均被明代宗宽宥。天顺年间虽然又恢复了祖制，按律处罚了夏霖、金亮、严端等人。但是随着城市经济的繁荣和市民文化的兴起，追求奢靡与享乐的

① 《宣府镇志》卷20，《风俗考·正统八年诏禁官民奢侈》，明嘉庆刻本。

风气逐渐成为社会的主流，也影响到了军卫。

1. 明代中期军中娱乐之乐的发展概况

前引材料显示，成化年间对武职人员奸宿乐妇之事依然保持着原有的处罚力度，如对刘清家宴用妓乐，被罚其带俸随操，不得理军事；牛循戏狎乐妇，致死人命，被充军广西边卫；都督同知刘宁纳乐妇为妾，被停俸半年；张斌奸宿乐妇，致人于死，遇赦被编发原籍为民。然而，追求奢靡的社会风气，却难以根除，反而愈烈，弥漫于国家的城镇和边地。至弘治朝，朝廷政策更为宽松，“廷臣多事游宴”①，因此才有义勇中卫舍余张通，匿乐妓及女尼于其家，剧饮歌呼，倡优杂处，引发官场多人涉案被罚之事。明人言，像这样的事情“幸而不发者亦多矣”！② 政治宽松使得“边将日以怠忽，益肆贪婪，耽于宴乐，军马操练惟务虚名”。弘治十三年的一道诏令，大致可以说明其时的社会现实：“礼部奏准，僧道有犯挟妓饮酒者，俱问发原籍为民；若奸拜认义父母、亲属，俱发边卫充军；武职有犯容令僧尼在家，与人奸宿者，公侯伯问拟住俸，戴头巾闲住；都督、都指挥、指挥、千百户、镇抚带俸闲住。有犯挟妓饮酒者，公侯伯罚俸一年，不许侍卫管军管事；都督以下，带俸差操；原系带俸者，常川带俸。”③ 显然这样的事情太多了，不得不引起朝廷的重视，礼部才奏议严禁。正德时，纪纲坏于逆瑾和边将，加之武宗昏淫荒诞，一时之间，太祖所指定的法度均皆驰废。嘉靖荒怠、信奉道教，“经商言利已渐成风气”。④ 万历不郊、不庙、不朝，达三十余年，如此怠政，社会风气自然是放荡纵恣，妓饮声色遍于海内。明初对军中用乐的限制，在这时得到了完全释放。

其实，朱元璋时期朝廷并没有明令禁止诸边总兵官的宴乐行为。李舜华认为明初对武将宴乐的鼓励可能与朝廷右武抑文的政策相关。⑤ 宴乐第一次被朝廷明令禁止最初可能出现于宣德年间，也有可能更早。宣德四年八月，礼部尚书胡濙曰：“近闻大小官私家饮酒辄命妓歌唱，沉酣终日，怠废政事。甚者留宿。败礼坏俗。”⑥ 上引正统八年“诏禁官民奢侈”条，也说明宴饮用乐已经成为当时的社会风气。至正德嘉靖年间宴乐之事成为常态。《客座赘语》载：“外舅少冶公尝言，南都（南京）正统中延客，止当日早，令一童子至各家邀云‘请吃饭’。至巳时，则客已毕集矣。

---

① 〔明〕陈洪谟：《治世馀闻》下篇卷3. 中华书局，1997。

② 同上。

③ 《宣府镇志》卷20，《风俗考·正统八年诏禁官民奢侈》，明嘉庆刻本。

④ 陈江：《明代中后期江南社会与社会生活》。上海：上海社会科学出版社，2006：21。

⑤ 李舜华：《礼乐与明前中期演剧》，上海：上海古籍出版社，2006：155。

⑥ 《明宣宗实录》卷57，宣德四年八月。

如六人、八人，止用大八仙桌一张，肴止四大盘，四隅四小菜，不设果，酒用二大杯，轮饮。……至正德、嘉靖间，乃有设乐及劳厨人之事矣。"① 何良俊《四友斋丛说》也载："顾东桥文誉籍甚，又处都会之地，都下后进皆来请业，与四方之慕从而至者，户外之屦常满。先生喜设客，每四五日即一张燕。余时时在其坐，先生每燕必用乐，乃教坊乐工也，以筝琶佐觞。"② "西北士大夫，饮酒皆用伎乐……北方士大夫家，闺壶牧人皆晓音乐，自江以北皆然。"③ 嘉靖三十五年，诏禁官民奢侈。"官民宴会品物，宜从省约。今后仍有设为重三、重五、重七宴席，吹击笙鼓，搬演戏剧者，参宪治罪。"④

朝廷只是强调各官不能纵情宴乐，不能耽于宴乐，不许恣肆宴乐，以至于误事。这一点在上引材料5、7、14、16中均可为证：材料5都指挥孙旺等之所以被治罪，仅是由于其"拥兵高坐，日设宴乐，不行剿除事"，耽误了剿匪大事。材料7载："况今正旦已近，尔等慎勿以声息稍缓，纵情宴乐，懈弛防守。"英宗重掌皇位后，对北边诸地甚为重视，因此特谕大同宣府等地，不可懈弛防守。可见日常正旦时，宴饮娱乐，只要不出问题，朝廷是不加干涉的。材料14记载了弘治时，边将耽于宴乐，疏于操练之事实。材料16与材料7相似，言年节将至，兵部唯恐边事驰怠，特敕令各地边将不许恣肆宴乐，注意加强边防安全，有点类似于当下每逢年节各部门均要下发"防火防盗，注意安全"之类的文件，只是一种朝廷例行保障边地安全的形式。

喝酒听曲，毕竟不同于奸宿乐妇，因此朝廷再三降谕"不可耽于宴乐"，但是却无法永行禁止。一方面国家虽然有过革除官妓的情况，但是无论官府军营，公私皆离不开这一群在籍乐人的承应。况且明初分封各藩出镇要地，诸藩皆总领该地之军政事务。各藩王就府时，朝廷按规定给各王府配给一定数量的乐人⑤，这些乐人

---

① 顾起元:《客座赘语》卷7,《南都旧日宴集》。

② 何良俊:《四友斋丛说》。选自周光培编《历代笔记小说集成·明代笔记小说》卷15，第六册，河北教育出版社1995：133～134。

③ 何良俊:《四友斋丛说》。选自周光培编《历代笔记小说集成·明代笔记小说》卷15，第六册，河北教育出版社1995：169。

④ 《宣府镇志》卷20,《风俗考》明嘉靖刻本。

⑤ 《明太宗实录》卷10下，洪武三十五年七月壬寅，"勑礼部臣曰：昔太祖高皇帝封建诸王，其仪制服用俱有定着，乐工二十七户原就各王境内拨赐，便于供应。今诸王未有乐户者，如例赐之。有者仍旧。不足者补之。"又《明宣宗实录》卷54载，宣德四年五月己未："行在礼部以郑王、襄王、荆王、淮王、梁王之国条，具合行事宜以闻"，其中言："诸国应用乐工二十七户，今随侍去者。不足则于所司乐户内选精通乐艺之人充之"。

要负责该藩所属的一切礼乐和宴乐事宜。他们的服务对象可能也包括藩王所节制的王府各卫，至少在每年的节日岁时，王府军卫应该能够欣赏到他们的表演。其他地方的都司军卫中，也有一定数量的在籍乐人，一要承应军营用乐，如三大节庆贺，迎接诏敕等等重大活动。另外他们本身既隶于乐籍，又受制于军营，有些本身也属军中旗鼓之吹鼓手，军中旗鼓则隶属中军，皆为统兵官员亲管之兵。因此营中宴乐自然是其份内的事情。况且朝廷对此没有明文规定，饮酒佐之以乐，当在许可之列。如此看来明初朱元璋虽然严禁军职人员学唱、不允许军职人员宿娼娶乐妇为妻妾，但是并没有严令禁止军户听乐赏曲。听乐赏曲，在明代中期更是发展成为军卫武臣好文风气的一种主要标识。① 弘治年间，威宁伯王越总督宁夏、甘、凉时，曾以“女伎尤丽者”赐立功军兵。②

作为军中娱乐重要形式的戏曲，在明初军中并没有过多的文献记载。依据戏曲界的研究，明初是戏曲发展的一个低潮期。③ 这同样符合明初军中演戏的情况。军中演戏的繁盛，大致出现在弘治以后，在嘉靖时期达到极致。

明初朝廷建立了卫所制度，在各地分设卫所进行军事戍守。为了安定卫所将士的生活，允许军户带妻子定居于卫所。明代中期后，各地卫所逐渐发展为“军政型政区”，卫所官员既要管理卫所军户的军事训练，又要负责军户的屯田，还要管理卫所内舍余及其他旗军家属的生活。这样明代的基本军事组织——卫所的职能发生了很大的改变，在某种程度上，与地方行政单位——府县的功能有很多相似之处。卫所凡有词讼，由该管军卫掌印官受理，地方不得干预，卫所也设有社稷坛、孔庙以及国家所规定的一切祠庙神坛。但其成员多为军户，也有少量民户。宣府是明代最为重要的北方边镇，其军镇主要成员皆为军户。《宣府镇志》卷二十一，《兵籍》载：“太祖二十五年，诏定本镇兵额，共设官军一十二万六千三百九十五名员名，永乐七年置镇兵将领。本镇卫所二十一，州二，官户共四千五百五十一，军户共十二万四千七百九十七，民户共二千三十五（嘉靖二十八年见在实数）。”宣府镇和其他所有军镇卫所一样，每年要在国家规定的岁时节令及神诞之日，进行献祭活动。《宣府镇志》卷二十，《风俗》条记载了嘉靖时期宣府镇的军镇演剧情况：

正月朔日，官府望阙遥贺，礼毕，即盛服诣衙门，往来交庆。士民家则设奠于

---

① 《万历野获编》之《武臣好文》。

② 钱谦益：《列朝诗集小传》丙集，《王威宁越》上海：上海古籍出版社，1983：250。

③ 这里借鉴了刘水云《明清家乐研究》（上海古籍出版社2005年版）、杨慧玲《戏曲班社研究：明清戏班》（厦门大学出版社，2006年版）、金宁芬《明代戏曲史》（社会科学文献出版社，2007年版）等人研究成果。

祠堂，次拜家长，为椒柏酒，以待亲戚。邻里爇丹药于户内，谓之辟瘟；喧鼓吹于院落，谓之闹厅；炽栗炭于堂中，谓之迎 气。自此少年随意开游，执手并肩，彼此追逐，或演习绂歌，或翻弄博戏，或听说偈唱词，或踢球舞棍，相与娱乐。

立春之仪，附郭三卫，论年递办，于定安门官□，卫官督委旗甲，整备车辆及各色器物，选集优人戏子、小妓装物社火，如《西施采莲》、《昭君出塞》之类，种种变态，竟巧争艳，习数日，谓之演春。届期，都司长贰，率属往迎，前列社火，殿以春牛。士女纵观，填塞街市，其优人之长，假以冠带，跨驴喝道，过官府豪门，各有赞称韵语，搏笑取利，至都司治举□鞭牛而碎之，随以鼓乐将别塑芒神土牛之小者，分献上官乡达，谓之选春云。

十五日为上元节，前后张灯……或祭赛神庙，则架为鳌山台……

五月十三日，市人为父母兄长或己身疾病，具香纸牲醴于城隍神祈祷。自其家，且行且拜，至庙而止，谓之拜愿。又以小儿女多疾者带小枷锁诣庙祈祷，谓之现枷，俱以三年为满。是日，鼓吹管弦，彻于衢巷，竟夜不止。

八月十五日，……其夜，豪门赏月设宴，笙歌鼎沸，彻旦不休。

十一月冬至，与元旦同。

宣府军镇岁时节日所呈现的娱乐形式，是当时众多卫所军镇的社会生活的真实描述。正是在这种社会性极强的节日“狂欢”中，卫所军户生活的许多方面得以集中的展现，而这种军镇中的娱乐形式则是岁时节日程序必不可少的、最为主要的内容。

2. 明代中后期军中娱乐之乐的发展原因

明代中期军中娱乐形式逐渐多样，并得到迅猛的发展。这与明代初年朝廷对于军中娱乐的规定明显不相符合。那么，明代中期军中娱乐是如何突破原有政策的桎梏，并在军卫中得到迅猛的发展的？国家规定的军镇卫所每年必须要进行的坛庙祭礼和岁时节令的赛会活动，应该是打破明初严令军队唱曲娱乐规定的主要因素，军镇卫所正是利用了国家允许的神庙祭礼，规避了明初对军卫娱乐的严格规定。

明代军中娱乐形式集中呈现于各地卫所军镇的庙会中，神庙祭坛是军中娱乐形式的集中展演场所，在国家所允许的祭祀仪式中，军卒在体验神圣的过程中，也感受到了娱乐。“一个仪式的一系列行为组合，就是一系列的表演组合。因此可以说，表演是构成仪式情境的行为基础。仪式情景就是表演的情景。”① 在这些仪式过程

① 薛艺兵：《神圣的娱乐：中国民间祭祀仪式及其音乐的人类学研究》。北京：宗教文化出版社，2002：23。

中，扮演献祭既是人与神的交流，也是人与人的交流，以戏（乐、舞、社火）献祭，既是娱乐神灵，也是娱乐庶人。明人言曰："里社之设，所以祈年谷、祓灾祲、洽党闾、乐太平而已。"① 明万历三年《重修太原府城隍庙记》载曰："起阿阁数仞，春祈秋报，杂奏伎乐其上，以娱神人。"② 黄竹三根据山西潞城《迎神赛社礼节传簿四十曲宫调》的表演形式，认为"明代祭祀活动中的戏曲演出，'酬神'只是形式，'娱人'才是目的"。③ 周华斌也认为赛社展现了人性的娱乐需求。④

明初鉴于元代失败之经验，朱元璋建立明朝后，加强了对宗教信仰的控制，并对其进行了整合，规定了国家应祀正神和民间应废黜之"淫祠"。应祀正神国家列入祀典，其祀皆由专人负责，其祭仪也各有定制。"天下神祠，无功于民，不应祀典者，即淫祠也，有司无得致祭。"⑤ 淫祀常会危及到朝廷的正常统治，因此常常被国家所禁止。洪武六年，令民间不得渎神乱俗。"凡私家告天拜丰，焚烧夜香，杖八十，妇女有犯（罪坐）家长，若僧道修斋设醮而拜奏青词表文，及祈攘灭灾者同罪，还俗。若有官吏军民之家，纵令妻女于寺观神庙烧香者，笞四十，罪坐夫男。无夫男者，罪坐本妇。其寺观神庙主持及守门之人，不为禁止者，与同罪。"⑥ 但是淫祠有时候也会转化为国家正祀。⑦ 嘉靖朝皇帝重斋醮仪式，形成了全社会的崇道祀神风气。

明初朱元璋按照儒家的思想，将全国各地应祀神祇皆列入祀典，并在各地（包括卫所）建立祀所。以宣府镇为例，除其所辖各卫所建应祀神坛外，位于宣府镇的主要有：洪武二十七年所立宣府镇社稷坛，二十八年所立宣府镇风云雷雨山川城隍坛，永乐初年所建火神庙，八年所置宣府镇厉坛，十七年作旗纛庙，宣德元年建宣府镇城隍庙，七年诏万全都司作文宣王庙，八年修弥陀寺，九年敕修朝玄观，正统元年建龙神祠，四年作北极玄武庙，五年秋作东岳和三官庙，六年作马神庙，七年作汉寿亭侯祠，景泰五年作义烈祠，天顺四年作文昌祠，成化二年作八蜡庙。宣府

---

① 王稚登：《吴社编》，选自《王百穀集》，《四库禁毁书丛刊》影印本。

② 〔明〕《万历太原府志》卷23，《艺文》，明万历四十年刻本。

③ 黄竹三：《戏曲文物研究散论》，北京：文化艺术出版社，1998：135。

④ 周华斌：《祭礼与戏剧—上党祭赛的文化启示》，麻国钧、刘祯主编《赛社与乐户论集》，北京：中国戏剧出版社，2006：56。

⑤ 《明太祖实录》卷53，洪武三年六月癸亥。熊鸣岐辑：《昭代王章》卷1，《句解》也有载录。

⑥ 《宣府镇志》卷20，《风俗考》明嘉靖刻本。

⑦ 陈宝良：《明代社会生活史》，北京：中国社会科学出版社，2004：502。

镇的这些被列入祀典的神庙寺观，每年皆有专人负责承祀，军镇还专门拨出土地，神庙祭祀每年所需的一切支出，皆来自于这些庙地的收入。① 宣府镇的社稷和风云雷雨坛是在谷王坐镇宣府时所建，按照明制当有乐户承祀。但是由于明初奉行节约政策，即使是国家允许的正祀神典，其仪式可能也比较简单。

仁宣时期，国家的政策开始松动，但各地卫所对于太祖的禁令则执行的依然比较严格。到了英宗正统年间，明朝经济得到了快速发展，城镇的人口逐渐增多。孝宗时，国家取消了原来的卫所军兵南北对调、东西对调制度，卫所生活相对稳定。此时各地卫所经过了八十年左右的经营，卫所职能和情况与建立之初相比较有了很大的不同。卫所经济和人口也有很大的提高。卫所军户与原籍军户的关系逐渐疏离，多数第三代、第四代的卫所居民出生于所居卫所，这些人虽仍属军籍，但是对所居卫所的本土意识逐渐加强，由于朝廷对文人的重视，也在各卫所建立了很多卫学。这些措施对于增强卫所军户和家属的社区认同感起到了很大的作用，加之政策的松动，使得军镇卫所岁时节令的迎神赛会和坛庙祭礼活动非常繁盛。姜准《岐海琐谭》曾载言："每岁元夕后，戏剧盛行，虽酷暑弗为少辍。如府县有禁，则托为禳灾、赛祷，率众呈请。非迁就于丛祠，则移香火于戏所，即为瞒过矣。醵金之始，延门比屋，先投饼饵为囮；箕敛之际，无计赢绌，取罄锱铢。除所费之外，非饱其欲，未为遽止，虽典质应命有弗恤矣。且戏剧之举，续必再三，附近之区罢市废业。其延款姻戚至家，动经旬日。支费不赀，又不待言。"②姜准虽记载的是地方府县的情况，但是却反映了当时的社会风气和各界对戏曲的喜爱。《云间据目抄》也载："倭乱后，每年乡镇二三月间，迎神赛会。地方恶少喜事之人，先期聚众搬演杂剧故事，如《曹大本收租》、《小秦王跳涧》之类，皆野史所载，俚鄙可笑者。然初犹仅学戏子装束，且以丰年举之，亦不甚害。至万历庚寅，各镇赁马二三百疋。演剧者，皆穿鲜明蟒衣靴革，而幞头纱帽满缀金珠翠花，如扮状元游街，用珠鞭三条，价值百金有余。又增妓女三四十人，扮为《寡妇征西》，《昭君出塞》，色名华丽尤甚。其他彩亭、旗鼓、兵器，种种精奇，不能悉述。街道桥梁，皆用布幔，以防阴雨。郡中士庶，争挈家往观。游船马船，拥塞河道，正所谓举国若狂也，每镇或四日、或五日乃止。日费千金。"③

上引《宣府镇志》所载材料也说明了军镇卫所的岁时节令的演戏娱乐，和地方

① 《宣府镇志》卷17，《祠祀考》明嘉靖刻本。

② 〔明〕姜准：《岐海琐谭》卷7，民国二十五年铅印本。

③ 〔明〕范濂《云间据目抄》卷2，清光绪间铅印本。

府州县一样，已成为当时的一种普遍现象。当军镇卫所的演戏娱乐成为社会各界所接纳的风俗和习惯时，它已经和地方行政区域毫无区别。

二、明代军中娱乐之乐的形式

明代中期后，武臣好文，成为边镇、卫所的风气。嘉靖帝喜祥瑞，好青词，各地武官均投其所好，蓄养文人。《万历野获编》载：

嘉靖间东南倭难孔炽，幸臣胡宗宪、赵文华辈，开府江浙。时世宗方喜祥瑞，争以表疏称贺博宠，收取词客充翘馆。胡得浙人徐渭、沈明臣，赵得松江人朱察卿，俱荷异礼，获厚赀，浸淫及于介胄，皆倚客以为重，渐如唐季藩镇，"至隆万间戚少保为蓟帅，时汪太函、王弇州并称其文采，遂俨然以风雅自命。幕客郭造乡辈，尊之为元敬词宗先生，几与缙绅分道扬镳。而世所呼为山人，充塞塞垣，所入不足以供此辈溪壑，久亦厌之而不能止矣。近年萧都督（如熏）以偏裨立功，峻拜宁夏制帅，频更大镇，亦以翰墨自命。山人辈作队趋之，随军转徙，无不称季馨词宗先生，蚁附蝇集，去而复来。时诸边事力已绌，非戚帅时比。萧之内人，前为杨司空女，继为南太史妹，俱盛有嫁赀，至脱簪珥佐之而犹不给。武臣好文，自祸至此。自隆庆来，款市事成，西北弛备，辇下皆以诸边为外府。山人之外，一切医卜星相，奉荐函出者，各满所望而归。幼年曾见故相家僮业按摩者，游宣府亦得二百金，已为怪事。今年至都，在黄贞甫礼部座中，见二三小唱，窄袖急装若远游者，来叩首，云谢别。问之，则乞得内召候考选名公书，往塞上也。余笑谓贞甫曰："他日必有坊曲女伴，祈公等书牍，作陇头儿者，将奈何？"贞甫曰："不然。诸边营妓如云，大胜京师，我却愁诸弁以此相荐，报我辈龙阳、子都耳。"因相与拊掌不已。边事如此，欲武人不掊，克得乎？。①

这些文人墨客，皆是词曲名家，为卫所的戏曲发展做出了很大贡献。乐户皆归教坊管理，而教坊隶属礼部，黄贞甫为礼部官员，他说："诸边营妓如云，大胜京师"，自然是有所依据的。《五杂俎》也载言曰："今时娼妓布满天下，其大都会之地动以千百计，其它穷州僻邑，在在有之。"②《万历野获编》之《口外四绝》篇载曰："大同府为太祖第十三子代简王封国，又纳中山王徐达之女为妃，于太宗为僚婿，当时事力繁盛，又在极边，与燕辽二国鼎峙，故所蓄乐户较他藩多数倍，今以

① 《万历野获编》卷17，《兵部》之《武臣好文》条。

② 谢肇淛：《五杂俎》卷8，《人部四》。周光培编《历代笔记小说集成·明代笔记小说》，河北教育出版社，石家庄：1995（23）：656～657。

渐衰落，在花籍者尚二千人，歌舞管弦，昼夜不绝，今京师城内外不隶三院者，大抵皆大同籍中溢出流寓，宋所谓路岐散乐者是也。"① 从此记述中可知当时各地边镇卫所，在乐籍者人数很多。这些在籍乐人多服务于军营。《续文献通考》载："（万历年间）山人墨客，星相俳优往往遨游塞外，携资以归。"② 汪道昆亦言曰："余闻塞上诸将军其资用过当甚者，土木皆文绣，履地皆氍毹，拥燕姬，鸣赵瑟。"③ 这些在籍者为军镇卫所的娱乐业带来了极大的繁荣。

从塞边镇军卫之在籍乐人，他们很多从小习学弹唱④，以声色娱人。在军卫中除了宴饮时以小曲乐器等侑酒之外，他（她）们还在岁时节令中承担迎神赛会之社火、戏曲等献祭活动。王稚登《吴社编》载："凡神所栖舍，具威仪、箫鼓、杂戏迎之，曰'会'。优伶伎乐，粉墨绮缟，角抵鱼龙之属，缤纷陆离，靡不毕陈。"⑤ "胡宗宪都浙，值迎春，张宴召客。选女妓二百侍饮，每十人则以佳者一人领之。使奉酒炙乐器之属，傍不设几案，亦无他执役者，歌呼谑亵。至暮，张灯火数里，鼓吹丝竹震天，女妓夹道跪送，传呼不绝。"⑥ 其中与音乐相关的娱乐形式主要有以下几种：

1. 小曲与歌舞

小曲，亦有俚曲、小令之称。明代中期后，军卫中增设卫学，文人增多，许多军卫中人皆善词曲。陈铎世袭卫指挥使，却是明代著名的散曲家。《金陵琐事》载："指挥陈铎以词曲驰名，偶因卫事谒魏国公于本府。徐公问：'可是能词曲之陈铎乎？'陈应之曰：'是。'又问：'能唱乎？'铎遂袖中取出牙板，高歌一曲。徐挥之去。乃曰："陈铎是金带指挥，不与朝廷做事，牙板随身，何其卑也。'"⑦ 陈铎身为世袭武职人员却牙板随身，这虽在魏国公看来是不耻之事，但同时也说明了朝廷禁令的废弛，小令、俚曲行于军营是明代中期的事实。小曲在弘治之前多为《锁南枝》、《傍妆台》、《山坡羊》之属，后又出现了《耍孩儿》、《驻云飞》、《醉太平》、《耍孩儿》、《西江月》等曲，嘉靖后有《闹五更》、《罗江怨》、《寄生草》、《粉红

---

① 《万历野获编》卷24，《畿辅》之《口外四绝》条。

② 王圻《续文献通考》卷36，《国用考》。

③ 汪道昆：《太函集》卷20，《留醉轩集序》。

④ 〔明〕赵南星：《笑赞》，《七二·盗跖》："乐户家女子初学弹唱，定要先参见他，乞讨聪明。"选自《明清笑话四种》，北京：人民出版社，1958。

⑤ 王稚登：《吴社编》，选自《王百穀集》，《四库禁毁书丛刊》影印本。

⑥ 李绍文《皇明世说新语》卷8，《汰侈》。

⑦ 周晖《金陵琐事》卷3，《牙板随身》。

莲》、《哭皇天》、《干荷叶》、《桐城歌》、《银纽丝》等曲，万历时则又有《打枣竿》、《挂枝儿》等曲。其中，北部宣府、大同、辽东三镇又喜北方惟盛《爱数落》、《山坡羊》二曲。① 明兵部侍郎汪道昆与戚继光饮酒，“命部曲歌《竹枝词》，神色自若”，“听丝竹声伎；终夕不倦”。②

这些小曲皆为当时十分流行的曲调，填词即能演唱。明代有很多文人为这些小曲填词，作品很多，如《新编四季五更驻云飞》、《秋碧轩稿》、《山歌》等，都是通俗易懂、情深意切之作品。演唱这些小曲时，有时候也有舞蹈伴随。当时的舞蹈艺术已经有很高之水平。《陶庵梦忆》言朱云崃女乐：“西施歌舞，对舞者五人，长袖缓带，绕身若环，曾挠摩地，扶旋猗那，弱如秋药。”③ 万历年间，还有很多西北等地少数民族乐人充塞于诸军镇和边地卫所之中，他们的到来，为卫所带来了不少异域歌舞。明人袁中道的诗歌《李大将军宴上听胡乐有述》就详细记载了万历年间他于军营中观看胡乐之事：“长空月色溅冰华，碧眼胡儿吹胡笳。嘤嘤喁喁如叹息，一时坐客皆流涕。忽出破阵乐一声，惨如鬼哭阴风生，此乐寻常不敢作，作时战马俱哀鸣。胡姬窈窕百余人，辫发垂肩若鱼鳞。窄袖长衣稳称身，当筵微笑口含琴，绰约连蜷动娇音，间关宛转若私语，忽如流萤啭春林。繁椎年少好颜色，低头含情窥坐客。胡女歌，胡妇舞，起看明月侵街午。双排应节绕阶行，一拍一跳最有情，可怜乍阴复生阳，猛然交颈类鸳鸯。离合远递太无邪，双双藉草盘连卧，舞罢角声何凄楚，百余壮士鸣大鼓，鸣大鼓，发清吹，将军起送金屈卮。明月沉沉忽已落，今

---

① 《万历野获编》卷25，《词曲》之《时尚小令》条：“元人小令，行于燕赵，后浸淫日盛，自宣正至成弘后，中原又行《锁南枝》、《傍妆台》、《山坡羊》之属。李崆峒先生初自庆阳徙居汴梁，闻之以为可继《国风》之后。何大复继至，亦酷爱之。今所传《泥捏人》及《鞋打卦》、《熬鬏髻》三阕，为三牌名之冠，故不虚也。自兹以后，又有《耍孩儿》、《驻云飞》、《醉太平》诸曲，然不如三曲之盛。嘉隆间，乃兴《闹五更》、《寄生草》、《罗江怨》、《哭皇天》、《干荷叶》、《粉红莲》、《桐城歌》、《银纽丝》之属，自两淮以至江南，渐与词曲相远，不过写淫媟情态，略具抑扬而已。比年以来，又有《打枣竿》、《挂枝儿》二曲，其腔调约略相似。则不问南北，不问男女，不问老幼良贱，人人习之，亦人人喜听之。以至刊布成帙，举世传诵，沁入心腑。其谱不知从何来，真可骇叹！又《山坡羊》者李、何二公所喜，今南北词俱有此名，但北方惟盛《爱数落山坡羊》，其曲自宣、大、辽东三镇传来，今京师妓女，惯以此充弦索北调。其语秽亵鄙浅，并桑濮之音，亦离去已远，而羁人游婿，嗜之独深，丙夜开樽，争先招致。而教坊所隶筝纂等色，及九宫十二，则皆不知为何物矣。俗乐中之雅乐，尚不谐里耳如此，况真雅乐乎?”顾起元的《客座赘语》卷9，《俚曲》条也有载。中华书局本1987：302。

② 〔明〕龙膺《纶隐全集》卷8，《汪伯玉先生传》，选自龙膺《九芝集》，《四库全书存目丛书》集部167册。

③ 〔明〕张岱：《陶庵梦忆》卷2，上海：上海古籍出版社，1982：13。

夜方知塞上乐。”①

2. 器乐演奏

明代器乐演奏水平很高，一般乐籍中人，自小就要习学弹唱，当时的主要乐器有琴、琵琶、提琴、弦子、箫、笛、管、笙、唢呐等，以及锣、鼓板等打击乐器。②谢肇淛言：“今人间所用之乐，则觱篥也，笙也，箫也，筝也，钟鼓也。觱篥多南曲，而笙箫多北曲也。其它琴琵、箜篌之属，徒自赏心，不谐众耳矣。又有所谓三弦者，常合箫而鼓之，然多淫哇之词，倡优之所习耳。有梅花角，声甚凄清，然军中之乐，世不恒用。余在济南葛尚宝家见二胡雏，能卷树叶作笳吹之，其音节不可晓，然亦悲酸清切。余谓主人：‘昔中国吹之，能令胡骑北走；今胡儿吹之，反令我辈堕泪乎？’一笑而已。”③ 这些乐器在卫所中用于宴饮，乃以乐侑酒者，其时常有乐妓以笙笛弦管作伴奏，表演歌令小曲；用于卫所鼓吹，则为辕门常用，当时比较有名的鼓吹曲是《锁喇曲》，又名《海东青扑天鹅》④；也用于卫所岁时节令及婚丧俗礼。其时，社会违制现象十分常见。明人王锜言：“鼓吹，古之军容。汉、唐之世，非功臣之丧不给，给或不当，史必讥之。近来豪富子弟，悉使奴仆习其声韵，每出入则笳鼓喧天，虽田舍翁有事，亦往往倩人吹击，何其僭也。”⑤ 嘉靖朝时丧仪用乐已成社会风气，袁袠言：“今士大夫家鲜克由礼，而况于齐民乎。其大者则丧葬昏娶，动逾古制。古者哭则不歌，今乃杂以优伶，导以髡缁，笙管铙鼓，当哀反乐。会葬者携妓以相娱，主丧者沉湎以忘返。……富商大贾，越礼逾制，僭拟王者。是故巨室之昏丧者一，而中人之破产者几矣。”⑥ 不过当时，还用的是笙管铙鼓，一般人尚不敢用军中鼓吹。

除了这些常规的乐器外，不但边地军镇卫所有少数民族乐器，即使内地也有用少数民族乐器之现象。明人张岱言：

辛未三月，余至兖州见直指阅武，马骑三千，步兵七千，军容甚壮。马蹄卒步，

---

① 〔明〕袁中道撰 钱伯城点校：《珂雪斋集》上海：上海古籍出版社，1989：53。

② 〔明〕张岱：《陶庵梦忆》卷2，《朱云崍女乐》条。张岱：《陶庵梦忆 西湖梦寻》，上海：上海古籍出版社，1982：13。

③ 〔明〕谢肇淛：《五杂俎》卷12，《物部四》。周光培编《历代笔记小说集成·明代笔记小说》，石家庄：河北教育出版社，1995（23）：356～357。

④ 〔明〕田艺蘅：《留青日札》卷19，《海东青扑天鹅》条。上海：上海古籍出版社，1992：361。

⑤ 王锜：《寓圃杂记》卷5，“鼓吹”条。北京：中华书局，1997：41。

⑥ 袁袠：《世纬》卷下，《革奢》。《丛书集成初编》，中华书局，1985。

滔滔旷旷，眼与俱驶，猛掣始回。其阵法奇在变换，旝动而鼓，左抽右旋，疾若风雨。阵既成列，则进图直指前，立一牌曰："某阵变某阵"，连变十余阵，奇不在整齐而在便捷。扮敌人百余骑，数里外烟尘坌起。迾卒五骑，小如黑子，顷刻驰至，入辕门报警。建大将旗鼓，出奇设伏。敌骑突至，一鼓成擒，俘献中军。内以姣童扮女三四十骑，荷旃被毳，绣袪魋结，马上走解，颠倒横竖，借骑翻腾，柔如无骨。奏乐马上，三弦、胡拨、琥珀词、四上儿、密失、乂儿机，僸侏兜离，罔不毕集，在直指筵前供唱，北调淫俚，曲尽其妙。是年，参将罗某，北人，所扮者皆其歌童外宅，故极姣丽，恐易人为之，未必能尔也。①

上文罗参将于军中直省阅武仪式中，以其家养妓乐扮演胡兵，甚为惟妙惟肖，所奏"胡拨、琥珀词、四上儿、密失、乂儿机，僸侏兜离"等乐器皆为少数民族乐器。

3．赛戏②

明代中期后，尤其是嘉靖后，政纲废弛，太祖时很多律条诏令皆近于废黜。明初禁止军职人员唱曲娱乐的条令虽没有废除，但却无人再提。此时大到各边地军镇总领兵官，小至军卒均可以唱曲弄管弦。上举与戚继光关系甚笃的汪道昆既是抗倭命将，同时他也是一个戏曲名家。他撰写的《宋玉高唐梦》、《唐明皇七夕长生殿》、《范少伯西子五湖》、《陈思王遇洛神》等独折戏，名噪一时。明代戏曲名家徐渭，则与胡宗宪相处多年，为军镇的戏曲发展也作出了一定的贡献。③ 明代御倭名将谭纶，好声歌，精度曲，能为海盐腔。汤显祖言："我宜黄谭大司马纶闻而恶之（指乐平、青阳诸腔）。自喜得治兵于浙，以浙人归教其乡子弟，能为海盐声。大司马死二十余年矣，食其技者殆千余人。"④ 郑仲夔也载曰："宜黄谭司马纶殚心经济，兼好声歌，凡梨园度曲皆亲为教演，务穷其巧妙，旧腔一变为新调，至今宜黄子弟咸尸祝谭公为谨，若戏曲香火云。"⑤ 王世贞也曾被人以"吴姬越女之艳充斥户内，

---

① 〔明〕张岱：《陶庵梦忆》卷4，《兖州阅武》条。张岱：《陶庵梦忆 西湖梦寻》，上海：上海古籍出版社，1982：31。

② 一般来看，"赛"与"傩"都具有礼的性质，但是，如笔者前文所述，从明代军卫具体实施和存在的情况来看，赛戏和傩戏已经成为军镇卫所的最为主要的节日娱乐形式。因此笔者将其作为研究对象进行考察。

③ 《万历野获编》卷25，《词曲》之《杂剧》条。

④ 汤显祖：《宜黄县戏神清源师庙记》，《汤显祖诗文集》（下），上海：上海古籍出版社，1982：1127。

⑤ 郑仲夔：《冷赏》卷4，《声歌》条。清咸丰刻本。

昆山、弋阳之调错杂庭中”遭到弹劾。①

明代军镇卫所演戏大多为神庙祭祀或岁时节令时表演。上引《宣府镇志》所载元旦、立春、上元节、五月十三、冬至，皆有戏曲表演。其所载内容以及语言风格和田汝成所记相同。推测《宣府镇志. 风俗考》是参照田汝成的《西湖游览志余》而撰②。明代张瀚也对鞭春之仪做了记载：“古者立春迎青帝于东郊，今塑芒神为太岁，塑土牛以起事。……杭人增设迎春之仪，集优俳诸人，饰以冠带，被服乘马，效古人云台诸将、瀛洲学士之类，多至数十队。又令倡妓绚装环佩，童子衣被锦绮，令坐台阁中。又制彩亭数十，罗列市肆诸物，备极繁华。远近之人，至期塞途充路，肩摩鳞集，群聚而观。”③ 袁宏道用诗歌描述了当时的情景：

东风吹暖娄江树，三衢九陌凝晓雾。白马如龙破雪飞，犊车辗水穿香度。铙吹拍拍走烟尘，炫服靓妆妆千万人。罗额鲜妍芬彩胜，社歌缭绕簇芒神。绯衣金带印如斗，前列长官后太守。乌纱新缕汉宫花，青奴跪进屠苏酒。采莲舟上玉作幢，歌童毛毳白双双。梨园旧乐三千部，苏州新谱十三腔。假面面胡头跳如虎，窄衫绣袴挝大鼓。金蟒缠胸神鬼装，白衣合掌观音舞。观者如山铀锦相属，杂畓谁分丝与肉。一路香风吹笑声，十里红纱遮醉玉。青莲衫子藕荷裳，透额垂髻淡淡妆。拾得春条夸姊妹，袖来瓜子掷儿郎。急管繁弦又一时，千门杨泖破青枝。④

人山人海，车水马龙；秀褥绯衣，鲜妍靓妆；金童玉女，社歌铙吹；梨园旧乐，时曲新谱。塑芒神，鞭春牛。明初规定的非常严格的迎春礼仪成了民众娱乐的节日。明代嘉靖后期，全国军镇卫所年节风俗近乎一致。正如张瀚所言：“至今游惰之人，乐为优俳。二三十年间，富贵家出金帛，制服饰、器具，列笙歌鼓吹，招至十余人为队，搬演传奇。好事者竞为淫丽之词，转相唱和；一郡城之内衣食于此者，不知几千人矣！”⑤

---

① 王世贞《弇州山人四部续稿》卷142，《乞恩勘辩诬蔑仍正罪削斥以明心迹以伸言路疏》。

② 田汝成：《西湖游览志余》卷20，《熙朝乐事》：“立春之仪，附郭两县，轮年递办。……前期十日，县官督委坊甲，整办什物，选集优人、戏子、小妓，装扮社伙，如《昭君出塞》、《学士登瀛》、《张仙打牌》、《西施采莲》之类，种种变态，竞巧争华，教习数日，谓之演春。至日，郡守率僚属往迎，前列社伙，殿以春牛，士女纵观，阗塞市街，竞以麻、麦、米、豆，抛打春牛。其优优人之长，假以冠带，骑驴叫跃，以隶卒围从，谓之街道士。过宫府豪门，各有赞扬致语，以献利市。”

③ 张瀚：《松窗梦语》卷7，《时序纪》。上海：上海古籍出版社，1986：119。

④ 袁宏道：《袁宏道集笺校》卷3，《锦帆集之一·迎春歌和江进之》。

⑤ 张瀚《松窗梦语》卷7，《风俗纪》，上海：上海古籍出版社，1986：122～123。

民间称这种岁时节令神庙祭礼为迎神赛社。① 从现存的山西潞城明万历抄本《迎神赛社礼节传簿四十曲宫调》来看，明中后期，在北方军镇卫所所行迎神赛社的娱乐形式可能与山西潞城相似。20 世纪中期流传于晋北地区（阳高、山阴、五台、朔州、宁武、大同、应县、苛岚、五寨）的社赛杂戏，据黄竹三先生研究可能在明代即已有之。② 值得关注的是明代此地大多数地方为驻兵甚多的卫所和军镇（清代在这里驻兵也比较多），这里只有吹打，而无弦索。③ 笔者认为可能在清代乾隆之后，原来的乐器有所调整，将原有的细乐器舍弃不用。《钦定军器则例》所载此地的绿营驻兵所用的乐器与这里的社赛杂戏所用相同，当是其发展至清代中期后的一种调整（见清代军事实践用乐一节）。黄竹三将其剧目分为三类：傩戏剧目、民间故事类剧目和历史征战类剧目。民间故事类剧目主要有《打枣》、《戏柳翠》等；历史征战类皆演宋代之前的内容；还有一类为《斩旱魃》、《铡赵万牛》、《二仙传道》、《调鬼》等驱邪逐疫之类。④

军镇卫所的这种岁时节令，是生活在这个社区所有成员的节日，神庙和祭台本身是神圣的，但正是在这神圣的时空中，旗军舍余完成了对明初严禁军中娱乐政策的突破。而这种突破又完全符合国家对祀典的祭礼要求，只是形式上和明初相比更为丰富和繁盛。北边战事在隆庆后已然消弭，经济发展，人口增加，社会环境趋好，其娱乐的成分随之渐趋增多。

4. 傩仪表演

明中期后，军镇卫所除了旨在祈福纳祥的迎神赛会外，许多卫所中还有另外一种全体成员参加的活动——驱傩逐疫仪式。“傩”，意为驱疫禳灾，起于远古，最早见于《周礼》,《论语》、《礼记》、《吕氏春秋》对其有载。也有人认为山东大汶口时期即已有傩的象形字出现，但至少商周甲骨和金文中俱见有该字出现。⑤

傩仪在秦汉是已经形成定制，一般有方相氏和十二侲子主持。唐代将其定为国

---

① 候九臣《重修尧舜禹汤之庙记》云：“飨祀之说防于《礼》，流而为迎神赛社之风。”转自杨孟衡《上党古赛仪典考》，原文载麻国钧、刘祯主编《赛社与乐户论集》第 123 页。

② 黄竹三原文言“明清时期颇盛”。黄竹三：《山西宗教祭祀戏剧的历史、类型和特点》，载自其论文专集《戏曲文物研究散论》，北京：文化艺术出版社，1998：209。

③ 据黄竹三研究：“打击乐器为锣、鼓、镲，吹奏乐器有大号的唢呐。”

④ 黄竹三：《山西宗教祭祀戏剧的历史、类型和特点》，载自其论文专集《戏曲文物研究散论》，北京：文化艺术出版社，1998：202～224。

⑤ 参见康保成著《傩戏艺术源流》。广州：广东高等教育出版社，2005 年版。

家大礼——军礼①。宋以后傩礼在内容和形式上都有很大的变化,《东京梦华录》载曰:"至除日,禁中呈大傩仪,并用皇城亲事官。诸班直戴假面,绣画色衣,执金枪龙旗。教坊使孟景初,身品魁伟,贯全副金镀铜甲装将军;用镇殿将军二人,亦介胄,装门神:教坊南河炭丑恶魁肥,装判官;又装钟馗、小妹、土地、灶神之类,共千余人,自禁中驱祟出南熏门外,转龙湾,谓之'埋祟'而罢。"② 钟馗和将军代替了方相氏,原来的形式和内容更为丰富。其后傩礼仅见于民间。

20 世纪以来各地傩与泛傩现象逐渐为学术界所关注。江西、安徽、山西、河北、贵州、云南等地皆有傩祭仪式。很多地方或多或少均与明代军队相关,其中云南关索戏和贵州地戏明显应与明代驻军相关。曲六乙言:"(地戏)据说明初汉族军队进入贵州后,由士兵屯田习武活动发展而成。演员面罩青纱,额上戴一比脸部略小的木刻面具,武将身着战袍,头插雉翎,背插战旗,一手执小型黑纸折扇,手执兵器。表演武打时,往来跳跃,动作的幅度较大。"③贵州安顺屯堡地戏及云南小屯关索戏所处位置皆是明代卫所屯田之地。明初各地卫戍有调南征北、调北征南的政策。云南和贵州的屯堡傩戏皆是当时驻军为驱除瘴气而行施的一种驱邪禳福仪式。

瘴气,也称瘴疫或瘴疠。明政府对于南方的瘴疫是非常重视的。《明太祖实录》言及朱元璋命杨文佩、韩观等征讨龙州等地反抗的少数民族时,曾祷神希求化解该地的瘴疠之气。④ 永乐五年十月初九日,"上谓刑部尚书吕震等曰,前所奏死囚,朕已赦之,从南北风土,所宜发戍边卫。近闻戍南边者多冒瘴疠死,其改发北京郡县种田,庶全活之,已发遣者追还。"⑤ 从永乐改发这些戍边罪囚于北京种田之事,可以看出,其时南边瘴疠甚是厉害。明英宗时,沐昂征剿叛寇思任发奏言曰:"……获其戈甲弓弩,诸寨地方分委火头及土官守之。官军驻彼,日久天向炎热,地多瘴气,议暂还金齿操练,俟秋再进。"⑥ 实际上明代英宗时已经意识到云南、贵州、两广等地瘴气多发,但是此地又不得不守。朝廷仅能采取慢慢习惯的方法。正统二年九月,"广西总兵官右都督山云奏,兵部移文将两广、云南、贵州,勾补新军发于广西南丹奉议等卫所补伍,其地瘴疠特甚,军士至者,多有死亡。乞暂留在城卫所支粮操练,

---

① 参见《大唐开元礼》。

② 《东京梦华录》卷 10。

③ 曲六乙:《中国少数民族戏剧》,转引自叶明生《试论军傩及其艺术形态》,《中华戏曲》第六辑,文化艺术出版社,1988 年,第 165 页。

④ 《明太祖实录》卷 240,洪武二十八年八月丁卯。

⑤ 《明太宗实录》卷 72,永乐五年十月己丑。

⑥ 《明英宗实录》卷 79,正统六年五月戊申。

待其渐习水土。然后发遣。从之。”① 同年十二月，杨士奇等言：“监察御史清军，有以江北人起解南方极边者，有以江南人起解北方极边者。彼此不服水土，死于寒冻、瘴疠，深为可悯。臣等议以江北清出军丁就发辽东、甘肃一带卫所补伍，江南清出军丁就发云南、贵州、两广卫所补伍。庶兵备不缺，下人不困。”② 皇帝让大臣部议，最后不知结果，但从弘治年间兵部李介的奏言来看，恐怕杨士奇的奏言最后未被实行。因此弘治十一年，李介又上奏言：“北人戍南者，率毙于瘴疠；南人戍北者，多困于苦寒。以此逃亡数多，召募难集。今太原、平阳、大同三府所属州县，清解军丁往南方诸卫所补役者，请免，令起解改编于大同所属边卫，庶人情便宜，边卫充实。”③ 弘治皇帝同意了他的建议。成化年间兵部尚书余子俊，在会议贵州巡抚陈俨调兵剿匪时，也言说贵州天热瘴疠盛行乃是会兵剿匪的心腹之忧。④ 弘治二年，兵部奏言：“先以广西地方有警，奏调湖广官军万余人，分为两班赴浔州、柳州、断藤峡等处哨守，类多死于瘴疠。幸而生者往往逃窜，人情畏惧，如就死地”⑤，四年周洪谟言“云南、老挝等处，其地瘴气甚毒，进者必死”。⑥

瘴气如此凶恶，朝廷却没有任何办法。守卫这些地方的卫所士兵陷入了极其惶恐之中。“人情畏惧，如就死地”，但是明代军令森严，普天之下，皆为王土，即使自己侥幸逃脱，除了面临清勾之外，还要连累自己的亲属到卫补役。其时人们认为瘴气乃是一种瘴疫，便由来自湖广、安徽一带的军卒按照家乡的驱傩仪式，行施驱邪禳福之举。傩祭仪式便传入云南贵州等地。

近年学术界在南方瘴气研究方面有重大突破。成果表明，明代早期，云南因夏季雨水多，该地多潮湿，植物较多，雨水和土壤、岩石等一起极易产生一种有毒气体，这种气体即为瘴气。这种瘴气随着人类的增加、对土地的开垦的增多以及地貌结构和气候的变化等因素而逐渐减少，至清渐趋消失。⑦ 云南和贵州的这些卫所屯堡因远离统治中心，粮草接济不太方便，因此便大力开垦土地，加强城堡建设，这些人类活动对当地地形地貌以及气候等的变化是十分明显的，这种变化也使得所居

---

① 《明英宗实录》卷34，正统二年九月甲午。

② 《明英宗实录》卷37，正统二年十二月丁卯。

③ 《明孝宗实录》卷134，弘治十一年二月壬申。

④ 《明宪宗实录》卷197，成化十五年十一月庚子。

⑤ 《明孝宗实录》卷24，弘治二年三月己巳。

⑥ 《明孝宗实录》卷48，弘治四年二月庚午。

⑦ 龚胜生：2000年来中国瘴病的分布变迁［J］. 地理学报，1993，(4)：304～316。周琼：《清代云南瘴气与生态变迁研究》，北京：中国社会科学出版社，2007。

屯堡及其周围生活和生产区域瘴气减少，并逐渐消失。而当时的卫所屯堡官兵皆不明其理，多数认为是神灵驱除了瘴疫，因此每年的驱傩仪式则极其隆重，逐渐成为屯堡人的每年必行的民俗礼仪事项。后即使改朝换代，明代卫所官军的后代——屯堡人，仍然按照历年来老祖宗定下的章程，每年照行不误。从当地的学者所做的田野调查来看，贵州地戏乃是军卫所行的军傩。明代贵州卫所的分布主要集中于交通要道，并在交通要道周围设千户所、百户所，下再设屯堡。谢振东《贵州省安顺市九溪村小堡地戏考察》认为，当地地戏是由明洪武十四年，朱元璋调北征南时，军队屯驻贵州带入的。“贵州凡是喊屯叫堡的村寨，就出地戏，不叫屯堡的村寨的地戏表演，都是学习他们的。”①

贵州安顺当地村民称这种表演叫“跳神”，学术界因其不在戏台上演出而称其为地戏，也有依据其表演时的形式和内容称其为傩戏。进行傩礼时，全堡人皆要参与，合堡上下，神圣和娱乐充盈其间。沈福馨言，有次他陪友人到陶关看地戏，见跳神的面具摆了一地，旁边妇女说这是在“晒菩萨”，“可见在她们心目中，这些脸子是被崇拜的偶像”。②在屯堡人的心中，他们认为安顺的这些地戏，就是一种跳神仪式，并没有觉得这是一种戏曲形式。因为是一种跳神仪式，因此其中的程序和禁忌要求极其严格。例如仪式全部结束进行“扫场”后，外村的参与表演者必须马上离开村子，连头也不能回，如果有人回头，则扫场仪式即表示失效，必须重新再做一次。

云南的关索戏和安顺的地戏相似，也是保存于屯堡之中，形式与地戏也差不多。伴奏乐器也仅有锣鼓，而无管弦。仪式开始要先开光，开光后，晚上要先祭药王大将，向药王大将祷告。第二天开始排练，排练前要沐浴，正式表演之前要斋戒，一直到仪式结束。正月十六仪式结束后要送药王，也有仪式。③

无论云南的关索戏，还是贵州的地戏，他们都有一套严格的禁忌和仪式，正因为是一种神圣的跳神仪式，这种明代的军傩才得以流传至今。但是20世纪80年代以来，由于国内外的关注和社会政策、社会追求的转变，他们正越来越远离传统，无论形式、内容和功能均发生了很大的改变。

---

① 谢振东：《贵州省安顺市九溪村小堡地戏考察》，《贵州安顺地戏调查报告集》，财团法人施合郑民俗文化基金会（台北），1994：291，323。

② 沈福馨：《安顺地戏》，贵阳：贵州人民出版社，1989：3。

③ 杨应康：《独特稀有的澄江关索戏》，玉溪网（文学版，玉溪文联主办）：http：//wenxue. yuxi. gov. cn/xxxs. asp? id =2005011709545190955

第二节 清代军中娱乐之乐研究

清代军中娱乐的主要形式是戏曲。清代军中娱乐之乐——戏曲的发展，与朝廷的大政方针有着密切之关系。顺康时期朝廷并没有对军中娱乐做出过多的干涉。雍正到道光时期，朝廷由于诸种原因，对军中娱乐做了限制，但是在这个时期，军中娱乐形式却得到了更好的发展。咸丰之后，朝廷不再对军中娱乐做过多的禁止，认识到兵力衰退的主要原因在于先进技术和武器装备的落后。军中娱乐的主要形式——戏曲，在清末得到了很好的发展。

一、清代前期军中娱乐之乐的繁荣

满清入关前，军中已有用乐的传统。努尔哈赤时期，就十分注意在战争中保护乐人。满文和汉文文献对此均有记载。《满文老档》记载："还有歌根的、哨探的、布莱牛录的、卖黄酒、馒头、纸等零碎东西的店里的人、工匠等，吹喇叭、锁呐有用的人可以在城里。"① 城破之后，努尔哈赤常令军将保护这些人的安全。计六奇的《明季北略》卷二《辽阳陷》条后《附记辽事》也记载言：

辽阳生员杨某，顺治十七年总督松江，与无锡进士刘果远会饮，演梨园，酒酣，杨拍案呼曰："止！板误矣。"刘问曰："老总台精审音律呼?"杨曰："予命亦藉是获存。初，清之破辽东也，恐民贫思乱，先拘贫农杀尽，号曰'杀穷鬼'。又二年，恐民富聚众致乱，复尽杀之。既屠二次，辽人遂空。惟四等人不杀：一等皮工，能为快鞋，不杀；二等木工，能作器用，不杀；三等针工，能缝裘帽，不杀；四等优人，能歌汉曲，不杀。惟欲杀秀士。时予为诸生，思得寸进，闭户读书，面颇肥白，被获，问曰：'汝得非秀士乎?'对曰：'非也，优人耳。'曰：'优人必善歌，汝试歌之。'予遂唱四平腔一曲，始得释。"杨述竟，即于筵间亲点板，歌一阕而罢。②

可知，满清在入关前，军队不禁娱乐。入关之后，八旗兵将对军中乐人和歌妓的喜爱仍然象入关之前一样。《所知录》记载，阮大铖投降清军后，清军将领听说他曾经创作有《春灯谜》、《燕子笺》等剧本，便问阮"能自度曲否"？阮既起，"执板顿足而唱，以侑诸公酒"。但是因为这些亲军将令皆是北人，不懂得昆腔的吴地

---

① 辽宁大学历史系：《重译〈满文老档〉》卷 20，天命六年三月，辽宁大学内部资料，1979：17。

② 〔清〕计六奇撰，魏得良、任道斌点校：《明季北略》。中华书局，1984：28～29。

语音。阮于是便改唱弋阳腔，清军皆叹曰："阮公真才子也!①大多数八旗领兵大臣都喜欢看戏。《崇祯纪闻》载言："（乙酉五月）十八日，文武官及乡坊里保等送币帛、牲醴、米面、熟食、茶叶、烟酒、糖果等物于营，络绎塞途。忻城约各勋戚唤戏十五班，进营开宴，逐出点演。正欢饮，闻塘报各镇兵至。忻城手递于王（多铎），阅之漠然，又点戏四五出，方撤席，发兵迎敌，即刻便行。内官进鲥鱼两大箩，不受。"②大战将至，豫亲王多铎竟然依旧看戏，且又看了四五出戏，才发兵迎敌。可见当时的八旗军中并不禁止唱戏娱乐。例外的情况也有，据《清史稿》记载，崇德六年春，费英东之子索海跟随睿亲王多尔衮等出师围困锦州，"……时有敏惠恭和元妃之丧，索海召降将祖大乐俳优至其帐歌舞，刑部论索海当死，削职。上使谕之曰：'尔既耽逸乐，姑自娱于家，自今，毋至笃恭殿及大清门前。'索海遂坐废，终太宗世不复用"。③索海因索伎歌舞被太宗皇帝削职为民。但是索海的索伎被罚的原因并不是军中不允许娱乐，主要是因为其召俳优至其帐歌舞的时间不对。崇德六年，当时的皇太极已仿照明朝的国家制度，对满清的礼制进行了一些了改革。正值"敏惠恭和元妃"之丧期，索海索伎歌舞，是对皇太极的一种不敬，因此刑部论其当死。皇太极非常重视新建的以皇帝为中心的礼制，《清史稿》载：崇德七年五月，太宗劝降洪承畴后，"上还宫，命宴承畴等于殿上。宴毕，使大学士希福等谕曰："朕方有元妃之丧，未躬赐宴，尔等勿以为意!"可知元妃之丧，国家禁宴乐，即使太宗如此看重洪承畴，自己也只是命宴承畴等于殿上，而自己避开。索海若非太宗皇帝开恩，恐怕就不只是永不叙用的结果了。

太宗皇帝得洪承畴后，待之极厚。入关之初，顺治帝在许多方面受其影响很大。《经略洪承畴奏对笔记》记载了他对清初的军中娱乐现象的理解，洪承畴的态度也直接影响了清初朝廷对军中娱乐的政策决策。《经略洪承畴奏对笔记》卷上载：

上曰："近来中外将吏仍蹈积习，多以优伶为性命，妇女有所好，财帛有所取。细揣情由，无怪其然。他人所乐即如我辈之几本书也。不尔政事之暇，如何度日?"

对曰："将在外，大半经济有余而人品不足者，使若辈妇女财帛无所取，优伶无所爱，则汉高祖复出矣，反劳圣虑耳。刻下军务省分将吏各员，皇上只宜责其成功，不可苛其细事，庶为简当。至皇上为社稷生民主，又岂可以将吏作榜样，况古人暇

① 钱澄之《所知录》卷6，《阮大铖本末小纪》条。

② 《崇祯纪闻》卷4，《播迁日记》条。《台湾文献史料丛书》第三辑，台湾大通书局印行，1984年版。

③ 《清史稿》卷225，《费英东子索海传》。北京：中华书局1999：9182。

时便有琴瑟歌舞，先王知道人心必有所寄，因其势而利导之，以归于正正，样样都得手。故有用不是全靠读书，如今礼乐久废，只得守几本书检束身心，开广知识，若移而置他，则放僻邪侈，不可言也”。

上曰：“善，然则古时必有民间之乐，韶武岂士庶可用？宵雅肄三亦不可用于燕间，使徒九庙明堂之间作韶武，而天下即风移俗易？恐无此事”。

对曰：“诚哉是言，若如今即将古书中忠孝廉节之事，制为词曲，去其声容之无情理者，令人歌舞之，便是移风易俗感动人心。”

上曰：“此举垂之律曲，岂不嫌粗？”

对曰：“精义、古圣贤皆是从粗中做出来的，礼乐始诸污尊杯饮蕢桴土鼓，后来便至礼仪三百，威仪三千，可明征也。”①

洪承畴认为，军中将帅喜优伶不是坏事，一则可以防其无事生非，二则可以因势利导，教化军将皆为忠臣孝子。洪承畴所说歌舞即为当时之戏曲——昆腔。“今人看戏见忠臣孝子则感泣，见奸邪害正则发指，是节乐之大本大源也。圣人又作而欲制礼节，即今所行者，折衷之可矣，欲制乐即今昆腔戏考定而行之可矣。”②

清代入关之初，面临的首要问题是消灭南明势力和统一全国，主要依靠的是投诚来的明军和招降的义军组成的绿营。明军军将沿袭明制之旧，军中有乐也是非常自然的事情。而明末义军中也有戏班活动。据《中国戏曲志·云南卷》载，顺治四年（1647）四月，大西军占领昆明，安排一些少女到戏房学戏。顺治六年（1649）元宵节，大西军连续三日在昆明四门唱戏。整天面对的是刀尖上的生活，军中娱乐唱戏歌舞适当的也可以减轻士兵的紧张生活，另外也起到一定的教化作用。从洪承畴的奏对来看，清廷已经认识到了唱戏歌舞等军中娱乐的功能，自然不会强行对此做出禁止。再则清廷初掌江山，统治如此大的一个国家，统治经验也是个问题，顺治皇帝基本沿袭明代的各项制度和规定，用怀柔的统治方法，逐步获得了中原士族官绅的认可。

康熙朝仍习其旧，并无多大改变。主要原因可能有两点：第一，前期全国政局不稳，国家连续处于局部战争之中，康熙帝无暇顾及于此。康熙初年，河南道监察御史余缙奏称“在外将军、副都统及督、抚、提、镇等官，多自畜家乐，演习歌舞，此辈因得出入营署，恃势凌人。往往索人贿赂，骗人妻女，官民共怀投鼠之忌，

---

① 〔清〕洪承畴撰：《经略洪承畴奏对笔记》卷上，清光绪十五年点石斋石印本。

② 同上。

宵人益张狐假之威”,① 但朝廷似乎对此未有什么回音。第二，皇帝理解军中娱乐之功能。康熙统治后期，国家承平，康熙帝并没有禁止军中娱乐。从康熙帝多次观赏戏曲来看，康熙帝应该知道军中娱乐对于稳定兵将军营生活的重要意义。李治亭认为:“清初社会之所以能向协调、和谐的方向发展，一个重要原因，就是圣祖有一套理性而且系统的为政方略”,“君臣一体，抚驭臣工”是康熙的为政之道的根本，“宽仁和平，力行德政”是其一贯的政治主张，“圣祖思治天下，以宽大为主，于民施惠，不事苛求”,“圣祖对大小臣工中营私舞弊的现象，除非罪大难赦者绳之以法，否则均多加包容，留待改过自新”。② 正是由于这种宽纵政策，康熙朝并没有严厉禁止军中娱乐，但是这种宽纵，却使得吏治败坏、贪腐日盛，大小官吏，恒舞酣歌。

二、清代中期对军中娱乐政策的调整

(一) 雍正时期的国家政策对军中娱乐的影响

针对康熙皇帝的宽怀政策所导致的吏治废弛、社会矛盾集中，以及钱粮亏空，财政恶化等社会形势，雍正元年正月初一即给大小臣工发万言训谕，告诫他们忠于职守，保持清廉。特别对副将、参将、游击等一线带兵将领提出，“营伍废弛，危害最大!”警告他们若恣意妄为、贪利废法，必遭严惩。针对全国的官吏贪腐、恒舞酣歌现象，元年四月，即废除了乐籍制度，从根本上想解决这一前明带来的陋习，其后又对官员蓄养优伶连续发出禁令，以摒除陋习，除弊兴利。雍正整顿吏治的各项禁令和措施，都对军中娱乐之乐产生了相当大的影响。

雍正针对八旗官兵之“纵肆奢靡，歌场戏馆，饮酒赌博”等恶习，曾多次降旨训诫。雍正二年四月初五，颁布上谕“禁治八旗官员遨游歌场戏馆”,并将其内容抄写贴至每旗每佐领，要求各都统必须时加训诫，荡涤恶习，恢复八旗简朴风尚，多习“清语、骑射、当差行走、操演技艺、娴习礼仪等事”,禁令再三强调，如“有不改前愆，不遵法度之人，一经查出，务必从重治罪，以警众人”,要求各都统经常传示禁令，不得久而遂辍。③

雍正禁八旗官兵出入歌场戏馆的目的，在于看到了八旗兵丁和入关前相比，军事战力下降，认为其原因在于养尊处优的生活和入关后渐染汉习所致。要保持八旗

① 〔清〕余缙:《大观堂文集》卷2,《恭请严禁畜优疏》,《四库全书存目丛书》本。

② 李治亭:《清史》,上海：上海人民出版社，817～822。

③ 《清世宗实录》卷18，雍正二年四月戊申。

官兵的传统，必然要远离汉人这些恶习。八旗兵丁的最大长处，即是骑射精良，只有八旗子弟骑射精良，技艺操演娴熟，才能维护满清的稳定和社稷的根基。雍正提出的八旗子弟练习清语、骑射之问题，对其后各朝影响甚大。禁令也显示出世宗皇帝对匡正吏治的务实态度。

同年十二月十八日，雍正又对官员蓄养优伶下发了禁除令。雍正认为："外官蓄养优伶，殊非好事，朕深知其弊，非倚仗势力，扰害贫民，则送于属员乡绅，多方讨赏，甚至借此交往，夤缘生事。二三十人，一年所费，不止数千金。"① 蓄养优伶，废弛公务，耗费民财，容易滋生事端。雍正列举了总兵官阎光炜，将其家中优伶，尽皆纳入兵籍，在营食粮，遂导致发生人命案之事。雍正认为："夫府道以上官员，事务繁多，日日皆当办理，何暇及此。家有优伶，即非好官，著督、抚不时访查。至督、抚、提、镇，若家有优伶者，亦得互相访查指明，密折奏闻。虽养一二人，亦断不可徇隐，亦必即行奏闻。其先有曾蓄养，闻此谕旨，不敢存留，即行驱逐者，免其具奏。既奉旨之后，督、抚不细心访察，所属府道以以上官员，以及提镇家中尚有私自蓄养者，或因事发觉，或被揭参，定将本省督、抚照徇隐不报之例从重议处。"②

谕令显示出世宗皇帝禁令之严谨缜密，对各种有可能发生的徇隐之法，皆给于提醒。提出："家有优伶，即非好官"，虽然武断，但是矫枉须过正，也甚可理解。雍正三年四月十三日，又晓谕盛京将军、满汉大臣、大凌河副都统、众城守尉等，"禁、逐盛京演戏"，以恢复"满洲旧日俭朴风俗，勤学骑射武艺"。希望将军大臣及其下属官员力改从前陋习，实心效力，不使诸事堕废。③

雍正皇帝禁止蓄养优伶及禁逐盛京演戏等诏谕，目的是为了匡正吏治。相对前朝的松弛，这种严峻之法确实是社会风气和吏治有了根本性的好转。这些政令对军中的娱乐之乐有相当大的影响，为此曾先后有官员丢官获罪。雍正三年十二月，议政王大臣刑部等题奏年羹尧僭越之十六罪中，"取受乐户窦经荣银两"及"辕门鼓厅画龙，吹乐人蟒服"便是其中之二项。雍正七年九月初一，驻藏銮仪使周瑛"于领兵之际，擅买蛮妇，并令所辖兵丁等演戏，以供其燕乐"，被解任严审。④《啸亭杂录》卷八"马侯"条记载，奉义侯马兰泰，"雍正中，北征准噶尔，马为副将军，

---

① 《世宗宪皇帝上谕内阁》卷27，《景印文渊阁四库全书》第414册：233，此谕又见《钦定吏部处分则例》卷45《刑律杂犯》，《钦定中枢政考》卷13《禁令》。

② 同上。

③ 《清世宗实录》卷31，雍正三年四月庚辰。

④ 《世宗宪皇帝上谕内阁》卷86，雍正七年九月初一。

屯察汗赤柳。军中无以为娱，马乃选兵丁中之韶美者，傅粉女妆，褒衣长袖，教以歌舞，日夜会饮于穹幕中。为他将帅所举发，夺爵遣戍焉”。①

当然，雍正的这些政策并不是专门针对军中将帅而发的，因此，如此严厉的禁令，也有一些军将并没有因蓄养优伶或者看戏而受到处罚。《世宗宪皇帝硃批谕旨》载：雍正三年正月二十四日，山西大同总兵官马觌伯，为奉上谕直省督抚、提镇并道府以上等官，禁止蓄养戏子之事，言其家“向有家生仆人七八名，各习乐器，以便春秋祭祀之用，并未登场演戏”，并于奉命之日，“即令分散，各司别事，不敢再用……为此据实奏闻，以免隐匿之愆”。雍正的朱批为：“业既散遣不用，何为隐匿？知道了，蓄养戏子，小过也，无足介意，尔等内外文武大臣，惟戒钻营权要乃第一要务，切莫为此有害无益之事。”②蓄养优伶小过也，看来雍正禁除的不是优伶，而是借此荡涤官场之恶习，以促官员的务实进取。徐珂《清稗类钞》记载：

巡抚李某，雍正时人，由军官转至巡抚者。性喜观剧，会有言官具疏劾之，世宗遂谕其明白回奏。李乃与幕府磋商，有谓此事无实据可云并未演剧者，有谓可以托词酬神者。李闻之，皆以为不可，曰：“若等不知帝之为人，不可欺也。余意直认不讳。但余本系武夫，不知礼数，观剧可藉以习礼。余又未读书，于前代人物，茫然不知，观剧即可知某为善人，某为恶人，择其善者从之，恶者戒之。且余到任已久，并未尝因私废公，既蒙圣恩垂问，嗣后更不敢观剧。如此具覆，定可无事。”幕府乃本其意，为之拟稿。疏既上，世宗亲批准其观剧，但嘱其不可有误政务，一时遂传为奉旨观剧焉。③

以上文献显示出雍正禁乐目的在于整顿吏治。雍正六年三月，安徽巡抚魏廷珍奏言曰，应严禁乡民违例演戏。雍正则指出：“州县村堡之间，借演戏为名，敛钱耗费，招呼朋类，开设赌场，种种不法，此则地方有司所当严禁者。至于有力之家，祀神酬愿，欢庆之会，歌咏太平，在民间有必不容已之情，在国法无一概禁止之理。今但称违例，而未分晰原由，则是凡属演戏皆为犯法，国家无此科条也。朕立法皆准情理至当，其有不便而难行者，则奉行之不善也。”④ 看来雍正禁止八旗官吏及军中将校看戏蓄养优伶，只是为了彻底改变官吏的懒散贪腐作风。但是这种矫枉过正

① 〔清〕昭梿撰，何英芳点校：《啸亭杂录》，北京：中华书局，1997：243。

② 《世宗宪皇帝硃批谕旨》卷108，雍正三年正月二十四日。

③ 徐珂编撰：《清稗类抄》北京：中华书局，1996：289～290。

④ 〔清〕蒋良骐撰，鲍思陶、西原点校：《东华录》，济南：齐鲁书社，2005：447。

的做法，以及对官员腐败和蓄养声伎的打击，对军中娱乐之乐的发展影响较大。

（二）乾隆时期军中娱乐的发展

乾隆立朝之初，一改雍正朝严猛的政策，认为“治道贵乎得中，矫枉不可过正”，实行宽严相济之政策，但是在经过起初几年的松弛后，敷衍拖沓、贪腐风气流弊日显，乾隆便又颁严法打击贪腐。这些政策对军中的娱乐都产生了很大的影响。

乾隆初年的宽松政策，使得原来雍正朝时对八旗的严令逐渐松弛。八旗旗军训练大为松懈，在营八旗士兵有习唱戏曲者，甚至出现了入班唱戏之事。其骑射、清话、操演技艺等项日渐生疏。乾隆三年九月，皇帝在一次南苑校猎发现这些问题之后，大发感慨，要求八旗大臣、前锋统领、护军统领等大臣，以后务必严加管束。①但是皇帝并没有对违反禁令的在营旗兵做出惩罚，这种对军中娱乐的宽松态度，使乾隆朝各地驻兵军中娱乐有了很大的发展。

乾隆六年，左都御史刘统勋奏言言及各地，“每遇岁时令节，督抚提镇衙门，张灯开宴。中军曲意经营，即以兵丁子弟充优伶杂戏”。② 二十二年，乾隆南巡杭州，接驾绿营兵丁，以细乐迎送。③ 二十七年十二月，京口副都统鄂岱经常请戏班在营署中表演。④

乾隆时期宽松的政策，为全国经济的飞速发展创造了良好的社会环境，但是过于宽松的政策必然导致禁令的废弛和官员腐败。乾隆中期开始注意到吏治的松弛和官员腐败问题，国家的政策渐趋收紧。乾隆三十四年十月，皇帝重申了雍正的“禁外官蓄养优伶”令，总结了蓄养优伶的三种害处：耗费多金，废弛公务，只缘生事。“敕督抚不时访查纠参，虽有一二人亦不可徇隐。圣谕久经编刊颁行，督抚藩臬等并存署，交代自当敬谨遵循，罔敢违越，何以近日尚有揆义、托黄肇隆代卖歌童之事？尔伊等到官后，于衙门尊藏上谕，束之高阁，全不寓目耶！一省如此，他省之未经发觉者，恐尚不少。一事如此，他事之不能由旧者，并可类推”。⑤ 乾隆只是禁止外官蓄养优伶，没有对军营中的娱乐形式做出禁绝。事实上，此时的军营之中，看戏已经成了其时军营官兵最好的娱乐方式。下仅举几例：

乾隆二十五年，“沙洲卫改为敦煌县，驻军统领挑选部下士兵组成军营小曲（敦煌小曲）戏班，活动于敦煌城乡之间……乾隆三十五年，主要在敦煌城乡之间

① 《清高宗实录》卷77，乾隆三年九月乙丑。

② 《清高宗实录》卷156，乾隆六年十二月甲午。

③ 《清高宗实录》卷533，乾隆二十二年二月己丑。

④ 《清高宗实录》卷676，乾隆二十七年十二月乙未。

⑤ 《钦定中枢政考》卷13，续四库全书本。

活动的一个军营小曲戏班，改名为以演秦腔为主的营武班”。①

清乾隆时人严长明《秦云撷英谱》载言道：“银花，姓张氏，陇西人。家贫父母早丧，年十二岁，咸阳张某鬻为假子，将往成都，挈以西南。行时，乾隆三十六年也，银花性荡逸，工弦索，张亦习秦声。时方用兵金川，张以其地人众可渔利，因居奇为干，设计并市金珠盛服饰银花，以为饵，夤缘附东南两路大营，比至，众果悦之，流转军中五载，然后得归。”②

乾隆三十九年，云南总督离任前巡视永昌时，曾带督府戏子随行。③

《清稗类钞·豪侈类》记载了乾隆时福康安军中娱乐之事：“福享用豪奢，其用兵时，大军所过，地方官供给动逾数万，福既至，则笙歌一片，彻旦通宵。福喜御紫色，人争效之。善歌昆曲，每驻节，辄手操鼓板，引吭高唱，虽前敌开仗，血肉交飞，而袅袅之声犹未绝也。”④

以上文献显示，乾隆时期，军中娱乐比较繁盛，其主要形式为戏曲，既有昆曲，也有秦腔、曲子等民间小戏。即便是大小金川的战场之地，也有戏曲表演的存在，为前线的出征将士带来了精神上的娱乐和鼓舞。

虽然乾隆时期的军中娱乐非常繁盛，但是朝廷对旗人入院看戏和其他有碍满人清誉的事情，仍然严格禁止。乾隆十八年九月给事中特吞岱，因常与大春班唱旦戏子刘三同舟起坐等事，着革职处分。⑤《钦定台规》载，乾隆二十七年，“奏准，前门外戏园、酒馆，倍多于前，八旗当差人等，前往游戏者，亦复不少，嗣后应交八旗大臣步军统领衙门，不时稽察，遇有此等违禁之人，一经拿获，官员参处，兵丁责革。仍令都察五城顺天府各衙门出示晓谕，实贴各戏园、酒馆，禁止旗人出入。”⑥《大清会典事例》载：“乾隆四十一年议准，嗣后如有旗员人园看戏，一经发觉，除将本人治罪外，并即查明如系各部院衙门司员、笔贴式等官及各营官弁，即将该管之各堂官附参，交部议处，其本旗都统等毋交议处；如系参佐领等官及闲散世职，即将该管之都统、副都统附参，交部议处；若系骁骑校以下人员，并将该管

---

① 《中国戏曲志·甘肃卷》编辑委员员会：《中国戏曲志·甘肃卷》，中国 ISBN 中心，2000：41。

② 〔清〕严长明《秦云撷英谱》，载沈云龙主编《近代中国史料丛刊续编》，台湾文海出版社影印出版。

③ 《清高宗实录》卷969，乾隆三十九年十月庚子。

④ 〔清〕徐珂编撰：《清稗类抄》，北京：中华书局，1996：3274。

⑤ 《清高宗实录》卷447，乾隆十八年九月甲戌。

⑥ 〔清〕延煦：《钦定台规》卷25。

参佐领一并议处。”①《大清律例按语》也载言：“凡旗员赴戏园看戏者，照违制律杖一百；失察之该管上司，交部议处；如系闲散世职，将该管都统等交部议处。”② 朝廷的法律规条，俱对旗人戏院看戏做了严格的规定，并对该管官员也做了连坐措施，但是犯禁的事情仍然不断。乾隆四十四年，杭州将军富椿因每日看戏，并被人称其戏为将军班，着革退将军及所有职衔，并通行传谕内地各省将军，以昭炯戒。③ 乾隆五十三年告诫驻藏大臣，严禁兵丁唱戏。言“嗣后该处除商民唱戏，毋庸禁止外，倘该大臣等，仍有听兵丁演戏者，朕必从重办理。”④

总的来说，乾隆皇帝的宽严相济的施政理念，促进了军中娱乐之乐的发展，但是严禁旗人看戏的政策，某种程度上，限制了军中娱乐的传播。

（三）嘉庆、道光朝对军中娱乐的政策

乾隆晚年官场贪纵之风日渐兴盛，吏治衰颓，民不堪命，各地起义连绵不断。嘉庆皇帝掌权之后，虽恪尽职守，欲重振国事，无奈积弊日深，官贪民乱、兵疲河决、财力亏空，皆为棘手之问题，其朝虽将各地起义军剿灭，但其余事项皆未能得到解决。道光皇帝即位后，颓废之势愈甚，军备废弛，列强环窥。鸦片战争失败，丧权赔款；太平天国起义，给清朝以极大的打击。两朝皇帝疲于应付，却不能力挽狂澜。嘉道朝仍然寄希望于日渐荒于嬉乐的八旗子弟，因此一再要求八旗子弟习学清语与骑射，不准旗人进入戏院，不准旗人唱戏。并处理了几起影响较大的涉案满清贵族，但历代对旗人优抚，使得这些措施犹如杯水车薪，毫无意义。旗人唱戏看戏，军营演戏，甚至在官署唱戏之事也时有发生。此时期军营中的主要娱乐形式仍然为戏曲。

嘉庆朝初期各地军营皆沿袭乾隆时期的军中习惯，酒肉声歌，相与为乐。嘉庆皇帝曾言：“带兵各大员，皆踵福康安、和琳习气，在军营中酒肉声歌，相为娱乐，以国家经费之需，供伊等嬉戏之用，此等积弊，朕闻之熟矣!”⑤ 嘉庆虽欲革除陋习，但惯习已成，实难禁绝。况其时社会演戏风尚如是，无论官兵百姓，皆以观戏为乐。嘉庆十年，普洱镇总兵书成因在任期间，以演剧优伶杨兴隆等五人顶补兵粮，

---

① 《大清会典事例》卷829，《刑部，刑律·杂犯》条，上海商务印书馆铅印本，宣统元年，第3页。

② 《大清律例按语》卷65：《刑律杂犯续纂》条。

③ 《清高宗实录》卷1095，乾隆四十四年十一月戊戌。

④ 《清高宗实录》卷1318，乾隆五十三年十二月己亥。

⑤ 《清仁宗实录》卷39，嘉庆四年二月甲辰。

并留署唱戏等事，被新任总兵告发，被发往乌鲁木齐赎罪。① 此事并没有起到杀一儆百的作用，据嘉庆十九年御史孙汶奏言，各地军营仍有以优伶充营兵的事情发生。② 此外驻军之处往往也有戏班活动，服务的对象自然是军营中的官兵。嘉庆十三年，伊犁将军驻地有两个戏班活动，看戏者多为驻防官兵。嘉庆皇帝为此训斥伊犁将军松筠言曰："伊犁等处，有官兵在彼驻劄，系属军营，自当专务训练，俾知学习技勇，敦崇习尚，何得有演戏等事……此于该处地方营伍，大有关系，不可不力加整饬。着松筠，即将该处戏班立行驱逐，速令自归内地，不准在彼逗遛，如尚敢潜留，即当治以违禁之罪，并通行南北各城一体凛遵，毋得纵容滋事。"③

嘉庆皇帝禁止旗人演、唱戏曲，是雍正、乾隆皇帝制定旗人禁令的延续。目的在于督促和监督旗人练习骑射。嘉庆十一年诏谕曰："近年朕叠降谕旨，令各该大臣加意教育旗人，与皇考高宗纯皇帝谕旨符合……朕叠降谕旨甚明，惟恐诸王大臣日久因循怠忽，不以为事。今特再饬诸王大臣各率所属族长章京等，训导宗室、觉罗、及八旗人等，节俭度日，勤慎当差，演习一切清语、弓马、技艺，不可好勇斗狠、酗酒滋事、各处游荡、流入匪类，务令家喻户晓，断勿视为具文，经朕如此谆切训谕，傥仍有滋事者，不惟将违犯者从重治罪，并将失察之王公及族长、参佐领等一并治罪，决不轻贷。"④ 针对旗营战力的衰减，嘉庆皇帝也没有什么好的办法，只是继续强调八旗练习骑射传统的重要性，并对有碍旗人传统的活动大力禁止。"近来八旗子弟，往往沾染汉人习气。于清语、骑射，不肯专心练习，抛荒正业，甚至私去帽顶，在外游荡，潜赴茶园戏馆，饮酒滋事，实为恶习。"⑤ 嘉庆四年四月，因八旗子弟出入歌场戏院，令禁开京城九门以内戏院。⑥ 可惜旗人风气已渐习成，国家优养之策使得八旗子弟游惰骄奢，日日游耽于歌场酒肆、设局聚赌、恣意游荡，入关之初的淳良朴茂、擅于骑射、骁勇善战已成昨日黄花。朝廷虽三令五申，犯禁之人仍比比皆是。嘉庆十年的那彦成、广厚、延丰官署看戏案⑦；十一年的和顺、德馨、图桑阿、乌云珠、德泰、全魁、李惠坤都勒案，或入院看戏，或登台妆演，或追随

---

① 《清仁宗实录》卷150，嘉庆十年九月辛未。
② 《清仁宗实录》卷295，嘉庆十九年八月丙戌。
③ 《清仁宗实录》卷194，嘉庆十三年四月丁卯。
④ 《清仁宗实录》卷172，嘉庆十一年十二月丁丑。
⑤ 《清仁宗实录》卷156，嘉庆十一年正月乙丑。
⑥ 《清仁宗实录》卷42，嘉庆四年四月庚寅。
⑦ 《清仁宗实录》卷151，嘉庆十年十月庚寅。

戏班，不守正业，失旗人之脸面①；嘉庆十三年的椿龄案②；二十五年的秀宁案。③俱轰动一时。

除了这些旗人违令唱戏之外，蒙古人的风尚也和满汉一样，也以唱戏为乐。“近年蒙古渐染汉民恶习，竟有建造房屋，演听戏曲等事，此已失其旧俗。”④ 嘉庆二十三年，土默特贝勒因挑选部落幼丁充当音乐，嘉庆谕曰：“近日蒙古王公，渐有此风，豢养优伶，大改敦朴旧习，殊为忘本逐末。从前已故贝勒贡楚克巴勒桑，挑派幼丁四十名，终日演唱，况家有戏台，朕闻之熟矣。今济克默特扎布袭职后，又续挑四十名，均属任意妄为……济克默特扎布，现议罚俸二年，亦着免其重科。所有两次挑取幼丁，俱着彻归各佐领下当差。嗣后各蒙古部落，挑取幼丁演戏之事，着永远禁止。”⑤

道光皇帝时，依然延续了嘉庆时对军中娱乐演戏的政策，但是军中娱乐之事则屡禁而不止。道光十年，宝庆协副将周添章罚宝庆府经历邵廷熙演罚戏⑥；同年盛京将军奕颢、副都统常明经常演戏宴会⑦；十三年，南赣镇总兵张佑溪演戏⑧；十六年固原提督胡超置戏装并观剧⑨。以上所涉军中武职人员娱乐观剧之事，皆被人告发，涉事之人，处罚有差。

除此之外，道光皇帝还继续保持着对旗人看戏游乐的打击力度。道光二年，密云副都统阿隆阿，于国服之内，在署演唱影戏被革职发乌鲁木齐赎罪；佐领富升以职官在市观看影戏等事也被革职。⑩ 十八年喀喇沙尔办事大臣海亮、章京爱隆阿、台尚阿等人，昏夜出城观灯、入庙挟优饮酒，被著解任。⑪ 同年的灵官庙广真招伎设赌，牵涉旗人看戏的级别和人数，使朝野上下俱为震惊。⑫ 副都统觉罗善英因与

---

① 《清仁宗实录》卷169，嘉庆十一年十月甲午。

② 《清仁宗实录》卷197，嘉庆十三年六月辛丑。

③ 《清仁宗实录》卷369，嘉庆二十五年四月丁未。

④ 《清仁宗实录》卷313，嘉庆二十年十二月壬戌。

⑤ 《清仁宗实录》卷352，嘉庆二十三年十二月戊子。

⑥ 《清宣宗实录》卷166，道光十年三月丁酉。

⑦ 《清宣宗实录》卷166，道光十年三月甲辰。

⑧ 《清宣宗实录》卷235，道光十三年四月癸丑。

⑨ 《清宣宗实录》卷281，道光十六年四月庚申。

⑩ 《清宣宗实录》卷32，道光二年闰三月甲辰。

⑪ 《清宣宗实录》卷308，道光十八年四月丙寅。

⑫ 庄亲王奕賮、宗室公爵辅国公溥喜、镇国公绵顺，均遭革爵处分。内务府郎中文亮、笔帖式通桂，拟任副都统松杰等，着发往热河效力赎罪。并牵连尚书成格、武忠额，解任刑部员外郎吉清、文奇，理藩院主事奎英，以及刑部员外郎庆启等一批官员。见《清宣宗实录》卷313、314，道光十八年八月丙戌、九月壬寅。又见崇彝：《道咸以来朝野杂记》，北京古籍出版社，1982：19。

其子扎拉芬，带同兵丁，在署弹唱，遭到惩罚，道光皇帝谕曰："……以二品武职大员，整顿营伍，是其专责。乃于伊子扎拉芬，带同兵丁，在署弹唱，失于禁约，与平日陈奏种种剌谬，其情甚属可恶。善英著发往军台效力赎罪，以示惩儆。已革兵丁罗阿常即巴哈苏、唐连闰即双忠、禄明即额勒赫布，以驻防兵丁学习弹唱，听从扎拉芬在副都统署内弹演，殊属有乖营制。著乍浦副都统提案责惩，并另行存记，嗣后永远不准挑差，以为旗兵嬉戏者戒。"①

尽管道光帝严禁军营娱乐唱戏，但是各地军中娱乐唱戏却如雨后之荒草，蔓延纠结，愈禁愈烈。道光十八年，皇帝对军机大臣谕言："西北两路，为边防要地，该处将军大臣等，固当廉明表率，即员弁兵丁，亦应操防练习，屏斥嬉游，方为有备无患。朕闻该处近多演剧游戏，以唱太平歌为名，彩服登场，欢呼取乐。竟有兵丁扮作戏剧，荡检踰闲，不成事体，兵弁习勤讲武，日久自成劲旅。似此违例骫法，尚安望其折冲御侮耶。"② 这段谈话显示，其时军营演剧游戏更为频繁，朝廷不让演剧，军营就换个名头，以"太平歌"为名，登场取乐。军营官兵在长期枯燥的戍守过程中，适当地释放乃是自然之常理，可惜统治者并不明白这个道理，视军营中演剧唱曲为洪水猛兽，一味地围堵，认为唱曲观戏便会影响军事训练和士兵战斗力。

三、清代晚期的军中娱乐政策

咸丰、同治、光绪、宣统四朝，是清朝统治的最后六十年。国内矛盾聚集，起义不断，太平天国运动更是伤动了大清的元气。国外诸强凌辱，割地赔款，同时也改变了清政府的闭关锁国基本国策。洋务运动，将国外的新技术和新设备引进了中国，新思想、新军制也为清朝的灭亡带来了掘墓人。侵略者的洋枪洋炮提醒了清朝统治者，一味地强调骑射，抱着传统不放，并不能挽救其灭亡的命运。禁止旗人唱戏娱乐，禁止军中娱乐看戏，并不是强军的根本。这六十年中，很少有似道光皇帝那样严禁军营唱戏或者严禁旗人娱乐唱戏的事情发生。这可能也有以下原因：第一，统治者认识到新技术装备在战争中的关键作用。第二，旗军已经在太平天国的冲击下，彻底粉碎了皇帝的最后一点信心。朝廷不得不依靠汉族官绅所建立的乡勇兵制，来维护清朝的安全。第三，半壁河山危机之中，朝廷已经顾不上军中演戏是否有伤风化这样的细枝末叶之事，只要能打胜仗，能保障国家的安全即可。在这个过程中，朝廷也慢慢意识到军中娱乐演戏，不但没有削弱军营官兵战斗力，反而增强了兵勇

① 《清宣宗实录》卷315，道光十八年十月辛卯。

② 《清宣宗实录》卷313，道光十八年八月庚辰。

的凝聚力和战斗力。当然雍正皇帝开始的那条禁令还在，不时地仍有大臣要提一提，但对军营官兵已无关大碍。直到光绪三十一年（1905）朝廷在重新修订律法的时候，才将“旗员赴戏园看戏杖一百”的定例最终删除。①

清代晚期的军中娱乐形式比较多样，但主要以戏曲为主。清代中期许多曲艺形式或起于军中，或在军中备受欢迎。据传岔曲即起源于乾隆时期的大小金川用兵的兵营之中。清代前期的军中娱乐形式戏曲品种主要有昆曲、弋阳腔。上引阮大铖在营中即先唱昆曲，后又唱弋阳腔。福康安尤喜昆曲。《中国戏曲志·甘肃卷》载，道光十五年，梁章钜任甘肃布政使时曾宴请自疆入关的萨汀林将军，点唱了《思凡》、《南浦》两折昆腔。② 道光十年在盛京将军府演戏的是两班弋阳腔和一个徽班。③ 其他曲子戏、秦腔等在军营中也非常受欢迎。

第三节 小结

明代的军中娱乐，朱元璋有两项禁止措施：其一，禁止军户进行与娱乐相关之行为；其二，禁止军职人员宿娼及娶乐人为妻妾。这两项禁令的出台，主要与明代的儒家治国思想和分户当差制度相关。明代中期后，由于卫所经济好转、人口增加、军户认同感增强，尤其是明初不利于军中娱乐形式发展的相关规定，在卫所执行中被逐渐规避或化解，军中娱乐政策随之逐渐放宽，军中娱乐之乐开始迅速发展。

明代主要军中娱乐形式有：小曲、歌舞、器乐演奏、赛戏、傩仪表演等，多集中于军镇卫所的岁时节令、神庙祭礼之中。通过对现存军傩孑遗——贵州地戏和云南关索戏的分析可知，明初南方屯堡瘴疫肆虐，随着驻军在当地开发的加强，瘴疫逐渐消退，军堡屯寨傩祭作为一种仪式和习惯随之留存，传承至今。这些傩仪因其神圣性和诸多的禁忌，基本保持了明代的大体框架，而其娱乐功能尤为突出。

清代军中娱乐的发展，与国家政策、社会环境有着密切的关系。顺治朝，战事不断，统治者明白军中娱乐对于兵营军将的意义。面对国土面积如此之大的关内，

---

① 《定例汇编》卷152：“光绪三十一年，修律大臣奏定删除《律例》三百四十五条“搬做杂剧”：一、凡旗员赴戏园看戏者，照违制律杖一百；失察之该管上司，交部议处；如系闲散世职，将该管都统等，交部议处。”（王利器辑《元明清三代禁毁小说戏曲史料》，上海古籍出版社，1981年版）

② 《中国戏曲志·甘肃卷》编辑委员员会：《中国戏曲志·甘肃卷》. 中国ISBN中心，2000：41。

③ 《清宣宗实录》卷166，道光十年三月甲辰。

清人缺乏治理经验，政策大多沿袭前明旧制，军中娱乐也如是。况且，八旗军中也有娱乐的传统。康熙朝，战乱平息后，政策上旨在营造一种开明盛世的社会理想，因此对军中娱乐，朝廷并未过多干涉。雍正即位后，由于社会环境变化，迫使其在政策上走向务实、廉洁。针对贪污腐败、旗军战斗力的日趋下降，他做出了废除乐籍等贱民令、不准官员蓄养优伶、不准旗人入园看戏等项措施。这在一定程度上影响了军营娱乐活动的发展。乾隆时期，相对宽松的社会政策，为军中娱乐的繁荣创造了条件。嘉庆、道光时期，由于社会经济逐渐恶化、军队颓废，加之农民起义、西方入侵，促使朝廷对军中娱乐活动做出了比较严格的规定，尤其对旗人观剧，处罚甚为严厉。咸丰之后，统治者认识到战争失利的主要原因在于技术、装备和军制的落后，对军中演戏等娱乐形式不再干涉，军中娱乐活动再次繁荣。

结　论

本文通过“明清军礼及其用乐研究”和“明清军中用乐研究”上下两部分共五章的篇幅，对明清军礼与军中用乐进行了研讨。旨在厘清明清军礼用乐与军中用乐之历史样态，探究作为音乐发展一个高峰阶段的明清两代，音乐以怎样的角色和方式，相须以用于军事——这一国之大者。

第一章“明代军礼及其用乐研究”。通过对明代军礼的制定、内容、实践过程等问题的梳理，认为军礼是一个系统完整的过程，在此过程中所用之乐，皆为军礼用乐。从明代军礼的行为过程来看，主要有祭告和耀武、赏功三种方式。军礼用乐以其功用也相应地分为祭祀之乐、耀武之乐和赏功之乐三种类型。明代军礼的实践，即是明代军礼用乐的实践。参与这种军礼实践的用乐形式，主要有三种：雅乐、鼓吹乐、大乐。军礼目的和仪节的差异，构成了军礼用乐的复杂性，军礼用乐首先是一种规范性用乐。军礼用乐按照其要规范的关系，可以分为娱神之乐和娱人之乐。旨在确立人与神、人与人关系层面之军礼用乐，注定要与吉礼、嘉礼和宾礼之用乐发生联系，但因参与者、目的、场所之不同，其用乐也有差异。礼乐一体，乐是礼的重要内容。国家对军礼的规范，决定了这些军礼用乐一次次地响彻于帝国之坛庙社稷、皇城内外。

第二章“清代军礼及其用乐研究”。清代军礼的建构，与清代的军事进程有着密切关系。满族军礼，经历了一个将民间宗教色彩祭礼提升为国家军事祭礼的过程。从最初的随意性拜祭堂子，到对堂子祭祀的规范，显现了儒家文化的影响。从开始的鸣螺拜祭到鼓乐声振、卤簿仪仗皆陈，入关之前，满族已经形成了自己特有的军中祭礼仪式，这种军礼特点，对其后各朝军礼内容和形式的规范起到了关键性作用。乾隆时期诏定诸军礼仪注，标志着清朝军礼走向成熟。按照行施军礼的时间和目的不同，清朝军礼可分为战事军礼和日常军礼两种类型，前者主要有皇帝亲征和命将礼，后者主要有大阅和大狩礼。清代入关前的军礼用乐，主要借鉴了明朝的军礼用乐制度，并结合本民族的仪礼传统，形成了其军礼用乐的雏形。入关之后，军礼用乐修明之旧，式遵明故。但也有差别，如亲征礼遣官告祭诸神则不用乐，告祭堂子则用铙歌大乐；命将出征礼之主要仪节均有用乐现象；大阅礼用铙歌大乐。

如果说军礼及其用乐是中央政府对战争行为的反映，其更多的在于一种象征意义的话，那么，此外的军中用乐则是中国古代军营音乐生活状态的体现。明清国家军队的镇守制度基本相同，除京营外大多分散戍守于全国之要地。本文下篇围绕明清军中礼仪用乐、军事实践用乐、军中娱乐用乐三个方面展开探讨。

第三章“明清军中礼仪用乐研讨”。明清军中礼仪主要包括“公式”、“祀典”、“宾兴”等三类内容，三类仪式皆有军营官员主持，每种仪式都有用乐现象。军中礼仪用乐的主要用乐形式为鼓乐。即使是用乐形式记载不详的旗纛祭祀，通过分析，仍可知旗纛祭祀在军营中用鼓乐的史实。而朝廷对地方祭祀旗纛没有在用乐方面进行具体的规定，正是充分考虑到全国实际情况，为各地卫所依据自身实际情况进行调整，留出空间。

第四章“明清军事实践用乐”。通过对明清军事实践用乐的梳理，可知：明代对军事训练的规范过程，即是军事实践用乐的规范过程。军事用乐的形式主要体现于军事实践的各个环节，军中乐器在军事实践中具有军事号令和军中威仪的功能和意义。

明代军事实践用乐具有全国一致性特点。军事卫所使用的信号乐器，是国家制度的规定，是由国家统一组织工匠制作而成，其大小尺寸皆有规范。军士坐进行退，分合连纵，皆有成轨。军事号令和乐器之间的对应意义，主要体现在明人所编著的兵书中，由此可见其时信号乐器和军事号令之间的联系，已经固化。军事实践用乐的全国一致性，还表现在军中鼓吹制度的使用，以及军中礼仪形式用乐的全国制度的规范要求。乐籍制度下，军中乐人是明代军事实践用乐一致性的重要保障。此外，从明代文献来看，鼓吹乐下移民间、军器唢呐之民用化，与其时的社会制度，尤其是明代中后期军事制度变迁，密切相关。

清代军事实践用乐在乾隆改革之前皆沿袭旧制，乾隆改制后，全国的绿营用乐趋于简化。清代以湘军为代表的勇营制度用乐，对后世产生了一定的影响，其运用军营歌曲形式来加强士兵军事素养的方式，逐步为其后的新军所接受，其影响深远，直至当代。

第五章“明清军中娱乐之乐研究”。明初朝廷对军中娱乐的禁止，主要是与明代的儒家治国之思想和分户当差制度相关；明代中期后国家对军中娱乐政策的放宽主要缘于以下几个条件的成熟：卫所经济的好转，政策的松动和人口的增加，以及卫所军户的卫所认同感。作为政令规定，明初不利于军中娱乐形式发展的相关政策，在实施中逐渐被规避和化解，其作用尤为重要。小曲、歌舞、器乐演奏、赛戏、傩仪表演等，是明代军中娱乐的主要形式，且集中体现在时令节日和酬神祭祀的场合。

清代的军中娱乐形式比较多样，但主要以戏曲为主。清代军中娱乐的发展与朝廷的国家政策与社会环境有着密切的关系。清初政策对前明旧制的沿袭，以及八旗军的娱乐传统，客观上维护了军中娱乐的正常发展。雍正时期，政务廉明，针对官员奢腐而制定的多种规定，在一定程度上使军营娱乐活动走入低谷。虽然乾隆朝有所松动，但之后的嘉庆、道光二朝，在内忧外患之下，限制更为严格。清代军中娱乐的第二次快速发展，是在咸丰之后。洋务运动使得国家将注意力关注到了新技术和新装备方面，朝廷对军中演戏等娱乐形式不再干涉，军中娱乐活动再次繁荣。

军礼，之所以作为国之重礼，皆因有皇帝代表国家的出席，所谓礼之大者。军礼主要行于京师，明清两代官方所认可的军礼，其意义在于国家层面，在于皇帝代表国家对待军事行为的态度和行使的一系列礼仪形式。军礼具有社会认同和社会动员的双重属性。亲征或遣将，战前的祭神告庙，表明国家上下齐心、人神共力、争取战争胜利的决心和力量；战后的凯歌赏功，其意义不言自明；大射或大阅昭示国家的倡武精神。通过军礼的实行，意味着国家的战争行为，已被神祇所护佑，被国人所认同。朝廷正是通过军礼仪式的实行，向社会成员表达了战必胜之国家意志。通过仪式，皇帝把个人或少数人的意志上升为国家意志，将维护王朝利益的行为转换为维护整个社会群体的集体利益行为。通过军礼仪式的实行，强调了家国一体，强调了国家战争的公共属性，在一定程度上也起着社会动员的意义。军礼并不仅仅是国家单独而规范的一次次礼仪活动，它还是整个战争的重要组成部分。军礼的实行是国家在军事战争方面的一次精神建构活动。国家通过军礼的实行，使全体社会成员统一了思想，增强了对敌作战的信心和力量。

另一方面，国家通过军礼仪式，也旨在强调国家统治秩序和皇权的神圣至高无上性。“宗教观念和宗教礼仪，把整个社会秩序提高到神圣状态，借以实施社会管理，这种神圣的束缚比纯粹血缘束缚和现代意义上的家庭束缚更强烈。所以历代剥削阶级都把统治秩序神圣化，并制定各种宗教礼仪来维护这种秩序。”① 如亲征、命将授节钺等仪式无不如是。胜则赏功，败则刑罚有度，体现的是皇权的威严。“赏罚

---

① 陈富荣.宗教礼仪与文化［M］北京：新华出版社，1992：40。

之柄，此上之所以使也。”① 国家通过军礼仪式维护了以皇帝为中心的统治秩序，加强了国家在战争状态中对军队和战争的控制。

军礼用乐，是国家礼乐制度的重要组成部分。军礼所用之乐在形式和风格上，必须符合国家的战时特殊状态或者特定的要求，与行施军礼的目的和环境高度一致，并受到它所依赖的社会及其文化系统的制约。从社会认同与社会动员层面看，军礼在“用乐”上的表现，是国家诸多重要用乐形式的集体参与——雅乐用于祀神；鼓吹用于仪仗、辕门、军阵；大乐用于旗纛、卤簿、赏功、宴饮。军礼的施行与用乐对于参与军事行为的将士有着极大的心理激励作用，在军礼仪式的实施过程中，朝廷通过对仪式用乐形式的规定和选择，体现皇权的神圣和至高无上。

军礼中除大阅礼在京营实施外，其他军礼皆未单独施行于军营。这种情况显示，明清军礼及其用乐的实行，彰显的是以皇帝为中心的国家统治核心对待战争的态度，旨在全社会对国家战争行为的认同，也有着重要的社会战争动员之功能。除了国家为战事行为而行的军礼用乐之外，在镇戍各地的军营中，也有用乐现象。明清军中用乐按其功能分为三种形式：军中礼仪用乐、军中战事实践用乐、军中娱乐之乐。这三种形式的用乐，基本上构成了军营用乐的全部。军中礼仪用乐，是国家礼乐制度在卫所军镇或驻防汛地中的显现；军中娱乐之乐，对军队士兵的士气和心理慰藉有着不可或缺之功用；军事实践用乐，是军营用乐的主体，它在战阵和日常的军事训练中起着重要的作用，主要呈现为两种形态：单个乐器或几个乐器组合的具军事信号功用的简单声音组合形式；由打击乐器和吹管乐器组合而成的彰显威仪的鼓吹形式。

军礼用乐、军中礼仪用乐、军事实践用乐、军中娱乐用乐，虽因性质不同而各有侧重，但整体来看，作为国之大者的军事，在任何场合都体现着特殊与重要。诸多礼仪用乐规定自不必言，犹如响彻于校场与战场上空的嘶喊与军器之声，体现出的即是国家在场与兵者忠诚；而即便是军中娱乐，从明清两代诸多禁令与惩戒之史实，依旧彰显出“军”之重大——毕竟军营不同于别处，千里之堤毁于蚁穴的道理，统治者自是了然于心的。

如题所示，尽管本文所展开讨论的是一个历史的横截段，但这个横截段——明清，在礼乐制度和传统音乐传承的层面，却具有维系古代与当代的承前启后的重要意义。有明一代以《明集礼》为代表，其继承和恢复了礼乐制度的诸多方面；清初对于前明旧制的遵循，使得礼乐制度得以继续传承和发展。清朝晚期的诸多改制，

① 《吕氏春秋》卷 14，《义赏》. 陈奇猷校释，上海：上海古籍出版社，2001：786。

又以既有体制为基础。由此，明清二代不仅接续传统，也衍化了新生。这一点从明清的军礼用乐规范、曾国藩到袁世凯的军事实践用乐等，都有着充分地显现。就传统音乐的传承与传播来看，军镇军营中的用乐活动，是其得以流行于全国各地的重要渠道和因素之一。本文中，无论是对于鼓吹下移民间的讨论，还是傩仪孑遗的论述，都是围绕这一问题的展开与探究。由此，本文对于明清军礼的梳理与探究，也就有了另一个层面的意义。

对于“中国古代军礼与军中用乐”这样一个庞大的课题而言，本文仅仅只是一个阶段性的成果。而就明清本身，也尚有很多需要深入和展开讨论的问题。

由是，我们还在路上……

附　录

附录1 《钦定军器则例》所载各省绿营军用乐器情况

直隶省绿营

直隶省绿营由督标、提标各有左右前后四营，有泰宁、马兰、天津、正定、宣化五个镇标各所辖左右二营，以及独石口协、张家口协、河间协、山永协、通州协、三屯协、河屯协各有左右二营，大名协有左中右三营，另有三个城守营、十一个捕盗营和八十六个驻防营组成。直隶总督驻保定府，直隶提督驻古北口。直隶省绿营总兵额大致在四万人左右。① 直隶省绿营所用的军乐器主要有铜锣、铜号、铜钹、铜点、喇叭、唢呐、锡嗡筒、海螺、战鼓，皆为吹打类乐器，其中吹奏类乐器有铜号、喇叭、铜号、唢呐、海螺，打击类乐器有铜锣、铜点、铜钹、战鼓。各营用乐器见下表。

直隶各绿营乐器使用情况表②

驻防营名称	乐　器	备　注
督标左右前后四营、保定营、良乡营、广昌营、插件岭营、砚山堡、易州营、马水口、沿河口	铜锣、铜号；战鼓	
新雄营、平泉州捕盗营、泰宁镇标左右营、水东村、涞水营、房山营	铜锣；战鼓	
拱极营	铜锣、铜号、喇叭、铜钹、唢呐；战鼓；铜点	铜点四十年一换。
承德府捕盗营、朝阳县捕盗营、赤峰县捕盗营、建昌县捕盗营、古北城守营	战鼓	
提标中左右营	铜锣、铜号、铜钹、唢呐、锡嗡筒；海螺、战鼓	海螺十年后如有破损，准其更换。

① 清代额设营兵，各代略有变化。本文主要以乾隆五十年为准，以下同，不再另行说明。

② 资料来源于《钦定军器则例》，《续修四库全书》第857册：281～300。

驻防营名称	乐 器	备 注
紫荆关、白石口营	铜锣、铜号；海螺、战鼓	
马兰镇标左右营	铜锣	
遵化营	铜锣、铜号、铜铛、铜钹、唢呐；战鼓	
张家口捕盗营、独石口捕盗营、东路厅捕盗营、西路厅捕盗营、南路厅捕盗营、北路厅捕盗营、提标前营、密云营、石塘营、顺义营、苏州营、曹家路、涿州营、墙子路、黄花山、天津镇标左右营、城守营、葛沽营、大沽营、海口营、静海营、霸州营、武清营、丰润营、玉田营、旧州营、河间协左右营、景州营、大城营、通协左右营、张湾营、采育营、三河营、务关营、宝坻营、正定镇标左右营、赵州营、龙固营、固关营、王家坪营、龙泉关营、倒马关营、忠顺营、大名协左营右营、磁州营、杜胜营、广平营、顺德营、开州营、河屯协左右营、唐三营、八沟营、三屯协左右营、喜峰营、潘家口、建昌营、燕河营、山永协左营、右营、山海路、石门路、蒲河路、乐亭营、昌平营、居庸路、巩华城、怀柔城、汤泉营、宣化镇标中左右营、宣化城守营、张家口协中营左右营、万全营、膳房营、新河口营、洗马林堡、柴沟营、西阳河堡、独石口协左右营、云州堡、镇安堡、龙门所、多伦营、蔚州营、东城营、怀来营、龙门路、葛峪堡、永宁路、岔道城、怀安路、左卫城		这些地方驻防绿营，或因原书漫漶，无法辨认，或因无载，暂列于左。

表中显示：第一，除漫漶不清或不见记载的各营外，用唢呐的有拱极营、提标中左右营、遵化营。如果以唢呐作为清代鼓吹乐的主要主奏乐器的话，直隶所辖的拱极营、遵化营其军中主官应为参将，官属正三品，这与历史史实相符合。乾隆二十三年和二十八年朝廷对军中用鼓吹的规定和补充章程，正三品以上驻防各地武职官员应有军中鼓吹。第二，如果按照规定，督标所属中营和泰宁、马兰、天津、正定、宣化等五镇总兵，以及独石口、张家口、河间、山永、通州、三屯、河屯、大名等各协副将皆也应有鼓吹，惜文献无载或漫漶不清。

江南省绿营

江南省绿营主要由督标、河标、漕标、江苏抚标、安徽抚标、狼山镇标、苏松镇标、徐州镇标、寿春镇标所辖各标营以及八个城守营和四十五个驻防营组成。驻防绿营兵额大约有四万八千人。江南省绿营用信号乐器主要有：铜锣、号筒、喇叭、铛子、铜钹、唢呐、战鼓、大鼓、阵鼓、海螺、筚篥、小皮鼓、铜嗡、湾号、操鼓、督阵鼓、箭鼓、更鼓、更锣等，皆属打击类乐器。其中鼓类乐器有：战鼓、大鼓、阵鼓、小皮鼓、操鼓、督阵鼓、箭鼓、更鼓；战鼓和督阵鼓因未见其同时出现，怀疑它们应该是一类东西，两种名称。金类打击乐器有铜锣、铛子、铜钹、更锣；吹管乐器有号筒、喇叭、唢呐、海螺、筚篥、铜嗡、湾号等。具体见下表。

江南绿营乐器使用情况表①

驻防营名称	乐　　器	备　　注
督标中左二营	号筒、唢呐、金、锣鼓、铜钹、喇叭	兵丁自备。
京口协左右二营	铜锣、号筒、喇叭、铛子、铜钹、唢呐；战鼓、大鼓、阵鼓、海螺、筚篥	十年后如有破损准其更换；铜铃十年后如有破损准其贴换。铜锣、号筒、喇叭、铛子、铜钹、唢呐，右营无；大鼓、阵鼓、海螺、筚篥右营无。
高资营、青村营	铜铃；督阵鼓	内河水师
骑兵营	铜锣、铜钹、唢呐、号筒、喇叭；战鼓、大鼓、海螺	
青山营	铜锣；小皮鼓、海螺	
浦口营	铜锣、铜嗡、铜钹、唢呐、号筒；皮鼓、铜鼓	
溧阳营	铜锣、铜号筒、湾号；战鼓、阵鼓、更鼓、海螺	
瓜州营	铜锣；战鼓、海螺	
河标中右二营	战鼓；号头、号筒、唢呐、海螺、金锣	兵丁自备
庙湾营	铜号、唢呐、金锣；战鼓	兵丁自备
佃湖营	阵鼓；金锣、战鼓、铜号、唢呐	兵丁自备
漕标中左右三营	号筒、唢呐、号头，海螺，金，锣鼓	
淮安城守营	战鼓；号头、号筒、唢呐、海螺、金鼓	自备
盐城营	阵鼓	
海州营	铜锣、号头、号筒、海螺、更锣	自备
东海营	铜锣、铜铃；战鼓、箭鼓、海螺	
抚标左右二营并苏州城守中左右三军	铜锣、铜鼓、唢呐、号筒、湾号、喇叭；大鼓、阵鼓、海螺	
提标中左前后四营	铜锣、铜钹、铜铛、唢呐、号筒、湾号、喇叭、铜铃；操鼓、督阵鼓	
提标右营	铜锣、铜号、蟒筒、铛子、铜钹、唢呐、铜铃；大鼓、箭鼓、督阵鼓、海螺	
松江城守营	铜锣、铜嗡、铜号、铜钹、唢呐、号筒、铜铃；战鼓、督阵鼓、箭鼓、更鼓；更锣；海螺。	更锣十年贴换，海螺十年更换。
柘林营	铜锣、铜号、铜钹、铜铛、唢呐、号筒、铜铃；操鼓、督阵鼓、海螺	

① 资料来源于《钦定军器则例》,《续修四库全书》第857册：301～343。

驻防营名称	乐　器	备　注
川沙营	铜锣、铜号、铜嗡、铜钹、唢呐、铜铃；战鼓、督阵鼓、大鼓	
南汇营	铜号、喇叭、铛子、唢呐、铜铃；战鼓、督阵鼓、海螺	
刘河营	铜锣、铜号、铜嗡、喇叭、铜钹、唢呐、铜铃；战鼓、督阵鼓、操鼓、队鼓、海螺	
吴淞营	铜锣、铜号、号筒、铜嗡、铜钹、唢呐；阵鼓、海螺	
福山营	铜锣、铜号、号筒、铜点子、唢呐、铜铃；督阵鼓、阵鼓、海螺	
太湖协左右二营	铜锣、号筒、喇叭、铜钹、唢呐、铜铃；战鼓、海螺	
平望营	铜锣、点子、唢呐、号筒、喇叭；战鼓	
常州营中左右三军	铜号、唢呐、喇叭、铜铃；大鼓、小鼓、督阵鼓；海螺；更锣；	
江阴营	铜锣、铜钹、铜铛、唢呐、号筒；战鼓、大鼓、督阵鼓、海螺	
靖江营	铜锣、铜钹、铜铛、唢呐、号筒、喇叭、铁月鼓、铜铃；战鼓、行营鼓、海螺	
杨舍营	铜锣、铜嗡、唢呐、喇叭、铜铃；战鼓、小鼓	
孟河营	铜锣、铜嗡、铜钹、唢呐、喇叭；大鼓、小鼓	
镇江营	铜锣、铜钹、唢呐、号筒、喇叭；战鼓、督阵鼓、海螺；铜点	
狼山镇标中左右三营	铜锣、湾号、号筒、喇叭、铜点、铜钹铜铃；战鼓、海螺	喇叭、铜点、铜钹左右营无。
泰州营	铜锣、铜铃；战鼓、阵鼓、海螺	
泰兴营	阵鼓、号令鼓、海螺；战鼓、铜号、唢呐、铜嗡、铜钹、更锣	营中自备
掘港营	铜锣、铜号；战鼓	
苏松镇标中左右奇四营	铜锣、铜铃；大鼓	
徐州镇标中营、徐州城守营	铜号，阵鼓；唢呐、铜钹、铜锣、战鼓、海螺	兵丁自备
潜山营	铜号，战鼓。唢呐、战鼓、铜锣、号筒、铜钹	兵丁自备

驻防营名称	乐　　器	备　　注
安徽抚标左右二营	铜锣、铜鼓、铜号、铜钹、铜锴、唢呐、号筒；大鼓、阵鼓、号鼓；海螺	铜鼓、铜锴、号筒、号鼓右营无，大鼓左营无。
安庆协中营并右军	铜号，督阵鼓，海螺	海螺自备
游兵营	督阵鼓；铜锣、号鼓、号筒、喇叭、唢呐、铜钹	营中自备
潜山营	铜锣、铜号、唢呐，队鼓、箭鼓、号令鼓、海螺	
徽州营	铜铃；大、小皮鼓、阵鼓	
宁国营	铜锣、铜号、号筒；督阵鼓、大阵鼓、号鼓、更鼓；更锣	
池州营	得胜鼓、海螺	
广德营	铜锣、铜号、铜钹；阵鼓、号鼓、海螺	
寿春镇标中右二营	铜号、铜钹；战鼓、催阵鼓、海螺	
庐州营	铜钹、号筒；战鼓、号鼓、海螺	
颍州营	铜号、铜钹；得胜鼓、阵鼓、海螺	
泗州营	铜号、铜钹，阵鼓、号鼓、海螺	
三江营、扬州营、刘安营、亳州营、宿州营	无载	

上表显示，江南绿营有鼓吹的有潜山营、安庆协游兵营、安徽抚标左右二营、潜山营、徐州镇标中营、徐州城守营、泰兴营、镇江营、孟河营、杨舍营、靖江营、江阴营、平望营、太湖协左右二营、福山营、吴淞营、刘河营、南汇营、川沙营、柘林营、松江城守营、提标中左右中前后营、抚标左右二营并苏州城守中左右三军、河标中右二营、庙湾营、佃湖营、漕标中左右三营、淮安城守营、骑兵营、督标中左二营、京口协左营。另外值得注意的是京口协左营有用筚篥的记载。寿春镇标中右二营虽无唢呐记载，但也记载了其用铜号、铜钹、战鼓、催阵鼓、海螺等信号性乐器。苏松镇标四营则无吹管乐器。使用信号乐器最少的是盐城营，仅记载了其用战鼓。

江西省绿营

江西省驻防绿营有抚标左右二营和南赣、九江两个镇标及三个水师营、两个城守营、二十五个驻防营组成。江西巡抚兼提督衔，驻南昌府，统辖绿营兵一万三千九百多人。江西省绿营所用信号性乐器主要有铜锣、铜号、喇叭、唢呐、海螺、督阵鼓、催阵鼓、摆阵大鼓、行营鼓、箭鼓、阵鼓、得胜鼓、更锣、木梆、铜铃等。具体见下表。

江西绿营乐器使用情况表①

驻防营名称	乐　器	备　注
九江水师营、铜鼓营、武宁营、瑞州营、抚州营、建昌营、广昌营、广信营、铅山营、饶州营、鄱阳水师营、浮梁营、南康营、南湖水师营	铜锣、铜号；阵鼓	
江西省抚标左右二营	铜锣、铜号、喇叭；海螺、战鼓、得胜鼓	
南昌城守营	铜锣、铜号、喇叭；海螺、督阵鼓、得胜鼓；更锣；木梆	木梆五年更换
南赣镇标中营左营后营	铜号、喇叭、唢呐；海螺、摆阵大鼓、催阵鼓；铜铃	铜号、喇叭、唢呐左营、后营无；摆阵大鼓后营无；铜铃十五年更换。
赣州城守营	铜锣；海螺、催阵鼓	
宁都营、横岗营、万安营	海螺	另载有“鼓衣自备”句，应有鼓类乐器。
南安营	铜锣、铜号；海螺、号令鼓	
兴国营	海螺、大鼓	
文英营	行营鼓；铃铛	铃铛十五年贴换
吉安营	铜锣、号筒、喇叭、铜钹、唢呐；海螺、箭鼓、阵鼓	
龙泉营	铜锣；海螺	
永丰营	铜锣、号筒、喇叭、铜钹、唢呐；箭鼓	
永新营	阵鼓	
袁州营	铜锣；战鼓、号令鼓	
临江营	铜锣、铜号；摆阵大鼓、操阵鼓	
九江镇标前营、后营	铜锣、铜号、喇叭、铜钹；海螺、阵鼓、得胜鼓	
永镇营、羊角营	无载	

这里，鼓类乐器有多个品种，有督阵鼓、催阵鼓、摆阵大鼓、行营鼓、箭鼓、阵鼓、得胜鼓、行营鼓等等。

① 资料来源于《钦定军器则例》，《续修四库全书》第857册：346～367。

浙江绿营

浙江省绿营由抚标协左右营、海防营，提标协左、右、前、后、中五营，定海、黄岩、温州、处州、衢州五镇标各协左中右三营，嘉兴、湖州、绍兴、象山、台州、平阳、乐清、瑞安、金华、严州等协共二十营，十六个驻防营，四城防营组成。额设兵额四万。浙江绿营计有铜锣、湾号、直号、号头、铜鼓、铜点、铜钹、大筒、唢呐、阵鼓、大阵鼓、行营鼓、海螺等军中用乐器。具体见下表。

浙江绿营乐器使用情况表①

驻防营名称	乐　　器	备　　注
抚标左右营、海防营	铜锣，铜号；阵鼓；号锣、更锣	号锣、更锣十年更换
海防营	铜锣、铜号；行营鼓	
提标中左前后营	铜号、铜鼓、铜点、铜钹、直号、大筒、唢呐；行营鼓	
提标右营	铜锣、铜号、铜点、铜钹、铜鼓、直号、大筒、唢呐；行营鼓；号锣十年	
宁波城守营	铜锣；战鼓	
杭州城守营	铜号、湾号、铜鼓、铜点、铜钹、号筒、唢呐；战鼓	
湖州协左右营、安吉营、衢州城守营	铜锣；阵鼓	
黄岩镇标中左右营、温州镇标中左右营	铜锣、直号；阵鼓	
台州协中营左右营	铜锣	
宁海左营、宁海右营	铜锣；行营鼓	
平阳协左右营	行营鼓	
大荆营	铜锣、直号、唢呐	
处州镇标中左右营	铜锣、湾号、直号、铜点、铜钹、大筒、唢呐；阵鼓、行营鼓、海螺	
金华协左右营、枫岭营	铜锣，阵鼓、行营鼓	
严州协左右营	铜锣、号头；大阵鼓、行营鼓	
钱塘营、绍兴协左右营、乍浦左右营、太湖营、定海镇标中左右营、昌石营、镇海营、太平营、温州城守营、乐清协、盘石营、瑞安协左右营、玉环左右营、丽水营	无载	衢州镇标中左右营：原缺。 象山协左营右营：漫漶不清。 嘉兴协左营右营：记录仅有鼓架。

① 资料来源于《钦定军器则例》，《续修四库全书》第857册：369。

按照规定，浙江绿营用鼓吹的至少应该有抚标、提标及定海、黄岩、温州、处州、衢州五镇标、嘉兴、湖州、绍兴、象山、台州、平阳、乐清、瑞安、金华、严州等十协。他们官职均在副将以上。而书中抚标和黄岩、温州二镇标以及湖州、台州、平阳、金华、严州等协并未见用唢呐记载，但是严州协有号头乐器，黄岩、温州二镇标有直号，抚标有铜号。其他平阳、台州、金华、湖州则仅有打击乐器，无有吹奏乐器，不知何故。大荆营因其地理位置险要，临近乐清湾，有鼓吹之铜锣、直号、唢呐。

福建省绿营

福建省绿营由督标和抚标各三营，水师提标和陆路提标各五营，福宁、漳州、建宁、海坛、金门、汀州、南澳、台湾、兴华等镇标共二十一营，兴华、延平、间安、台湾北路、台湾水师、澎湖水师等协共十五营，驻防营十六，城守营六组成。共设额兵约六万三千余名。福建省绿营所见乐器主要有铜锣、更锣、铜号、长号、铜湾号、号头、唢呐、铜嗡、铜铃、大鼓、操鼓、战鼓、箭鼓、得胜鼓、号鼓、更鼓、海螺等。具体见下表。

福建省绿营乐器使用情况表①

驻防营名称	乐　器	备　注
督标中左右营水师营、抚标左右营、烽火营、连江营、漳州镇标中营、漳州城守营、平和营、诏安营、枫岭营、金门镇标左右营、汀州镇标中左右营、邵武城守左右营	无载	
水师提标中营、左营、右营、前营、后营	铜锣	其他无载
陆路提标中左右前后营、泉州城守营、福州城守左右军、海坛镇标左右营	铜号、金；战鼓；	行军携带之铜锣……系应用之时，归于军需敛内制办核销。
兴华协左右营	金、号头，大鼓、操鼓	行军携带之铜锣，系应用之时，归于军需敛内制办核销。

① 资料来源于《钦定军器则例》，《续修四库全书》第857册。

驻防营名称	乐　器	备　注
长福营左军、右军、云霄营、铜山营、	金、号头；战鼓	行军携带之铜锣，系应用之时，归于军需敛内制办核销。
闾安协左右营：	号头、金；战鼓、大鼓	
福宁镇标中右营	铜锣、更锣、铜湾号、唢呐、铜铃；战鼓、箭鼓、得胜鼓；海螺	箭鼓、得胜鼓中营无；海螺右营无。
福宁镇标左营	号锣、更锣、号头；号鼓、更鼓	
桐山营	更锣、铜铃；战鼓	
罗源营、漳州镇标左营右营、建宁镇标中营左右营、	金；战鼓	
龙岩营	铜锣、长号；大鼓	
同安营	铜锣、铜号；战鼓	
延平协左右营	铜锣、铜湾号、铜嗡、唢呐；战鼓	
南澳镇标左营	战鼓	
台湾镇标中左右营	铜号头、金鼓、铜嗡	系营中自备
台湾城守营左右军、南路营、淡水营、北路协中营左右营、水师协中营左右营、澎湖水师协左右营、艋舺营	金鼓、铜号头、铜嗡号，	系营中自备

除未见记载之各营外，其他各协参将以上均有吹打乐器，惟漳州镇标左营右营、建宁镇标中营左右营仅见有“金”和“战鼓”之记载，南澳镇标左营仅见战鼓之记录。

山东省营制绿营

山东省绿营由抚标左右营，兖州镇标中右二营、登州镇标中右二营、河东镇标中左右三营以及临清协，两个城守营，二十一驻防营组成。额设绿营兵约为一万七千余人。山东绿营见载乐器有号令鼓、催军鼓、军鼓、阵鼓、铜鼓、铜锣、铜号、喇叭、海螺、唢呐、铜钹、大锣。具体见下表。

山东绿营乐器使用情况表①

驻防营名称	乐 器	备 注
抚标左右营、沂州营、德州营、台庄营、高堂营、寿张营、东昌营、梁山营、沙沟营、登州镇标中右营、登州水师前营、文登营、胶州营、莱州营、即墨营、青州营、济南城守营、武定营、寿乐营	铜锣、铜号；海螺、战鼓、号令鼓	
宁福营	铜锣、铜号；阵鼓、号令鼓、海螺	营中自备
兖州镇标左右营	铜号、唢呐、阵鼓、铜钹、铜鼓、大锣、海螺	营中自备
临清协、曹州营、泰安营、鉅野营	铜锣、铜号；海螺、战鼓	
安东营	号令鼓、催军鼓、军鼓、铜锣、铜号、喇叭、海螺	营中自备
河东河标中左右营、济宁城守营	战鼓、铜号、海螺	营中自备

山东省绿营中抚标和三镇标均有吹打类乐器，其中抚标和登州镇标、河东镇标有吹奏乐器铜号，兖州镇标有铜号和唢呐两种吹奏乐器。大部分乐器为营中自备。

山西绿营

山西绿营由抚标左右二营、太原镇标左右二营、大同镇标中左右前四营、太原城守营、杀虎协左右二营及四十三个驻防营组成。额设绿营兵丁约为两万五千余人。山西绿营共见乐器为铜锣、铜号、海螺、队鼓、督阵鼓、大鼓、战鼓。具体见下表。

山西绿营乐器使用情况表②

驻防营名称	乐 器	备 注
太原镇标左右营、太原城守营、蒲州营、运城营、吉州营、靖安营、平阳营、隰州营、汾州营、泽州营、平垣营、孟寿营	铜锣、铜号；海螺、战鼓	

① 资料来源于《钦定军器则例》,《续修四库全书》第857册：438～458。

② 资料来源于《钦定军器则例》,《续修四库全书》第857册：461～490。

驻防营名称	乐　　器	备　　注
大同镇标中左右营、前营、新平营、浑源营、得胜路、豊州营、助马路、北楼营、灵邱路、东路营、山阴路、杀虎协左右营、平鲁营、宁武营、偏关营、老营营、水泉营、河保营、朔平营、靖远营、归化营	铜锣、铜号；海螺、队鼓、督阵鼓、大鼓	
抚标左右营、天城城、阳和城、高山城、怀仁城、平型关、忻州城、应州城、神池营、朔州营、桦林营、镇西城	无载	石楼营、潞泽营、保德营：原书缺页

山西绿营所见乐器与他省相比，较为单一，吹奏乐器仅有铜号、海螺，未见有唢呐。

河南省绿营

河南绿营由抚标左右营、河北镇标左右营、南阳镇标左右营、荆关协左右营、两个城防营、十五驻防营组成。共设绿营兵额约为一万一千余人。河南绿营用乐器有铜锣、铜号、战鼓、海螺。其乐器为营中自备。详见下表。

河南绿营乐器使用情况表①

驻防营名称	乐　　器	备　　注
抚标左右营、荆关协左右营、卢氏营	战鼓	营中自备
河北镇标左右营、卫辉营并滑县营、河南城守营、开封城守营、彰德营、内黄营、陕州营、嵩县营、邓新营、王禄店营	铜锣、铜号；战鼓、海螺	营中自备
南阳镇标左右营、汝宁营、归德营、襄城营、陈州营	无载	新野营、信阳营：原书缺页。

四川绿营

四川绿营由督标中左右三营、军标左右营、提标中左右前四营并城守营两个，川北、重庆、松潘三镇标各辖中左右三营、建昌镇标辖左右二营，以及阜和、绥定、夔州、绥宁、维州五协各左右二营和四十八个驻防营组成。额设绿营兵为三万余人。四川绿营见载乐器有号令鼓、阵鼓、海螺、阵锣、蟒筒、铜号六种。详见下表。

① 资料来源于《钦定军器则例》，《续修四库全书》第857册：492～500。

四川绿营乐器使用情况表①

驻防营名称	乐 器	备 注
督标中左右营、军标左右营、提标中左右前营并城守左右营、峩边营左营、马边营、阜和协左右营、泰宁营、黎雅营、懋功营、绥靖营、崇化营、抚边营、庆宁营、永宁营、泸州营、叙马营、建武营、大坝营、赤水营、普安营、安阜营、青云营、川北镇标中左右营、顺庆营、潼绵营、通巴营、太平营、黄杨堡、绥定协左右营、城口营、重庆镇标中营左右营、忠州营、夔州协左右营、巫山营、梁万营、盐厂营、绥宁协左右营、西阳营、邑梅营、黔彭营、建昌镇标中左右营、会川营、永定营、越嶲营、宁越营、靖远营、泸宁营、会监营、怀远营、冕山营、松潘镇标中营左营右营、维州协左右营、茂州营、漳猎营、叠溪营、龙安营、平番营、南坪营、小河营	号令鼓、阵鼓、海螺；阵锣、蟒筒、铜号	号令鼓、阵鼓、海螺如有损坏，十年更换；阵锣、蟒筒、铜号如有损坏，十年贴换。

广东省绿营

广东省绿营由督标、抚标、水师提督、陆路提督所辖十七营，阳江、碣石、南澳、南韶连、高州、雷州、潮州、琼州八镇标所辖十八营，顺德、香山、、澄海、龙江、海口、广州、惠州、肇庆、南雄、三江口、罗定、黄冈十二协所辖二十三营，以及各地的三十六个驻守营、两个城守营组成。额设兵丁约为六万八千余人。广东绿营见载乐器有铜锣、铜号、号筒、海螺、湾号、战鼓、阵鼓、馒头鼓、号令鼓、大鼓。多为吹打乐器（详见下表）。

广东绿营乐器使用情况表②

驻防营名称	乐 器	备注
督标中左右前后营、水师提标左右前后营	铜锣；阵鼓、海螺	
督标水师营	铜锣、湾号；阵鼓、海螺	
抚标左右营	铜锣；战鼓、馒头鼓、海螺	
南雄协营	铜锣；战鼓、海螺	
肇庆协左右营	铜锣、湾号；阵鼓、大鼓	
顺德协左右营、碣石镇标中左右营、惠来营	铜锣；阵鼓	
海门营、和平营、徐闻营	铜锣；战鼓	

① 资料来源于《钦定军器则例》，《续修四库全书》第857册：503～517。

② 资料来源于《钦定军器则例》，《续修四库全书》第857册：520～560。

驻防营名称	乐　器	备注
香山协左右营、阳江镇标左右营、高州镇标左右营、吴川营、英清营、廉州营	铜锣	
大鹏营	铜锣、铜号、号筒；战鼓、海螺	
澄海协左右营、南海镇标右营、雷州镇标左右营、平海营、永靖营、钦州营、	战鼓	
南韶连镇标中左右营、前山营	铜锣、铜号；战鼓、海螺	
潮州镇标中左右营、潮州城守营、四会营、平镇营	铜锣、铜号，战鼓	
三江口协左右营	铜锣、铜号，海螺	
罗定协左右营	铜锣、铜号；号令鼓、海螺	
黄冈协左右营	铜号，战鼓	
陆路提标中营左右营前后营	鼓裙	
新会左右营、广海寨/州营、东山营、达濠营、海安营、龙门协左右营、海口协左右营崖州营、广州协左右营、三水城守营、增城左右营、惠州协左右营、永安营、阳春营、那扶营、连阳营、化石营、琼州镇标左右营、饶平营、潮阳营、兴宁营、儋州营、万州营、理猺营	无载	

本省绿营所用乐器主要为吹打类乐器。其中吹奏类乐器有铜号、号筒、海螺、湾号；打击类乐器中属于鼓类的有战鼓、阵鼓、馒头鼓、号令鼓、大鼓，金类的仅有铜锣一种。馒头鼓应是本省专有之乐器名词，其形制不详。

广西省绿营

广西省绿营由抚标五个营、提标五个营、城守三个营、左江、右江、柳庆三镇标八个营、平乐协、庆远协、义宁协、浔州协、梧州协、新大协、镇安协共十二个营以及十九个镇守营组成，其兵额大致为两万三千余人。广西省绿营的主要乐器有铜锣、塘锣、铜嗡、铜点、铜号、湾号、号筒、唢呐、铜钹、铜鼓；海螺、战鼓、操鼓（详见下表）。

广西绿营乐器使用情况表[①]

驻防营名称	乐　　器	备　　注
提标左右营前后营	铜锣、铜号；战鼓、操鼓	
正乐协左右营、义宁协左右营	塘锣	塘锣十年贴换

① 资料来源于《钦定军器则例》，《续修四库全书》第857册：565～582。

驻防营名称	乐　器	备　注
广远协左右营	铜锣、铜点、铜嗡、铜号；海螺、操鼓	
东兰营	铜锣、铜嗡、铜号、唢呐、铜钹、铜鼓；海螺、战鼓	
全州营	铜锣、铜号、号筒；海螺、阵鼓	
宾州营	铜锣；海螺、战鼓	
三里营	铜锣、铜嗡、铜号，海螺、阵鼓、操鼓，塘锣	塘锣十年贴换
融怀营	铃铛、铜锣、铜嗡、铜号、海螺	营中自备
桂林营	铜锣、铜号，阵鼓，塘锣	
左江镇标中左右营、南宁城守营:	海螺、操鼓	
汛州协左右营	铜点、铜号、湾号；操鼓	
梧州协左右营	铜锣、铜号；海螺、战鼓	
怀集营	铜锣、号筒，操鼓；塘锣	
新太协左右营	战鼓	
鬱林营	铜锣、铜号、号筒；海螺、战鼓	
上思营	铜号、号筒；操鼓，更锣	
右江镇标中左右营	铜锣、铜号、阵鼓、操鼓、海螺	营中自备
思恩营	铜锣、铜号、铜点、阵鼓、操鼓、海螺	营中自备
抚标左右营、柳州城守营、永宁营、富贵营、麦岭营、龙营、馗纛营、镇安协左右营、隆林营	无载	

本省绿营所用军中乐器多为吹打类乐器，其中吹奏乐器有铜嗡、铜号、湾号、号筒、唢呐、海螺。打击乐器金类有铜锣、塘锣、铜点、铜钹、铜鼓；打击乐器鼓类的有战鼓、操鼓两种。塘锣是各汛塘之地所用信号金类乐器。

陕西省、甘肃省绿营

陕西省绿营由抚标二营、提标五营、延绥、陕安、河州、西安、汉中五镇标共十四个营、静宁、洮岷、潼关三协营及十一个城守营、七十二个驻防营组成。甘肃省绿营由督标五个营、提标五个营、乌鲁木齐提标三个营、凉州镇标五个营、宁夏镇标四个营、西宁镇标五个营、伊犁、巴里坤镇标各三个营、肃州镇标两个营、以及六个协营、七个城守营、七十个驻防营组成。陕甘共设额兵约八万四千人。陕西省、甘肃省绿营所用乐器有铜锣、号锣、铜号、蟒筒；战鼓、阵鼓、号令鼓、督阵鼓、海螺、铜钹（详见下二表）。

陕西省绿营乐器使用情况表①

驻防营名称	乐　器	备注
抚标左右营	无载	
提标中左右营前后营	铜锣、铜号、蟒筒；战鼓、阵鼓、海螺	铜铙钹系停修存贮
陕西镇标中营左右营城守营、砖坪营、浔阳营、镇坪营、紫阳营、七里营、镇安营、孝义营、镇安城守营、河州镇标左右营、盩屋营、宜君营、汉中镇标中左右营、宁陕营、阳平关营、宁羌营、留坝营、定远营、西乡营、华阳营、东江口营、汉凤营	铜锣、铜号、蟒筒；战鼓、阵鼓、海螺	
固原城守营	铜锣、铜号、蟒筒；战鼓	
西凤营关山营	号锣、铜号、蟒筒；战鼓、阵鼓、海螺	
西安城守营	铜锣、铜号、蟒筒；战鼓、阵鼓、号令鼓、督阵鼓	
邠州营	铜锣、铜号、蟒筒；战鼓、阵鼓	
靖远营、芦塘营、西安州营、下马关营、永安堡营、八营、庆阳营、泾州营、长武营、红德营	铜锣、铜号、蟒筒；战鼓、督阵鼓	
平凉城守营、静宁协、隆德营、会宁营、马营监营、石峰堡、泰州营、利桥营	铜锣、铜号、蟒筒；战鼓、督阵鼓、海螺	
延绥镇标中左右营城守营、波罗营、鱼河堡、绥德城守营、怀远堡、神木营、建安堡、高家堡、柏林堡、永兴堡、镇羌堡、柳树涧堡、安边堡、砖井堡、延安营、鄜州城守营、孤山堡、黄甫营、木瓜园营、定边营、靖远营、镇靖堡	铜锣、铜号、蟒筒；号鼓、队鼓、海螺	
河州城守营、洮岷协营	铜锣、铜号；战鼓、督阵鼓、海螺	
循化营、保安营、起台营	铜锣、铜号；战鼓、督阵鼓	
临洮营	铜锣、铜号；海螺、战鼓、阵鼓	
岷州营、旧洮营、阶州营、文县营、西固营、攻昌营	铜锣、铜号、蟒筒；海螺、阵鼓	
兰州城守营、金县营	铜锣、铜号；阵鼓	
西安镇标中左右营	铜锣、铜号；战鼓	
潼关协	铜锣、铜号；战鼓、阵鼓	

① 资料来源于《钦定军器则例》,《续修四库全书》第857册：586～612。

驻防营名称	乐　器	备注
神道岭营、商州城守营、金锁关营、富平营、	铜锣、铜号；督阵鼓	
汉中城守营	铜锣、铜号；战鼓、海螺	

甘肃省绿营信号乐器使用情况表①

驻防营名称	信号性乐器	备注
督标中左右前后营、庄浪协、俄卜岭营、松山营、镇羌营、岔口营、洪水营、三眼井营、红城堡、巴里坤镇标中营左右营、巴里坤城守营、哈密协、塔尔纳沁营、古城营、木垒营	铜锣、铜号、蟒筒；战鼓	
提标中左右前后营	铜锣、铜号；战鼓、阵鼓	
永固协、马营墩营、大马营、洪水营、硖口营、山丹营、南古城营、甘州城守营、梨园营、凉州镇标中左右前后营	铜锣、铜号、蟒筒；战鼓、阵鼓	
乌鲁木齐提标中左右营、城守营、玛纳斯协左右营、济木萨营、库尔喀喇乌苏营、精河营、攻宁城守营、喀喇巴尔噶逊营、永昌协、宁远堡、水泉堡、新城堡、张义堡、安远堡、镇番营、大靖营、土门营、靖逆营、赤金营	铜锣、铜号、蟒筒；海螺、战鼓、阵鼓	
凉州城守营、西把截堡	铜号	
宁夏镇标左右营前后营、中卫营、石空寺堡、古水井堡、花马池营、安定堡、灵州营、同心城营、平罗营、洪广营、玉泉营、广武营、兴武营、横城营	铜锣、铜号、蟒筒，阵鼓。	
西宁镇标中营左右营前后营、城守营、大通协、永安营、白塔营、镇海堡、巴燕戎格营、巴暖营、南川营、北川营、贵德营、威远营、碾伯营、肃州镇标中左右营、城守营、嘉峪关营	铜锣、铜号；战鼓	
金塔寺营、镇夷营、高台营、平川营、红崖营、安西营、布隆吉尔营、桥湾营、沙州营	铜锣、铜号，阵鼓	清水营无铜锣、铜号、阵鼓
伊犁镇标中左右营、霍尔果斯营、巴彦岱营、塔尔奇营	海螺	

按照陕甘总督杨应琚的奏章旧洮营应有鼓吹，但是文献中仅见吹奏乐器有铜号、蟒筒和海螺三种，打击乐器也仅有阵鼓和铜锣各一。并没有鼓吹之主要乐器唢呐，

① 资料来源于《钦定军器则例》，《续修四库全书》第857册：615～636。

推测其原因可能有二：第一，唢呐被作为铜号之组合载入《则例》一书。从陕西全省绿营用乐器来看，均无有唢呐一项，这与明代鼓吹制度不符。铜号乐器一般指大铜角和小铜角以及唢呐，唢呐在清代也有金口角和号笛之称。推测铜号可能是陕甘一带对大小铜角和唢呐的统称，这种统称可能在一定的范围内得以认同。《则例》是由各地方统计各衙门军器及其应修缮和贮藏数量，然后造册送交兵部，由兵部统一编撰而成。因此陕西及其他各省情况应是一样，先由该省督抚衙门统一军器名称和数量，然后呈交兵部，这就必然使得各地因习惯和语言的因素，呈交的器物名称不可能整齐划一。这可能是其他省有载，而陕甘二省绿营未见记载唢呐的原因之一。第二，唢呐未作为军器载入。因《则例》一书主要将全国兵营所贮藏和需要维修的器物载录，其时唢呐已经为民间所常见和常用，尤其在陕甘一带。此地原为明代的西北戍守重地，明中期后，由于和北元的关系逐渐和好，此地驻兵虽然众多，却少有战事发生。① 清朝统一后，此地很多卫所到雍正朝时逐渐转化为府县等地方行政体系，唢呐等军中用器流入民间的很多，唢呐已经成为民间化的乐器，尤其在本地，此可能是陕甘总督未将其上报兵部的原因，毕竟兵部这次统计之目的在于对全国的营伍修制军械的使用和维修做出时间上的限定。未上报兵部，自然不能列入《则例》一书。此也可能是《则例》陕甘两省无载唢呐之原因。

湖南省绿营

湖南省绿营由湖南抚标两个营、提标五个营、三镇标九个营、十三个协（厅）标营、三个城守营、十五个驻防营或水师营组成。额设兵丁约两万三千余人。其绿营军中主要使用乐器有战鼓、操鼓、大鼓、边鼓、得胜鼓、督阵鼓、铜号、唢呐、海螺、铜锣、铜钹（详见下表）。

湖南省绿营乐器使用情况表②

驻防营名称	乐　器	备　注
抚标左右营、提标左右营中前后营、常德城守营、长沙营、永顺营、古丈坪营、洞庭水师营、澧州营、九溪营、岳州城守营、凤凰厅标、干州协左营右营、镇溪营、靖州营、绥宁营、长安营、干州厅标、永州镇标中营、左营右营、衡州营、临武营、桂阳营、宜章营、宝庆协、武冈营、永绥厅标、永绥协左营右营、保靖营		

① 明末战事主要转移至山海关一带，对手也由蒙元转而为后金。

② 资料来源于《钦定军器则例》，《续修四库全书》第857册：640～656。

驻防营名称	乐 器	备 注
河溪营	得胜鼓、督阵鼓；铜锣、铜号	
辰州城守营	操鼓、战鼓	
永定营、 镇标中左右前营、	操鼓	
岳州水师营	铜锣	
沅州营	海螺、战鼓；铜锣、铜号	
绥靖镇标中右营	海螺、战鼓、大鼓、边鼓、督阵鼓；铜锣、铜号、铜钹、唢呐	

湖北省绿营

湖北省绿营由督标三个营、抚标两个营、提标五个营、二镇标八个营、三个协营、五个城守营、十一个驻防营或水师营组成。额设兵丁一万七千余人。湖北省绿营用乐器主要有铜锣、铜号、铜嗡、铜钹、唢呐、督阵鼓、大鼓（详见下表）。

湖北省绿营乐器使用情况表①

驻防营名称	乐 器	备 注
督标中左右营、抚标左右营、提标中左右前后营、均光营、荆州城守营、襄阳城守营、安陆营、黄州营、武昌城守营、兴国营、德安营、汉阳城守营、蕲州营、道士濮营、郧阳镇标中左右前营、竹山协、宜昌镇标中营左营前后营、卫昌营、远安营、宜都营	铜锣、铜钹、铜嗡、铜号、唢呐；督阵鼓、大鼓	
荆门营、郧阳城守营、施南协、荆州水师营	铜锣、铜钹、铜嗡、铜号、唢呐；大鼓	

云南省绿营

云南省绿营由督标三个营、抚标两个营、提标三个营、六镇标十八个营、八个协营、两个城防营、十四个驻防营组成。额设兵丁约四万一千余人。云南省绿营主要用乐器有海螺、阵鼓、大鼓、铜锣、铜号（详见下表）。

① 资料来源于《钦定军器则例》，《续修四库全书》第857册：661～680。

云南省绿营乐器使用情况表①

驻防营名称	乐 器	备 注
督标中左右营、抚标左右营、提标中左右、曲寻协左右营、寻沾营、云南城守营、武定营、楚雄营、大理城守营、临元镇标中左右营、元江营、新营、开化镇标中营左右营、广西营、广南营、永昌协左右营、龙陵协左右营、顺云营、永北营、剑川营、昭通镇标中营左右营前营、东川营、镇雄营、景蒙营、威远营	阵鼓；铜锣、铜号	
腾越镇标中左右营	海螺、阵鼓；铜锣、铜号	
鹤丽镇标中左右营	阵鼓、大鼓；铜锣、铜号	
维西协左右营、普洱镇标中营右营		原书缺佚

贵州绿营

贵州省绿营由抚标两个营、提标三个营、四镇标十一个营、二十个协营、两个城守营、二十四个驻防营、十个卫、两个厅组成。额设兵丁约为三万七千余人。贵州省绿营军中用乐器主要有队伍号、号令号、号令锣、号筒、唢呐、铜钹、海螺、号令鼓、大阵鼓、督阵鼓、操鼓（详见下表）。

贵州省绿营乐器使用情况表②

驻防营名称	乐 器	备 注
抚标左右营、定广协左右营、古州镇标中左右营	号令号、号令锣、号筒、唢呐、铜钹；号令鼓、操鼓、海螺	
提标左右前营、大定协左营右营、安义镇标中左右营、永安协左右营、册亨营、黎平营、下江营、丹江营、黄平营	队伍号、号令号、号令锣、号筒、唢呐、铜钹；号令鼓、大阵鼓、督阵鼓、操鼓、海螺	
遵义协左营右营	队伍号、号令号、号令锣、号筒、唢呐、铜钹；号令鼓、大阵鼓、操鼓、海螺	
平远协左右营	号令号、号令锣、号筒、唢呐、铜钹；号令鼓、大阵鼓、督阵鼓、操鼓、海螺	

① 资料来源于《钦定军器则例》，《续修四库全书》第857册：682～709。

② 资料来源于《钦定军器则例》，《续修四库全书》第857册：712～750。

驻防营名称	乐　　器	备　注
长寨营	号令号、号令锣、号筒、唢呐、铜钹；号令鼓、海螺	
黔西营	号令号、号令锣、号筒；号令鼓、海螺	
归化营	号令号、号令锣；号令鼓	
上江协左右营、天柱营	队伍号、号令锣，号令鼓	
贵阳城守营	队伍号、号令锣、号筒、唢呐、铜钹；号令鼓、操鼓、海螺	
平越营	队伍号、号令号、号令锣、号筒、唢呐、铜钹；号令鼓、督阵鼓、操鼓、海螺	
安顺城守营	队伍号、号令号、号令锣；号令鼓、督阵鼓、操鼓、海螺	
新添营	队伍号、号令锣、号筒、唢呐、铜钹；号令鼓、督阵鼓、操鼓、海螺	
仁怀营	队伍号、号令锣、唢呐、铜钹；号令鼓、大阵鼓、督阵鼓、海螺	
长坝营、普安营、都匀协左右营、朗洞营、荔波营、台拱营	队伍号、号令锣、号筒、唢呐、铜钹；号令鼓、大阵鼓、督阵鼓、操鼓、海螺	
安南营	队伍号、号令锣、号筒、唢呐、铜钹；号令鼓、操鼓、海螺	
镇远镇标中左右营、铜仁协左右营、威宁镇标左右二营、毕赤营	队伍号、号令锣、号筒、唢呐、铜钹；号令鼓、大阵鼓、操鼓、海螺	
清江协左右营	队伍号、号令号、号令锣、号筒、唢呐、铜钹；号令鼓、大阵鼓、海螺	
松桃协左右营	队伍号、号令号、号令锣、号筒、唢呐、铜钹；号令鼓、大阵鼓、督阵鼓、海螺	
思南营	队伍号、号令锣、号筒、唢呐、铜钹；号令鼓、大阵鼓、督阵鼓、海螺	
凯里营	队伍号、号令号、号令锣、号筒、唢呐、铜钹；号令鼓、督阵鼓、操鼓、海螺	
石阡营、水城营	队伍号、号令号、号令锣、号筒、唢呐、铜钹；号令鼓、操鼓、海螺	
	队伍号、号令号、号令锣、号筒、唢呐、铜钹；号令鼓、操鼓、海螺	
古州左卫右卫、八寨卫、台拱卫、黄施卫、丹江卫、凯里卫、清江左卫、右卫、石岘卫	号令号、号令锣，号令鼓、督阵鼓	督阵鼓台拱卫有，余卫无
都江厅、下江厅	队伍号、号令锣，号令鼓、督阵鼓	督阵鼓都江厅无

贵州省绿营除十卫两个厅，以及安顺城守营、黔西营、归化营、上江协左右营、天柱营外，其他各地驻防营皆有唢呐，这应是因该营地处少数民族地区，唢呐作为鼓吹的重要乐器，自然是各营不可或缺，这也符合乾隆二十八年对军中用鼓吹的补充规定。

附录2　清代晚期军营歌曲

附录2－1　《曾国藩湘军军营歌曲》

《陆军得胜歌》①

三军听我苦口说，教你陆战真秘诀。

第一扎营要端详，营盘选个好山岗。不要低洼潮湿地，不要一坦大平洋。后有退步前有进，一半见面一半藏。看定地方插标记，插起竹竿牵绳墙。绳子围出三道圈，内围略窄外围宽。六尺墙脚八尺壕，壕要紧筑墙要牢。正墙高要七尺满，子墙只有一半高。烂泥碎石不坚固，雨后倒塌一缸糟。一营只开两道门，门外驱逐闲杂人。周围挖些好茅厕，免得热天臭气熏。三里以外把个卡，日日守卡夜夜巡。

第二打仗要细思，出队要分三大支。中间一支且扎住，左右两支先出去。另把一支打接应，再要一支埋伏定。队伍排在山坡上，营官四处好瞭望。看他那边是来路，看他那边是去向。看他那路有伏兵，看他那路有强将。那处来的真贼头，那边做的假模样。件件看清件件说，说得人人都胆壮。他呐喊来我不喊，他放枪来我不放。他若扑来我不动，待他疲了再接仗。起手要阴后要阳，出队要弱收队强。初交手时如老鼠，越打越强如老虎。打散贼匪四山逃，追贼专从两边抄。逢屋逢山搜埋伏，队伍切莫乱分毫。

第三行路要分班，各营队伍莫乱参。四六队伍走前后，锅帐担子走中间。不许争先太拥挤，不许落后太孤单。选个探马向前探，要选明白真好汉。每日先走二十里，一步一步仔细看。遇着树林探村庄，遇着河水探桥梁。遇着岔路探埋伏，左边右边都要防。遇着贼匪来迎敌，飞马回报不要忙。看定地势并虚实，迟报一刻也不妨。前有探马走前站，后有将官押尾帮。过了尾帮落后边，插他耳箭打一千。

第四规矩要肃静，有礼有法有号令。哨官管兵莫太宽，营官也要严哨官。出营归营要告假，朔日望日要请安。若有公事穿衣服，大家出来站个班。营门摆设杖和枷，闲人进来便锁拏。不许吃烟并赌博，不许高声大喧哗。奸淫掳掠定要斩，巡更传令都要查。起更各哨就安排，传齐夫勇点名来。营官三夜点一次，哨官每夜点一回。任凭客到文书到，营门一闭总不开。衣服装扮要料峭，莫穿红绿惹人笑。哨官不许穿长衣，兵勇不许穿软料。脚上草鞋紧紧穿，身上腰带紧紧缠。头上包巾紧紧

① 〔清〕陈龙昌辑：《中西兵略指南》卷1，《营规》。《续修四库全书》第969册：164～165。

扎，英雄样子都齐全。

第五军器要整齐，个人制件好东西。杂木杆子溜溜圆，又光又硬又发棉。常常在手摸得久，越摸越熟越值钱。锚头只要六寸长，要出杨家梨花枪。大刀要轻腰刀重，快如闪电白如霜。枪炮钻洗要干净，铅子个个要合镗。生漆皮桶盛火药，勤翻勤晒见太阳。锄锹镢子要粗大，斧头要嵌三分钢。火球都要亲手制，六分净硝四分磺。旗帜三月换一次，红的印心白的镶。统领八面管官四，队长一面哨官只。树树摇出如龙虎，对对走出如鸳鸯。

第六兵勇要演操，清清静静莫号嗥。早习大刀并锚子，晚习扒墙并跳壕。壕沟要跳八尺宽，墙子要扒七尺高。竖个靶子十丈远，火球石子手中抛。闲时寻个宽地方，又演炮队又演枪。鸟枪手劲习个稳，抬枪眼力习个准。灌起铅子习打靶，翻山过水习跑马。事事操习事事精，百战百胜有名声。这个六条句句好，人人唱熟是秘宝。兵勇甘苦我尽知，生怕你们吃了亏。仔细唱我得胜歌，保你福多又寿多。

《水师得胜歌》①

三军听我苦口说，教你水战真秘诀。

第一船上要洁净，全仗神灵保性命。早晚烧香扫灰尘，敬奉江神与炮神。

第二湾船要稀松，时时防火又防风。打仗也要去得稀，切莫拥挤吃大亏。

第三军器要整齐，船板莫沾半点泥。牛皮圈子挂浆桩，打湿水絮封药箱。群子包包要缠紧，大子个个要合镗。抬枪磨得干干净，大炮洗的溜溜光。

第四军中要肃静，大喊大叫须严禁。半夜惊营莫急躁，探得贼情莫乱报。切莫乱打锣和鼓，亦莫乱放枪和炮。

第五打仗不要慌，老手心中有主张。新手放炮总不准，看来也是打得蠢。远远放炮不进当，看来本事也平常。若是好汉打得近，越近贼船越有劲。

第六水师要演操，兼习长矛并短刀。荡桨要快舵要稳，打炮总要习个准。斜斜排个一字阵，不慌不忙听号令。出队走得一线穿，收队排得一路连。慢的切莫丢在后，快的不可走在前。

第七不可抢贼赃，怕他来杀回马枪。又怕暗中藏火药，未曾得财先受伤。

第八水师莫上岸，只许一人当买办。其余个个要守船，不可半步走河沿。平时上岸打百板，临阵上岸就要斩。八条句句值千金，你们牢牢记在心。我待将官如兄

① 〔清〕陈龙昌辑：《中西兵略指南》卷1，《营规》。《续修四库全书》第969册：165～166。

弟，我待兵勇如子侄。你们随我也久长，人人晓得我心肠。愿尔将官莫懈怠，愿尔兵勇莫学坏。未曾算去先算回，未曾算胜先算败。个人努力各谨慎，自然万事都平顺。仔细听我得胜歌，升官发财笑呵呵。

《爱民歌》①

三军个个仔细听，行军先要爱百姓。贼匪害了百姓们，全靠官兵来救人。百姓被贼吃了苦，全靠官兵来做主。

第一扎营不要懒，莫走人家取门板。莫拆民房搬砖石，莫踹禾苗坏田产。莫打民间鸡和鸭，莫借民间锅和碗。莫派民夫来挖壕，莫到民家去打馆。筑墙莫拦街前路，砍柴莫砍坟上树。挑水莫挑有鱼塘，凡事都要让一步。

第二行路要端详，夜夜总要支帐房。莫进城市占店铺，莫向乡间借村庄。人有小事莫喧哗，人不躲路莫挤他。无钱莫扯道边菜，无钱莫吃便宜茶。更有一句紧要书，切莫掳人当长夫。一人被掳挑担去，一家啼哭不安居。娘哭子来眼也肿，妻哭夫来泪也枯。从中地保又讹钱，分派各团并各都。有夫派夫无派钱，牵了骡马又牵猪。鸡飞狗走都吓到，塘里吓死几条鱼。

第三号令要严明，兵勇不许乱出营。走出营来就学坏，总是百姓来受害。或走大家讹钱文，或走小家调妇人。邀些地痞做伙计，买些烧酒同喝醉。逢着百姓就要打，遇着店家就发气。可怜百姓打出血，吃了大亏不敢说。生怕老将不自在，还要出钱去陪罪。要得百姓稍安静，先要兵勇听号令。陆军不许乱出营，水军不许岸上行。在家皆是做良民，出来当兵也是人。官兵贼匪本不同，官兵是人贼是禽。官兵不抢贼匪抢，官兵不淫贼匪淫。若是官兵也淫抢，便同贼匪一条心。官兵与贼不分明，到处传出丑名声。百姓听得就心酸，上司听得皱眉尖。上司不肯发粮饷，百姓不肯卖米盐。爱民之军处处喜，扰民之军处处嫌。我的军士跟我早，多年在外名声好。如今百姓更穷困，愿我军士听教训。军士与民如一家，千记不可欺负他。日日熟唱爱民歌，天和地和又人和。

《保守平安歌三首》②

第一《莫逃走》

众人谣言虽满口，我境切莫乱逃走。我境僻处万山中，四方大路皆不通。我走

---

① 〔清〕陈龙昌辑：《中西兵略指南》卷1，《营规》。《续修四库全书》第969册：166。

② 同上。

天下一大半，惟有此处可僻乱。走尽九州岛并四海，惟有此处最自在。别处纷纷都扰闹，此处却是桃源洞。若嫌此处不安静，别处更难逃性命。只怕你们太胆小，一闻谣言便慌了。一人仓忙四山逃，一家大小泣嗷嗷。男子纵然逃得脱，妇女难免受煎熬。壮丁纵然逃得脱，老幼难免哭号咷。文契纵然带着走，钱财不能带分毫。衣服纵然带着走，猪牛难带一根毛。走出门来无屋住，躲在山中北风号。夜无被铺床板櫈，日无锅甑截菜刀。受尽辛苦破尽财，其实贼匪并未来。只因谣言自惊慌，惹起土匪吵一场。茶陵道上遭土匪，皆因惊慌先走徙。其余各县逃走人，多因谣言吓断魂。我境大家要保全，切记不可听谣言。任凭谣言风浪起，我们稳坐钓鱼船。一家安稳不吃惊，十家太平不躲兵。一人当事不害怕，百人心中有柄欛。本乡本土总不离，立定主意不改移。地方公事齐心办，大家吃碗安乐饭。

第二《要齐心》

我境本是安乐乡，只要齐心不可当。一人不敌二人智，一家不及十家强。你家有事我助你，我家有事你来帮。若是人人来帮助，扶起篱笆便是墙。只怕私心各不同，你向西来我向东。富者但愿自己好，贫者却愿大家穷。富者狠心不怜贫，不肯周济半毫分。贫者居心更难说，但愿世界遭抢劫。各怀私心说长短，彼此有事不相管。纵然亲戚与本家，也是丢开不管他。这等风俗实不好，城隍土地都烦恼。万一乡境土匪来，不分好歹一笔扫。富者钱米被人抢，贫者饭碗也难保。我们于今定主意，大家齐心共努力。一家有事闻锣声，家家向前作救兵。你救我来我救你，各种人情各还礼。纵然平日有仇隙，此时也要开解结。纵然平日打官方，此时也要和一场。大家吃杯团圆酒，都是亲戚与朋友。百家合做一条心，千人合做一双手。贫家饥寒实可怜，富家量力略周旋。临境土匪不怕他，恶龙难拦地头蛇。个个齐心约伙伴，关帝庙前立誓愿。若有一人心不诚，举头三尺有神明。

第三《操武艺》

要保一方好土地，大家学些好武艺。果然武艺学得精，纵然有事不长惊。石头要打二十丈，石灰罐子也一样。木板只要五寸宽，箭箭要中靶子上。石头灰罐破得阵，义靶矛子一起进。靶子也立一块板，板上先凿四个眼。眼内要个小木球，戳在锚子尖上留。只要枝枝戳得准，保守地方总安稳。火器虽然是个宝，鸟铳却要铸得好。火药也要办得真，不然炸烈反伤人。铳手若是不到家，不如操演不用他。惟有一等竹将军，装得火药大半斤。三股麻绳紧紧缠，一炮响动半边天。件件武艺皆无损，石头锚子更要紧。石头不花一文钱，铺子要出一道圈。若是两个习得久，打尽天下无敌手。读书子弟莫骄奢，学些武艺也保他。耕田人家图安静，学些武艺也不差。匠人若能学武艺，出门也有防身计。商贾若能习武艺，店中大胆做生意。雇工若能武艺全，又有声名又赚钱。白日无闲不能学，夜里习学也快乐。临到场上看大操，个个显出手段高。各有义胆与忠肝，家家户户保平安。

《解散歌》①

莫打鼓来莫打锣，听我唱个解散歌。如今贼多有缘故，大半都是掳进去。掳了良民当长毛，个个心中都想逃。官兵若杀协从人，可怜冤枉无处伸。良民一朝被贼掳，吃尽千辛并万苦。初掳进去便挑担，板子打得皮肉烂。又要煮饭又搬柴，上无衣服下无鞋。看看头发一寸长，就要逼他上战场。初上战场眼哭肿，又羞又恨又懵懂。向前又怕官兵砍，退后又怕长毛斩。一年两载发更长，从此不敢回家乡。一封书信无处寄，背地落泪想爷娘。被掳太久家太贫，儿子饿死妻嫁人。半夜偷逃想回家，层层贼卡有盘查。又怕官军盘得紧，跪求饶命也不准。又怕兵勇来讹钱，抢去衣服并盘缠。种种苦情说不完，说起阎王也心酸。我今到处贴告示，凡是协从都免死。第一不杀老和少，登时释放给护照。第二不杀老长毛，一尺二尺皆遣发。第三不杀面刺字，观他用药洗几次。第四不杀打过仗，丢了军器便释放。第五不杀做伪官，被协授职也可宽。第六不杀旧官兵，被贼围住也原情。第七不杀贼探子，也有愚民被驱使。第八不杀捆送人，也防乡团捆难民。人人不杀都胆壮，各各逃生寻去向。贼要聚来我要散，贼要掳来我要放。每人给张免死牌，保你千妥又万当。往年在家犯罪过，从今再不算前账。不许县官问陈案，不许仇人告旧状。一家骨肉再团圆，九重皇恩真浩荡。一言普告州和县，再告兵勇与团练。若遇协从难民归，莫抢银钱莫剥衣。

附录2－2 自强军军营歌曲

《劝勇歌》②

劝勇歌，劝吾军，马步炮队须详听。为望汝曹各端品，不惮苦口言□□。
军之名，曰自强，力图振作意深长。奏明创办除积习，远募将弁来重洋。
募洋员，充营哨，德国陆操归督教。月薪不惜千万金，只望汝曹知则效。
每兵饷，月五元，常年放给十二关。肉食三元另外给，已觉优厚异寻常。

---

① 〔清〕陈龙昌辑：《中西兵略指南》卷1，《营规》。《续修四库全书》第969册：167。

② 沈敦和：《自强军创制公言》卷上，《条教》，选自《中国兵书集成》第49册：377～380。

操衣裤，靴与帽，四时发给均美好。有病医药不费钱，此外诸军难比较。
待尔等，恩极隆，当思报国勇与忠。若或不肯安本分，胡为胡做逞英雄。
须知有，军令在，斩首割耳难宽贷。小亦棍责或革除，不流为匪必为丐。
想当日，招募初，严剔游勇与棍徒。验收入伍皆朴实，颇多识字能知书。
尔本是，良家子，自应爱身明道理。学成技艺报国家，富贵功名从此始。
自军兴，战事开，多少英雄称将才。提镇参游红蓝顶，那个不自当兵来。
劝吾军，毋自小，万里前程难逆料。要想做个有用材，第一是要声名好。
劝吾军，毋欺民，养兵原为保民生。村庄人家莫骚扰，街市买卖须公平。
劝吾军，毋轻薄，调戏妇女图欢乐。军令森严决不容，好色害身何犯着。
劝吾军，毋吸烟，鸦片流毒茫无边。自误终身真可惜，查知重办亦无颜。
劝吾军，毋□狠，惹祸都因小不忍。一时逞怒自招刑，到了后来空悔恨。
劝吾军，毋怕劳，日日勤奋学洋操。学成精艺备时用，到处自然声价高。
总言之，须爱好，爱好才把声名保。人正自然有升腾，一生何至兵终老。
歌虽浅，是良言，汝辈闻之矢勿谖。人人志勇图报效，外人何敢轻中原。

附录2－3　袁世凯新建陆军歌曲

《劝兵歌》①

谕众兵，仔细听，为子当尽孝，为臣当尽忠。公帑每年百余万，不惜重饷来养兵。
一兵吃穿百十两，六品官俸一般同。如再打仗不出力，天地鬼神必不容。
自古将相多行伍，休把当兵自看轻。一要用心学操练，学成本事好立功。
军装是尔护身物，时常擦洗要鲜明。二要临敌真奋勇，命该不死自然生。
如果退缩干军令，阵前正法落劣名。三要好心待百姓，粮饷全靠他们耕。
只要民兵成一家，百姓相助功自成。四莫奸淫人妇女，那个不是父母生。
尔家也有妻和女，受人羞辱怎能行。五莫见财生歹念，强盗终究有报应。
纵得多少金银宝，拏住杀了一场空。六要在营敬官长，越分违令罪不轻。
要紧不可说谎话，老实做事必然成。七戒赌博吃鸦片，官长查出当重刑。
安分守己把钱赚，养赡家口何光荣。尔等常记此等话，必然就把头目升。
如果全然不经意，轻打重杀难徇情。一篇劝尔要紧歌，务必字字记得清。

① 袁世凯：《训练操法详晰图说》第二十二册，《附条教》，选自《中国兵书集成》第50册：1145～1146。

《行军歌》①

行军歌，教行军，凡尔兵丁须记清。如今枪炮甚利害，散开队伍才能行。
离敌太近须仔细，蛇行而前身伏地。伏地只有几寸高，枪炮虽多容易避。
又要挖沟将身隐，隐藏己身击人稳。起伏进退均要快，使贼枪炮难瞄准。
偷抄人后人不晓，枪从后打人必跑。也须防人来抄我，四面皆要防备好。
遇见马队靠拢打，并上刺刀先扎马。遇见炮队须抢炮，远开档子忌合抱。
见了财宝不可贪，须防敌人暗计伤。枪子不可太早放，准备敌人才开枪。
战队务要择方向，迎者太阳眼光晃。放枪最忌顶头风，顺风打枪谁能抗。
前进必须齐努力，大家奋勇好破敌。后退亦须要整齐，紧防追兵猛来击。
高冈下洼须小心，恐怕敌人有伏兵。要紧静心听号令，稍有错乱犯重刑。
行军要法几十句，句句要尔记在心。平时讲解明此理，临敌不怯功自成。

《侦探歌》②

击敌要贵得敌情，全仗探子探的明。得了实情报主帅，调度布置好进兵。
探子每班须三个，各班相望勿离行。第一要探军行路，宽窄能过何种兵?
若是宽平要路口，须防地雷埋中心。路旁有无村与镇，高冈下洼与树林。
或是禾稼茂盛处，均分三路往前行。若探庄镇勿轻进，手扣枪械防敌兵。
设遇敌人小支队，暗报同班勿作声。敌若看见难回避，竭力发枪使外闻。
拏住敌探审敌信，杀了断敌通信人。凡至高冈与下洼，须分上下两路巡。
若遇树木与禾稼，分班先后隐身行。树上须防敌探子，下面须防拼雷绳。
步步提防须仔细，眼观耳闻要留神。恐怕敌人看见我，暗地发枪伤我身。
时时执枪作预备，查探之法照上行。更有桥梁与河道，敌必谅我有此行。
石桥木桥须分辨，木桥锯檩害匪轻。更辨新旧防朽坏，水旱埋雷莫粗心。
看见一面留标识，一面快报大队闻。河水深浅底软硬，宽窄坡陡亦记清。
报明主帅作准备，设法渡过好行军。山岭最难查隘口，山择高处看得清。
怕敌看见依石树，伏身岭后亦可行。查明山路通何处，穿山越山辨别明。
倘遇敌人来得猛，速发号枪使后闻。敌远勿击怕知晓，并误我军虚受惊。

① 袁世凯:《训练操法详晰图说》第二十二册,《附条教》，选自《中国兵书集成》第50册：1146～1148。

② 袁世凯:《训练操法详晰图说》第二十二册,《附条教》，选自《中国兵书集成》第50册：1148～1151。

看见尘土辨何样，隔段飞起是炮兵。浓尘高飞马行队，长形矮尘敌步兵。
要知敌队人多寡，须看宽窄长短形。更查敌来向何处，早报好派堵御兵。
若探敌营须混进，装作贸易偷进营。敌防严密难轻进，拏住土人亦可询。
须辨真假勿轻放，怕敌所使探我人。白日侦探择高处，先须藏住自己身。
平坦之处上房屋，房脊之后好隐形。遇见树木宜上树，藉其枝叶能遮人。
夜间逢人问暗号，对答不出莫放行。远看灯火听人语，近伏洼处查敌行。
一切应探各种事，速绘草图回报闻。若是探得真实信，打了胜仗保功名。
若是半句来虚报，查出杀了不容情。此是行军极要事，务须句句记得清。

《对兵歌》①
驻扎队伍事非轻，须防敌人暗来攻。无论队伍驻何处，前面地势要查清。
要路宜派靠把队，对兵布成锁练形。相距档子莫太远，各段连络气相通。
敌来各路宜多派，最要肃静莫高声。每班六人分三队，各人号头须记清。
限定时刻把班换，两点钟时相换更。本军暗号须熟记，恐防奸细假冒充。
每逢对兵来换班，官兵亲自带领行。旧班所知各样事，要对新班细说清。
该班对兵莫懈惰，偷安打盹误军情。旧班所告要紧处，加倍留神记心中。
凡有地面可疑处，白日记准夜不惊。白天宜在高处站，可以远看敌情形。
黑夜梭巡来往走，远近动静留神听。要紧不可离汛地，更忌吸烟与虚惊。
烟火易使敌看见，惊疑恐其乱我心。近处两次有动静，准去一人细查清。
果系敌人踪迹至，速往大队报分明。若见有人来的近，喊令站住且暂停。
连喊三声不立定，发枪击之不容情。来人假如遵我令，本军暗号要能应。
倘将暗号答不对，拏送队中莫放行。纵然对答能相符，亦交队官审问清。
如遇商民从此过，诘其来由查其形。真假须当盘明白，怕是奸细混进营。
若使奸细混进界，全军关系甚非轻。时到刚黑与黎明，更须刻刻要留神。
若当风雪及阴雨，紧防敌人来偷攻。近河要听水动静，常到岸边仔细听。
猛有车马来的近，听其声音察其踪。近林须凭雀鸟信，乍飞乍鸣有人惊。
近村若有狗声吠，宜向村中留神听。既知声音来何处，远近方向要记清。
听得清楚再回报，禀报之语要简明。倘见敌人来得猛，一发号枪一信通。
如见敌来人数少，速报主帅莫心惊。此是对兵紧要事，切须句句记得清。

① 袁世凯：《训练操法详晰图说》第二十二册，《附条教》，选自《中国兵书集成》第50册：1151～1154。

附录3 清代铙歌乐

皇威鬯第一

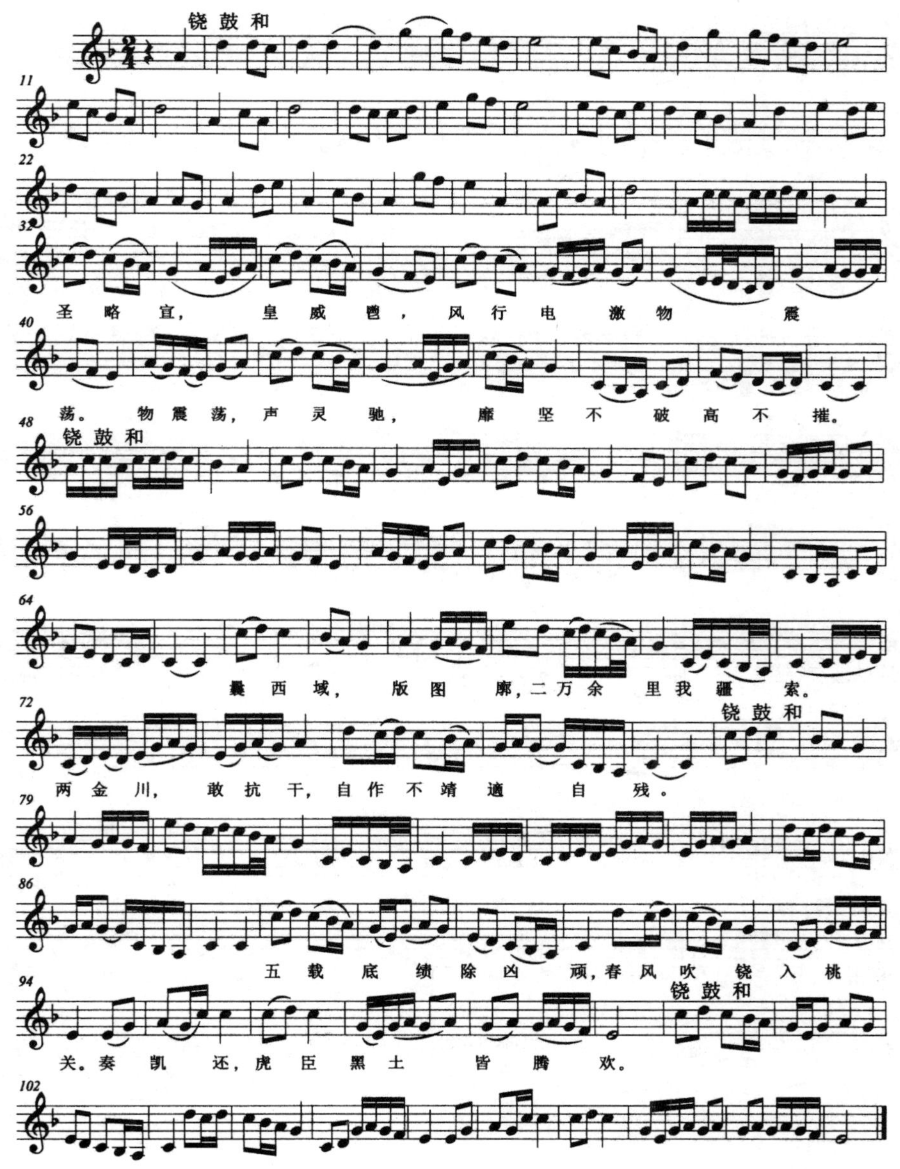

慎行师第二

铙鼓和
索诺木，僧格桑，
鳊生罴，狈附狼。始蚕触相寻，奚事斧
斯。越数岁，益蚕食邻境，遂各罹其殃。
铙鼓和
矧闻维州之谣，祸心包藏，浸假约束是偕，
恩德是忘。势在不得已，整我戎行。师出以慎，
动罔弗臧。用乃声厥罪，惩厥狂。
铙鼓和

犄角攻第三

铙鼓和
赫斯怒，两军
指。巴朗拉从风靡。取达围，克资哩，西路
铙鼓和
角之南路犄。约咱既得卡丫敉。
革布什咱复其疆里，险如
达乌安足恃。钲击柝应，俾狂魄震褫。夹击威，
铙鼓和
洊雷驶。

趱拉平第四

铙鼓和
小金之屏，曰憎格宗。猱攀不度，坚碉如丛。
我军先登，催枯振箨。深入其阻，直抵美诺。
铙鼓和
布朗底木，追围
穷林，厥子喙走，厥父就擒。汗牛板昭，
铙鼓和
传檄帖服，趱拉悉平，军声赫濯。

讨促浸第五

铙鼓和
促浸酋，为逋
逃薮罪恶尤。鞠旅移指，讨厥比周。径阻雪
V铙鼓和
积，我军迟留。
V
彼潜伺檄，口 逞其狡
V铙鼓和
谋，降番应之纷相投。
屹然南路，整众还犄新壁垒，
V铙鼓和
厉鋋矛，遂进次乎田陇之陬。

迅霆复第六

铙鼓和
简我禁旅，
勇且健，七千其众一敌万，统以将军旗鼓
铙鼓和
建。定西印授西路进，
南路是副声并震，奖率趫材驰敢战。搴旗摩垒
铙鼓和
士气奋，履险如夷兵不顿。
有若熊虎摄龉龌。趱拉全境薙株
蔓，曾不旬日收复遍，虩虩如霆一何迅。
铙鼓和

八旗勇第七

铙鼓和
八旗兵，来如风。
西路入，谷噶通。南之隘，克马尼，拉窠卡，大如砺。
酾三路心力齐一，阻险功在西。
喇穆山，日则口，据默格，断其后。八旗兵
勇可贾。绿营众，悉鼓舞。

穷猿僵第八

铙鼓和
11
22
我军驰先声
31
，丑徒志以离。窜渠伏冥诛。械献贰负尸。
铙鼓和
40
七图
50
及蒙固，缚之如连鸡。系孥侧累来，槛致于京师。咄哉
58
穷猿僵，祸速焚林贻。
铙鼓和
62

扼宜喜第九

铙鼓和
北路险，曰宜喜。贼死守，限尺咫。戎布移兵，
铙鼓和
循涂西指。绰斯请留，原效驱使。
出奇制胜贼披靡，冒西扬兵兵为洗。
铙鼓和
扼山梁筑我垒。

越重壕第十

铙鼓和
11
21
乘胜攻，贼拒
31
遏。坚硐矗重壕掘。康萨尔山，径险且崒 鹿角如麻，
41
铙鼓和
凭阻轇轕。
51
我军薄之若排闼
61
曷深曷巍，一跃而越。踞厥颠，蹂厥穴 木思工噶
71
铙鼓和
取如掇。
81
临高
90
铙鼓和
压之，下视巉岩 蒙茸，气吞力随拔。
98

河之西第十一

铙鼓和
河之西，秽棘
铙鼓和
不可穷。元戎决胜合力攻。俾贼颠不得顾，趾不
铙鼓和
得容。
日旁以右罗寨栅，弃而逃，羸豕
铙鼓和
蹢。火其崖垠照熻赫，五十里间地为赤。
贼潜喘，馀烬灰。飞
将军从天来。

后路清第十二

铙鼓和
夹河阵，军相望。风云通气益壮。噶尔丹既
铙鼓和
攻。建瓴注之扼彼冲。
清后路，
铙鼓和
胜算雄。阻伏为患，惟逊克尔宗，
梯墙斫穴如抉丛。后路清，贼势
铙鼓和
穷，世臣继勇勋名崇。

一窟摧第十三

铙鼓和
昆色尔高 骑 脊 危，拉枯 下 瞰烈焰
飞。苗则 大海 鞭 一 麾，奇谋 百出 克 勒围。
铙鼓和
八月中，夜 半 时，月光镜胆 寒妖 魑。狡有 三窟，
一窟固己 摧。磨盾驰木兰，八 日来 红 旗。

釜底魂第十四

铙鼓和
西里既划，卡角斯折。彼顽不灵，螳斧当
撤。索隆科布，屡摧其坚。安布鲁木，迅埽其
V铙鼓和
孱。
V
舍齐暮捣，雍中朝搴。尽撤藩以入，巢幕岌焉。贼境
V铙鼓和
日蹙，百才一存。釜底群聚，游魂曷延。

穴蚁埽第十五

铙鼓和
贼负固，噶喇依。困兽犹斗四面围，批其腹心
铙鼓和
外不支。甲杂独松溃河西，
马邦拾芥
铙鼓和
彼自骠。陆置水罟会我师，环以巨炮焦灼期。
计穷乞命俘渠魁，罪人斯得逮旄倪。穴蚁
铙鼓和
迅埽无留遗，定以百战诚若斯。

武功成第十六

铙鼓和
武功蒇，珠丘告。礼成驻跸，
露布适报，策勋懋赏下明诏。遂奉慈辇东狩还，举
效劳仪，献累俘于社庙。崇善归美，尊上徽号。
亲制纪功碣，勤太学，第功臣次，燕紫光，图其貌。
V铙鼓和
屯师设镇治声教，亿千万祺安笮徽。

表格目录

图片目录

参考文献

古代文献

周礼注疏．十三经注疏本（标点本）．北京：北京大学出版社，1999。

礼记正义．十三经注疏本（标点本）．北京：北京大学出版社，1999。

春秋公羊传注疏．十三经注疏本（标点本）．北京：北京大学出版社，1999。

论语注疏．十三经注疏本（标点本）．北京：北京大学出版社，1999。

尚书正义．十三经注疏整理本．北京：北京大学出版社，2000。

〔汉〕司马迁．史记．北京：中华书局，1982。

〔汉〕班固．汉书．北京：中华书局，2001。

〔晋〕陈寿撰，〔宋〕裴松之注．三国志．北京：中华书局，1999。

〔唐〕令狐德棻，长孙无忌，魏征．隋书．北京：中华书局，1973。

〔唐〕徐坚，萧嵩．大唐开元礼．北京：民族出版社，2000。

〔宋〕宋祁，欧阳修．新唐书．北京：中华书局，1975。

〔宋〕孟元老．东京梦华录．北京：中华书局，1982。

〔宋〕周应合．都城纪胜．《四库全书》本。

〔宋〕吴自牧．梦粱录．杭州：浙江人民出版社，1984。

〔元〕脱脱．宋史．北京：中华书局，1985。

〔明〕宋濂．元史．北京：中华书局，1976。

〔明〕明太祖实录．台北：中央研究院历史语言研究所校印本，1963。

〔明〕明太宗实录．台北：中央研究院历史语言研究所校印本，1963。

〔明〕明仁宗实录．台北：中央研究院历史语言研究所校印本，1963。

〔明〕明宣宗实录．台北：中央研究院历史语言研究所校印本，1963。

〔明〕明英宗实录．台北：中央研究院历史语言研究所校印本，1963。

〔明〕明宪宗实录．台北：中央研究院历史语言研究所校印本，1963。

〔明〕明孝宗实录．台北：中央研究院历史语言研究所校印本，1963。

〔明〕明武宗实录．台北：中央研究院历史语言研究所校印本，1963。

〔明〕明世宗实录. 台北：中央研究院历史语言研究所校印本，1963。
〔明〕明穆宗实录. 台北：中央研究院历史语言研究所校印本，1963。
〔明〕明神宗实录. 台北：中央研究院历史语言研究所校印本，1963。
〔明〕明熹宗实录. 台北：中央研究院历史语言研究所校印本，1963。
〔明〕万历起居注. 北京：北京大学出版社，1988。
〔明〕弘治易州志. 明刻本。
〔明〕嘉靖雄乘志. 嘉靖十二年刻本。
〔明〕嘉靖邵武府志. 明嘉靖刻本。
〔明〕嘉靖河间府志. 嘉靖十九年刻本。
〔明〕嘉靖建阳县志. 明嘉靖刻本。
〔明〕应槚，刘尧诲. 苍梧总督军门志［M］. 北京：全国图书馆文献缩微复制中心出版，1991。
〔明〕万历刘安州志. 万历刻本。
〔明〕万历琼州府志. 日本藏中国罕见地方志丛刊本。
〔明〕万历南昌府志. 日本藏中国罕见地方志丛刊本。
〔明〕梧州府志.（崇祯刻本），日本藏中国罕见地方志丛刊本。
〔明〕金基纂修. 永历宁洋县志. 南明永历二十九年刊本。
〔明〕田汝成. 熙朝乐事. 北京：中华书局，1958。
〔明〕不著撰人. 太常续考.《四库全书》本。
〔明〕俞汝楫. 礼部志稿.《四库全书》本。
〔明〕申时行重修. 大明会典.《续修四库全书》本。
〔明〕徐一夔，梁寅等. 明集礼.《四库全书》本。
〔明〕张瀚辑，皇明疏议纪略.《续修四库全书》。
〔明〕张卤. 皇明制书.《续修四库全书》本。
〔明〕余继登辑. 皇明典故纪闻.《续修四库全书》本。
〔明〕徐学聚. 国朝典汇.《四库存目丛书》本。
〔明〕郭正域. 皇朝典礼志.《四库存目丛书》本。
〔明〕龙正. 八阵合变图说.《续修四库全书》本。
〔明〕郑若曾. 江南经略.《四库全书》本。
〔明〕唐顺之. 武编前集.《四库全书》本。
〔明〕戚继光. 纪效新书. 北京：中华书局，2001。
〔明〕戚继光. 练兵实纪. 北京：中华书局，2001。

〔明〕孙承宗. 车营叩答合编. 中国兵书集成本。
〔明〕何良臣. 阵纪.《四库全书》本。
〔明〕范景文. 师律.《续修四库全书》本。
〔明〕钱旃. 城守筹略.《中国兵书集成》本。
〔明〕尹宾商. 兵垒. 光绪三十三年刻本。
〔明〕王鸣鹤. 登坛必究.《续修四库全书》本。
〔明〕张以宁. 翠屏集.《四库全书》本。
〔明〕韩雍. 襄毅文集.《四库全书》本。
〔明〕王世贞. 弇州山人四部续稿. 上海：上海古籍出版社，1993。
〔明〕王錡. 寓圃杂记. 北京：中华书局，1997。
〔明〕陆容. 菽园杂记. 北京：中华书局，1985。
〔明〕陈洪谟. 继世纪闻. 北京：中华书局，1997。
〔明〕张瀚. 松窗梦语. 上海：上海古籍出版社，1986。
〔明〕袁袠. 世纬.《丛书集成初编》本，北京：中华书局，1985。
〔明〕郑善夫. 少谷集.《四库全书》本。
〔明〕田艺蘅. 留青日札. 上海：上海古籍出版社，1992。
〔明〕汪道昆. 太函集. 北京：中华书局，2008。
〔明〕王世贞. 觚不觚录. 1 卷，明宝颜堂订正本。
〔明〕王圻. 续文献通考. 北京：现代出版社，1986。
〔明〕王圻. 三才图会.《续修四库全书》本，上海：上海古籍出版社，2002。
〔明〕王稚登. 吴社编，《四库禁毁书丛刊》影印本。
〔明〕周晖. 金陵琐事. 北京：中华书局，1962。
〔明〕龙膺. 纶隐全集.《四库全书存目丛书》本。
〔明〕汤显祖. 汤显祖诗文集. 上海：上海古籍出版社，1982。
〔明〕赵南星. 笑赞. 北京：中华书局，1936。
〔明〕赵南星，冯梦龙，〔清〕陈皋谟，石成金. 明清笑话四种. 北京：人民出版社，1958。
〔明〕陆粲，顾起元. 庚巳编・客座赘语. 北京：中华书局，1987。
〔明〕袁宏道. 袁宏道集笺校. 上海：上海古籍出版社，1981。
〔明〕袁中道. 珂雪斋集. 上海：上海古籍出版社，1989。
〔明〕李绍文. 皇明世说新语. 上海：上海古籍出版社，1996。
〔明〕谢肇淛. 五杂俎. 北京：中华书局，1959。

〔明〕沈德符. 万历野获编. 北京：中华书局，1959。
〔明〕钱谦益. 列朝诗集小传. 上海：上海古籍出版社，1983。
〔明〕不著撰人. 新官到任仪注. 万历十一年金陵书坊刻本。
〔明〕张岱. 陶庵梦忆. 上海：上海古籍出版社，1982。
〔明〕陈子龙等. 皇明经世文编. 上海：上海古籍出版社，1996。
〔明〕钱澄之. 所知录. 合肥：黄山书社，2006。
〔明〕郑仲夔. 冷赏. 清咸丰刻本。
〔明末〕顾炎武. 昌平山水记·京东考古录. 北京：北京古籍出版社，1982。
〔明末〕顾炎武撰. 黄汝成集释. 日知录集释. 长沙：岳麓书社，1994。
〔清〕郝懿行. 尔雅义疏. 上海：上海古籍出版社，1983。
〔清〕张廷玉. 明史. 北京：中华书局，1974。
〔清〕不著撰人. 崇祯纪闻.《台湾文献史料丛书》本，台湾大通书局印行，1984。
〔清〕计六奇撰，魏得良，任道斌点校：明季北略. 中华书局，1984。
〔清〕满洲实录. 影印本. 北京：中华书局，1986。
〔清〕满文老档.（天命、天聪、崇德）北京：中华书局，1990。
〔清〕清世祖实录. 影印本. 北京：中华书局，1986。
〔清〕清圣祖实录. 影印本. 北京：中华书局，1986。
〔清〕清世宗实录. 影印本. 北京：中华书局，1986。
〔清〕清高宗实录. 影印本. 北京：中华书局，1986。
〔清〕清仁宗实录. 影印本. 北京：中华书局，1986。
〔清〕清宣宗实录. 影印本. 北京：中华书局，1986。
〔清〕清文宗实录. 影印本. 北京：中华书局，1986。
〔清〕清穆宗实录. 影印本. 北京：中华书局，1986。
〔清〕清德宗实录. 影印本. 北京：中华书局，1986。
〔清〕宣统政纪. 影印本. 北京：中华书局，1986。
〔清〕《世宗宪皇帝上谕内阁》,《四库全书》本。
〔清〕《世宗宪皇帝硃批谕旨》,《四库全书》本。
〔清〕洪承畴. 经略洪承畴奏对笔记. 清光绪十五年点石斋石印本。
〔清〕崇彝. 道咸以来朝野杂记. 北京古籍出版社，1982。
〔清〕希元原注，林久贵点注. 荆州驻防志. 武汉：湖北教教育出版社，2002。
〔清〕长 善等修，〔清〕刘彦明纂. 驻粤八旗志.《续修四库全书》本。
〔清〕程应熊，姚文燮纂修：（康熙）建宁府志. 康熙五年刻本。

〔清〕常昭合志稿．中国地方志集成本．南京：江苏古籍出版社，1991。
〔清〕蒋良骐撰，鲍思陶，西原点校．东华录．济南：齐鲁书社，2005。
〔清〕赵尔巽，柯劭忞．清史稿．北京：中华书局，1977。
〔清〕龙文彬．明会要．北京：中华书局，1956。
〔清〕钦定大清会典．《四库全书》本。
〔清〕昆冈．大清会典事例．上海：上海商务印书馆，宣统元年石印本。
〔清〕吏部纂．钦定吏部处分则例．海口：海南出版社，2000。
〔清〕延煦．钦定台规．北京：全国图书馆文献缩微复制中心，1989。
〔清〕钦定中枢政考．民国石印本。
〔清〕钦定续文献通考．《四库全书》本。
〔清〕张廷玉．皇朝文献通考．《四库全书》本。
〔清〕嵇璜撰．钦定续通典．《四库全书》本。
〔清〕御定大清通礼．《四库全书》本。
〔清〕秦蕙田．五礼通考．《四库全书》本。
〔清〕允禄等．皇朝礼器图示．扬州：广陵书社，2007。
〔清〕允禄等．钦定满洲祭神祭天典礼．《四库全书》本。
〔清〕黄恩彤．大清律例按语．清道光27年刻本。
〔清〕陈龙昌辑．中西兵略指南．《续修四库全书》本。
〔清〕袁世凯等．训练操法详晰图说．《中国兵书集成》本。
〔清〕袁世凯等．新建陆军兵略录存．《中国兵书集成》本。
〔清〕沈敦和．自强军创制公言．《中国兵书集成》本。
〔清〕王定安．曾文正公水陆行军练兵志．《中国兵书集成》本。
〔清〕王鑫．练勇刍言．《中国兵书集成》本。
〔清〕聂士成．淮军武毅各军课程．《中国兵书集成》本。
〔清〕行军总要．《中国兵书集成》本。
〔清〕余缙．大观堂文集．《四库全书存目丛书》本。
〔清〕李光地．榕村语录．北京：中华书局，1995。
〔清〕严长明．秦云撷英谱．载沈云龙主编《近代中国史料丛刊续编》，台湾文海出版社影印出版。
〔韩国〕朴趾源．热河日志．北京：北京图书馆出版社，1996。
〔清〕昭梿撰，何英芳点校．啸亭杂录．北京：中华书局，1997。
〔清〕顾禄著，来新夏校注．清嘉录．上海：上海古籍出版社，1986。

〔清〕徐珂. 清稗类抄. 北京：中华书局，1996。
〔清〕御定佩文斋咏物诗选.《四库全书》本。
〔清〕李映庚著，桑海波译谱，杨久盛注释.《军乐稿》译注. 北京：中央音乐学院出版社，2005。

近人著作

邓之诚. 中华两千年史［M］. 北京：中华书局，1958。
辽宁大学历史系. 重译〈满文老档〉. 辽宁大学内部资料，1979。
王尔敏. 清季军事史论集［M］. 台北市：联经出版事业公司，1980。
孟森. 明清史讲义［M］. 北京：中华书局，1981。
王利器辑. 元明清三代禁毁小说戏曲史料［C］. 上海：上海古籍出版社，1981。
杨荫浏. 中国古代音乐史稿［M］. 北京：人民音乐出版社，1981。
万依，黄海涛. 清代宫廷用乐［M］. 香港：中华书局香港分局，北京：故宫博物院紫禁城出版社联合出版，1985。
曲六乙. 中国少数民族戏剧. 转引自叶明生《试论军傩及其艺术形态》，《中华戏曲》第六辑，文化艺术出版社，1988。
潘喆，孙方明，李鸿彬. 清入关前史料选辑［M］. 北京：中国人民大学出版社，1989。
沈福馨. 安顺地戏［M］. 贵阳：贵州人民出版社，1989。
修海林. 古乐的沉浮—中国古代音乐文化的历史考察［M］. 济南：山东文艺出版社，1989。
刘小萌，定宜庄. 蒙古游牧文化的影响［M］. 萨满教与东北民族［M］. 吉林教育出版社，1990。
陈富荣. 宗教礼仪与文化［M］. 北京：新华出版社，1992。
吴钊，刘东升. 中国音乐史略［M］. 北京：人民音乐出版社，1993。
金文达. 中国古代音乐史［M］. 北京：人民音乐出版社，1994。
陶亚兵. 中西音乐交流史稿［M］. 北京：中国大百科全书出版社，1994。
谢振东. 贵州安顺地戏调查报告集［M］. 财团法人施合郑民俗文化基金会（台北），1994。
周光培. 历代笔记小说集成·明代笔记小说. 石家庄：河北教育出版社，1995。
王昆吾. 隋唐五代燕乐杂言歌辞研究［M］. 北京：中华书局，1996。
〔奥〕凯尔森，沈宗灵译. 法与国家的一般理论［M］. 北京：中国大百科全书出版社，1996。
杨华. 先秦礼乐文化［M］. 武汉：湖北教育出版社，1997。
黄竹三. 戏曲文物研究散论［M］. 北京：文化艺术出版社，1998。
秦序. 中国音乐史［M］. 北京：文化艺术出版社 ，1998。
冯文慈. 中外音乐交流史［M］. 长沙：湖南教育出版社，1998。
陈其泰，郭伟川，周少川. 二十世纪中国礼学研究论集［C］. 北京：学苑出版社，1998。
李学勤. 毛诗正义［M］. 北京：北京大学出版社，1999。
吕大吉等. 中国各民族原始宗教资料集成・满族卷［M］. 北京：中国社会科学出版社，1999。
孙继南，周柱铨. 中国音乐通史简编［M］. 济南：山东教育出版社，1999。
乔建中，薛艺兵. 民间鼓吹乐研究——首届中国民间鼓吹乐学术研讨会论文集［C］. 济南：山东友谊出版社，1999。
《中国戏曲志・甘肃卷》编辑委员会. 中国戏曲志・甘肃卷［M］. 北京：中国 ISBN 中心，2000。
陶亚兵. 明清间的中西音乐交流［M］. 北京：东方出版社，2001。
陈奇猷校释. 吕氏春秋. 上海：上海古籍出版社，2001。
薛艺兵. 神圣的娱乐：中国民间祭祀仪式及其音乐的人类学研究［M］. 北京：宗教文化出版社，2002。
李治亭. 清史［M］. 上海：上海人民出版社，2002。
汪毓和. 中国近现代音乐史［M］. 北京：人民音乐出版社，2003。
《中国民族民间器乐曲集成・北京卷》编委会. 中国民族民间器乐曲集成・北京卷［M］. 北京：中国 ISBN 中心，2003。
韩理洲. 中国传统文化与新世纪［C］. 西安：三秦出版社，2004。
张岩. 从部落文明到礼乐制度［M］. 上海：上海三联书店，2004。
杨天宇. 周礼仪注［M］. 上海：上海古籍出版社，2004。
张静蔚. 搜索历史：中国近现代音乐文论选编［C］. 上海：上海音乐出版社，2004。
韩理洲. 中国传统文化与新世纪［C］. 西安：三秦出版社，2004。
黎国韬. 古代乐官与古代戏剧［M］. 广州：广东高等教育出版社，2004。
李纯一. 先秦音乐史［M］. 北京：人民音乐出版社，2005。
刘水云. 明清家乐研究［M］. 上海：上海古籍出版社，2005。
康保成. 傩戏艺术源流［M］. 广州：广东高等教育出版社，2005。

景蔚岗. 中国传统笙管乐申论［M］. 长沙：湖南文艺出版社，2005。
彭勇. 明代班军制度研究［M］. 北京：中央民族大学出版社，2006。
李舜华. 礼乐与明前中期演剧［M］. 上海：上海古籍出版社，2006。
韩高年. 礼俗仪式与先秦诗歌演变［M］. 北京：中华书局，2006。
杨惠玲. 戏曲班社研究：明清家班［M］. 厦门：厦门大学出版社，2006。
蓝玉崧. 中国古代音乐史［M］. 北京：中央音乐学院出版社，2006。
刘再生. 中国古代音乐史简述［M］. 北京：人民音乐出版社，2006。
刘勇. 中国唢呐艺术研究［M］. 上海：上海音乐学院出版社，2006。
麻国钧，刘祯. 赛社与乐户论集［C］. 北京：中国戏剧出版社，2006。
陈江. 明代中后期江南社会与社会生活［M］. 上海：上海社会科学出版社，2006。
金宁芬. 明代戏曲史［M］. 北京：社会科学文献出版社，2007。
郭红，靳润成. 中国行政区划通史·明代卷［M］. 上海：复旦大学出版社，2007。
张金奎. 明代军户研究［M］. 北京：线装书局，2007。
周琼. 清代云南瘴气与生态变迁研究［M］. 北京：中国社会科学出版社，2007。
丁淑梅. 中国古代禁毁戏剧史论［M］. 北京：中国社会科学出版社，2008。
温显贵.《清史稿·乐志》研究［M］. 武汉：湖北辞书出版社，2008。
梁满仓. 魏晋南北朝五礼制度考论［M］. 北京：社会科学文献出版社，2009。
韩宁. 鼓吹横吹曲辞研究［M］. 北京：北京大学出版社，2009。
于志嘉. 卫所、军户与军役［M］. 北京：北京大学出版社，2010。
张树国. 宗教伦理与中国上古祭歌形态研究［M］. 北京：人民出版社，2010.
陈万鼐.《清史稿·乐志》研究［M］. 北京：人民出版社，2010。
曾凡安. 晚清演剧研究［M］. 广州：中山大学出版社，2010。
延庆县文化委员会. 妫川壁画［M］. 北京：中国商业出版社，2010。

工具书类

《辞海》，舒新城等编辑. 上海：中华书局，1936。
《苏联军事百科全书》，北京：中国人民解放军战士出版社，1982。
《中国大百科全书·音乐舞蹈》，上海：中国大百科全书出版社，1989。
《中国兵书集成》（1～51），北京：解放军出版社，沈阳：辽沈书社，1994。
《日本藏中国罕见地方志丛刊》，殷梦霞选编. 北京：北京图书馆出版社，2003。
《日本藏中国罕见地方志丛刊续编》，殷梦霞选编. 北京：北京图书馆出版社，2003。
《中国音乐文物大系》（湖北、北京、陕西、天津、上海、江苏、四川、河南、新疆、甘肃、山西、山东、湖南、内蒙古、河北各卷）. 王子初等. 郑州：大象出版社，1996～2008。
《昆剧手抄曲本一百册》. 扬州：广陵书社，2009。

期　刊

冰台. 中国军乐队谈［J］. 时报. 上海：1917 年 8 月 20 日第九版。
洪潘. 谈军乐［J］. 音乐月刊. 重庆：1942 年 5 月第一卷第二、三期合刊。
韩国鐄. 中国现代军乐肇始初探［J］. 音乐艺术，1981，(3)：3～12。
易水. 汉魏六朝的军乐——“鼓吹”和“横吹”［J］. 文物，1981，(7)：22。
石磊. 清末日本军歌传入中国初考［J］. 音乐研究，1983，(4)：7～11。
洪潘. 旧社会军乐回顾［J］. 南京艺术学院学报：音乐与表演版，1983，(4)：62～65。
张能政. 近代中国第一支军乐队［J］. 音乐生活，1988，(5)：39。
王瑞琪. 济宁的鼓吹乐［J］. 德州师专学报，1991，(3)：74～75。
高智群. 献俘礼研究［J］. 文史，1992，(35)：1～20/（36)：11～26。
方建军. 论东周秦汉铜钲［J］. 中国音乐学，1993，(1)：87～99。
龚胜生. 2000 年来中国瘴病的分布变迁［J］. 地理学报，1993，(4)：304～316。
杨志刚. 中国礼学发凡［J］. 复旦学报：社会科学版，1995，(6)：52～58，47。
孙晓晖. 唐代的卤簿鼓吹［J］. 黄钟，2001，(4)：62～69。
项阳. 乐户与鼓吹乐［J］. 文艺研究，2001，(5)：15～27。
孙尚勇. 黄门鼓吹考［J］. 黄钟，2002，(4)：12～21。
许继起. 汉代黄门乐署考［J］. 云南艺术学院学报，2002，(4)：22～28。
李国俊. 努尔哈赤时期萨满堂子文化研究［J］. 满族研究，2002，(4)：63～68。
冯建志. 汉画中鼓吹乐的乐器与类型［J］. 南都学刊，2002，(6)：22～23。
蔡国耀. 兴华八乐与十番探源［J］. 莆田学院学报，2003，(1)：86～91。
刘慧荣. 概说包头民间鼓吹乐［J］. 内蒙古艺术，2003，(2)：70～73。
牛玉新. 山东鼓吹乐及其在民间风俗仪式中的作用［J］. 中国音乐，2003，(3)：23～27。
王珉. 鼓吹乐起源说［J］. 音乐艺术，2003，(4)：64～69。
黎国韬. 鼓吹乐及其起源简议［J］. 艺术百家，2004，(3)：76～79。
许继起. 鼓吹十二案考释［J］. 中国音乐学，2004，(4)：76～83。
朱鸿.《明人出警入跸图》本事之研究［J］. 台北：《故宫学术季刊》，2004，(22)：

208～210。
姚小鸥. 关于刘宋“今鼓吹铙歌”《上邪曲》的研究［J］. 北方论丛，2005，(1)：29～32。
孙云. 鼓吹乐溯流探源及实名之辨［J］. 音乐探索，2005，(2)：9～16。
李怀顺. 明万历（深沟儿墩碑）考释［J］. 华夏考古，2005，(2)：104～108。
孙云. 奏笙鼓可传悲意鸣管笛堪寓哀情——解读山东鼓吹乐在丧葬礼俗中的文化意义［J］. 齐鲁艺苑，2005，(3)：82～84，96。
宋新. 汉代鼓吹乐的渊源［J］. 中国音乐学，2005，(3)：84～88。
郝玉岐. 河南唢呐与山东唢呐［J］. 乐器，2005，(6)：44～46。
梁满仓. 魏晋南北朝军礼鼓吹刍议［J］. 中国史研究，2006，(3)：37～59。
李卫. 功能视野中的礼俗与鲁西南鼓吹乐［J］. 中央音乐学院学报，2006，(4)：76～82。
许云和. 汉鼓吹铙歌第十八曲《石留》解读［J］. 古籍整理研究学刊，2006，(6)：87～90。
周世文. 清朝军中西式军乐队发展史探究［J］. 复兴岗学报，2006，(87)：53～88。
吴玉辉. 唢呐艺术的渊源及其音乐社会学分析［J］. 贵州大学学报：艺术版，2007，(1)：36～40。
赵献海. “九边”说法源流考［J］. 雁北师范学院学报，2007，(1)：41～44。
刘斌. 六朝鼓吹乐及其与“五礼”制度的关系研究［J］. 天津音乐学院学报，2007，(1)：41～66/（2)：11～17。
王小峰. 20世纪末的中国鼓吹乐研究［J］. 星海音乐学院学报，2007，(1)：46～50。
杨红. 民族音乐学田野中的音乐形态研究——鲁西南鼓吹乐的音乐文化风格研究［J］. 中国音乐，2007，(1)：82～91。
左汉林. 唐代宫廷鼓吹乐的用途考论［J］. 江汉大学学报：人文科学版，2007，(2)：101～106。
吴凡. 晋北民间乐班界定及话语阐释［J］. 交响，2007，(3)：5～11。
王淑梅. 曹魏缪袭鼓吹曲辞创作时间考辨［J］. 河北师范大学学报：哲学社会版，2007，(3)：85～87。
白光. 论辽代军乐［J］. 北方文物，2007，(4)：80～84。
贾晓燕. 汉乐府铙歌的杂言结构及修辞特色［J］. 湖北教育学院学报，2007，(12)：46～48。

洪卫中. 魏晋南北朝鼓吹的种类、功用和特征［J］. 广西社会科学，2008，(1)：127～131。
耿朝晖. 龟兹民间鼓吹乐东渐流变与户县遗存调查及思考［J］. 新疆艺术学院学报，2008，(4)：11～13。
谢秀敏. 禹州吹打班生存状态田野调查报告［J］. 襄樊学院学报，2008，(4)：80～84。
朱文鼎. 青山口鼓吹乐的音乐形态探析［J］. 戏剧丛刊，2008，(5)：86，88。
闫永丽，程晖晖. 大平调、梆子腔与古代军乐［J］. 艺术百家，2008，(5)：204～208。
吴同和. 歌高宗之神功颂太宗之盛德——柳宗元《唐铙歌鼓吹曲十二篇》评析［J］. 湖南科技学院学报，2008，(9)：9～11。
曾美月. 唐代鼓吹乐研究［J］. 乐府新声，2009，(2)：50～54。
张振涛. 追寻唢呐——晋北鼓吹乐的平叙与深描［J］. 南京艺术学院学报：音乐与表演版，2009，(3)：97～104。
胡亮. 对徽州民间吹打乐与鼓吹乐的考察所引发的思考［J］. 齐鲁艺苑，2009，(4)：85～89。
陈建华. 明清时期中国西洋管乐的发端与兴盛［J］. 交响，2010，(1)：44～50。
项阳. 小祀乐用教坊，明代吉礼用乐新类型［J］. 南京艺术学院学报：音乐与表演版，2010，(3)：31～41，192/（4)：61～66，82。
项阳. 重器功能，合礼演化——从金石乐悬走向本品鼓吹（未刊稿）。

学位论文

常朝栋. 中国军乐发展之研究［M］. 国立台湾师范大学硕士学位论文，1984。
侍建强. 南北朝横吹曲研究［M］. 首都师范大学硕士学位论文，2001。
梁国强. 先秦、秦汉军事乐舞简论［M］. 河南大学硕士论文，2004。
柏红秀. 唐代宫廷音乐文艺研究［M］. 扬州大学博士学位论文，2004。
张国强. 宋代教坊乐制研究［M］. 中国艺术研究院博士学位论文，2004。
陆斐蕾. 錞于及其文化区系研究.［M］. 中国艺术研究院硕士论文，2007。
卫亚浩. 宋代乐府制度研究［M］. 首都师范大学博士学位论文，2007。
李骛. 两宋鼓吹歌曲考述［M］. 首都师范大学硕士学位论文，2008。
段蕊. 袁世凯"新建陆军"军乐队研究［M］. 南京艺术学院硕士学位论文，2010。

网络文献

杨应康：《独特稀有的澄江关索戏》，玉溪网（文学版，玉溪文联主办）：
http：//wenxue. yuxi. gov. cn/xxxs. asp？ id =2005011709545190955

文化中国：
http：//www. china. com. cn/culture/lishi/2010 -08/04/content_ 20635995. htm

后　记

有友自巴蜀来访，夜晚行走于新源里小巷，徜徉在花香中，朋友慨然叹曰："此地空气都是甜的，一如比利时的边地小镇！"我没有到过比利时，但我很幸运！新源里宿舍院中有五棵槐树，每年毕业生写完论文，槐花便一串串、一簇簇、层层叠叠地绽放开来，花香弥漫在街区，甜蜜浸透了小院。推开窗户，深吸一口气，馨香沁人！

新源里宿舍与左家庄相邻，原是老音研所之所在，学界常称这里为左家庄学派。音研所搬走后这里成了研究生院的宿舍，至今我们所用的书架和座椅上依然贴着音研所的标签，院中的槐树已有三十年的树龄了！想想真是幸福，三年来朝夕相处的书架书桌，或许杨荫浏、曹安和、缪天瑞、李元庆、吕骥、吉联抗、黄翔鹏等诸位先生曾经使用过，或许院中这五棵槐树正是这些老先生们植下的。沐浴在他们的恩泽和光辉下，心中如何不倍感幸福！感谢这五树槐，她使我们接通了古今，她让我们接续了传统。芳馨郁郁，花香阵阵，三年中虽然无缘亲聆已经退休或调离的乔建中、伍国栋、吴钊、冯洁轩、居其宏、韩宝强、韩钟恩、肖梅、曾遂今等诸位先生的教诲，但他们的学术精神却一直在激励鼓舞着我们。三年来给我们授过课的诸位老师，便如这浓郁芬芳的槐香，令人回味无穷：田青老师之睿智大气，秦序老师之博学灵动，王子初老师之严谨朴实，薛艺兵老师之缜密绵绵，金经言老师之温厚超脱，张振涛老师之激扬率意，崔宪老师之慎言敏行，李玫老师之严密犀利，李岩老师之激情豪迈，林敬和老师之幽默风趣，邓钧老师之敏锐丰富，齐琨老师之温文尔雅，王清雷老师之娓娓道来，李宏峰老师之旁征博引，皆似此槐花之香味，绵延悠长！

能够被李双江老师和项阳老师接纳入门下，是此生至大的福分！

双江老师对祖国和军队的热爱，对战友和士兵的友谊，让人为之动容！汶川地震后双江老师捐出了为庆祝新中国60华诞和自己歌唱艺术50年战友师生音乐会而积攒的60万元。在捐献仪式上，双江老师说："此时此刻，有许多亲人和我们的孩子还在废墟之中，我们能做什么呢？我们只有解囊相助，我们只有有钱的出钱，有力的出力！尽早地把我们的孩子们，把我们的母亲们，把我们的亲人们救出来！我们也时刻等待着我们军委和总政的命令，让我们开赴灾区，贡献我们文艺战士的一片真诚！”“为兵服务”是双江老师的至高追求和至上信念，双江老师让我懂得了部队文艺战士的责任和音乐在军队政治工作中的地位与作用，也使我在论文撰写过程中，对明清军乐的功能有了更深刻的认识。清代嘉道时期对军中娱乐之乐的禁止，是清廷未能认识到音乐对促进军队战斗力的意义，一味地将军队的落后归咎于军中娱乐，是十分荒唐和可笑的。勇营和新军利用音乐促进了部队的团结和战斗力的加强。“歌声中出战斗力。”这是双江老师对我最大启发和鼓励。双江老师还对我三年来的学习、研究和生活十分关心。我清楚地记得 2009 年 12 月，出差外地的双江老师，为参加我的开题，连夜乘坐火车赶回北京的情景。在火车上，双江老师还一遍一遍地审读着我的开题报告……

我和项阳老师认识已有十个年头了，我们都亲切地称他为“师父”。没有师父的鞭策和激励，我不可能在这条学术研究的道路上行走至此。他豪爽热情，善良真挚，无论是谁到他家里做客，他总是将最好的酒、最好的烟拿出来待人。他常言：“来我这里的都是朋友，享受的都是最好的待遇。”他精力充沛，认真务实，视学术为生命，笔耕不辍，经常写作到深夜，这一点很多人都知晓。有次双江老师让我带烟给师父，还嘱咐说，要项老师多注意休息，尽量少抽烟，不要工作太晚！他收入并不高，但却时常在生活上接济我们几个学生。论文开题之后，因需要到各地做田野考察，所需费用皆由师父替我买单。论文撰写过程中，他时而谆谆，时而棒喝，使我少走了许多弯路！论文从立意到结构，再到理论的提升，莫不浸透着他的心血。

天通苑西三区是我们在京城的又一个家。如果一些日子不回家，奶奶便会惦念我们：“方冰呢，郭威呢，怎么好长时间没见他们了？”很多人都非常羡慕我们，写作艰苦时，几个人一商量，一道回到家中，苏老师便忙活开来，鸡鸭鱼海鲜，牛羊肉山珍，美味佳肴，一时风扫残云……每年放假时，苏老师还不忘给端端、琪琪、禾禾带点礼品。温馨和睦，友爱亲情，这就是我们有“葵”一家。

师恩如槐，师恩似这京城里四月飘香的槐花海……

感谢给予我极大帮助的王文章先生！

感谢我的硕士生导师赵塔里木先生，他思维缜密、严谨敏锐、儒雅真诚，一直是我前进的动力和奋进的源泉。感谢引领我走入音乐学研究之路的赵为民老师，每当我遇到困难时，他都能给我以帮助和指导，使我能够尽快走出迷茫和困境。感谢时刻关注我的郭树群、张晓凌、孙建君、傅利民、刘勇、李诗原、孙玉明、陈荃有、何晓兵、张欢、李进川、夏宗贵、李仲党、付晓东、毋海明等诸位老师！你们永远是我学习的榜样！

感谢丁永祥、李敬民、李素奇、张咏春、王友华、杜少虎、冯建章、刘明亮、江捷、赵书峰、周保全、李新现、宋正、李海安、屈歌、赵杰、罗易斐、刘晓伟、李小兵、康长安、朱国伟等诸位仁兄！感谢以吴洪、马泉为兄长的2008级博士班的兄弟姐妹们！感谢李成、郭威、柏互玖等师门兄弟！有你们在，我感到无比的温暖！

感谢家人的理解和支持！

……

我陶醉在这槐香似海的春天里，不能自已！

任方冰于北京新源里

2011年5月4日青年节